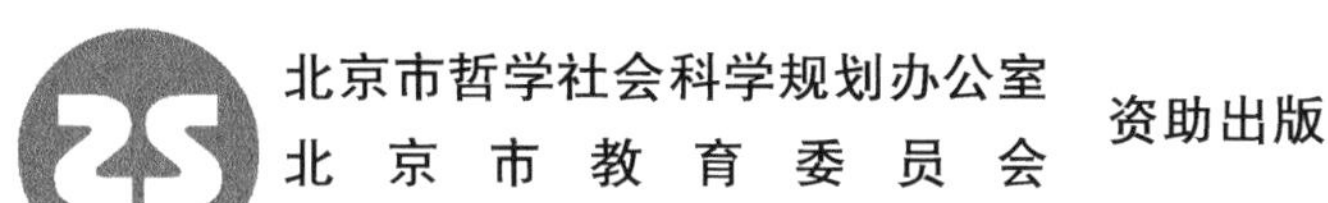
北京市哲学社会科学规划办公室
北　京　市　教　育　委　员　会　资助出版

北京现代物流研究基地年度报告（2017）

北京现代物流研究基地　编

中国财富出版社

图书在版编目（CIP）数据

北京现代物流研究基地年度报告．2017／北京现代物流研究基地编．—北京：中国财富出版社，2019.12

ISBN 978－7－5047－6023－4

Ⅰ.①北…　Ⅱ.①北…　Ⅲ.①区域—物流管理—研究报告—北京—2017　Ⅳ.①F259.271

中国版本图书馆 CIP 数据核字（2019）第 291010 号

策划编辑 张宁静　**责任编辑** 邢有涛　张宁静

责任印制 尚立业　**责任校对** 孙丽丽　**责任发行** 敬　东

出版发行 中国财富出版社

社　址 北京市丰台区南四环西路 188 号 5 区 20 楼　**邮政编码** 100070

电　话 010－52227588 转 2098（发行部）　010－52227588 转 321（总编室）

010－52227588 转 100（读者服务部）　010－52227588 转 305（质检部）

网　址 http://www.cfpress.com.cn

经　销 新华书店

印　刷 北京九州迅驰传媒文化有限公司

书　号 ISBN 978－7－5047－6023－4/F·3123

开　本 787mm×1092mm　1/16　**版　次** 2020 年 3 月第 1 版

印　张 18.75　**印　次** 2020 年 3 月第 1 次印刷

字　数 456 千字　**定　价** 135.00 元

北京现代物流研究基地年度报告（2017）

编　委　会

执行人员名单

名 誉 主 编：姜 旭

执 行 主 编：安久意

执行副主编：周三元

参 编 人 员：温卫娟 陆 华 汪芸芳 黄少阳

赵 琨 邬 跃 梁 艳

前　言

本报告是由北京物资学院北京现代物流研究基地组织研究团队撰写，报告从北京总体物流发展环境、现状和问题入手，结合京津冀物流业协同发展问题、北京市废旧电子产品回收物流协同问题、北京市物流企业营商环境问题、非首都功能疏解背景下北京物流系统重构问题等七个专题，系统总结北京物流发展的新情况、新经验，科学展望北京物流发展的新前景、新趋势。

作为物流研究基地的年度报告，在内容方面，我们坚持对北京现代物流业进行连续性的研究，突出反映物流发展的新变化、新趋势和新特点；在理论方面，我们明确物流业作为服务业的定位，聚焦国家及北京地区经济与产业政策对物流业的影响，还有对物流服务对象即农业、工业、流通业等行业的研究。我们力求全书的针对性、前瞻性，为政府和企业的决策提供参考，给物流研究者及从业者以新的视野和启迪。

北京现代物流研究基地作为北京的物流特色研究平台，通过促进政府、协会、企业以及高校院所间的思想交流、观点碰撞，凝聚共识、探讨问题，为区域经济社会的发展服务。本报告就是这一平台建设思路的成果结晶。

本报告由主报告（第一章）以及七个专题分报告（第二章至第八章）组成。其中，主报告由北京物资学院物流学院安久意、北京物流与供应链管理协会黄少阳、首都经济贸易大学密云分校梁艳撰写；专题一（第二章）由北京物资学院邬跃、温卫娟撰写；专题二（第三章）由陆华撰写；专题三（第四章）由北京物资学院汪芸芳撰写；专题四（第五章）由周三元撰写；专题五（第六章）由北京物资学院物流学院安久意撰写；专题六（第七章）由北京物资学院赵琨撰写；专题七（第八章）由北京物资学院物流学院安久意、北京物流与供应链管理协会黄少阳撰写；全书由安久意、周三元统纂定稿。

本报告数据主要来自国家统计数据、北京市统计数据、问卷调查数据、商务部采集数据等数据库。报告一定还存在许多的不足，敬请各有关方面的专家、学者提出宝贵意见。

北京现代物流研究基地

2019 年 7 月 15 日

目　录

第一章

北京市物流发展综述

第一节　北京市物流发展经济运行环境

一、经济运行总体情况

北京市经济运行稳中有增。2017 年全市地区生产总值达到 2.8 万亿元，按可比价格计算，比 2016 年增长 6.7%；按常住人口计算，人均地区生产总值由 2016 年的 11.8 万元提高到 12.9 万元。2013—2017 年北京市地区生产总值及增长速度如图 1 - 1 所示。[①]

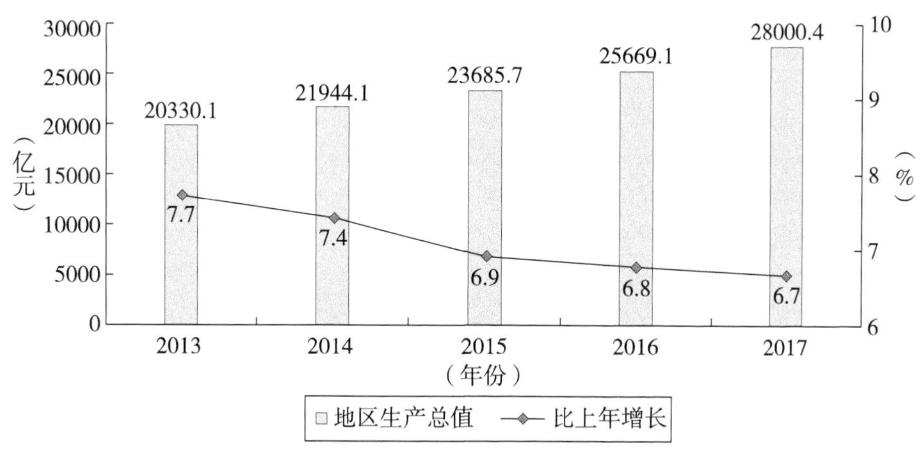

图 1 - 1　2013—2017 年北京市地区生产总值及增长速度

资料来源：北京市 2017 年国民经济和社会发展统计公报。

2017 年北京市经济结构不断优化，产业结构向"高精尖"迈进。全市高技术产业、战略性新兴产业增加值占地区生产总值的比重分别为 22.8% 和 16.2%，比 2016 年分别提

① 本章中大部分数据来自各官方网站及统计年鉴，为尊重原文，不对数据随意修改，特此声明。

高0.1个、0.2个百分点（二者有交叉）。服务业占全市经济的比重保持在8成以上；其中现代服务业占比为60.4%，比2016年提高0.5个百分点，金融业、信息服务业、科技服务业对经济增长的贡献率超过5成。第一产业增加值120.5亿元，下降6.2%；第二产业增加值5310.6亿元，增长4.6%；第三产业增加值22569.3亿元，增长7.3%。三次产业构成由2016年的0.5：19.3：80.2，调整为0.4：19.0：80.6。按常住人口计算，全市人均地区生产总值为12.9万元。2017年北京市地区生产总值及产业结构如表1－1所示。

表1－1　2017年北京市地区生产总值及产业结构

指标		绝对数（亿元）	比上年增长（%）	比重（%）
地区生产总值		28000.4	6.7	100.0
按产业分	第一产业	120.5	－6.2	0.4
	第二产业	5310.6	4.6	19.0
	第三产业	22569.3	7.3	80.6

资料来源：北京市2017年国民经济和社会发展统计公报。

二、工业运行情况

2017年全年实现工业增加值4274亿元，按可比价格计算，比2016年增长5.4%。其中，规模以上工业增加值增长5.6%。在规模以上工业中，国有控股企业增加值增长5.1%；股份制企业、外商及港澳台企业增加值分别增长7.8%和1.9%；高技术制造业、现代制造业、战略性新兴产业增加值分别增长13.6%、5.0%和12.1%。规模以上工业实现销售产值18269.5亿元，增长4.4%。其中，内销产值17265.5亿元，增长4.3%；出口交货值1004亿元，增长6.0%。2013—2017年工业增加值及增长速度如图1－2所示。

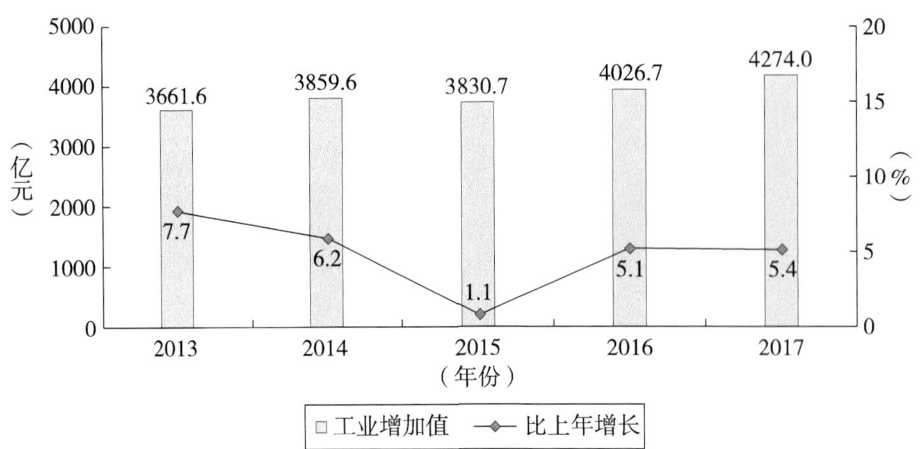

图1－2　2013—2017年工业增加值及增长速度

资料来源：北京市2017年国民经济和社会发展统计公报。

三、固定资产投资情况

2017年全年完成全社会固定资产投资8948.1亿元，比2016年增长5.7%。其中，完成基础设施投资2984.2亿元，比2016年增长24.4%。分产业看，第一产业投资95.9亿元，比2016年下降3.9%；第二产业投资893.8亿元，比2016年增长23.6%；第三产业投资7958.4亿元，比2016年增长4.2%。2017年分行业固定资产投资如表1-2所示。

表1-2　2017年分行业固定资产投资

行业	投资额（亿元）	比上年增长（%）
农、林、牧、渔业	96.6	-6.3
采矿业	3.1	6.0
制造业	380.8	-0.7
电力、热力、燃气及水生产和供应业	511.3	54.0
建筑业	6.3	1.3
批发和零售业	30.7	3.7
交通运输、仓储和邮政业	1349.6	35.6

资料来源：北京市2017年国民经济和社会发展统计公报。

四、市场消费情况

2017年全年实现市场总消费额23789亿元，比2016年增长8.5%。其中，实现服务性消费额12213.6亿元，增长11.8%；实现社会消费品零售总额11575.4亿元，增长5.2%，其中限额以上批发和零售企业实现网上零售额2371.4亿元，增长10.9%，占社会消费品零售总额的20.5%。2013—2017年社会消费品零售总额及增长速度如图1-3所示。

2017年全年批发和零售业实现商品购销额130730亿元，比2016年增长10.6%。其中，实现购进额62504.1亿元，增长10.6%；销售额68225.9亿元，增长10.5%。

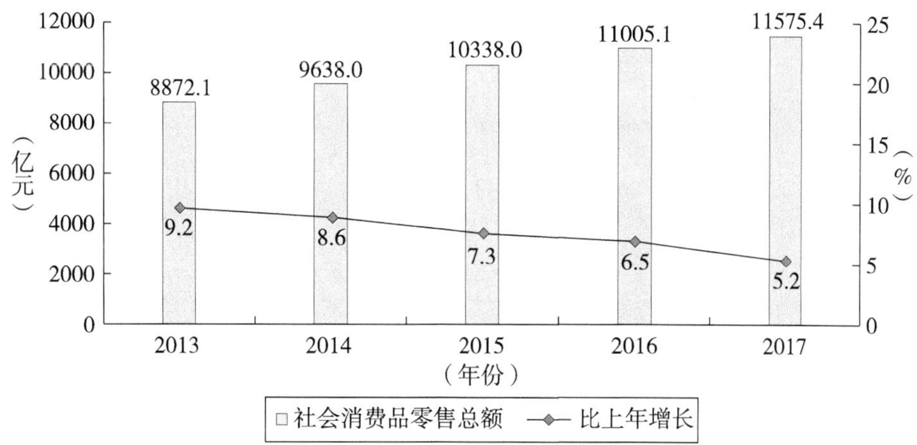

图1-3　2013—2017年社会消费品零售总额及增长速度

资料来源：北京市2017年国民经济和社会发展统计公报。

五、对外经济情况

2017 年北京地区进出口总额 21923.9 亿元，比上年增长 17.5%。其中，出口额 3962.5 亿元，增长 15.5%；进口额 17961.4 亿元，增长 18.0%。2013—2017 年进出口总额如图 1－4所示。

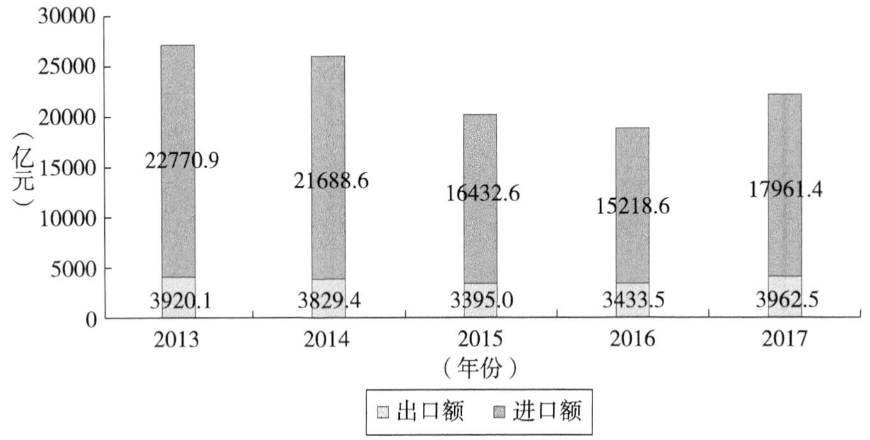

图 1－4　2013—2017 年进出口总额

资料来源：北京市 2017 年国民经济和社会发展统计公报。

第二节　北京市物流发展总体情况

一、北京市物流发展综述

2017 年，北京市实现社会物流总额 7.11 万亿元，同比上升 11.3%（见表 1－3、图 1－5）；实现物流业务收入 2805.1 亿元（见表 1－4），同比增长 11.4%。物流业发展呈现稳中有增良好态势，对推动全市经济发展发挥了重要的支撑作用。

表 1－3　2011—2017 年北京市社会物流总额及构成情况　（单位：亿元）

指标＼年份	2011	2012	2013	2014	2015	2016	2017
社会物流总额	59624.5	65851.1	72440.1	75923.6	67648.7	63877.5	71105.1
农产品	310.2	337.8	360.0	358.2	312.8	286.5	260.7
工业品	12327.9	13008.6	13875.4	17911.6	17829.2	14602.6	14154.2
进口货物	21344.4	21984.3	22656.4	21695.5	16442.6	15207.1	17961.4
再生资源	105.4	67.0	129.7	201.7	131.5	219.0	180.1
外省市流入物品	25387.0	30284.2	35230.3	35508.4	32691.8	33300.3	38280.6
单位与居民物品	149.6	169.2	188.3	248.2	240.8	262.0	268.1

资料来源：《北京统计年鉴 2017》。

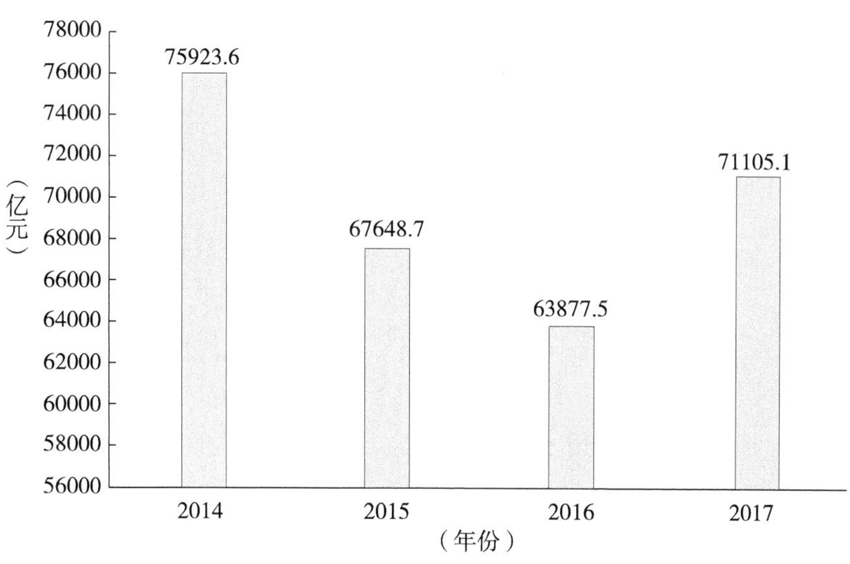

图 1-5　2014—2017 年北京市社会物流总额

表 1-4　　2011—2017 年北京市物流业务收入情况　　（单位：亿元）

年份 指标	2011	2012	2013	2014	2015	2016	2017
物流业务收入	1891.0	2104.4	2267.7	2482.4	2409.1	2517.3	2805.1
运输收入	1467.6	1517.2	1618.8	1757.9	1712.9	1801.4	2057.6
保管收入	406.3	562.4	596.2	659.2	633.2	649.4	669.5
一体化物流业务收入	17.1	24.8	52.7	65.3	63.0	66.5	78.0

资料来源：《北京统计年鉴 2017》。

2017 年，物流业务收入合计 2805.1 亿元，比 2016 年增长 11.4%。物流收入结构变化主要与当前首都城市战略新定位以及京津冀协同发展战略下的经济结构调整优化所带来的物流需求强度、密度以及业态等转变有关。

“十二五”期间，北京市物流效率不断提高，社会物流总费用与 GDP 的比率由 2011 年的 15.1% 下降到 2017 年的 13%，促进了首都经济结构的转型升级以及提供了较高质量的城市运行保障。2011—2017 年全市社会物流总费用与 GDP 的比率如图 1-6 所示。

2017 年，北京市物流从业人员达 48.1 万人，符合北京物流业发展呈现“量降质增”的良好态势。2014—2017 年北京市物流从业人员数如图 1-7 所示。

二、北京市仓储业发展现状

根据世邦魏理仕（CBRE）统计数据显示，2017 年年末受相关政策影响，仓储物流供求矛盾凸显。此时仓储物流市场空置率为 0.3%，已经连续三个季度空置率在 0.5% 以下，

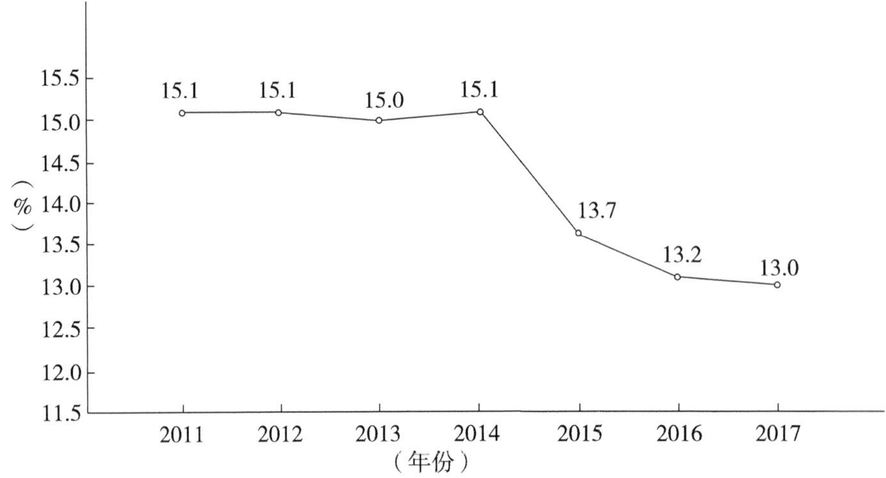

图 1－6　2011—2017 年全市社会物流总费用与 GDP 的比率

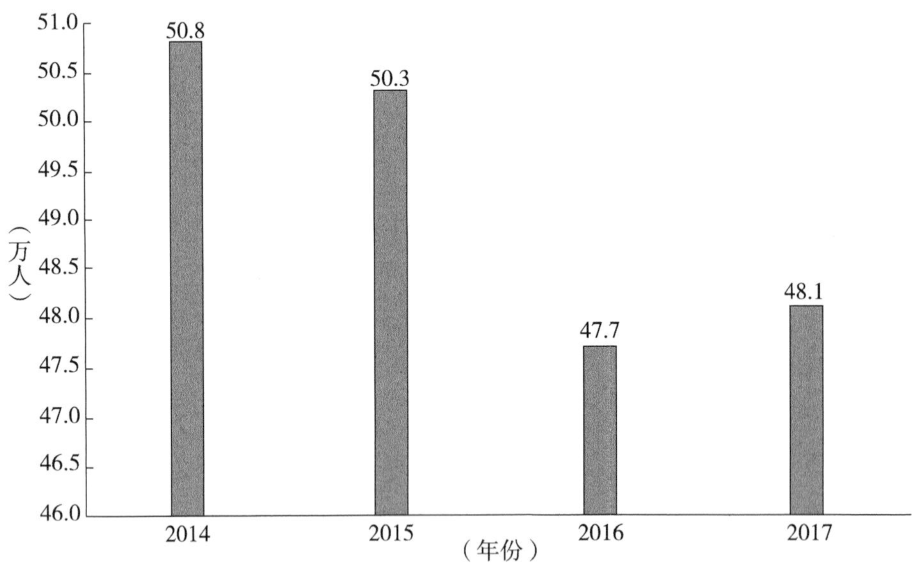

图 1－7　2014—2017 年北京市物流从业人员数

整体市场接近满租，可租空间稀缺。受市政府冬季施工限制影响，全年新增供应量同比下降 53%；受 2017 年年末市政府对低端仓储设施进行清理和整治的影响，以快递为主的租户搬迁活动骤增，进一步增加了供求矛盾。

2017 年全年租金增长为 5.3%，五年来年度涨幅最大，其中四季度环比上涨 2.9%；受整体供应持续短缺和特殊事件等多重因素的影响，业主大幅提高租金，而为解决当务之急，租户也被迫提高租金承受力。2014—2017 年北京市高标仓租金增长率如图 1－8 所示。

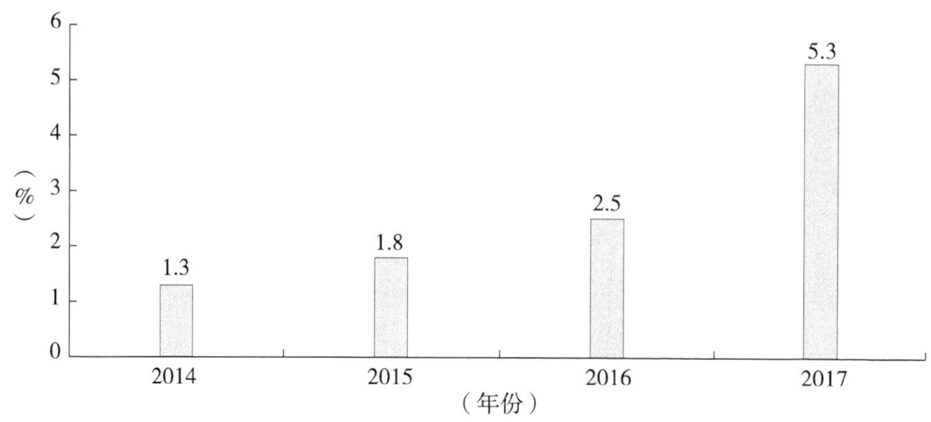

图 1-8　2014—2017 年北京市高标仓租金增长率

根据调查数据显示，2017 年全市物流仓储用地约 49 平方千米，主要集中在西南、东南、东北三个方向，形成三个聚集区。五环外物流仓储用地占比近 80%。

——西南方向，自丰台五里店起，沿五环至西红门，再沿京开高速至大兴黄庄，呈块状分布。

——东南方向，主要聚集在通州马驹桥，自十八里店向东到朝阳区黑庄户，再到双桥，呈带状分布。

——东北方向，以首都机场为依托，围绕空港物流基地，在机场北侧及西侧形成集中分布。

其中，通州马驹桥、顺义空港、平谷马坊、大兴京南四大物流基地内实现物流集聚发展。顺义空港定位发展航空—公路货运枢纽型物流基地；通州马驹桥定位公路—海运—口岸型，积极发展城市配送；平谷马坊依托平谷国际陆港，定位海陆联运，积极发展口岸型物流；大兴京南依托铁路专用线重点发展公路—铁路联运。

三、北京市城市货运发展现状

北京市物流运输方式以公路货运为主，但是正进入结构调整期。根据《北京统计年鉴 2017》，从货运量上看，2017 年全市完成 23879 万吨，其中公路货运量为 19373.7 万吨，占比 81.1%，依然占据主导位置；从货物周转量上看，2017 年铁路完成同比增长 7.6%，公路完成同比下降 1.3%。这表明，近年来铁路部门加快调整运输品类，在传统大宗“黑货”运量下滑的背景下，转向服务生活需求“白货”市场。公路货运中，建筑材料类占全市公路货运量 56.5%，日常消费品类占 19.2%，设备材料类占 13.6%，能源类占 7.1%，其他类占 3.6%。2017 年各种运输方式完成货运量及货物周转量如表 1-5 所示。

表 1-5　　2017 年各种运输方式完成货运量及货物周转量

指标	单位	绝对数	比上年增长（%）
货运量	万吨	23879.0	-0.9

续 表

指标	单位	绝对数	比上年增长（%）
铁路	万吨	704.0	-2.9
公路	万吨	19373.7	-3.0
民航	万吨	174.7	7.3
管道	万吨	3626.6	12.0
货物周转量	亿吨公里	700.3	4.3
铁路	亿吨公里	246.4	7.6
公路	亿吨公里	159.2	-1.3
民航	亿吨公里	74.4	10.8
管道	亿吨公里	220.2	3.0

2017 年全市保有货运车辆 30.6 万辆，其中营运车辆 18.2 万辆。境内运输以本市车辆为主，占 93%。近年来，北京市相关部门开展新能源电动物流车推广应用工作，目前已有数千辆投入使用，并且在城市保障领域，一些典型企业逐渐摸索出运营经验与模式。据调查，《关于对部分载货汽车采取交通管理措施降低污染物排放的通告》政策实施后，主要进京高速公路日均货车流量为 1.1 万辆，较政策实施前降低 51.5%；六环路日均货车流量 9377 辆，较政策实施前降低 25.4%。

北京区域范围内有铁路专用线 56 条，长度为 1123.6 千米，铁路货场 28 个，面积为 127 万平方米，分布在丰台、朝阳、石景山等 11 个区。

据大数据测算，北京市的物流量主要集中在五个方向，其中正南方向约占 38%；东南方向约占 25%；西南方向约占 17%；东北方向约占 10%；西北方向约占 10%。

四、北京市商贸物流发展现状

北京是特大型消费城市，商贸物流在城市运行中发挥着重要作用。平均每天实现商品购进额 154 亿元，每天实现商品零售额超过 30 亿元。

1. 农产品物流情况

北京市农产品自给率较低，绝大多数依靠外地市场供给。全市有主要农产品批发市场 28 个，每日进货量达 6.5 万吨，主要批发市场的仓储面积约为 220 万平方米。全市有零售菜市场 400 多家，每天主要通过农产品批发市场进货，满足市场周边百姓日常生活需求。每日约有 1.5 万辆整车进京运送鲜活农产品。农产品物流进京以外埠车辆为主，市内配送以本市车辆为主。

从来源看，北京市蔬菜类农产品冬春季来源为南方占 1/3（广东、广西、海南、云南），北方占 2/3（河北、山东、内蒙古）；夏秋季主要来自北京周边省份（河北、山东）。禽肉蛋类农产品来自河北、内蒙古等地，水产类农产品来自河北、天津、大连等地，粮油类农产品来自东北、河北、广东等地。

2. 连锁企业物流情况

2017 年，全市连锁企业零售额 2955.7 亿元，占全市社零额 25.5%。全市连锁企业共 252 家，连锁门店共有 13450 个。其中，连锁零售业态（包括便利店、超市、百货店等）门店有 8176 个，连锁餐饮业态门店有 5133 个。从连锁企业经营的实际情况看，自建物流配送中心模式约占 50%，第三方物流配送模式约占 40%，供应商直送模式约占 10%。服务连锁企业配送的仓储面积约 70 万平方米，车辆有 2000 余辆，配送时间一般集中在 22 时至次日 6 时及白天非高峰时段。连锁企业仓储设施主要分布在朝阳、丰台、通州等区。

3. 冷链物流情况

北京市冷链物流需求持续增加，冷链物流基础设施设备供给量增加，服务水平和服务能力不断提高。冷链物流涉及果蔬、肉类、水产品、医疗器械等方面。全市冷库容量为 140 万吨，冷库容积 350 万立方米。冷库主要分布在丰台、大兴、朝阳、顺义等区。人均冷库占有量为 0.16 立方米。北京市共有冷藏车 6895 辆，每万人拥有冷藏车 3.3 辆。

4. 电子商务物流情况

2017 年，北京市限额以上批发零售企业网上零售额突破 2371 亿元，占社零额的比重达 20.5%，高于全国 4.6 个百分点，对社零额的增长贡献率超过 40%。截至 2016 年年底，全市开展网上零售的限额以上批发零售企业共有 381 家。B2C 市场前 9 名中北京市企业占据 5 席，交易规模占全国 35.5%。平均每天电商配送量约 600 万件。

据调查，电商物流在北京市的仓储布局主要集中在通州、顺义、大兴、朝阳等区，总面积超过 110 万平方米，主要用于满足北京地区消费需求。服务于电商配送的货运车辆共计 5100 余辆。以京东为例，在北京市仓储设施超过 20 座，共有配送站点和自提点近 560 个，配送车辆约 1000 辆。

5. 商贸物流模式

（1）农产品物流模式

传统渠道：农产品由产地经农产品批发市场进入农贸市场、社区菜市场、超市、机关食堂、餐饮企业，然后到消费者手中。如现有社区菜市场基本都是此类模式。

新型流通渠道：农产品由产地经现代流通加工配送中心进入超市、社区菜店、机关食堂、餐饮企业等连锁零售终端，然后到消费者手中。如物美、永辉等连锁超市销售的农产品大都采用此种模式。

直供模式：农产品批发市场或基地直供进入零售终端（社区菜市场、社区菜店、生鲜超市、蔬菜直通车等）。如北京新发地百舸湾农副产品物流有限责任公司、北京志广富庶农产品有限公司均采用此种模式。

（2）日用消费品物流模式

商贸企业自营模式：由生产厂家（经销商商品大库）进入经销商北京商品库，然后配送到大型连锁超市配送中心，最后到终端门店送达消费者。如京客隆采用此种模式。

大宗直采直送模式：大型连锁超市不经过经销商，直接由生产厂家给大型连锁超市配送中心供货，然后再配送到终端门店，最终到消费者手中。如家乐福采用此种模式。

大宗直送模式：第三方配送的大型连锁超市，直接从经销商北京商品库将产品配送到终端门店，最终到消费者手中。如沃尔玛采用此种模式。

（3）电商物流模式

自建物流模式：电商企业从生产厂家采购商品，进入电商企业仓库，经电商自有的多级分拣中心，到达终端配送站点和自提点，最后到消费者手中。如京东采用此种模式。

第三方物流模式：商品进入电商企业仓库后，由第三方物流（包括快递）企业提货，由第三方物流企业的配送分拣中心处理，到达第三方物流企业的配送站点、自提点，最后到消费者手中。如天猫采用此种模式。

跨境电商物流模式：电商企业从国外采购、集货，商品进入电商企业海外仓，然后到达国内机场监管区，清关后，进入国内仓库，通过多级分拨配送，到消费者手中。如宝贝格子采用此种模式。

五、北京市口岸发展现状

2017 年，北京口岸海关监管进出口货物 7570 万吨，增长 28.9%。其中，进口货物 7420.7 万吨，增长 29.5%；出口货物 149.3 万吨，增长 6.6%。海关征收税款净入库税额 693.5 亿元，增长 13.6%。

从口岸类别来看，首都机场空运口岸监管进出口货物 7441 万吨，增长 29.4%，占北京口岸监管货物总量的 98.296%，其中清关货物 164.5 万吨，增长 4%；陆路口岸（朝阳口岸、平谷口岸）监管进出口货物 127.1 万吨，增长 6.6%，占北京口岸监管货物总量的 1.679%；铁路口岸（丰台铁路货运口岸）监管进出口货物 1.9 万吨，增长 7.3%，占北京口岸监管货物总量的 0.025%。

北京市已初步形成以首都机场空港口岸为核心，朝阳口岸、丰台铁路货运口岸、平谷国际陆港为重要补充的口岸物流体系，以及北有天竺综合保税区、南有亦庄保税物流中心（B 型）的政策功能区分布格局，口岸仓储总面积达 190 万平方米。依托平谷国际陆港和朝阳口岸，与津冀地区沿海口岸合作，形成了北京市两大海运通道，目前通州马驹桥口岸功能区正在加快建设，其将承接朝阳口岸的功能。口岸物流构成了城市运行物流服务保障体系的重要补充。

六、北京市邮政快递发展现状

根据北京市邮政局发布的年报数据，2017 年，北京市邮政企业和快递服务企业业务收入（不包括邮储银行直接营业收入）累计完成 351.02 亿元，同比增长 15.31%；业务总量累计完成 419.32 亿元，同比增长 8.63%。2012—2017 年北京邮政行业业务发展情况如图 1－9 所示。

1. 邮政寄递服务业务

2017 年邮政寄递服务业务量累计完成 9.97 亿件，同比下降 14.34%；邮政寄递服务业务收入累计完成 19.88 亿元，同比下降 11.85%。函件业务累计完成 27701.89 万件，同比下降 37.16%；包裹业务累计完成 232.63 万件，同比下降 9.60%；报纸业务累计完成 67076.89 万份，同比下降 1.09%；杂志业务累计完成 2780.80 万份，同比下降 2.39%；汇兑业务累计完成 159.90 万笔，同比下降 29.40%。

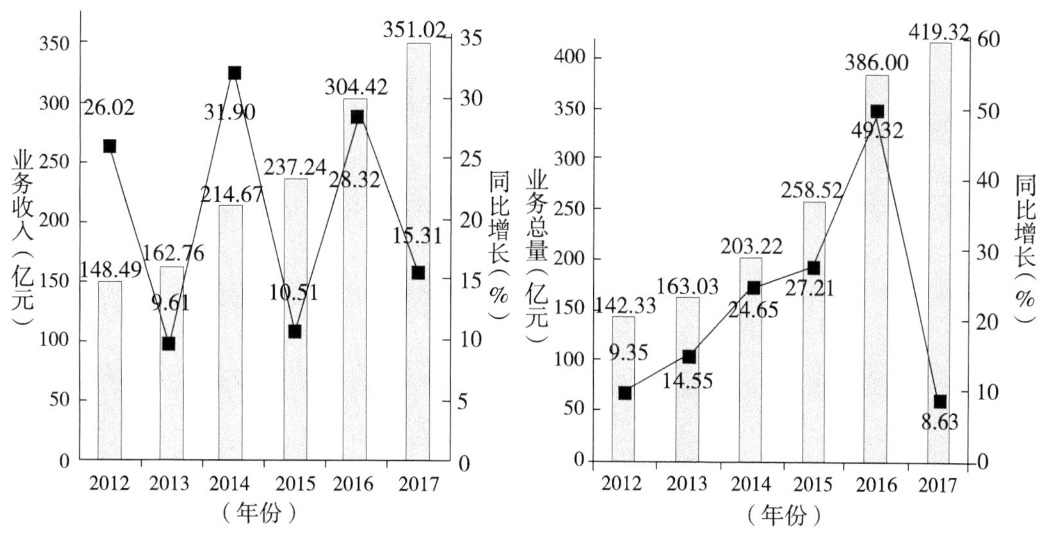

图 1-9　2012—2017 年北京邮政行业业务发展情况

2. 快递业务

2017 年全市快递业务快速增长。全年快递服务企业业务量累计完成 22. 75 亿件，同比增长 16. 07%；业务收入累计完成 303. 83 亿元，同比增长 18. 42%。

2012—2017 年北京快递业务发展情况如图 1 - 10 所示。

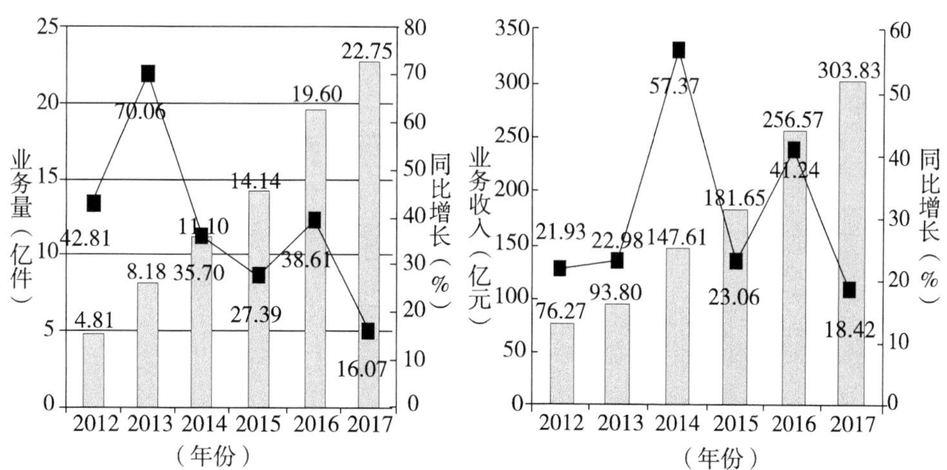

图 1-10　2012—2017 年北京快递业务发展情况

快递业务收入在行业中占比继续提升。快递业务收入占邮政行业收入比重达 84. 28%，较去年提升 2. 27 个百分点。

同城快递业务增势强劲。同城业务量累计完成 103814. 45 万件，同比增长 20. 86%；实现同城业务收入累计完成 105. 23 亿元，同比增长 22. 74%。

异地快递业务仍占主导地位。全年异地业务量累计完成 121019. 93 万件，同比增长 13. 24%；实现业务收入 132. 64 亿元，同比增长 15. 23%。

国际及港澳台快递业务稳定增长。全年国际及港澳台快递业务量累计完成2617.72万件，同比下降19.73%；实现业务收入30.10亿元，同比增长11.52%。

同城、异地、国际及港澳台快递业务量分别占全部快递业务量的45.64%、53.21%和1.15%；业务收入分别占全部快递业务收入的34.64%、43.66%和9.91%。与去年同期相比，同城快递业务量的比重上升1.82个百分点，异地快递业务量的比重下降1.31个百分点，国际及港澳台业务量的比重下降0.51个百分点。

2017年北京快递业务量和业务收入结构如图1－11所示。

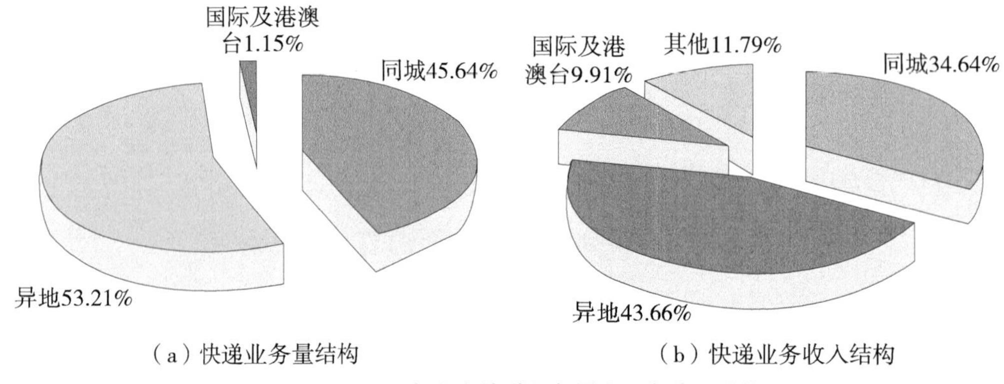

（a）快递业务量结构　　（b）快递业务收入结构

图1－11　2017年北京快递业务量和业务收入结构

民营快递企业持续快速发展。全年国有快递企业业务量完成1.07亿件，实现业务收入35.91亿元；民营快递企业业务量完成21.58亿件，实现业务收入251.86亿元；外资快递企业业务量完成0.09亿件，实现业务收入16.06亿元。国有、民营、外资快递企业业务量市场份额分别为4.71%、94.89%和0.40%，业务收入市场份额分别为11.82%、82.89%和5.29%，与2016年相比，民营快递企业市场份额持续提升。

第三节　北京市物流面临的形势与问题

一、物流服务保障功能逐渐完善

1. 城乡物流保障功能不断提升

2016年以来，北京市以建立层级合理、需求匹配的物流网络为目标，统筹规划物流园区、分拨中心、配送中心的建设，进一步提高物流节点保障城市运行和服务民生的能力。

2016—2017年，北京市新建社区商业便民服务综合体20个。截至2017年年底，全市“一刻钟社区服务圈”示范点建设累计达到1452个，覆盖2706个社区，覆盖率达87.5%，惠及居民1569万人。同时，北京市大力推广门店收货“免验收”模式，发展共同配送、统一配送、集中配送、夜间配送、分时段配送等多种形式的集约化配送，不断提升物流业便民服务水平。北京市全面推进全市“农邮通”服务站建设工作，截至2017年年底，各区共计上报已运行的“农邮通”服务站共62个，此项工作积极开拓京郊农产品配送业务，促进农村农产品流通。

2. 首都生活必需品物流保障能力不断加强

北京市建立了较为完善的生活必需品市场监测制度和政府储备制度，监测范围涵盖12大类生活必需品，共计108种商品，建立了包括粮油、肉蛋、蔬菜、食糖、食盐等18个品种的政府储备。提升首都生活必需品物流保障能力，对保障本市食品流通安全、提升市场调控管理水平、完善市场供应保障等方面发挥了积极作用，北京市先后完成党的十八届六中和七中全会、全国“两会”以及“一带一路”国际合作高峰论坛等重要会议和重大活动供应服务保障任务。

北京市积极开展农产品进城工作，完善农产品配送体系。2016年邮政企业积极推进“同城网”建设，整合全市邮路，在北京西站建立了场地面积达3000平方米的农产品分拨中心，在大兴区投资660万元建设保鲜冷库2000平方米，并且改进车辆等配送工具，适应生鲜农产品配送需求。新发地农产品批发市场蔬菜交易楼开工建设，北京鲜活农产品流通中心项目主体工程封顶。

北京市肉菜追溯体系建设取得阶段性成果。2016—2017年，北京市开展蔬菜流通追溯体系完善项目，重点扩大了蔬菜追溯覆盖范围，形成了完整蔬菜追溯链条，蔬菜流通可追溯覆盖率明显提升。截至2017年年底，北京猪肉和蔬菜追溯流通节点分别达到1778个和2383个，同比增长65%和67%。北京市正式开通“北京E追溯”移动终端查询服务，消费者能够方便、快捷地使用追溯查询服务。

3. 食品冷链物流体系逐渐完善

“十三五”以来，北京市不断建设冷链基础设施，完善冷链服务网络。2018年，北京市商务局完成《食品冷链宅配服务规范》（报批稿），规定了食品冷链宅配的总体要求、设施设备与人员管理要求、操作规范、服务质量与评价等内容。2018年4月，北京市商务委员会、北京市质量技术监督局联合天津市商务委员会、天津市市场和质量监督管理委员会、河北省商务厅、河北省质量技术监督局共同组织制定8项京津冀冷链物流区域协同标准，在京津冀区域内发布实施。

北京市冷链物流需求持续增加，冷链物流基础设施设备供给量增加，服务水平和服务能力不断提高。2016年，全市冷库容量为140万吨，冷库容积350万立方米。冷库主要分布在丰台、大兴、朝阳、顺义等区，人均冷库占有量为0.16立方米。2017年，北京市冷藏车6895辆，每万人拥有冷藏车3.3辆。同时，北京市冷链物流企业不断发展壮大，北京首农食品集团有限公司、快行线冷链物流有限公司、北京顺鑫农业股份有限公司鹏程食品分公司等企业可提供肉蛋、速冻食品、冷饮、牛奶、熟食等产品的配送。

二、积极推动供应链创新，不断完善专业物流体系

1. 开展供应链创新试点

北京市以创新供应链技术和模式为基础，构建现代供应链平台为试点，启动供应链创新与应用试点工作；以产业融合、完善供应链体系为重点，培育一批供应链创新示范企业，争创全国供应链创新与应用示范城市。经过商务部的评审，北京与20余家企业入围全国供应链创新与应用试点城市和试点企业，并且入围流通领域现代供应链体系建设

试点城市，进一步向着供应链方向发展。

2. 积极推动电子商务物流发展

整合共享上下游资源，促进商流、物流、信息流、资金流等无缝衔接和高效流动，培育一批电子商务 + 物流试点企业。

电子商务平台交易规模不断扩大。2017 年，北京市规模以上电子商务平台实现交易额 3.16 万亿元，同比增长 21.7%，其中服务交易额 1.68 万亿元，增长 40.2%，跨境电子商务发展态势良好。网上零售额规模、占比继续保持较快增长，电子商务企业集群化快速发展。

农村电子商务精准帮扶成效显著。2017 年以来，京东商城和苏宁易购等 19 家电子商务平台与平谷区 21 家合作社 5000 余农户达成战略合作意向。

3. 不断完善医药物流体系

重点扶持医药物流等专业物流的发展，发挥其示范带头作用，积极构建专业化物流服务体系。以华润医药商业集团有限公司为例，该企业的供应链体系由单一的药品配送拓展为基于物流、信息流、资金流、商流的“人、财、物、产、供、销”的综合性供应链体系；此外，京东物流在 2017 年 8 月底正式推出了京东物流医药云仓项目，并与 8 家国内知名医药流通企业签署了《京东医药云仓战略合作协议》，为合作伙伴提供包括仓储、运输、配送、客服、售后的正逆向一体化解决方案、物流云和物流科技服务、商家数据服务、跨境物流服务、快递与快运服务等全方位的产品和服务。

三、积极推动区域物流一体化，不断形成协调发展新格局

1. 非首都功能有序疏解

按照北京市出台的《北京市新增产业的禁止和限制目录》要求，相关部门制定疏解清单，按照整体推进、重点突破的原则，推进区域性专业市场和区域性物流基地疏解，加快相关市场和物流中心升级改造。积极引导和推动农副产品、基础原材料等大宗商品的仓储物流功能外迁。疏解腾退空间主要用于补充公共服务设施及便民生活服务设施。

2015—2017 年，北京市疏解区域性物流中心 106 个。涉及疏解占地面积 285.44 万平方米，其中建筑面积 197.63 万平方米、人口 3.07 万人。2018—2020 年疏解计划已制订完毕，三年内共计划疏解物流中心 39 家，涉及建筑面积 56.85 万平方米、人口 2288 人。其中 2018 年计划完成疏解 17 家，涉及建筑面积 15.56 万平方米，人口 396 人。落实《北京城市总体规划（2016 年—2035 年）》及相关禁限目录的要求，北京市范围禁止新建和扩建未列入相关规划的物流仓储设施。将物流企业纳入北京市企业信用信息系统，建立违法违规物流企业退出机制。

2. 不断推进京津冀协同发展

推动区域物流一体化助力京津冀协同发展效果凸显。争取政策突破财政资金使用地域范围的限制，支持北京企业在津冀区域范围内投资建设物流项目，实现协同发展。

北京市新发地市场在天津、河北等地建立农批市场，带动周边地区农产品经济发展。积极推动环首都 1 小时鲜活农产品流通圈建设，支持企业在京津冀地区建设蔬菜、肉蛋等农副产品生产基地和物流仓储设施，在疏解区域型物流功能的同时，积极推进京津冀物

流基础设施建设合作。

2016 年北京市场蔬菜供应量中，约 20% 来自河北廊坊、保定、唐山、张家口、承德等地；天津蔬菜供应量为 14.8 万吨，主要来自宝坻、武清、蓟州等地，约占全年供应量的 1.5%。通过“1 小时流通圈”建设，有效保障城乡居民对鲜活农产品的需求，为北京建设国际一流的和谐宜居之都、推动京津冀农业升级和农民增收提供有力支撑和保障。经京津冀三地商务部门统筹协调，确定了 44 个首批拟建重点项目，其中北京 15 个，天津 12 个，河北 17 个。目前，京津冀三地已完成 8 个项目。

3. 不断开展完善多式联运试点工程

鼓励铁路企业结合自身优势，聚焦城市物流需求，开发更多具有竞争力的新产品；支持铁路货场改造成为现代化公共物流园区，实现铁路运输与城市配送无缝对接。在铁路方面，京津冀核心区铁路枢纽规划等工作取得重大进展；在公路方面，北京市公路甩挂试点企业有北京京津港国际物流有限公司。下一步将由交通委牵头继续完善北京市多式联运发展。

2016 年 6 月，第一批多式联运示范工程项目中，京津冀地区入选 2 项工程。其中驮背运输（公铁联运）示范工程，牵头企业为中铁特货运输有限责任公司，联合北京驮丰高新科技股份有限公司、中车齐齐哈尔车辆有限公司和中国邮政集团公司。

2017 年年初，18 个部门联合发布《关于进一步鼓励开展多式联运工作的通知》（交运发〔2016〕232 号），提到研究构建双层集装箱运输通道，其中有三条通道涉及北京市：北京—天津—沈阳—哈尔滨、北京—上海、北京—南昌—福州。2018 年中央财经委第一次会议提到，调整运输结构，减少公路运输，增加铁路运输，中铁启动货运增量行动。

四、积极推进物流创新发展，不断提升服务质量与效率

1. “互联网 +”与物流业态创新融合持续加深

进一步加强首都综合化配送终端网络体系建设，以信息技术整合城市末端配送服务设施设备，优化城区配送网络。2017 年，5 家快递企业新建了分拨中心，5 家快递企业对原有分拨中心进行了改扩建，分拨处理能力进一步提升。创新电子商务服务模式，持续推进电子发票创新应用，电子发票试点范围已覆盖电子商务、传统零售、餐饮、快递、电信及金融保险等领域；积极探索跨境电子商务网购保税业务监管模式，研究制定网购保税业务监管规程和业务流程。促进线上线下融合发展。鼓励跨境零售业态创新，引导企业在全市设立跨境电子商务 O2O 体验店，举办“2017 北京跨境电商消费体验季”和“2018 北京跨年促销节”活动，进一步促进线上线下融合发展。

2. 先进技术、设施的应用得到进一步体现

物流企业通过技术创新不断提升自身服务水平。2017 年，京东提出发展“无人车、无人机、无人仓”，运用人工智能、大数据和云计算等技术，创新零售业态发展。同年，顺丰在其分拣中心内创新应用先进的全自动化分拣设备，不断提高分拣效率和服务质量，进一步实现“人工智能 + 快递”的战略布局。同时，北京市不断为物流创新提供交流平台。

五、积极推进物流业转型升级，着力推动绿色集约发展

1. 商贸物流体系标准化建设持续推进

共用标准化托盘使用量快速增长。2016 年以来，北京市物流标准化试点企业达 68 家，试点企业标准化托盘使用量从原有 140 万块增加到 230 万块，提高 40% 以上；第三方物流企业的标准化托盘使用率达到了 93%，托盘租赁模式业务规模显著扩大。2017 年全年带板运输超过 600 万次，业务量显著提高。

物流标准化试点企业物流效率大幅提升、成本明显降低。试点企业库内运输设备、人工效率提高超过 50%，货物周转效率、盘点准确率、仓库空间利用率均大幅提高，货物破损率明显降低，装卸人员成本降低 50% 以上。有效缓解商业设施周边交通压力，社会效益显著。新增免验收企业（门店）600 余个，货物装卸效率、交接效率平均提高了 2 倍以上。

2. 物流运作模式不断创新

（1）促进物流业态创新。"盒马鲜生""京东到家""苏鲜生"等以"互联网＋零售"为主要特点的新零售模式，也促进了新物流业态的产生。通过运用大数据、移动互联网、智能物联网、自动化等先进技术及设备，实现人、货、场三者之间的最优化匹配，形成从供应链、仓储到配送的完整物流体系，为消费者提供高效快捷的物流服务。

（2）加速物流产业升级。建设基于物联网技术的冷链物流安全保障平台，打通冷链物流上下游信息流通道。建设京津冀区域物流公共平台（二期），为京津冀区域内的 5 万会员企业提供安全、高效的车货交易信息服务，实现在线全流程闭环可视化交易、透明管理以及大数据分析。建设北京市物流金融平台（二期），进一步扩大在线物流金融资源集聚、交易风险监控和业务办理服务，创新物流金融衍生产品，规范物流领域金融服务流程，防范金融风险、监管市场秩序。

3. 积极发展绿色物流

（1）强化重型柴油车管控。按照《北京市蓝天保卫战 2018 年行动计划》的部署，严格执行《北京市促进高排放老旧柴油货运车淘汰方案》，加快淘汰国Ⅲ排放标准柴油货运车。同时，北京市加强对于载货汽车的交通管控。自 2017 年 11 月公布的《关于对部分载货汽车采取交通管理措施降低污染物排放的通告》政策实施后，主要进京高速公路日均货车流量为 1.1 万辆，较政策实施前降低 51.5%；六环路日均货车流量 9377 辆，较政策实施前降低 25.4%。

（2）推广应用新能源物流配送车。重点在城市配送、快递领域启动新能源物流配送车替代工程，支持具备条件的企业使用新能源物流配送车替代电动三轮车。制定面向新能源轻型物流配送车的鼓励性通行政策，逐步示范推广纯电动轻型物流配送车，促使京东、顺丰、邮政等行业典范企业加快应用新能源物流配送车，带动行业绿色化发展进程。通过北京物流与供应链管理协会对参与新能源电动物流车试点的企业统计显示，平均每车每天行驶里程达到 101.6 千米，在五环内平均行驶率为 82.5%。同时推动制定新能源物流配送车充电、换电设施政策。

（3）实施绿色包装示范工程。国家邮政局 2016 年 8 月出台《推进快递业绿色包装工

作实施方案》，谋划快递业绿色包装工作，意图提高快件包装领域资源利用效率，开展快件包装分类回收利用试点，降低包装耗用量，减少环境污染。同时，各大电商及快递企业也在积极引进绿色包装，以京东为例，京东于 2016 年 9 月成立了物流包装实验室，从压缩包装耗材尺寸和面积及使用更加环保的新材料两方面减少资源浪费，促进包装物的循环利用。

此外，随着电动叉车的普及及成本的下降，电动叉车的普及率越来越高。据北京物流与供应链管理协会对商贸物流相关会员企业调研，新能源叉车所占比例达到 80% 以上。

第二章

非首都功能疏解背景下北京物流系统重构

第一节　北京城市物流系统的现状

一、北京城市物流的特点

1. 物流需求特点分析

（1）典型的超大型商贸城市，商贸物流服务保障功能凸显

北京是一个典型的消费型城市，水果蔬菜、粮油及肉禽蛋奶鱼、药品、医疗物资以及煤炭、石油等货物运入城市的运入量远高于运出量，运入量基本是运出量的5倍以上。城市供应保障基本依靠外部供给，大进小出特点明显。同时2017年年末全市常住人口2170.7万人，2017年实现消费品零售总额11575.4亿元人民币，全市总体物流规模体量巨大，对于仓配一体化的服务需求持续加大。加之北京市的产业结构主要以第三产业即服务业为主，而与此相配套的商超便利店配送物流、电商快递物流以及餐饮企业的配送供应等城市物流配送已成为北京城市物流发展的主导模式。2007—2017年北京市社会物流总额及构成情况如表2－1所示。

表2－1　　2007—2017年北京市社会物流总额及构成情况　　（单位：亿元）

指标 年份	社会物流总额	农产品	工业品	进口货物	再生资源	外省市流入物品	单位与居民物品
2007	30553.6	231.2	8669.9	10951.5	229.5	10409.2	62.3
2008	41005.7	260.0	9201.4	14880.6	288.4	16283.4	91.9
2009	38442.7	269.4	9577.9	11366.8	67.9	17064.1	96.6
2010	50424.7	280.2	11390.9	16649.1	69.3	21909.6	125.6
2011	59624.5	310.2	12327.9	21344.4	105.4	25387.0	149.6

续 表

年份＼指标	社会物流总额	农产品	工业品	进口货物	再生资源	外省市流入物品	单位与居民物品
2012	65851.1	337.8	13008.6	21984.3	67.0	30284.2	169.2
2013	72440.1	360.0	13875.4	22656.4	129.7	35230.3	188.3
2014	75923.6	358.2	17911.6	21695.5	201.7	35508.4	248.2
2015	67648.7	312.8	17829.2	16442.6	131.5	32691.8	240.8
2016	63877.5	286.5	14602.6	15207.1	219.0	33300.3	262.0
2017	71105.1	260.7	14154.2	17961.4	180.1	38280.6	268.1

资料来源：《北京统计年鉴 2017》。

另据《北京市城市中心区货运需求量调查报告》显示，通过对居民日常生活类、城市运行及公共服务类、建筑物资类、工业原材料及制品类（建筑物资除外）、文体用品类和其他六个货物大类在运量与车次方面进行横向比较，虽然居民日常生活类货运量只占22.8%，但是车次却占了69.1%；同时，调查还显示，城市运行保障货运量占城市中心区货运总量的52.87%，从这个调查可以反映出北京城市运行保障物流需求，尤其是涉及生活类的物流需求非常强烈。

（2）小规模商贸物流主体众多，物流碎片化特征明显

根据2015年年底公布的全国第三次经济普查公告显示，在全国法人单位从业人员行业分布中，有1/3的企业从事商贸物流。

2018年3月，我国市场主体已达到1亿户，其中企业用户3100万户。

（3）以进为主的输入型城市，呈现“大进小出”特点

北京城市物流产品以进口货物和外省市流入物品为主，其中，进口货物和外省市流入货物额占到物流总额的76%。

（4）网购零售不断增加，快递服务占比快速上升

据北京市统计局数据显示，2017年北京市限额以上批发零售企业实现网上零售额2371.4亿元，同比增长10.9%；其占社会消费品零售总额的比重创近五年新高，达到20.5%，高于全国5.5个百分点；拉动北京市社零额增长2.1个百分点，对北京市社零额增量的贡献率达到40.9%，成为全市消费增长的重要支撑。而在全国网络购物额排名中，北京市以超过上海市685亿元的成绩排名第三，仅次于广东与浙江，人均网购额接近3万元遥遥领先。

2017年北京市全年快递服务企业业务量累计完成22.75亿件，同比增长16.03%；业务收入累计完成303.83亿元，同比增长18.42%，快递业务发展快速。

同时，根据对快递业务与物流业务收入的占比分析可以看出，占比从2011年的2.8%上涨到了2016年的10.2%，平均增速达到了30.1%，可以预见随着未来网购与快递业务的发展，快递业在北京市物流中的比重还将不断上升、重要性越来越强。2011—2017年快递业与物流业收入分析如表2-2所示。

表 2-2　　2011—2017 年快递业与物流业收入分析

年份	2011	2012	2013	2014	2015	2016	2017
快递业务收入（亿元）	52.6	76.3	93.8	147.6	181.7	256.6	303.8
物流业务收入（亿元）	1891.1	2104.4	2267.6	2482.5	2409.0	2517.3	2805.2

资料来源：《北京统计年鉴 2017》。

2. 物流供给特点分析

（1）四大物流基地未承担起北京最大物流平台功能

北京市物流节点在“广覆盖”“组团式”的物流空间发展格局基础上不断发展，形成了以四大物流基地为一级物流节点、普通物流仓储设施为二级物流节点的双层级物流节点网络结构。其中物流基地作为一级物流枢纽，是构成北京物流总体空间布局发展框架的核心主体，主要承担首都城市物流的组织服务功能。

然而截至 2016 年年底，北京四大物流基地（顺义空港物流基地、通州马驹桥物流基地、平谷马坊物流基地和大兴京南物流基地）货运吞吐量占比不足北京市全年货运总量四成，超过六成货量需要依靠其他物流仓储设施进行分拨服务，四大物流基地并未发挥其首都最大物流平台的作用。但随着首都非核心功能疏解，大量仓储设施疏解外迁，需要物流基地重新定位，强化属地服务。

（2）物流园区以货运枢纽型为主

基于地图搜索及调查，统计得出北京市共有 108 个物流园区；大部分聚集在东、南五环外区域，仍以货运型为主；规模小于 50 亩者居多。各区物流园区数量和园区功能结构分别如图 2-1 和图 2-2 所示。

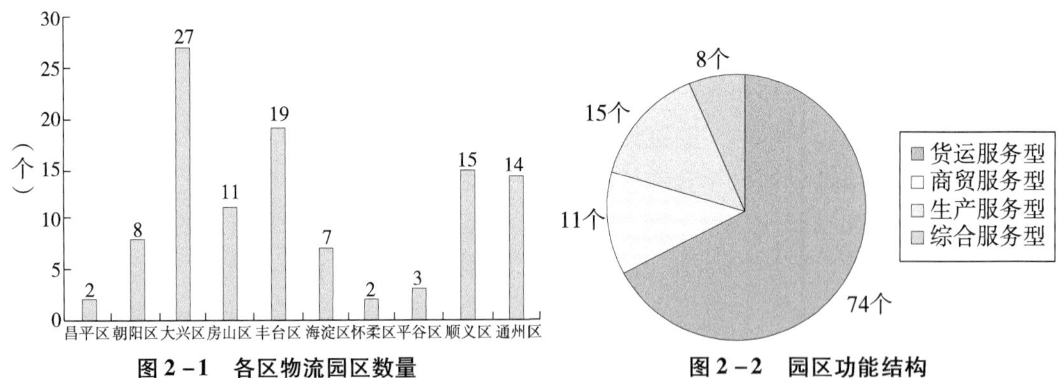

图 2-1　各区物流园区数量　　图 2-2　园区功能结构

（3）北京市物流流量、流向以南部为主

2017 年“9·21 政策”前，北京市日均货车流量最高的货运通道前十条中，包括 6 条高速、2 条国道和 2 条市道，承担了近 55% 的进京货车流量，共计约 25886 辆次/日。高速通道主要包括京哈高速、京开高速、京平高速；国道主要包括 G110 京银路、G101 京沈路、G107 京深路。

（4）公路运输占绝对主力

近十年全市货运总量有高有低，在2014年达到最高值29518万吨，2017年开始回落到23880万吨。货物运输方式方面，公路运输占据绝对优势，近年一直超过80%；铁路货运量持续下降，到2017年占比不足3%。2007—2017年北京市各类运输方式货运量一览如表2－3所示。

表2－3　　2007—2017年北京市各类运输方式货运量一览

年份	总货运量（万吨）	各分类货运量（万吨）			
		铁路	公路	民航	管道
2007	20770	1925	17872	98	875
2008	21884	1733	18689	93	1369
2009	22017	1635	18753	98	1531
2010	23713	1572	20184	130	1827
2011	26849	1380	23276	132	2061
2012	28650	1232	24925	134	2359
2013	28294	1078	24651	136	2429
2014	29518	1132	25416	149	2821
2015	23237	1005	19044	158	3030
2016	24099	725	19972	163	3239
2017	23880	704	19374	175	3627

资料来源：《北京统计年鉴2017》。

公路运输以短距离、零担业务为主，货物种类包括快速消费品、建材、农产品、日用品、服装等，其中建筑物资和生活必需品是最主要的运输货类，两者合计货运量和运次占比分别为74.4%和69.5%，两者合计95%以上都是由公路完成运输。随着城市非首都功能疏解，目前公路货运呈现以居民生活保障为主的特征，货运量变化与人口呈现高度相关性。

二、北京物流需求主要分布

北京市三大产业对物流产业的需求和影响不同。其中第一产业对物流业产生的影响并不显著；而第二产业与第三产业对物流业均有比较明显的需求，但两者的需求呈现结构性的差异。考虑到本次物流专项规划关注的重点是消费领域的服务型物流，基本服务居民日常生活，因此主要从商业服务业、人口和居住区分布以及物流活动主要分布区域三方面进行物流需求区域分析。

1. 商业服务业

北京市的市级商业中心大多位于首都功能核心区内，主要包括王府井、西单和前门传统商业区；区级商业中心则多数顺应北京城市人口分布及消费规律，形成于朝阳门外、公主坟、木樨园、马甸、中关村等地的商业聚集地，同时在二环内的鼓楼、西四、新街口、北新桥、东四、东单、花市、珠市口、菜市口，二环外的北太平庄、五道口、甘家口、三里河、酒仙桥、望京、六里屯、定福庄、南磨房、方庄、西罗园、古城、鲁谷等地，以及丰台、通州、顺义、大兴、房山，形成多个具有一定辐射能力的区级商业中心或商业街区。北京市大型商业设施数量地理分布情况如图 2－3 所示。

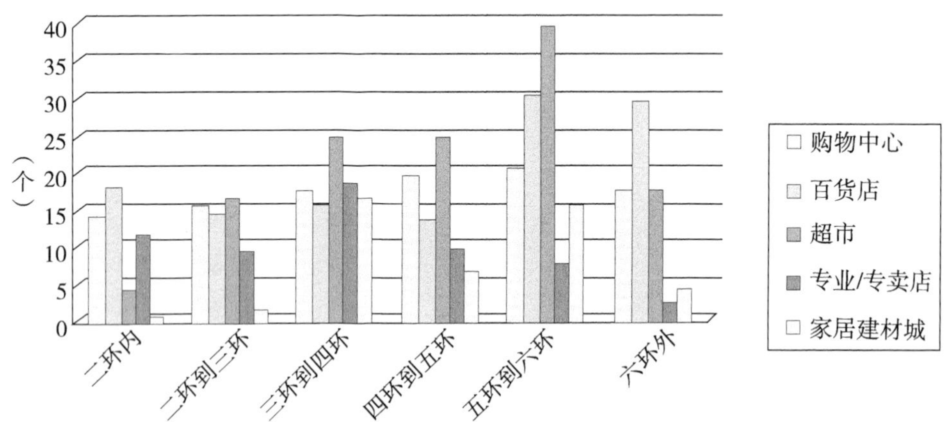

图 2－3 北京市大型商业设施数量地理分布情况

据统计，全市 443 个大型零售商业设施的总营业面积约为 1154.6 万平方米；其中，五环以内的中心城区，大型零售商业设施占据了总数量的 59.3%、总营业面积的 65.1%；五环外，大型商业设施则相对集中于通州、大兴、房山及昌平等区。

北京市人口众多，对农产品的需求量很大，目前拥有新发地农产品批发市场、北京农产品中央批发市场、朝阳区大洋路农副产品批发市场、顺鑫石门农产品批发市场、昌平水屯农副产品批发市场、八里桥农产品中心批发市场等重要农产品批发市场。主要分布在京西南、京东、京北三个方向，四个在五环内（大洋路、新发地、中央、岳各庄），一个在五环到六环之间（八里桥），两个在六环之外（水屯、石门）。综合性批发市场规模较大，品类涵盖丰富，其中蔬菜类所占规模比例最高，达 30%～40%；水果类所占规模次之，占到 20%～30%。在北京市诸多规模较大的农产品批发市场中，新发地作为北京市蔬菜水果批发一级市场，规模位居北京市农副产品批发市场之首，其他市场主要为二级市场。2017 年北京市商品交易市场基本情况及北京市主要农产品批发市场分别如表 2－4 和表 2－5 所示。

表 2－4　　2017 年北京市商品交易市场基本情况

	项目	市场数量（个）	总摊位数（个）	成交额（亿元）
全市合计		631	207245	4011.5
按经营方式分	批发市场	88	70672	2641.1
	零售市场	543	136573	1370.4

续 表

	项目	市场数量（个）	总摊位数（个）	成交额（亿元）
按市场地理环境分	二环以内	35	7187	34.1
	二环至三环以内	67	27696	99.8
	三环至四环以内	103	40246	1284.2
	四环至五环以内	66	28284	1712.9
	五环至六环以内	158	38823	467.0
	六环以外	202	65009	413.5

资料来源：北京市统计局官网。

表 2－5　　北京市主要农产品批发市场

序号	名称	序号	名称
1	北京农产品中央批发市场	12	昌平水屯农副产品批发市场
2	新发地农产品批发市场	13	四季兴海水产品物流中心
3	大洋路农副产品批发市场	14	西沙窝农副产品批发市场
4	四道口水产批发市场	15	怀柔南华农贸批发市场
5	八里桥农产品中心批发市场	16	合美渔都农产品批发中心
6	锦绣大地农副产品批发市场	17	良乡城东农副产品交易市场
7	顺鑫石门农产品批发市场	18	东昌利华农副产品批发市场
8	京深海鲜批发市场	19	永安农副产品批发市场
9	王四营新东郊批发市场	20	京丰岳各庄农副产品批发市场
10	亿客隆北苑综合批发市场	21	华远农副产品综合批发市场
11	金五星农副产品批发市场		

资料来源：北京市统计局官网。

2. 人口和居住区分布

近十年城乡接合部地区人口快速集聚，但城市人口密度最高的区域还是位于中心城区内。从环路上看，环路人口分布呈圈层向外拓展，即由二三环内向四环外聚集。2014年人口抽样调查结果显示，三环至六环间聚集了 1228.4 万的常住人口，占全市常住人口的 57.1%。2017 年，全市常住人口密度为 1323 人/平方千米，常住人口密度从首都功能核心区开始向外围逐渐降低。核心区人口密度为 22416 人/平方千米。2014 年以来，昌平、顺义、大兴、通州、房山的人口增速较快，城六区人口增速下降，2016 年首次出现负增长，2017 年保持负增长态势。考虑到 2035 年全市人口规模将控制在 2300 万内，未来全市常住人口增幅不大，通州副中心和多点地区的常住人口数量会进一步增加，但在功能疏解后中心城区常住人口数量会进一步减少。

3. 物流活动主要分布区域

根据北京市交通委员会2016年开展的北京城市货运需求特征的调查结果显示，2016年北京市六环内物资需求量为近2亿吨，其中五环内货物需求量为0.8亿吨。从空间来看，五六环间的物资装卸发生量最大，占比达到45%，其次是六环外占比达30%，五环内占比25%。需求集散地主要包括大型批发市场（如新发地）、大型商圈（如东直门）和产业集群集散地（如黄村）等，车辆密度最高接近300辆次/平方千米。

除了旧城部分地区外，中心城区目前仍然是物流需求最旺盛的区域，从中心城三四环向外总体物流需求逐层递减，但是随着中心城区的功能疏解，中心城区的物流需求会比较平缓，而通州、大兴、昌平、房山等区域未来的物流需求会非常旺盛。从各行政区来看，物流需求最旺盛的区域是朝阳、丰台、海淀；物流需求较旺盛的区域是顺义、大兴、房山、昌平、通州；物流需求一般的区域是石景山、门头沟、密云、怀柔、平谷、延庆。

三、北京物流仓储设施分布

从2003年到2015年，全市物流仓储用地从40.8平方千米增长到53平方千米，但从2016年以来全市加大违法建设拆除力度，2018年全市物流仓储用地预计减少到49平方千米。同时，物流仓储用地逐步向五环外迁移，整体向外迁移趋势明显。

从统计数据来看，2006—2016年北京市交通运输、仓储和邮政业也逐渐向外围转移，2009年顺义、大兴等地区的物流业地区生产总值实现250亿元，增长率为280%，首次超越中心城区的物流业地区生产总值。同时，现有物流设施中自发形成的物流集散区数量较多，主要位于城乡接合部地区的集体用地，占全市总的物流仓储设施的比例超过1/3。其经营模式是租用村集体土地建设物流园区，采用对外出租的模式，以相对低的租金吸引物流企业。规划集中城市建设区内物流仓储用地的利用集约程度在逐步提高，而集体用地上自发形成的物流仓储用地仍有些许蔓延态势，这类物流仓储设施也是全市目前主要的拆除目标和对象。

当前北京市物流仓储用地总规模为49平方千米，其中消费领域服务居民日常生活和城市日常运转的物流仓储用地规模约30平方千米；用于米面粮油和各类应急保障物资储备的用地面积约8平方千米；储存危险化学品及特殊物品的仓储用地约3平方千米；钢材、煤炭等大宗物资储存用地约8平方千米。

北京市物流园区绝大部分分布在城市南部、东南部和东部地区。物流设施的分布明显表现出对高速公路、机场等交通设施的追随性。在城市五环和六环临近高速公路的两千米范围内，集聚了约70%的现有仓储物流用地。南部地区集聚度相对更高，在南五环周边，京开高速、京津唐高速、京津第二通道、京通高速周边大约集中了全市50%的物流仓储用地。北部的仓储物流用地则主要位于北六环首都机场周边。北京市各环路物流仓储设施面积如图2-4所示。

当前，北京市物流仓储设施的总建筑规模在3000万平方米左右，消费领域服务型物流设施的建筑规模约为1900万平方米，其中以经营性为主、可用于市场出租的物流仓储设施的建筑面积在1000万平方米左右。市场供给主要集聚在大兴区、朝阳区和通州区，

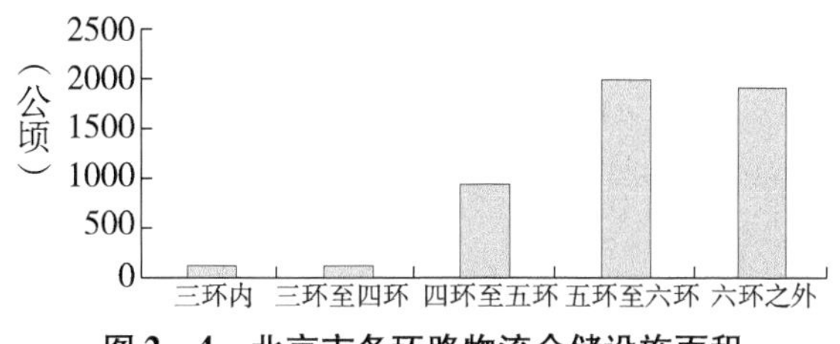

图 2－4　北京市各环路物流仓储设施面积

其次是顺义区和丰台区，上述五个区的物流仓储设施供给规模约占市场总供给的95%。

四、北京物流节点系统布局现状

北京物流节点网络在“十一五”物流发展规划的“三环、五带、多中心”空间格局基础上不断发展，原有规划布点的物流基地、综合物流区、专业物流区总体发展水平不一致，规划实施情况也不尽相同。除了市级层面的四大物流基地外，大部分规划的综合物流区和专业物流区发展状况一般，反而自发出现了很多企业和集体建设用地上的物流设施，于是逐渐形成了“广覆盖”“组团式”的物流空间发展格局。同时，在多组团格局基础上形成了二层级的网络结构，即以四大物流基地为一级物流节点、普通物流仓储设施为二级物流节点的双层级物流节点网络结构。

近年来，北京市在原有的“三环、五带、多中心”空间布局基础上，将原有物流节点功能进行改造提升，深化内涵、延伸发展，进一步形成“立体化、三维度、多组团”的空间布局结构，改变了原来仓储设施主要集中在三环以内的格局，逐渐向交通便利、适宜物流发展的四环以外区域集中，北京市物流空间布局得到进一步的优化。其中北京市物流基地主要集中在六环及六环以外，物流中心和配送中心主要集中在四环以外，可以预见随着非首都功能的外移，物流基地和物流中心或将继续外移。

物流基地作为一级节点，是构成北京物流总体空间布局发展框架的核心主体，主要承担首都对外以及城市内部物流的总体组织服务功能。同时大部分普通仓储设施承担着仓储、分拨、配送等二级节点的功能，这部分物流仓储设施绝大多数已位于四环以外，但现已成规模化、现代化、集约化的节点较少。

第二节　非首都功能疏解对北京物流系统的影响分析

一、非首都功能疏解的内涵

1. 非首都功能疏解的概念

2014 年 2 月 16 日，习近平总书记在北京市考察工作时提出，要明确城市战略定位，坚持和强化首都全国“政治中心、文化中心、国际交往中心、科技创新中心”的首都核心功能。非首都功能指与四个中心不相符的城市功能。同时还提出了京津冀协同发展重大战略，并在当年年底召开的中央经济工作会议上，强调京津冀协同发展的核心问题是疏解北京非首都功能，降低北京人口密度，促进经济社会发展与人口资源环境相适应。

2015 年 2 月 10 日，习近平总书记在中央财经领导小组（现中央财经委员会）第九次会议上指出，疏解北京非首都功能、推进京津冀协同发展，是一个巨大的系统工程。目标要明确，即通过疏解北京非首都功能，调整经济结构和空间结构，走出一条内涵集约发展的新路子，探索出一种人口经济密集地区优化开发的模式，促进区域协调发展，形成新增长极。

2. 非首都功能疏解的目标

习近平总书记在 2017 年 2 月 23—24 日视察北京城市规划建设指出，疏解北京非首都功能是北京城市规划建设的“牛鼻子”，要放眼长远、从长计议，稳扎稳打推进。北京的发展要着眼于可持续，在转变动力、创新模式、提升水平方面上下功夫，发挥科技和人才优势，努力打造发展新高地。要以资源环境承载力为硬约束，确定人口总量上限，划定生态红线和城市开发边界。对于大气污染、交通拥堵等突出问题，要系统分析、综合施策。源远流长的中华文明中北京历史文化是重要的一部分，所以要更加精心保护，凸显北京历史文化的整体价值，强化“首都风范、古都风韵、时代风貌”的城市特色。

近期目标——2017 年，有效疏解北京非首都功能取得明显进展，一批重大项目得以实施。

中期目标——2020 年，北京大城市病等突出问题得到缓解，区域一体化交通网络基本形成，生态环境质量得到有效改善，产业联动发展取得重大进展。

远期目标——2030 年，首都核心功能更加优化，京津冀区域一体化格局基本形成，区域经济结构更加合理，生态环境质量总体良好，公共服务水平趋于均衡。

3. 非首都功能疏解的任务

北京市 2015 年政府工作报告指出，按照严格控制增量，有序疏解存量，对不符合首都城市战略定位的功能和产业，逐一列出清单，拿出具体方案，尽快组织实施，确保取得实质性进展。未来 5 年里，北京市将通过“禁、关、控、转、调”5 种方式来完成疏解非首都功能的目标，如严格按照新增产业的禁止和限制目录，就地关停高污染、高耗能、高耗水企业；对不符合首都城市战略定位的劳动密集型、资源依赖型的一般制造业企业实施整体转移，对高端产业中不具备比较优势的制造环节实施调整，主动在京津冀地区进行全产业链布局等。北京市疏解任务一览如图 2 – 5 所示。

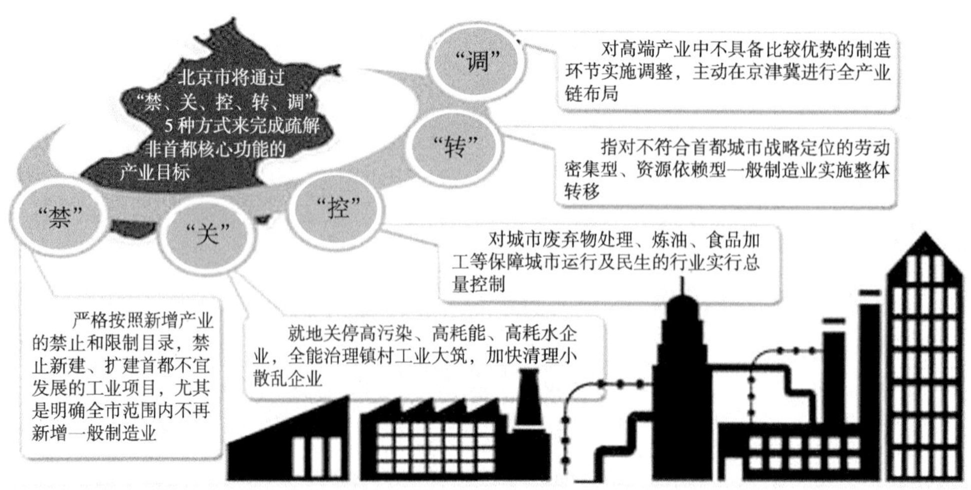

图 2 – 5　北京市疏解任务一览

非首都功能疏解是以“几个一批”指导北京旧城和中心城区的疏解工作，包括“一批制造业”“一批城区批发市场”“一批教育功能”“一批医疗卫生功能”“一批行政事业单位”。主要疏解产业如下。

（1）一般性产业。特别是一些高能耗企业、非科技创新型企业和一些科技创新成果转化型企业，以及高端制造业中缺乏比较优势的生产加工环节，这些企业和环节都有可能从北京转移到天津和河北。

（2）区域性专业市场等部分服务行业。包括物流基地、批发市场，第三产业的呼叫中心、服务外包和健康养老等，这些产业聚集了大量人口，服务于整个区域，也需要向周边地区转移。

（3）部分教育、医疗和一些社会公共服务部门。在京高校的本科部分需要搬迁，只留下研究生及以上部分，建立研究生中心、创新基地和智库。“原则上要求通过各种方式，将部分教育医疗资源转移到北京之外；最起码是北京四环之外，同时高校不允许再在城六区之内进行扩建，医疗资源也是要通过各种形式，如办分院、合作办院等将部分优质医疗资源转移出去。”

（4）部分行政事业性服务机构。北京市四套班子迁往通州副中心；同时北京市属委办局和一些为中央机关提供服务的辅助性机构，如提供支持、服务和辅助作用的服务中心、信息中心、行业协会、各种研究院所、报社、出版社等，都面临要求搬走的情况。

（5）金融后台服务。北京主要集中在金融管理方面，天津的一个功能定位是金融创新运营试验区，所以北京和天津会有金融合作，北京的一些金融创新资源也会向天津转移，一些金融服务后台活动等则向河北转移。

二、非首都功能疏解影响总结及分析

1. 产业疏解影响需求

（1）工业企业。2013—2016 年累计退出了 1341 家一般性制造企业，2017 年疏解退出 500 家一般性制造企业，完成 2570 家“散乱污”企业清理整治。

（2）市场及物流中心。在市场疏解方面，2015—2016 年北京市共调整疏解了 350 家商品交易市场，其中 2016 年共完成调整疏解商品交易市场 117 个，合计疏解建筑面积 160 万平方米，调整疏解商户 2.8 万户。2017 年继续市场和物流中心疏解工作，全年疏解提升市场 120 个、物流中心 38 个，完成动物园地区、大红门地区以及天意、永外城等批发市场的撤并升级和外迁，基本完成官园、万通、雅宝路地区等批发市场的调整疏解和升级改造。北京市商品交易市场疏解后情况对比如表 2 -6 所示。

表 2 -6　北京市商品交易市场疏解后情况对比

	市场数量（个）		出租摊位数（个）		营业面积（万平方米）	
时间	2013 年	2017 年	2013 年	2017 年	2013 年	2017 年
合计	821	631	231645	165350	1410.9	1102.2
综合市场	399	310	114064	77737	592.5	377.1

续 表

时间	市场数量（个）		出租摊位数（个）		营业面积（万平方米）	
	2013 年	2017 年	2013 年	2017 年	2013 年	2017 年
其中：生产资料综合市场	2	1	457	180	8.3	1.3
工业消费品综合市场	56	34	24028	14219	51.4	38.8
农产品综合市场	234	199	57560	46360	365.8	248.3
其他综合市场	107	76	32019	16978	167.0	88.7
专业市场	422	321	117581	87613	818.4	725.1
其中：生产资料市场	49	40	8959	7515	83.2	87.5
农产品市场	71	59	16969	16149	111.3	194.9
食品、饮料及烟酒市场	19	15	3162	1804	13.3	9.6
纺织、服装、鞋帽市场	78	44	37050	22413	222.8	79.9
日用品及文化用品市场	17	9	9807	1699	22.5	7.3
其他	188	154	41634	38033	365.3	345.9

通过近几年北京商品交易市场的数量对比变化，不难看出疏解成效显著，中心区的小商品批发市场、服装市场等已基本疏解完毕。但是对于农产品批发市场并没有进行更多疏解，这是因为农批市场的存在是若干年来市场选择的结果，这种业态不是人为规划出来的，而是交易需求和消费习惯堆积的结果，小商贩为了维护自己的客户需求，需要一个能一次性满足采购需求的集散中心，这个中心的上游批发商分别运来不同的货，可以满足多个小商贩的采购需求，这本身就是一个高效的市场选择。

北京市目前通过大量增加社区菜店或连锁蔬果店的方式来应对农产品批发市场疏解对居民生活带来的影响，但是各种小店铺的增加，仍旧面临着物流配送的问题，很多店铺的进货都是各自为政，不能做到统一配送，造成物流资源的浪费，带来物流成本的增长。

因此当批发市场疏解升级后，原服务辐射区域面临着重大物流需求缺口，物流需求与物流节点不匹配的情况比较严重，城市现有物流节点布局只能基本满足民生和经济社会发展需求，所以需要重新进行物流系统的规划。

2. 土地集约影响供给

压缩工业、仓储等用地比重，腾退低效集体产业用地，提高产业用地利用效率。计划到 2020 年城乡产业用地占城乡建设用地比重由现在的 27% 下降到 25% 以内。

以新版城市总体规划提出的促进城乡建设用地减量提质和集约高效利用为前提，一方面加强存量建设用地的再利用，提高土地使用效率，利用全自动分拣和追溯系统等新技术集约高效建设物流设施；另一方面大力打造公共物流平台及配送中心，发展共同配送、公共仓储等共建共配共享模式，促进社会整体资源的集中和高效利用。

3. 人口疏解对服务模式提出要求

到 2020 年，北京城六区人口要在 2017 年基础上减少 15 个百分点。2017 年城六区人口大约是 1208.8 万人，减少 15 个百分点，意味着要转移将近 200 万的人口。

改变当前小、散、乱的物流组织方式，积极推动城市物流组织模式的整合、转型和升级，大力支持第三方、第四方物流企业的发展壮大，统筹兼顾居民便利、价格成本和城市整体运行效率，以此实现社会综合效益的最大化。

三、北京物流发展趋势的基本判断

党的十九大报告指出，我国社会的主要矛盾已经由人民日益增长的物质文化需要同落后的社会生产之间的矛盾转化为人民日益增长的美好生活需要和不平衡不充分的发展之间的矛盾。新时代背景下，京津冀协同发展、城市功能的优化提升、人民对美好生活的向往、消费需求的不断升级、持续对外开放、互联网 + 的深入影响都对北京的物流发展提出了更高的要求，也使北京物流发展呈现出新的发展趋势。主要趋势有如下几个。

（1）区域集散功能疏解外移成为必然，大型物流设施外围化趋势加速，京津冀协同发展战略使大型物流设施的跨行政区域联动发展成为可能。

（2）未来物流设施的高成本和城市物流需求的高响应性迫使共同配送成为城市配送主要服务形式，公共配送中心将凸显其在物流系统集约高效运转中的关键环节作用。

（3）传统的交通运输和仓储保管等物流低端服务供给过剩，未来个性化、定制化以及贯穿全供应链的物流解决方案将会有非常大的需求。

（4）全市生活性物流的总体需求将呈现高增长性，而对生产性物流的需求则将呈现出增长速度下降的趋势。

（5）将进一步普及自动存取机器人、自动分拣、电子标签拣货等物流技术和装备，简单依靠低人力成本进行物流服务的组织方式已不可持续。

（6）未来必须依托铁路、公路、航空等不断完善的交通基础设施，开展不同形式的多式联运，实现各种交通方式之间的高效衔接。

第三节　北京市物流系统重构所面临的问题及重构对策

一、北京市物流系统重构所面临的问题

（一）现有存量物流基地仍以经济性考量为主，属地服务性不足

从 2002 年起北京围绕周边陆续规划了四大物流基地，分别是顺义空港物流基地、通州马驹桥物流基地、平谷马坊物流基地和大兴京南物流基地。顺义空港物流基地成立于 2002 年，一期开发占地面积 1.55 平方千米。通州马驹桥物流基地成立于 2003 年，占地面积 5.04 平方千米。大兴京南物流基地成立于 2009 年，占地面积 6.71 平方千米。平谷马坊物流基地于 2010 年开始运营，占地面积 3 平方千米。2015 年北京四大物流基地总规划面积达 17 平方千米，货运吞吐量不足北京市全年货运总量的 30%。而日本东京周边也分布四大物流基地（足立流通中心、板桥流通中心、平和岛流通中心、葛西流通中心。注：流通中心即物流基地），东京四大物流基地的货运量总和占东京货运总量的 70%。从货运量和入驻企业类型看，北京四大物流基地并未成为北京最大物流平台。但随着大量

中小型物流设施的疏解，这部分重担显然就会落在四大物流基地肩上，这也对四大物流基地提出了新的要求，物流基地需要重新定位自身的物流功能。

（二）物流仓配设施大量拆除，物流设施相对量不足

尽管北京建立了四大物流基地，但由于税收政策等方面影响，加之受建筑规模增减挂钩影响，各区政府普遍不欢迎物流设施在本区落地，导致很多政府规划物流用地中多用于总部经济和商贸经营，而非物流服务，这使得真正经营物流的设施少之又少。同时由于当前北京很多仓配设施属于市场自发形成，在非合规土地性质上又建立许多物流设施，大部分没有合法手续，导致企业不敢投入太多资金进行硬软件改造，大多数物流设施使用粗放、以平层库居多，信息化程度不高，同时也存在各种安全隐患。随着对这些不规范仓配设施的大力拆除，北京市的仓配设施用地更加紧张，使得在所有国内的国际城市中，北京的人均物流设施拥有量最低，这在一定程度上对城市配送的时效性及费用造成了影响。

北京的超市采用了不同的物流配送模式，有的是自营物流配送，有的是借助第三方物流或快递公司进行配送，还有的直接让供货方配送。其中自营配送较少，所以采取统一配送方式的比例也不高，大部分仅达到60%～70%。物美集团属于统一配送做得比较好的企业，其采取了自建物流中心的做法。物美集团自建的华北物流配送中心位于东五环，占地面积7万平方米，在机场高速附近，有2个冷冻冷藏库、1个常温库，年配送能力70多亿元。北京二商集团的物流中心面积也比较大，部分位于海淀等黄金位置。京客隆配送系统由普通商品配送中心（位于朝阳区双桥，占地10万平方米，库房面积3万平方米）和生鲜食品配送中心（位于朝阳区姚家园路，面积约2万平方米）组成。而家乐福没有自建物流中心，供应商需要每天根据门店要求进行商品配送，由此产生非常大的交通压力。

（三）批发市场以及物流设施外迁，使北京物流更加碎片化

2016年，北京共疏解清退市场117个，疏解区域性物流中心32个。2017年基本完成官园、万通、雅宝路等批发市场的转移疏解及升级改造和动物园地区、大红门地区、天意、永外城等批发市场撤并升级及外迁，共完成疏解提升市场120个、物流中心38个。

随着批发市场以及物流快递设施的外迁，原有的以市场及物流节点为核心的近距离相对集中的物流组织模式被打破，使服务北京的物流网络边缘扩大，物流节点外移，运输距离延长，一定程度上增加了物流成本。

（四）大量的快件将带来大量的快递人员聚集

随着网购量的不断增加，快递服务量的不断加大，各类运送快递的交通工具数量将不断增多，管理困难程度加大，对城市交通、安全和环境方面的不利影响越来越大。据统计，2017年北京市快递业务量为22.75亿件，同比增长16.03%。根据复合模拟测算，预测北京市未来的快递业务量，2020年北京市快件业务量将达32.1亿件，2025年预计达到48.8亿件。

目前北京的快递从业人员达10万人以上，快递用电动车有8万辆，如果网购数量按每年20%增长，未来快递员、快递车辆数量还会增加。这种依靠高密集度快递人员送货的传统物流方式与时效性、精细化及智能化的北京城市物流发展要求无法匹配，无法适应消费流通领域的变革，难以支撑首都城市多样化、个性化、大体量的物流需求，不利于城市总体效率的提升。

（五）物流中心的外迁，导致运距加长、物流成本上升

当前，全市营运货车总体装载率较高，运次平均载货率达到了91.6%，充分发挥了车辆的有效运能。但由于缺乏分布均匀合理的配送中心，城市民生保障类物资大多为单程运输，货物配送完成后，基本上是空车返回原点，营运货车里程利用率仅为54.5%；同时，受五环内时段限行政策影响，大部分货车从六环外配送中心出发，全市营运货车平均日运次为1.14次，日均只能完成一个运次的配送业务，部分持城区通行证的车辆（如京东的货车），近途也只能完成2～3个运次配送业务，远途如上地地区也只能完成1～2个运次配送业务。

二、北京物流系统重构策略路径及基本构想

（一）重构路径及策略

1. 政府应对北京的物流基础设施用地在总量内进行规划和控制

东京四大物流基地不足2平方千米的物流用地就满足了3000万人口70%以上的物流需求，北京目前四大物流基地的规划面积已达17平方千米，但仍有物流用地不足、需要扩大用地的呼声。究其原因，一是经济的发展，新业态、新需求的不断出现，对物流用地及选址有了新的要求，原有物流设施在位置及规模上已不能适应新需求；二是大城市人口的相对密集与土地资源不足的矛盾，不可能无限制地充分满足物流用地需求。为此，建议北京在重构城市物流系统时，要适当调整规划思路，进行供给侧改革。在把握好北京城市经济发展需求基础上，借鉴国内外经济发展与物流基本需求的匹配度关系，规划北京未来物流用地的总量规模。对于具体选址，政府可不做具体规划，而是由从事物流服务的具体企业根据市场需求和服务商圈、内容及对象申请定址，政府根据物流用地总量范围等指标，按市场配置资源原则进行审批。同时，要对服务北京经济发展和人民生活保障的物流基础设施用地给予保障，不能出现物流用地“不足”与“过剩”相互矛盾的现象。

北京市基础保障物流需求的用地究竟需要多大规模，可以通过三种方法进行测算。一是采用GDP和期末库存法来进行公共物流用地规模测算。依据GDP和期末库存的相关关系，测算出各年的库存额并换算出库存量，再根据库存量计算出需要的物流仓储建筑面积。由此预测北京城市物流到2020年共需1490万～1700万平方米用地的公共物流用地。二是借鉴国外经验，通过货物运输量和仓库之比来进行估算。如2017年日本东京的营业用仓库面积为374万平方米（不包括冷藏、危险品等仓库），每一天的货物运输量是41.3万吨（包括生产用和生活用货物）。三是根据大型电子商务企业、大型商超、批发市

场、连锁店等北京市主要物流需求单位的调研结果估算，它们掌握着北京市主要物流需求情况，可以根据物流需求与保障物流需求用地之间的线性关系来进行测算，测算出的物流基础用地应由北京市实施总量统一管理。

2. 北京市应规划建设“真正的”物流基地

尽管北京市从2002年起就陆续规划建设了顺义空港、平谷马坊、大兴京南、通州马驹桥四大物流基地，总规划面积达到17平方千米，但从入驻企业、物流人口集聚及货运量来看，并没有发挥物流基地应有的“集中基础设施、集聚物流资源、集约物流业务”社会功能。并且，每年企业还在向政府呼吁物流用地不够，要求政府给予支持。通过调查发现，尽管北京的物流基地总面积不算少，但仍满足不了北京经济发展需求，究其原因就是尽管面积巨大，但实际物流作业用地比例过低，无法满足日益增长的物流需求。从日本东京物流基地指标可以看出，日本四大物流基地总面积为1.768平方千米，但实际物流作业用地的比例最低的足立物流基地，也达到57%；最高的葛西物流基地作业用地占比达到81%，充分发挥了物流基地聚合资源、提高效率、降低成本的作用。所以，尽管北京目前有四大物流基地，但比对日本东京，我们的物流基地还算不上真正意义的物流基地，只能说是起到部分物流资源积聚的作用，距离政府规划要求还有相当距离。

3. 区别对待，强化物流基地公共服务性并弱化经济性要求

物流园区的重要功能就是利用其物流服务公共性，提高运输效率、减少城市交通拥堵、降低汽车尾气对环境的破坏等。因此，从国外的发展经验看，这种类型的园区更多与港口、码头以及机场的基础服务设施具有同样的公共性，但由于政府往往仅看重经济要求，对物流园区的考核和工业园区、商贸园区一样，将对GDP的贡献、对地方税收的贡献作为考核园区的主要指标。其导致物流企业有的因为过高的经济门槛无法进入基地，有的只能利用基地进行非物流业务经营提高收入，使物流基地的物流集聚作用大打折扣。以马驹桥物流基地为例，尽管很多入驻企业号称是物流企业，但实际只有很少的企业从事直接物流服务，而大多数企业更多进行非物流业务，否则无法满足税收指标的考核需要。由于对物流基地的考核过于强调其经济功能，忽视其公共服务功能，出现了一些物流基地不愿大量引入物流企业、物流企业也不愿入驻物流基地的现象，导致物流基地并未达到规划时的目的。而在规划外的其他地区，如黑庄户、木樨地、京南等地则出现了自发形成的物流聚集区。因此，建议对物流基地中确实用于服务北京物流的作业区域，不仅应降低对其经济指标如税收增长指标的考核，使其发挥公益功能，而且对入驻的物流企业也应实施优惠的金融政策，双管齐下吸引物流企业入驻，提高物流效率、降低物流成本。物流业毕竟是服务性行业，不可能和工业、商贸业一样产生较大的价值，应考虑到物流对城市企业和民生保障的重要作用，综合看待和考核物流园区，而不是单纯看经济价值。

4. 严把方向，对不符合定位的基地企业进行腾退转换

根据《北京城市总体规划（2016年—2035年）》《〈中国制造2025〉北京行动纲要》等对北京市战略定位以及产业定位的要求，以保障首都城市运行和民生服务为目标，加强对物流基地情况的摸底调查，从土地资源供给侧入手，对于不符合北京城市定位的物流基地产业项目予以坚决清退，支持通过土地回购、置换等形式盘活做优土地资源，将物流基地中为区域经济服务的物流设施进行腾笼换鸟式改造，或将原聚集区重新规划，成为北京服务的分拣及末端配送中心。北京的电子商务零售额从2010年的120亿元增加到2018年的2632亿元，增长近21倍。针对北京快递数量逐年增多的情况，规划若干快递集中区，可减少物流中转次数、减少装卸搬运作业次数、缩短配送时间，通过统一配送方式提高快递企业的配送运行效率。

5. 加大城市物流末端网点的规划和建设力度，采用总量控制、企业申请政府审批形式构建物流网点

随着疏解力度的进一步加大，非首都核心功能的物流供给和需求得到了释放，大型物流设施和非标准化的碎片化物流设施外迁和拆除，提升了城市经济效益。但是，经济发展、人民生活水平提高、消费升级、结构变化等因素，对城市物流有了新的需求，而末端物流系统，特别是末端物流设施的系统化规划和建设还远远无法满足新需求的变化。因此，重构城市物流系统，除了疏解大型物流设施外，更应加大城市内部末端物流系统，特别是末端物流网点设施的规划建设力度，使之形成外部大型物流设施与内部合理布局、物流网点功能齐备相结合的新型物流系统。

具体选址可在物流总量规模控制下，由市场需求决定具体位置。

（1）根据物流流向及流量设计配送中心

北京的地理位置决定了北京城市的货物运输将以东南扇形为主的格局，同时根据各方向或流量的统计分析可见，北京的主要货流方向为：东、东北、东南、南、西南5个方向。而根据北京城市总体规划，到2020年，北京市的人口增长将主要集中在顺义、通州、大兴（尤其是亦庄地区）、房山和昌平，增加的大量人口必然会带来相应的物流增长，人口迁移变化也必然对物流选址带来一定的影响。输入型和人口集中度高的特点决定了北京商贸物流业有别于其他城市，其以进为主的消费模式、货物运输的方式以及产品流向的特征，决定了未来面向北京服务的物流配送中心选址仍是沿着东、南方向高速公路向南、东南方向推进。此外，在规划时还应考虑与北京大兴国际机场的衔接。公共配送中心的规划选址应以政府为主导，北京市内的原则上不宜新增或变更，要控制在总量内；北京市外的则可以放宽一些要求。规划时应充分考虑市场需求，尊重市场规律，在满足公共物流区空间布局原则的前提下，新增或改变位置应充分论证，提出合理依据，并依据物流量预测，进行规模控制。

（2）网点选址采用申请制

北京快递数量逐年增多，可以规划若干快递集中区，通过统一配送方式提高快递企业的配送运行效率。分拨网点的具体选址可根据各快递公司的申请，只要在物流用地总量之内，符合市场需求即可。

（二）物流系统重构基本构想

根据对城市物流系统内涵及构成分析，以及借鉴如日本东京的国外城市物流系统布局经验，并结合北京市的物流特点及市场需求分析，可以得出北京市的城市物流系统应构建包括：物流基础设施、物流通道、物流组织三大系统。

物流基础设施包括大型综合物流园区（物流基地）、物流中心、配送中心、末端配送网点四个层级的物流体系，并需在明确各自的功能定位、发展方向和服务规模基础上，形成布局合理、分布均衡的物流节点空间格局。

物流通道包括城市外部到城市内部的动脉物流通道和城市内部的静脉物流通道。

物流组织是指建立组织化、规模化的物流业务的承担机构。

一般来说，物流基础设施有以下特点。

1. 物流基地应位于六环外，面积控制在 12 平方千米内

（1）大型综合物流园区（物流基地）应位于六环外

从巴黎、东京的大型物流节点来看，其普遍位于城市外围，紧邻放射线高速或环线高速，同时周边也有其他高等级公路作支撑，作为局部拥堵时替代的通行线路；另外，德国、东京的很多大型物流枢纽，为减少货物到达带来的大量公路交通量，一级枢纽普遍设置了铁路货运专用线接入。

因此，结合北京市现状来看，大型综合物流园区（物流基地）作为一级物流枢纽，承担的是城市外部与城市内部货物的交换和集散分拨工作，从空间上应位于城市外围，即六环外区域。同时距离 2 条跨区域干线公路（高速、国道）3～5 千米距离内，应尽量引入铁路线路或其他运输方式，形成多种运输方式衔接的综合运输体系。

（2）大型综合物流园区（物流基地）面积应控制在 12 平方千米内

全市现有的四大物流基地已规划物流用地面积 8.3 平方千米，原则上物流基地不再扩大规模，应在现有基础上更加集约高效和智慧使用。新增的西北和西南大型物流园区，规划结合北京的物流需求，同时参考国家标准规范和国内外已有物流园区的实际规模，每个大型物流园区的物流用地面积控制在 100～150 公顷，全市 6 个大型综合物流园区（包括现有四大物流基地）的总面积控制在 12 平方千米以内。现有四大物流基地规划物流用地面积一览如表 2－7 所示。

表 2－7　现有四大物流基地规划物流用地面积一览

物流园区	规划物流用地面积（公顷）
顺义空港物流基地＋天竺综合保税区	300
通州马驹桥物流基地	240
大兴京南物流基地	230
平谷马坊物流基地	61

2. 物流中心应位于五六环之间，用地控制在 10 平方千米内

（1）物流中心应位于五六环之间

二级节点的物流中心作为中心区与外围区域之间的节点设施，承担的主要任务为分拣包装、中转集散等物流作业链服务，是不同类型运输车辆最主要的聚集点和通行起讫点，重型货车、移库货车对道路宽度和转弯条件等也提出了更高要求。参照国际经验，建议北京物流中心（二级节点）布局在五六环之间，并且同类物流特性的货物对应的物流中心尽量呈现对称布局，以维持道路体系运行均衡性。

（2）物流中心用地控制在 10 平方千米内

结合国内外物流中心的规模和北京市的实际情况，北京市应布局约 24 个物流中心，单个物流中心的用地规模控制在 10 ~ 50 公顷，全市物流中心的总面积控制在 10 平方千米以内。

3. 配送中心应位于四五环之间，用地规模控制在 2 平方千米内

（1）配送中心应位于四五环之间

配送中心的规模相对较小，一般需要靠近城市中心城区，设置区域和位置可相对灵活，周边至少应该与城市次干道相邻。同时由于配送中心主要为经销商和零售商、客户提供配送服务，因此不宜离需求点较远。结合国际发展经验及北京市需求特点，配送中心（三级节点）应选择在四五环之间较为适宜。

（2）用地规模控制在 2 平方千米内

美国和英国一般根据服务半径确定配送中心的规模，将其分为地方性配送中心和区域性配送中心。其中地方性配送中心服务于 1 个城市或城市的局部地区，占地面积一般为 2 ~ 3.5 公顷，主要存储和配送食品和日用品等生活资料；区域性配送中心则跨地区服务（在我国可相当于物流中心），占地面积一般为 5 ~ 10 公顷（英国为 1.1 ~ 11.5 公顷），最大规模不超过 40 公顷。存储、配送的产品种类较多，以食品、化工产品、家电产品、木材等生产性和生活性资料为主。

结合北京市零售商业配送中心、生鲜冷链配送中心和快递二级分拨中心的市场需求布局，全市应大约布局 35 个配送中心。结合国际经验，建议各类配送中心的用地规模控制在 5 公顷左右，快递二级分拨中心的规模在 3 ~ 5 公顷。配送中心的总用地面积控制在 2 平方千米以内。

4. 末端配送网点应靠近需求集中区域，单个面积不超过 1000 平方米

（1）末端配送网点应靠近需求集中区域

末端配送网点主要包括进货、理货、存储、拣选以及配送作业。其作业流程分为进货流程，包括上游物流派送、商品采购、网点收货、理货、入库；发货流程，包括订单处理、拣选加工、配送和顾客收货；退货流程，包括退货需求、退货申请、退货分类、退货处理。

因此，城市末端配送网点应尽量靠近需求集中区域（商业区、超市、大型居住区），减少路网车辆流量，除核心区外，可按照每 2 万 ~3 万居住人口设置一个末端网点的标准进行配置，如片区不是以居住和商业为主导功能时可适当减少。同时网点周边应规划设置货车停车专用车位或优先车位，配置装卸货配套设施和电动车充电设施，同时预留发展空间。

（2）单个末端配送网点规模建议控制在 500 ~ 1000 平方米

末端配送网点内部各区域空间设计应重点考虑功能需要，各功能区域的空间大小取决于网点所要处理的订单量以及服务属性。不同的服务区域，需求量不同，需求商品也不同，所需设计的功能区域面积略有差异，但单个末端配送网点规模建议控制在 500 ~ 1000 平方米。

（3）单个末端快递网点规模建议控制在 500 平方米以下

末端快递网点面积可参照《快递营业场所设计基本要求》，一般在 30 ~ 50 平方米，但由于新业态的不断出现，物流设施功能也在不断扩大，所以在规划建设时既要考虑现实需求，也要为未来发展留有一定空间。所以，建议面积不超过500平方米。同时，要有一定的停车区域。末端快递网点的辐射范围对接一刻钟社区服务圈，可与商超、便利店、写字楼、公共停车场、社区服务中心以及邮政局等其他服务设施结合设置或邻近设置。另外也可利用地下空间，根据近远期需求弹性设置。

5. 进一步加大城市内部物流通道运行效率，降低物流成本

北京作为特大型消费城市，与上、广、深等城市不同的是，大量货物需要从外部调入，是典型的输入型城市。疏解前，进入北京的货物通过大型货车运至分布在北京各处的物流基地、物流中心、仓库等物流设施进行储存、分拨作业后，再利用小型货车转运至北京的各个需求地。疏解后，过去不符合标准的碎片化仓库被拆除、大型物流设施外迁等情况，使得物流系统发生了变化。大量的货物要在北京外部进行储存、分拨等作业，然后换装、换载成小型货车进入北京。在物流设施总供给减少而需求变化不大甚至有所增加的情况下，进入北京的货物被分散成相对小批量，在不延长交货期的前提下，物流企业只能通过增加运输频率和车辆数满足消费需求。这就导致出现车辆载重量比过去减少、出行频率比过去增加，同时由于运输距离延长，运输成本上升较快。因此，重构物流系统时要针对这些现象对物流系统进行改造。一是上文所述，增加末端网点。二是由于车辆进入北京的频次增加，现有进城通行证数量满足不了需求，应当根据物流总量规模比较精准地算出每天进入北京的物流车辆数，并据此核算通行证数量。同时，通行证的发放除了按现行政策发放到具体企业外，可考虑设置一些临时通行证，通过共享方式，由企业根据实际需求申请，一次性使用（类似轿车进京证的发行方式）。三是还要大力推广共同配送方式，通过“最前一公里”物流企业资源的整合，达到共同配送的目的。

6. 通过物流企业的组织化、规模化建设，培育符合城市物流系统运营的核心物流企业

经过政府的多年规划建设，城市物流系统已初步建成，但系统经营、运作却存在碎片化、分散化、低效率化、高成本化的弊病。一方面是AI、大数据、云计算、区块链等技术不断出现，推动着物流技术的进步；另一方面隶属各类企业的设施、车辆、人员遍及城市的各个角落，尽管部分满足经济发展需求，但小规模、非组织化的企业形态，使得城市的物流系统运行效率低、成本高。同时，行驶大量车辆一是给交通带来更严重的拥堵，污染环境；二是给城市的运行和管理也带来巨大的挑战。究其原因，就是物流规模化、组织化企业的培育建设相对落后于物流设施建设。而物流系统除了网络建设外，网络运营企业的建设也应提到议事日程。具体操作，可选择若干规模比较大的物流企业在物流运行政策上给予优惠，鼓励企业向大规模、集约化发展，通过几年的发展逐步减少物流小企业的数量，形成北京的若干家核心、龙头、具有网络优势的物流企业。同时，鼓励大企业共享、分享他们的作业设施、设备，使物流作业也逐渐集约化，提高效率。

第三章

京津冀物流业协同发展的现状与对策研究

第一节　京津冀物流产业发展总体分析

一、京津冀经济发展概况

京津冀地区指黄河下游临渤海的北京市、天津市和河北省三地构成的“C”形地域，整个区域土地总面积为21.59万平方千米，占全国土地总面积的4.56%。2017年年末总人口11247万，占全国总人口的8%，这意味着京津冀地区用不到全国5%的土地面积养育全国8%的人口。经济意义上的京津冀地区包括北京市、天津市和河北省的石家庄、唐山、保定、廊坊、秦皇岛、承德、张家口、沧州、衡水、邢台、邯郸11座地级以上城市及其所辖县城。总体上已经形成了“京津被河北省所环抱，河北是京津地区的腹地”的经济发展格局，已成为继“珠三角”和“长三角”之后中国经济增长的第三增长极。

京津冀经济发展实力雄厚，经济总量在全国名列前茅，2017年京津冀两市一省GDP已高达8.3万亿元。伴随着我国生产力布局由南向北的推移、世界经济重心向亚太地区转移以及该区域特有的政治文化区位优势、雄厚的工业基础、强大的研发能力和技术装备等特质加上区域经济一体化步伐加快的背景，京津冀成为21世纪中国最具发展潜力和活力的经济增长中心之一。强大的经济发展势头产生了大量的物流需求，促使市场物流供给激增，京津冀物流市场呈现繁荣景象，但也存在一些亟待解决的问题。接下来本章将从需求和供给两个角度分析京津冀物流市场的具体情况（考虑到行政区划因素和数据采集的统一性，本章京津冀地区指北京、天津和河北全省）。

二、京津冀物流产业总体情况

从京津冀物流产业的发展现状来看，2017年京津冀物流业生产总值占GDP的比重为5.4%，比全国平均水平的4.4%高了1个百分点。1993—2017年交通运输、仓储和邮政业产值稳步上升；自2013年起大幅度上升，2017年达到4.48千亿元。2017年物流业生产总值占第三产业的比重为9.2%，比全国的平均水平8.7%高出0.5个百分点，由此可以看出京津冀物流业发展高于全国的平均水平。

三、京津冀物流市场需求状况

由于无法直接获取京津冀物流需求总量的相关统计数据，本章将通过全社会货运量、社会商品批发和零售总额、外商投资企业货物进出口总额等指标，从侧面反映京津冀物流市场的需求状况。近年来，京津冀经济发展持续加快，全社会物流需求不断增加。社会物流需求主要包括以下几个方面。

（1）总体物流需求。随着京津冀经济的快速发展，三地全社会货运需求量不断增加，2008—2017 年京津冀全社会货运量如表 3－1 所示。

表 3－1　2008—2017 年京津冀全社会货运量

年份	2008	2009	2010	2011	2012	2013	2014	2015	2016	2017
货运量（万吨）	161561	185859	218371	258063	291307	268990	286250	266881	281826	520782

资料来源：《中国统计年鉴 2017》。

（2）工业企业物流需求。社会物流总量中，工业品物流所占物流比重最高，一般占社会物流总量 80% 以上，这说明一个区域的工业越发达，物流需求越多。京津冀是我国重要的先进制造业基地，特别是天津与河北，工业基础雄厚，机械制造、化工、现代冶金、建材、汽车等产业在工业增加值中均占有较高比例，产生了大量的物流需求。

（3）商品市场物流需求。京津冀商品市场较大，由于缺乏确切的相关数据，本章选用限额以上企业批发和零售业商品购、销、存总额这一指标从侧面反映该区域强大的商品市场物流需求。从表 3－2 可以看出 2016 年该区域的购销存均占到全国水平的 18% 左右，产生大量的物流需求。

表 3－2　2016 年京津冀地区限额以上批发和零售业商品购、销、存总额　（单位：亿元）

地区	购进总额	销售总额	批发额	零售额	年末库存总额
北京	50144. 7	53396. 8	45512. 2	7884. 6	5412. 7
天津	32440	34970. 4	31904. 8	3065. 6	1528. 5
河北	9521. 8	10362	7064. 5	3297. 5	673. 5
京津冀	92106. 5	98729. 2	84481. 5	14247. 7	7614. 7
全国	506309. 4	558877. 6	432265. 3	126612. 3	38388. 6

资料来源：《中国统计年鉴 2017》。

（4）投资规模逐渐扩大的外企物流需求。自改革开放以来，京津冀引入外资发展已有 30 多年。近年来，京津冀地区不断改善投资环境，积极推行招商引资政策，外向型经济发展迅速。其中很多外资企业主要从国外购买原材料，产品大部分返销，带来了很大的物流需求。2016—2017 年京津冀外商投资企业货物进出口总额如表 3－3 所示。

表 3-3　　2016—2017 年京津冀外商投资企业货物进出口总额　　（单位：千美元）

年份	2016			2017		
地区	进出口	出口	进口	进出口	出口	进口
北京	79357856	20740645	58617210	65879775	12374116	53505660
天津	77403287	33678027	43725261	59909327	27158560	32750767
河北	16433981	8937423	7496557	10569832	5652478	4917355
京津冀	173195124	63356095	109839028	136358934	45185154	91173782

四、京津冀物流市场供给状况

本章将从物流基础设施、物流园区规划与建设两方面阐述京津冀物流市场的供给状况。

（一）物流基础设施

物流基础设施是区域物流发展的基础条件，因此分析京津冀地区的运输基础设施状况很有必要。

1. 公路

京津冀目前已经形成京张、京承、京通、京津、京廊、京石六个方向的公路网，基本上形成了密度大、范围广、等级高的公路网络格局。由表 3-4 也可以看出该区域已经形成了密集且覆盖率较高的区域性公路网。

表 3-4　　2009—2017 年京津冀和全国公路网里程　　（单位：千米）

地区＼年份	2009	2010	2011	2012	2013	2014	2015	2016	2017
北京	20800	21100	21300	21500	21700	21800	21885	22026	22242
天津	14300	14800	15200	15400	15700	16100	16550	16764	19700
河北	152100	154300	157000	163000	174500	179200	184553	188431	189000
京津冀	187200	190200	193500	199900	211900	217100	222988	227221	230942
全国	3860800	4008200	4106400	4237500	4356200	4463900	4577296	4696263	4773500

资料来源：《中国统计年鉴》。

2. 铁路

京津冀区域以铁路为交通运输网络的骨干，是我国铁路最密集的地区之一。区域内铁路以北京为中心向外辐射，四通八达。其中铁路干线主要包括京广、京沪、津秦等高铁线路，还有秦沈、石太等客运专线及京津城际铁路。此外还有京广、京沪、京山、石太等普速铁路，并且邯黄铁路已建成通车，大秦、朔黄、京秦铁路等提速扩能，张唐铁路也已在加速推进。上述的铁路构成了铁路网，负责区域内部与全国各地的交互运输。

2009—2016 年京津冀地区铁路运输里程如表 3－5 所示。

表 3－5　　2009—2016 年京津冀地区铁路运输里程　　（单位：千米）

地区＼年份	2009	2010	2011	2012	2013	2014	2015	2016
北京	1200	1200	1200	1300	1300	1300	1300	1300
天津	800	800	900	900	1000	1000	1000	1000
河北	4900	5200	5200	5600	6300	6300	7000	7000
京津冀	6900	7200	7300	7800	8600	8600	9300	9300

资料来源：《中国统计年鉴》。

3. 民航

2017 年京津冀地区有北京首都国际机场、天津滨海国际机场、石家庄正定机场、北京南苑机场、秦皇岛北戴河机场和邯郸机场等 9 个民用运输机场。2017 年全年完成货邮吞吐量超过 236 万吨，占全国的比重 14.6%，可见京津冀机场航空业务量已形成很大规模。并且区域内机场一直在进行改建、新建和扩建，航空运输工具也在不断地更新和升级。此处以京津冀主要机场（首都机场）货邮吞吐量（见表 3－6）为例，展示运输量。

表 3－6　　京津冀主要机场（首都机场）货邮吞吐量　　（单位：万吨）

年份	2008	2009	2010	2011	2012	2013	2014	2015	2016	2017
吞吐量	136.8	147.6	155.1	164.0	180.0	184.3	184.8	188.9	194.3	203.0

4. 水运

京津冀地区濒临渤海，拥有众多重要港口，如天津港、秦皇岛港、京唐港、黄骅港、唐山港和曹妃甸港等，具有天然的区位优势。天津港和秦皇岛港是两个重要优良港口，以其强大的集输运能力在该区域占据着重要地位，并且在物流网络中的组织作用不可忽视。其中 2017 年天津港完成货物吞吐量 5.03 亿吨，同比下降 8.7%；集装箱吞吐量突破 1506.90 万标准箱，同比增长 3.8%。2017 年秦皇岛港全年完成货物吞吐量 2.45 亿吨，实现了港口吞吐量的持续稳增长。并且随着渤海津冀港口投资发展有限公司成立，津冀港口辐射带动作用将进一步增强。由表 3－7 可知，天津和河北主要港口货物吞吐量比重总体接近全国水平的 12%，港口的快速发展为京津冀物流资源整合提供了可行性，也为该区域实现多式联运提供了基础设施基础。

表 3－7　　京津冀地区主要港口货物吞吐量　　（单位：亿吨）

地区＼年份	2009	2010	2011	2012	2013	2014	2015	2016	2017
天津	3.81	4.13	4.53	4.77	5.01	5.40	5.41	5.51	5.03

续 表

地区 \ 年份	2009	2010	2011	2012	2013	2014	2015	2016	2017
河北	5.09	6.03	7.13	7.62	8.90	9.50	9.13	9.52	10.90
全国	76.60	89.30	100.40	107.76	117.67	124.52	127.50	132.01	140.07

资料来源：《中国统计年鉴》，其中河北省统计港口范围包括秦皇岛港、黄骅港和唐山港。

（二）京津冀物流园区规划与建设

《全国物流园区发展规划（2013—2020年）》把物流园区分为货运枢纽型物流园区、生产服务型物流园区、商贸服务型物流园区、综合服务型物流园区、口岸服务型物流园区五大类别。目前，京津冀运营的物流园区以综合服务型居多，其次为商贸服务型和生产服务型。

根据调查数据显示，京津冀物流园区实际运营的比例逐年增大，而规划和在建的比例呈现降低的态势（见表3-8）。2006年、2008年、2012年京津冀物流园区的数量分别为19个、41个和88个。2015年第四次全国物流园区（基地）调查数据显示，目前京津冀地区共有物流园区159个。其中，北京拥有物流园区45个，天津拥有46个，河北拥有68个。

表3-8　京津冀运营、在建和规划的物流园区数量　（单位：个）

年份	运营	在建	规划
2006	5	5	9
2008	15	13	13
2012	61	23	4
2015	134	21	4

京津冀地区主要的物流园区情况如下。

1. 北京物流园区

北京市现有天竺综合保税区、马驹桥物流基地、空港物流基地、平谷马坊物流基地、大兴京南物流基地等。由于各物流基地所在位置及服务定位的不同，承担的物流发展责任也有所不同。北京市通过这些综合物流园区和专业物流园区的规划与建设，形成了以物流基地和物流中心为载体、专业物流为特色的多层次节点布局以及与交通线网有效衔接的物流网络。

北京空港物流基地依托航空物流企业，以国内外专业物流及总部型企业为主体；以国际中转、分拨、配送业务为主线；以高附加值物流加工企业为补充；以大力发展国际航空物流，建设航空货运大通关基地，发展国内航空物流和航空指向不明显的生产性物流、商业物流和流通加工产业为导向。经过多年发展，形成了自己特有的服务风格和管理模式。

通州马驹桥物流基地集现代物流、内陆口岸、流通加工等功能于一体，以公路—海运国际货运枢纽型物流基地为定位，为北京市进出货物的集散以及在环渤海和全国各地采购和分销的大型厂商提供物流平台。

房山良乡物流基地以大型公铁联运物流区为定位，以提供世界一流的多式联运的物流商务平台和基地服务为目标，集内陆口岸功能、铁路集装箱中心服务功能和公路物流园区的货运、仓储、运输、加工、配送、货代等服务功能为一体。

2. 天津市物流园区

天津市形成了“两带三区双环”的空间发展格局。“两带”是指以天津港为原点，构建沿海岸线形成的沿海物流发展带以及沿京津走廊形成的京津物流发展带；“三区”是指北部物流聚集区、南部物流聚集区、西部物流聚集区；“双环”是指以中心城区、滨海新区核心区为依托，在双城区周边构建支持城市生产、生活、商贸的本市范围内物流配送环。

天津空港国际物流园区依托天津港的保税区功能及天津滨海国际机场完备的设施，以吸引国内外航空货物的仓储、分拨、配送、整理、加工及展示、展销等业务为其功能定位，以建设成为我国北方最大、面向东北亚、世界一流的国际航空物流基地为主要目标。

天津港散货物流中心集运输组织，仓储装卸，分拨配送，中转换装，煤炭、焦炭、矿石批发，市场交易，信息咨询，加工增值，综合服务等多项服务于一体，是我国北方最大、功能最强、配套设施较完善的综合性散货物流核心基地。

3. 河北省物流园区

河北省于2010年、2013年先后两次认定了32家省级物流产业集聚区。其中，唐山省级物流产业聚集区达到10个，占全省总数的1/3，居全省各市首位。河北物流产业聚集区的建设加快物流资源和物流要素聚集，促进物流业又好又快发展，为工业类聚集区提供了坚强的支撑和重要的保障。

第二节　京津冀各省市物流产业发展现状分析

一、北京市物流业发展与产业结构现状分析

（一）北京市物流业发展

（1）北京基本形成综合立体交通网络。北京市交通运输便捷、物流资源丰富，作为全国重要的交通枢纽，已基本形成公路、铁路、航空互为补充的综合立体交通网络。市域公路网总里程达到14000多千米，高速公路总里程超过500千米，铁路营业里程达到1000余千米。一级公路货运枢纽场站6个，铁路货运场站57个。首都机场经过两次扩建，现已成为国内最大的国际枢纽机场，有国际国内航线250条，货邮吞吐量达到78万吨。全市现有仓储面积超过1300万平方米，货运车辆近14万辆。北京已成为全国最重要的物资和商品集散地之一，是物流一级节点城市。

（2）物流社会化、专业化趋势增强。北京市主营物流企业的物流业务量和实现增加

值占到全行业的1/3。新兴第三方专业化物流发展迅速，年业务增长率保持在30%以上，物流外包趋势明显。我国加入世界贸易组织以后，包括TNT（荷兰快递邮政服务商）、FedEx（联邦快递）等知名企业在内的90多家外资物流企业已进驻北京；中铁快运、中铁现代、宅急送等一批国内大型专业化物流企业纷纷落户北京。

（3）物流空间布局进一步优化。"十五"期间，北京市加快了北京空港、通州马驹桥和房山良乡三大物流基地以及一批物流中心和配送中心的规划与建设，引导全市物流资源由城市中心区向城市外围集中发展。目前，四环以外的仓库已占全市仓库总数的75%以上，大部分物流仓储设施已完成向四环、五环、六环及临近国道和高速公路等交通便利地区的空间调整。

（4）面临的问题。目前面临的问题有：物流资源分散，物流成本较高。物流社会化、专业化程度不高。物流服务功能单一，信息化水平亟待提高。区域物流的组织化水平较低。就业人员素质偏低，人才匮乏等。

北京市物流货物运输的主要流向是东南、西南部，因此铁路较为均衡地安排在南部、东部、西部，北部较少。公路、铁路的运输节点布局较为匀称，航空节点安排在东部方位，港口物流节点布置在东南地区。库存设施已被安置到四环区域，使得以往集中在市区的仓储设施发生了位置变动。与此同时，北京市商业区及居民区正在向五环外转移，工业区也安顿在五环或六环以外，物流基础设施也在向四环以外地区迁移。

因此，北京市物流资源布局从某种意义上来说落后于物流需求空间布局。目前，北京物流整体现状大致为①第三方物流企业有待发展；②物流资源较为充裕、物流空间布局仍需完善；③物流企业利润增长较快，物流成本较高；④资产状况以国有资产为主。

北京市物流产业发展迅速。2017年物流业产值达1208.4亿元，占地区生产总值的4.32%，同比增长13.92%，已成为北京经济发展不可缺少的一部分（见表3-9）。北京物流产值占GDP的比重稳步加大，因此如何发挥北京首都优势，促进物流业发展，加快产业结构升级是北京经济发展急需处理的问题。

表3-9　　1993—2017年北京市物流业产值与北京地区GDP的比例

年份	物流产值（亿元）	北京市GDP（亿元）	占比（%）
1993	37.58	886.2	4.24
1994	61.51	1145.3	5.37
1995	103.32	1507.7	6.85
1996	113.78	1789.2	6.36
1997	135.79	2077.1	6.54
1998	154.45	2377.2	6.50
1999	167.54	2678.8	6.25
2000	190.12	3161.7	6.01
2001	254.20	3708.0	6.86

续 表

年份	物流产值（亿元）	北京市 GDP（亿元）	占比（%）
2002	281.1	4315.0	6.51
2003	309.0	5007.2	6.17
2004	356.8	6033.2	5.91
2005	403.3	6969.5	5.79
2006	455.2	8117.8	5.61
2007	497.5	9846.8	5.05
2008	498.9	11115.0	4.49
2009	556.6	12153.0	4.58
2010	712.0	14113.6	5.04
2011	845.3	16000.4	5.28
2012	816.3	17879.4	4.57
2013	883.6	19500.6	4.53
2014	948.1	21330.8	4.44
2015	984.4	22968.6	4.29
2016	1060.7	25669.1	4.13
2017	1208.4	28000.4	4.32

资料来源：《北京统计年鉴》。

（二）北京市产业结构现状分析

北京是我国的首都，占有得天独厚的产业优势。2017 年北京地区生产总值为 2.8 万亿元，同比增长 6.7%。北京的第二、第三产业推动着北京地区经济不断增长，如图 3－1 所示。其中，第二产业在产业结构的比重一直维持在 20% 上下，是北京经济产值增长的动力和支柱；第三产业发展劲头最为猛烈，生产总值中的比重很高，2017 年占据 80.6%。北京第一产业比重不断下降，但是基于科技水平不断进步的农业逐渐向现代化发展，农业开始向高效、绿色发展。

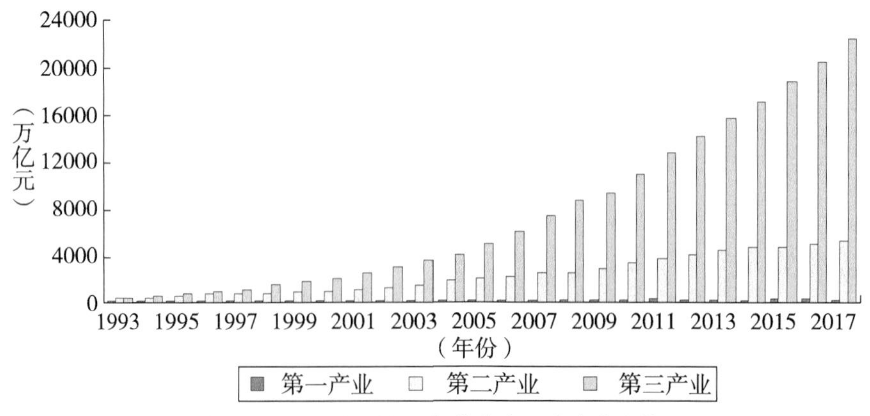

图 3－1　1993—2017 年北京市三次产业产值

从图 3 -2 中可以看出，1993—2017 年北京产业结构变化呈现如下总体趋势。①在国内生产总值中，第一产业产值的比重自 1993 年以来不断下降，在三次产业中所占比重最低。②1993 年第二产业产值占国内生产总值的比重高达 47. 35%，自此第二产业产值结构比例慢慢降低，2001 年以后稳定，比重保持在 20% 左右。③第三产业产值比重从 1993 年以后总体稳步上升。1994 年，第三产业产值在国内生产总值中的比重高于第二产业。随后，第三产业产值比重动荡幅度较大，2002 年，北京第三产业产值结构比重呈现下降的趋势，与此同时，第二产业产值稳步增长。2004 年以后，第三产业产值结构比例呈现稳步上升趋势，在 2017 年达到了 80. 6%。

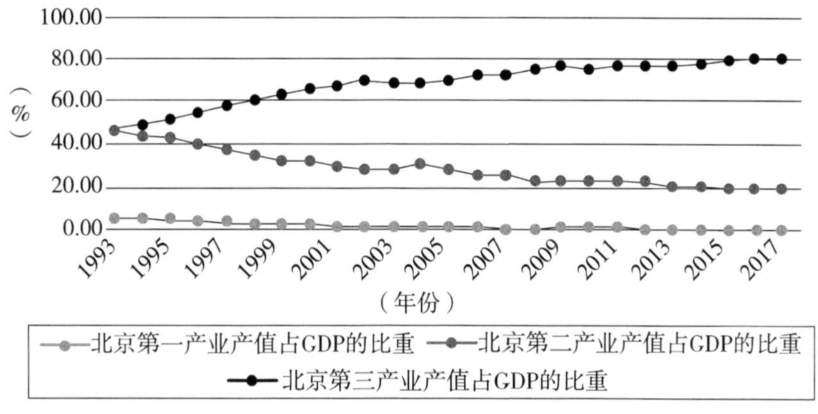

图 3 -2　北京市三次产业产值结构变化

二、天津市物流业发展与产业结构现状分析

（一）天津市物流现状

天津区位优势明显，腹地范围广阔，经济发展潜力巨大。天津市位于我国华北、西北和东北三大区域的结合部，地处环渤海地区的中枢部位，京津和环渤海湾城市带的交会点上，是我国北方地区进入东北亚，走向太平洋的重要门户和对外通道，也是连接内陆与中亚、西亚和欧洲的亚欧大陆桥的重要起点之一。

天津港的腹地范围包括京津、西北和华北 12 个省、市、自治区，占全国 GDP 和外贸进出口总额的 41% 和 21. 5%。华北、西北、东北地区是我国资源富集地区，这里冶金、石化、机械制造等重工业发达，农业基础雄厚，未来该地区将继续发挥资源优势，发展冶金、石化等重化工业。另外，天津与韩国、日本隔海相望，距中亚、西亚陆地距离最短，具有地理位置优势。

天津市作为我国北方最大的港口城市，对现代物流业的发展具有天然优势。从坐落位置来说，天津位于东北亚最具成长潜力的三大经济圈之间，还是我国华北地区有战略价值的港口城市，对内辐射能力强，腹地面积 500 万平方千米。从交通运输来看，天津具有水、陆、空、管等多种运输方式。从科学技术水平来看，天津的物流信息化程度、物流网络技术应用、宽带网设置均处于我国领先水平。

发展现代物流产业，是天津培育新的经济增长点、增强城市综合竞争力的战略决策，是增强天津港口口岸竞争力、建设国际航运中心的基本保证，是增强天津港口口岸辐射力、建设国际贸易中心的关键环节。目前，天津物流整体现状大致如下：①经济快速增长促进了物流业的稳定发展，物流业发展对天津经济的贡献率越来越大。②随着全方位运输网络的形成，物流规模逐步扩展，货运量进一步增加。③物流业招商引资趋势见长，加快了提升现代物流发展水平的进程。④信息化水平提高和物流技术的充分使用，为现代物流业发展提供了强大的支撑。天津市物流产业发展迅速，随着天津市 GDP 的快速增长，物流产值也在飞速增加。2017 年天津物流业产值达 780.4 亿元，占地区生产总值的 4.2%，同比增长 7.6%，已成为天津经济发展不可缺少的一部分，如表 3－10 所示。

表 3－10　　1993—2017 年天津市物流产值与天津地区 GDP 的比重

年份	物流产值（亿元）	天津市 GDP（亿元）	占比（%）
1993	47.60	536.10	8.88
1994	66.55	725.14	9.18
1995	86.14	917.65	9.39
1996	98.91	1099.47	9.00
1997	113.63	1235.28	9.20
1998	133.16	1336.38	9.96
1999	155.82	1450.06	10.75
2000	178.83	1639.36	10.91
2001	203.98	1919.09	10.63
2002	230.88	2150.76	10.73
2003	244.48	2578.04	9.48
2004	282.28	3110.97	9.07
2005	227.16	3905.64	5.82
2006	252.86	4462.74	5.67
2007	294.06	5252.76	5.60
2008	320.63	6719.01	4.77
2009	471.01	7521.85	6.26
2010	585.37	9224.46	6.35
2011	632.10	11307.28	5.59
2012	683.56	12893.88	5.30
2013	725.05	14370.16	5.05
2014	720.72	15726.93	4.58
2015	729.09	16538.19	4.41
2016	725.31	17885.39	4.06
2017	780.40	18595.38	4.20

资料来源：《天津统计年鉴》。

（二）产业结构现状分析

天津第一、第二、第三产业产值占地区 GDP 比重由 1993 年的 6.60∶56.42∶36.98 调整到 2017 年的 1.2∶40.8∶58.0。“十五”期间及“十一五”期间，天津市产业结构进行了战略调整，目前已进入第二、第三产业联动发展的阶段。

天津市 2017 年地区生产总值为 18595.38 亿元，同比增长 3.6%。随着社会的进步，天津的经济发展动力主要来源于制造业、现代服务业，1993—2017 年天津三次产业产值如图 3-3 所示。第二产业产值所占地区生产总值的比重维持在 40%；服务业所占地区生产总值的比重愈来愈高，2017 年达到 58%。虽然农业生产总值在不断递增，但农业占地区生产总值的比重却在逐年降低，说明应该增速发展农业信息化水平，实现农业现代化。

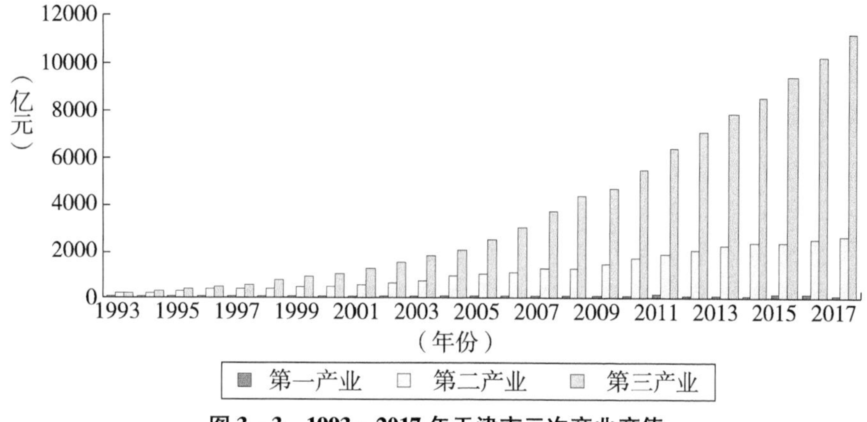

图 3-3　1993—2017 年天津市三次产业产值

由图 3-4 可知，1993—2017 年天津市产业结构变化的总体趋势如下：①第一产业产值在地区生产总值中的比重自 1993 年以来逐渐下降，在三次产业中所占比重最低。②1993年第二产业产值占地区生产总值比重很大，达到 56.42%。1993 年以后第二产业产值结构比例慢慢降低，2002 年开始第二产业产值结构比例有所增加，此次增大最高点为 2008 年的 55.21%。③第三产业产值比重从 1993 年以后基本上升。1993—2002 年，天津第三产业产值所占比重逐渐提升。然而 2002 年以后，天津第三产业产值所占比重开始下降，与此同时，第二产业产值稳步增长。2008 年以后，第三产业产值结构比例再次呈现稳步上升趋势，2017 年高达 58%。

三、河北省物流业发展与产业结构现状分析

（一）河北物流发展现状

当前，京津冀地区经济合作虽然取得了一定成效。但由于观念、行政区划、经济发展水平等因素的影响，其经济协同进程明显落后“珠三角”“长三角”地区，而缺少协同的物流体系是造成目前这种局面的一个重要因素，区域物流协同是制约京津冀经济协同的瓶颈。因此，分析京津冀物流现状及面临的问题，为探讨京津冀实现物流协同寻找解

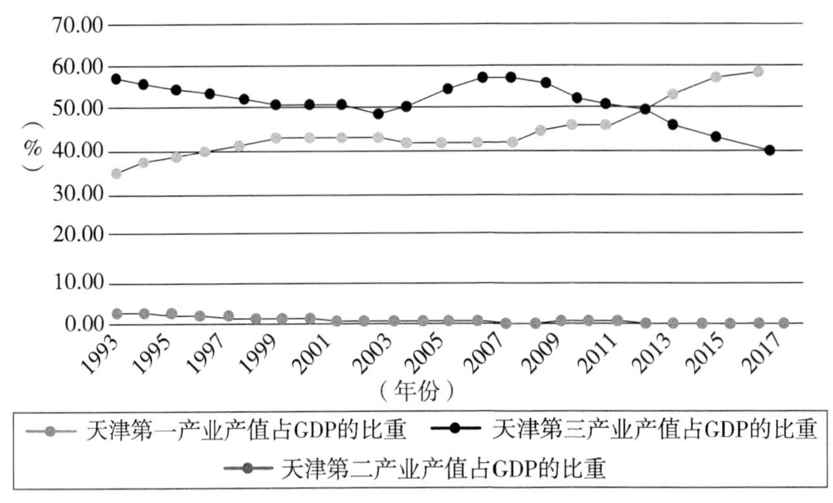

图3－4 天津市三次产业产值结构变化

决问题的思路和对策，是迫切需要解决的问题。

近年来，河北省人口迅速增加，土地资源稀缺，交通压力增大，虽然河北省物流业已有仓储、运输等物流基础设施，形成了水、陆、空的交通运输网络，但是河北省物流业发展的滞后性与经济发展对高效物流的强烈需求之间仍具有矛盾。提升河北省物流总体水平，推动河北省现代物流业的发展对促进河北省产业结构的升级，驱动经济的发展具有显著意义。

随着信息技术的逐渐发达，区域物流的不断整合，河北省的物流产业进入新阶段。目前，河北省的物流产业发展现状具有以下几个鲜明的特点。①现代物流业的服务发展多样化，但物流服务整体水平低。②企业对物流管理有所认识，但现代化步伐仍较慢。③物流信息技术逐步得到应用，但运用程度不高。④物流基础设施有规模，但与现代物流仍有差距。⑤政府部门开始重视现代物流发展，但指引推进的力度仍需加强。1993—2017年河北省物流业产值与河北地区GDP的比重如表3－11所示。

表3－11　　1993—2017年河北省物流业产值与河北地区GDP的比重

年份	物流产值（亿元）	河北省GDP（亿元）	占比（%）
1993	115. 34	1690. 84	6. 82
1994	126. 94	2187. 49	5. 80
1995	179. 41	2849. 52	6. 30
1996	225. 65	3452. 97	6. 53
1997	276. 61	3953. 78	7. 00
1998	313. 40	4256. 01	7. 36
1999	359. 85	4514. 19	7. 97
2000	415. 79	5043. 96	8. 24
2001	498. 81	5516. 76	9. 04
2002	554. 91	6018. 28	9. 22

续 表

年份	物流产值（亿元）	河北省 GDP（亿元）	占比（%）
2003	187.44	6921.29	2.71
2004	222.83	8477.63	2.63
2005	227.16	10012.11	2.27
2006	252.86	11467.6	2.20
2007	334.67	13607.32	2.46
2008	436.37	16011.97	2.73
2009	471.01	17235.48	2.73
2010	585.37	20394.26	2.87
2011	632.10	24515.76	2.58
2012	683.56	26575.01	2.57
2013	2377.59	28301.41	8.40
2014	2396.4	29421.15	8.15
2015	2359.09	29806.11	7.91
2016	2369.27	32070.45	7.39
2017	2494.90	35964.00	6.94

资料来源：《河北经济年鉴》。

由表3－11可知，2017年河北省物流业产值达2494.9亿元，占地区生产总值的6.94%，同比增长5.30%，已成为河北经济发展不可缺少的一部分。

（二）产业结构现状分析

河北省是京津冀一体化的战略省份，对京津冀区域协调发展具有重要作用。2017年河北地区生产总值为3.6万亿元，同比增长6.7%。河北省的经济动力来源于第二、第三产业的增长，1993—2017年河北省三次产业产值如图3－5所示。其中，第二产业产值所占比重一直维持在50%左右，是河北省经济提高的动力所在；第三产业产值占地区生产总值的比重不断扩大，2017年达到41.82%。此外，河北省第一产业产值比重缓慢下降，总体比重保持在10%左右。

由图3－6可以得出，1993—2017年河北省产业结构变化的总体趋势如下。①第一产业产值占GDP比重自1995年以来呈缓慢下降趋势，目前在三次产业中所占比重最低。②第二产业产值变化趋势较为稳定，比重维持在50%左右。1993年时在地区生产总值中所占比重达到50.15%，此后第二产业产值结构比例慢慢降低，1995年开始第二产业产值结构比例有所增加，增至2008年的54.34%。③第三产业产值比重从1993年以后基本为上升趋势。1993—2003年，河北省第三产业产值结构比重上升趋势平稳。此后，第三产业产值结构比例基本为上升趋势，在2017年达到了41.82%。

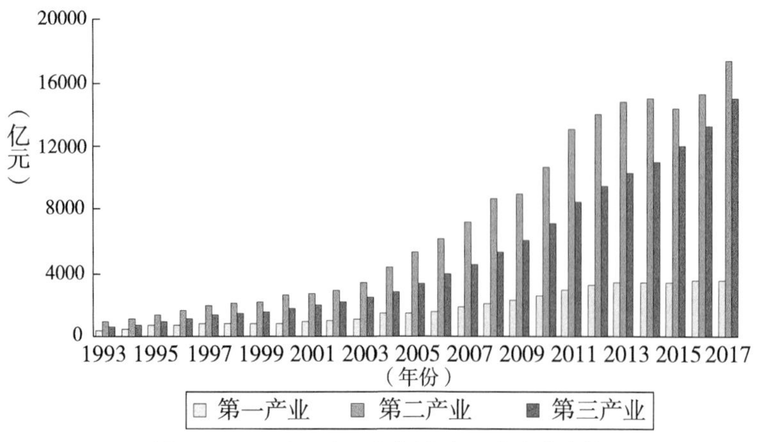

图 3-5　1993—2017 年河北省三次产业产值

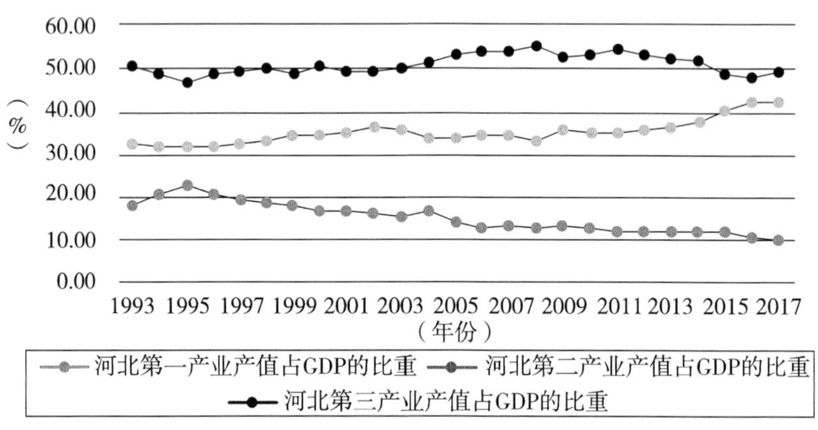

图 3-6　河北省三次产业产值结构变化

第三节　京津冀物流协同发展特征分析

一、京津冀物流协同发展分析模型构建

关于京津冀物流协同发展的内涵、总体目标、发展模式等目前学界尚无统一界定。习近平同志在京津冀协同发展工作座谈会上指出“要着力构建现代化交通网络系统，把交通一体化作为先行领域，加快构建快速、便捷、高效、安全、大容量、低成本的互联互通综合交通网络”。本章在此基础上结合现有文献，认为京津冀物流协同的内涵为“以服务区域社会经济发展为目标，采用现代物流信息及装备技术，将区域物流基础条件及功能要素有机结合、无缝对接，形成系统化、集约化的高效区域物流运输体系”。其中发展高度、均衡性及协调性是反映协同水平的 3 个重要特征。

经济圈内物流业整体发展规模越大，区域内各省市物流发展水平越接近，发展步伐越一致，则该地区物流协同水平越高。

本章选取物流基础条件、运营效率、产业贡献及低碳化水平4个1级指标和物流业固定资产投资等11个2级指标来测定上述3个评价要素。需要说明的是，选用旅客（货物）周转量及邮电业务量能够更好地反映该地区在运输、仓储、信息技术等方面的综合运营能力；劳动力生产率用物流业单位从业人员的GDP产出表示；影响力系数反映物流业对国民经济增长的拉动作用；两业联动强度采用程永伟（2014）的测算方法，反映物流业与制造业的联动发展水平；低碳水平则由物流业单位能耗的GDP产出表示。

基础数据来自国家统计局公布的各省年度数据及各省市的统计年鉴，其中“物流业增值率”“影响力系数”及“两业联动强度”则由《中国地区投入产出表2016》计算得来。本章所指物流业为“交通运输、仓储和邮政业”。京津冀经济圈包括北京、天津、河北三省市，长三角经济圈包括上海、江苏、浙江三省市，珠三角经济圈则包括广州、深圳、珠海、佛山、惠州、东莞、中山、江门、肇庆9个地区。

在测算发展高度方面，将各经济圈的指标绝对值与其中的最小值相比进行无量纲处理，分值越大，说明经济圈在该项指标上的相对整体规模越大。在测算均衡性方面，将经济圈内各省市间的指标标准差与其中的最大值相比，分值越大说明经济圈内各省市物流发展水平差异越小，均衡度越高。在测算协调性方面，先求解经济圈内每两省市间在相应指标上2008—2016年的相关系数，再以该组省市2016年的GDP总值作为权重计算经济圈在该项指标上的平均协调度。鉴于投入产出表无分年度数据，“物流业增值率”“影响力系数”及“两业联动强度”3个指标仅比较发展高度，均衡度及协调度则视为一致。

为便于分析，视各项指标同等重要，并将发展高度、均衡度的相对值纵向加和作为经济圈在该要素的总分，协调度则取算术平均值。此部分计算均利用Excel或MATLAB编程完成。

二、京津冀物流业协同发展分析方法

表3-12显示了2016年我国三大经济圈物流一体化水平比较。从总体来看，京津冀整体发展高度得分17.36，低于长三角的18.9，但明显高于珠三角的13.04；而区域内各省市物流发展均衡度京津冀最低，为13.1，显著低于珠三角的18.59和长三角的16.94；在发展协调性方面，京津冀协调性为9.0775，略低于长三角的9.1843，高于珠三角的7.0882。这表明除了均衡性较差外，京津冀物流发展的高度及协调度在三大经济圈中属中上水平，“京津冀远远落后于其他两大经济圈”这一直观认识是有失偏颇的。

表3-12　　2016年我国三大经济圈物流一体化水平比较

比较指标		物流发展高度			物流发展均衡性			物流发展协调性		
一级指标	二级指标	京津冀	长三角	珠三角	京津冀	长三角	珠三角	京津冀	长三角	珠三角
基础条件	固定资产投资	2.21	2.39	1.02	1.13	1.02	2.74	0.4570	-0.0646	0.4724
	旅客周转量	1.24	1.99	1.02	1.54	1.02	3.61	0.9703	0.9005	0.6739
	货物周转量	2.53	4.85	1.03	1.46	1.02	3.34	0.6465	0.9345	0.6123
	邮电业务总量	1.02	1.99	1.19	1.07	1.02	1.02	0.9707	0.9935	0.9780
	小计	7.00	11.22	4.26	5.20	4.08	10.71	3.0445	2.7639	2.7366

续 表

比较指标		物流发展高度			物流发展均衡性			物流发展协调性		
一级指标	二级指标	京津冀	长三角	珠三角	京津冀	长三角	珠三角	京津冀	长三角	珠三角
运营效率	物流业增值率	1.02	1.03	1.15	1.02	1.02	1.02	1.0981	1.0011	1.0142
	劳动力生产率	1.03	1.21	1.02	1.31	1.79	1.02	0.9002	0.7819	0.1259
	小计	2.05	2.24	2.17	2.33	2.81	2.04	1.9983	1.7830	1.1401
产业贡献	GDP 比重	1.59	1.03	1.01	1.04	5.25	1.01	0.9002	0.7819	0.1259
	就业比重	1.49	1.02	1.37	1.47	1.45	1.02	0.2188	0.8654	-0.0275
	影响力系数	1.23	1.09	1.02	1.02	1.02	1.02	1.0291	1.0453	1.0852
	两业联动强度	2.55	1.28	1.02	1.02	1.02	1.02	1.0283	1.0348	1.0353
	小计	6.86	4.42	4.42	4.55	8.74	4.07	3.1764	3.7274	2.2189
低碳水平	能源效率	1.45	1.02	2.19	1.02	1.31	1.77	0.8583	0.9100	0.9926
合计		17.36	18.9	13.04	13.10	16.94	18.59	9.0775	9.1843	7.0882

（一）基础条件方面

2016 年京津冀货物周转量为 2.53 万亿吨公里，邮电业务总量为 1.02 万亿元，均只有长三角的 50% 左右；京津冀三省市在物流业固定资产投资、旅客周转量、货物周转量上的标准差分别为 2.21 万亿元、1.24 万亿人公里和 2.53 万亿吨公里，均超过均衡度最高的珠三角经济圈 2 倍多；而 2008—2016 年京津冀三省市的协调性较为一致，尤其旅客周转量协调度 2016 年高达 0.9703，这可能得益于近年来京津冀旅游业及城际交通的协同发展。

（二）运营效率方面

此方面三大经济圈差距不大，但其中京津冀三省市物流业劳动力生产率的标准差高达 32.09 万元/人，超过长三角经济圈 23.51 万元/人的物流业劳动生产率的标准差近 1.36 倍。

（三）产业贡献方面

此方面京津冀相对优势明显，物流业对 GDP 及就业贡献的占比达到 6.47% 和 5.92%，分别高于长三角经济圈 2.31 个和 1.93 个百分点，但均衡度却较差，其中北京物流业的 GDP 贡献仅为 4.57%，与最高的河北的 8.33% 相差 3.76 个百分点；2016 年京津冀物流业影响力系数为 1.23，高于长三角的 1.09 和珠三角的 1.02，其中北京市物流业的影响力系数高达 1.0614，在所有比较省市中最高；更近一步，在物流业服务制造业方面，京津冀两业联动强度为 2.55，是其他两大经济圈的 2 倍和 2.5 倍，这都表明物流业在京津冀区域经济发展中发挥着更为重要的作用。

（四）在低碳水平方面

2016年京津冀物流业每消耗1吨标准煤能带来1.45万元的GDP，介于长三角1.02万元/吨和珠三角2.19万元/吨之间。此外，本章比较了三大经济圈2008—2012年物流发展的高度及均衡性变动情况，各经济圈物流相对发展高度基本保持稳定，其中长三角经济圈相对高度最高，其次是京津冀经济圈，最末的珠三角经济圈则表现出稳中有升态势。珠三角、长三角经济圈一直交错处在均衡性最高的位置，而京津冀则一直处于低位；但得益于京津冀三省市在物流运营效率及产业贡献方面的差距逐步缩小，从2008年均衡性仅有珠三角经济圈的61.02%，2016年上升至64.55%，提高了3.53个百分点。

本章在分析京津冀物流协同内涵及目标的基础上，提出采用整体发展高度、发展均衡性及发展协调性三要素来评价协同水平，并基于2008—2016年相关省市统计数据测算和比较了我国三大经济圈在物流协同方面的发展差异。结果表明，京津冀物流在整体发展高度及协调性方面介于长三角和珠三角之间，而区域内各省市的物流发展均衡性却显著低于其他两大经济圈。此外，京津冀物流在产业贡献方面具有较大优势，尤其在与制造业融合发展中，联动强度明显高于长三角和珠三角经济圈。

三、京津冀物流业协同发展现状

（一）交通建设投资加快，物流基础条件将迅速改善

京津冀协同发展的第一个突破口将是区域交通协同。事实上，京津冀区域的交通已经比较发达，但距离协同目标还有差距。就拥有广阔腹地的河北省来说，近年来交通基础设施不断完善，京港澳高速公路改扩建工程提前通车，正定国际机场、邯郸机场改扩建工程完成，已投入使用。河北省2017年全年货物运输总量22.9亿吨，比上年增长8.6%；货物周转量13383.6亿吨公里，增长8.5%。旅客运输总量5.1亿人，增长1.0%；旅客运输周转量1282.7亿人公里，增长3.6%。机场旅客吞吐量1186.2万人，增长39.5%。沿海港口货物吞吐量达10.9亿吨，增长14.3%；沿海港口集装箱吞吐量374.3万标准箱，增长22.7%。全省公路通车里程18.9万千米（包括村路），比上年增长0.6%。其中，新建成高速公路29千米，高速公路通车里程达到6531千米；农村公路总里程达16.4万千米（包括专用公路）。随着京津冀不断深入协同发展，交通建设投资加快，物流基础条件将有所改善。

目前河北省已谋划了“二环八通四联八港八枢纽”的综合交通运输网络布局。而北京和天津也都在规划国道、省道、铁路、港口和机场的交通布局，研究高铁、城际铁路、市郊铁路和地铁的互联互通，“京津第二高铁”已经启动。2015年4月，京津冀三省市政府、中国铁路总公司成立京津冀城际铁路投资有限公司，这无疑将会在交通基础设施方面对物流业的快速、大规模发展形成有力支撑。

（二）园区布局加速调整，物流产业集聚程度将不断提高

2009年《物流业调整和振兴规划》出台以后，全国加快了物流产业发展步伐，其中

一个重要的方面就是物流园区建设。以河北省为例，经河北省政府批准设立的32个省级物流产业聚集区，已有24个批准了总体规划并进入建设运营阶段。获批的物流产业聚集区总规划面积326.54平方千米，正在建设中的起步规划面积72.79平方千米。物流产业聚集区已初显物流业服务支撑功能和带动辐射作用，对当地的经济发展起到了明显的促进作用。京津冀协同发展为河北省物流业带来了机遇与挑战，围绕为区域经济发展新目标服务的物流园区布局调整表现在以下三个方面。一是园区发展规模的重新评估；二是新机会下新增园区的选址和定位；三是以园区推动产业集聚的服务功能的完善。在产业转移、对接协作过程中，将率先实施传统商品交易市场的搬迁，大红门批发市场、动物园批发市场、新发地农产品批发市场将最先疏解出北京，为之服务的生活资料物流也将随之转移和拓展。目前正在加紧建设的石家庄乐城·国际贸易城是石家庄长安区承接北京批发市场功能疏解的重要平台。该项目总建筑面积2600万平方米，分为市场交易、商务配套、仓储物流、产业加工四大组团。项目建成之后，将成为亚洲服务功能最全、经营规模最大、辐射半径最广的超级商贸物流中心，将大大提升石家庄乃至全省在世界商贸物流格局中的地位。在河北省范围内，经过长期的发展积累，有很多市场具有承接北京批发市场搬迁的能力，借此之际，促进河北批发市场的转型升级，完善物流配套服务设施，对促进区域内物流资源的有效衔接、实现区域物流协同意义深远。

（三）物流功能不断拓展，物流综合服务能力将大大提升

京津冀区域内物流产业通过不断拓展服务功能、提升综合物流服务能力，得到快速发展，在协同发展的大背景下，也迎来了进一步优化服务功能的新机遇。京津冀协同发展战略的实施，有利于打破行政界线，推动大都市圈产业结构的不断优化与融合，对物流服务的需求将表现出以下变化。第一，要求服务内容更加丰富。除了传统的运输、仓储等基本物流功能之外，为分工深化提供保障的流通加工功能、服务外包功能等将成为物流产业升级的重要方面。第二，要求物流综合服务能力更加强大。在此要求下，第三方物流的发展将成为物流产业组织创新的重要内容，在降低整体物流成本、提高企业的服务效率方面有所突破。第三，要求冷链物流形成一定的产业规模。京津冀协同发展战略下，京津农产品市场会进一步向河北省开放。河北省不仅是重要的现代商贸物流基地，还是新型城镇化与城乡统筹示范区，华北平原巨大的农业生产和供应能力将因此得到更好的开发利用。冷链物流作为农产品现代化流通的重要保障条件必须得到长足发展，以提高农产品流通质量、保障农产品流通安全。

（四）政府间沟通日益加深

近年来，京津冀三地政府不断加强沟通，就物流业达成了多方面合作共识。一是形成了物流业合作意向。按照约定，三地将相互支持物流企业进入对方物流服务领域，给予对方物流企业与本地企业同等的待遇。共同协调三方会员企业在相应服务领域出现的问题。三地物流协会将在培训、师资、资格认证、客户交流、物流管理技术、物流信息技术等方面实现合作。二是签署了《交通一体化合作备忘录》。三省市每年至少召开一次交通合作联席会议，就发展战略和合作领域、发展规划和重大项目实施、区域立体交通

的合理配置、不同运输方式的有效衔接、津冀港口的有效竞合和区域交通信息共享等重大问题进行研究和协调。三是出台了《京津冀地区快递服务发展规划》。按照规划，将形成以北京、天津为主核心，以石家庄、唐山为次核心，以北京—廊坊—天津—滨海新区为发展主轴，以北京—保定—石家庄和北京—唐山—秦皇岛为两大发展次轴，以曹妃甸—滨海新区—沧州—黄骅港为临海城镇新兴发展带，以张家口和承德为冀北发展带，以衡水—邢台—邯郸为冀南发展带，以广大腹地为农村快递发展区的发展空间布局。

企业在物流合作中的主体地位逐步显现，其主要原因如下：一是小型物流企业合作较为活跃。多数中小物流企业相互结成企业联盟，在运输、仓储、快递等物流领域进行协同发展。二是形成了若干大型物流企业联盟。随着近年来国际经济环境变化和企业外部压力的增大，京津冀大型企业间的联盟已经出现，如河北省物流集团与天津市物资集团在京津冀物流领域率先尝试了“强强”联合，结成了战略合作联盟。河北省物流集团在省内拥有稳定的资源供应渠道，涉及铁矿、煤炭、建材和矿产资源，联盟可以使天津市物资集团增强资源的控制能力，同时也将使河北省物流集团充分利用天津市物资集团在进口铁矿石上的明显优势。这标志着京津冀物流合作正逐步跨入由过去政府主导转变为政府引导、市场主导为特征的新阶段。三是交通、快递、高速公路管理等领域的合作推进显著。首都机场和天津滨海国际机场率先实现了跨地区的联合，北京与河北共同开发建设了京唐港，北京与天津口岸已开始直通，两市实现了口岸功能协同，京津城际列车已经开通，京津冀之间已实现了高速公路 ETC 系统的全面联网贯通，这对于提升京津冀物流的速度和质量具有重要意义。

第四节　京津冀物流产业协同发展存在的问题分析

一、缺乏协同发展的体制机制支撑

物流没有地域的特性和行政区域划分似乎是一对天然的矛盾。从经济角度讲，京津冀是一个发展潜力巨大的经济区域，北京拥有大量的科技人才和广阔物流消费市场，天津的物流交通十分便捷，而河北的产业资源丰富。理论上京津冀地区完全可以实现资源整合，优势互补，建立并发展区域和城市经济群，辐射和带动整个华北地区的经济发展。但在行政体制上，京津冀又是三个独立的、平起平坐的行政区域，在制定政策时只关注自身利益，各自规划本地区的物流发展，省际的利益协调难度较大，相互之间的竞争甚至大于合作，这样区域物流的整体规划、协调和发展就无从谈起。

二、未达成协同发展的理念与共识

虽然，从经济体协同的角度，以资源共享、优势互补的发展理念构建京津冀“双城双翼”模式无可厚非，但在发展物流协同中也延续这一思路，一味强调“优势互补”而忽视“区域劣势”的思维导致误入歧途，难以实现协同。这是因为物流业协同发展是一个跨地区、跨行业的综合过程，任何地区和行业在整体物流环节上的短板，都会成为实现物流协同的瓶颈，使整个区域物流难以通畅，所以“补短板”是实现协同的基础、“扬优势”是促进协同的手段，两者同等重要。要想实现协同，文化是形成理念的基础。长三角经济圈均属于吴越文化，加之处于我国改革开放的前沿，经济理念趋同，沟通顺畅，区域间合作氛围良好，形成显著的集群效应。而京津冀地区虽然地理距离相近，但由于历史和行政区域的原因导致文化有别，各自为政的思想严重，使得三地竞争大于合作，各区域都在强调自己的重要性，而忽视整个物流链中的短板分析。加之长期以来，以北京发展为中心的思想使得地方政府发展观有固化倾向，通过行政命令把全国优质资源过多地集中在京津地区，使得近在咫尺的河北省存在诸多经济短板，经济协同难以实现，物流协同发展也受到阻碍，物流管理上缺乏沟通和协调，在物流运营管理中普遍存在着重部门利益轻全局利益、重眼前利益轻长远利益等不良倾向。

三、区域城市物流协同发展定位不清晰

京津冀物流产业的协同发展，不但应该有宏观发展规划，还应该依据各地的优势实行“错位发展”。但京津冀地区由于长期各自为政，在规划和运作上难以跨越行政规划阻隔，往往立足本区域打造交通网络，优先发展自身利益，希望城市能够综合全面发展；在经济产业结构上追求大而全，继而对自身在物流协同中的作用和定位不甚明确，缺乏从整个物流和产业链的角度思考各自的功能划分；在交通网络的规划布局方面缺乏统筹协调，追求大而全的交通规划，海、陆、空均要大发展。所以，缺乏宏观系统分析以及对各自发展定位分析的不足必然带来盲目的规划，在资源、项目、投资等方面，相互之间存在严重的过度竞争和封闭竞争现象，导致物流项目设施建设重复、物流产业功能相似。

四、交通基础设施布局建设不协调

京津冀地区物流基础设施建设在总体上缺乏统一协调，这是区域内各省市物流协同发展理念有误、各自定位不清晰、缺乏综合规划的结果。在公路、铁路、水路、空运等方面表现为各省市自成体系、各自为政，造成各类基础设施不能优势互补和有机衔接，主要体现在以下方面。

一是从空港规划来看，京津冀缺乏统一规划，北京机场客货运量持续饱和，而天津、河北机场处于客货运量不足的状态。处于“灯下黑”的河北空港基础最薄弱，河北成为三地物流协同最大的短板，使得北京和天津都难以发挥其优势，协同发展难以实现。而长三角经济圈在发展中，上海交通优势明显，江浙区域因经济发展较早，各地基础交通设施水平也相差不大，上海就可以充分发挥带动作用，促使江浙物流企业迅速发展，成为现今中国物流最发达的地区。

二是从海港发展规划来看，近年来三地港口建设处于无序状态，各自独立经营，各港口都难以发挥航运物流优势。尽管天津港、秦皇岛港、京唐港和黄骅港的吞吐能力都有剩余，但为了争抢货源和市场，均仍在不断加大投资和扩建力度。这种各自为战、彼此缺乏有效沟通协调与区域分工的情况，不仅造成整个区域资源的无效配置和经济发展水平相对落后，而且阻碍了区域之间物资和商品的流动，制约了整个区域物流协同的发展。

三是从公路发展规划来看，京津冀地区是全国路网密度最高、交通运输最繁忙的地区之一，但也是最不均衡的地区之一，这主要是发展理念有误而长期忽视河北基础建设的结果。总体来看，北京道路交通最为发达，现已形成以北京为中心的放射状结构。但是，由于京津冀地区交通网络规划的不均衡，造成河北省在路网密度、路面等级、建设水平、推进力度等方面都远低于京津，河北的高速公路密度仅为北京的1/2、天津的1/3，二级以上公路里程比例相较京津分别低8%和19%，公路密度每百平方千米分别低44千米和42千米；河北还存在不少“断头路”“瓶颈路”，使得北京与河北没有形成多节点的网状交通，经北京中转过境的无关客货流较多，极大地增加了北京的道路交通压力。“北京吃不下，天津吃不饱，河北吃不到”的发展不均衡局面急需打破，补齐短板是目前河北省在交通基础设施建设方面首先要做的事情。

五、物流节点设施发展不均衡

有无高效的物流节点设施主要体现在物流资源的保有量与配置是否合理，具体来说就是仓储、运输、配送中心等资源的规模和利用水平是否与经济发展相适应。目前，京津冀地区物流节点设施条件不均衡，库场设施设备资源闲置与重复配置矛盾突出，还缺乏现代化的物流中心、配送中心，与周边地区相衔接的跨境物流条件还不健全。京津冀区域内规模较大的物流企业主要在京津布局，河北省内的物流企业发展层次偏低，初级基础物流服务较多，高端物流发展滞后，高端增值物流服务较少，综合物流功能较弱，供应链管理水平较低，物流运行远未达到科学化水平。总之，不论从资源配置还是运行管理方面来看，京津冀区域内的高效物流网络尚未形成。

六、物流产业集群协同弱

虽然京津冀协同发展的思想由来已久，但之前实质性的融合并没能实现；倒是京津地区，特别是北京，在区域内各方面的巨大虹吸作用给河北的发展带来了不同程度的挑战，物流产业的发展也是一样。物流服务企业都倾向于把市场重心布局在北京，特别是一些有实力的第三方物流企业和冷链物流企业等快递企业基本不可能围绕河北谋划布局，形成目前北京物流资源过度膨胀、津冀区域物流发展不佳的窘境。河北省拥有广阔的腹地，但从河北省现有物流产业园区的发展来看，规划和建设统筹考虑不够。在物流产业振兴规划出台之后，河北省各地都制定了相关规划，但从整体来看，存在不少重复建设、重复投资的资源浪费现象。已经建成的物流聚集区总体质量不高，周边交通基础配套设施不到位，特别是一些由专业市场转型的物流园，其内部交通设计因陋就简的情况很多，缺乏整体规划和布局，极大影响联运效率。而新建物流聚集区因为存在用地指标、园区内用地价格等问题，导致项目引进受阻，还有因为物流企业对用地价格的承受能力不强，影响物流企业入园发展，导致物流产业集聚发展缓慢。同时聚集区还存在多部门行政造成的低效率。

七、物流企业标准化管理体系不完善

物流标准化是物流现代化的基础，也是实现物流企业协同发展的前提，物流企业标准化管理体系是涉及企业的物流设备管理、物流信息管理、供应链管理和客户服务管理等多方面的综合管理体系。目前京津冀地区物流企业标准化管理存在以下问题。

（1）物流设备没有标准化。对于京津冀地区来说，物流标准不统一的问题已经严重制约了区域物流协同的发展。各地的物流设备没有统一的技术标准，使得集装箱、托盘、货架、卡车等设备缺乏有效衔接，影响了物流的自动化水平，在区域间很难实现有效的流通转换，造成物流运输不畅；各地对于货物在运输、仓储、搬运及包装过程中的标准存在缺口，严重影响了区域物流机械化、自动化水平的提高，各物流环节之间难以有效进行衔接协作；同时京津冀区域的信息系统平台建设也不够完善，物流信息标准化建设工作亟待加强。

（2）物流管理水平不统一。北京和天津的物流企业管理水平相对较高，在信息和成本管理方面表现较好；而河北因物流发展滞后，物流企业管理理念陈旧，标准化意识淡薄，难以与京津形成共享和兼容。这造成京津冀的流通企业与长三角的流通企业相比，无论企业数量还是服务水平都有较大距离，直接影响了协同发展。杭州因有阿里巴巴集团带动了整个区域的物流发展，成为全国物流业发展的标杆，是全国现代化物流企业最多的城市。杭州现有全国 A 级物流企业 167 家，全球十大物流企业和二十大船公司分支机构或办事处都入驻长三角；全国最大的物流公司均在上海设立总部，如“三通一达”；南京的苏宁云商从线下电器小厂发展为线上大电商并成功上市，这都因在管理中标准化工作扎实才能在苏、浙、沪发展迅速。在京津冀三地，有影响力的物流公司在北京设立总部的只有 EMS（中国邮政速递物流）和宅急送，且均为国有企业；河北的物流管理只有三、四线城市的水平，管理水平的差距使得三地的协同发展难以顺利进行。

（3）信息标准化统一，物流信息沟通不畅。物流协同的关键是物流信息的沟通无障碍。区域物流信息的沟通不仅是对于物流资源的整合，而且涉及物流信息系统的数据对接，银行、税务、保险、海关、交通等政府部门有关物流信息的共享，是一个需要高科技来支撑的庞大的信息体系。京津冀区域内，物流企业的信息化建设基础差。特别是相对落后的河北，虽然有些企业建立了物流信息系统，但只是自己企业的数据库，而且并不规范、信息化水平相对较低。有些物流企业甚至连信息化的意识都没有，相关的技术人才也比较缺乏，难以做到物流信息化管理。由于基础薄弱，地方政府和企业虽然建立了一些公共物流信息沟通平台，但由于技术原因，区域贯通性差，使得企业的物流信息只是数字的孤岛，难以发挥作用。在京津冀地区的物流领域，目前还没有专职负责公共数据接口的行业和国家编码标准，物流信息无法交换和共享，这无疑增加了货运成本，影响了物流资源的有效配置。

第五节　AHP 与层次聚类法结合的区域物流枢纽聚类分析

一、区域物流枢纽层次聚类的基本原理

聚类分析是对研究对象进行分类的一种数理统计学方法，归属于多变量统计研究问

题。聚类分析根据聚类原则进行分类，将一系列变量或样本数据根据它们在各项评价指标的数值的远近程度，在没有分类先验知识的前提下进行自主分类。

聚类分析与判别分析有明显的区别，判别分析是根据已有的判断标准和归属类型，对未知类别的研究对象进行判断，将其归入已有的类型中的过程。聚类分析通过比较各研究对象之间的各个指标，将指标值相近的划为一类，将指标值相差较远的划入不同类别。在聚类过程中，事先没有必要给出一个划分类别的标准，在聚类的初始阶段并不知道研究对象类别的情况，甚至分为多少类别也不确定；它是从样本数据分析出发，客观地按照研究对象远近关系进行分类。

聚类分析包括层次聚类分析、K－平均聚类分析和二阶聚类等几种分析方法。K－平均聚类分析方法和二阶聚类分析方法用于样本较多的聚类分析。K－平均聚类分析的基本特征是首先确定共有几个归属类别，再进行聚类分析。但是，层次聚类分析并没有事先确定归属的类型个数。物流节点层次划分问题是根据各物流节点各项指标的远近情况进行层次划分，一般样本数据不多，因此层次聚类方法更适合区域物流枢纽的层次划分问题。

层次聚类分为两种类型。一种是 Q 型聚类，是对各个样本进行分类分析，使性质特点较为相近的样本归为一类；另一种是 R 型聚类，是对研究对象各个观测指标进行分析聚类，它使具有相似特征的指标归为一类，以便从中甄选出具有代表性的指标进行分析，从而减少观测指标的个数以便对研究对象进行简单有效的分析。物流节点的层次划分是对各个物流节点样本进行聚类，属于 Q 型聚类，也就是以各物流节点样本为研究对象，将具有相似特征的物流节点划分为一类。

层次聚类分析的基本思想是，初始阶段每一个物流节点自成一类，按照一定的度量方法观测不同样本之间的远近程度，并把其中距离最近的样本先归为一类；然后，度量剩余物流节点样本与小类之间远近程度，将与小类距离最近的样本再聚为一类；依次度量剩余样本与小类之间的远近程度，如此反复，直到所有的物流节点样本聚成一类才结束聚类过程。

综上所述，可以看出层次聚类过程中度量物流节点样本之间远近程度的标准是一个关键因素。本章采用欧氏距离法计算物流节点层次划分上的相似性系数，并按一定阈值标准，以相似性系数最大化为原则，将市场供需环境、物流基础设施支撑条件、区位及政策条件最为相似的两个区域物流枢纽划分为同一类型区。

二、区域物流枢纽聚类分析的主要运算步骤

（一）数据的标准化

在对区域物流枢纽进行 AHP 分析和层次聚类过程中，需要确定两个关键问题：一是科学合理地确定各个指标的权重，本章采用评价指标体系权重赋值的 AHP 模型；二是需要对指标进行无量纲化处理，这样可以使不同量纲、不同表现形式、不同经济意义以及和总体目标作用趋向各不相同的指标之间进行综合，以便构造物流节点综合指数模型。由于不同的指标中既有正向指标，也有逆向指标，对于指标数值的评判上有很大的模糊

性，因此本章应用模糊隶属度函数法对各个指标的“价值”进行量化，其函数模型一般形式如下。

对正向指标，采用半升梯形模糊隶属度函数，即：

$$\Phi_{(e_{ij})}=\frac{e_{ij}-m_{ij}}{M_{ij}-m_{ij}}=\begin{cases}1 & e_{ij}\geqslant M_{ij}\\ \dfrac{e_{ij}-m_{ij}}{M_{ij}-m_{ij}} & m_{ij}<e_{ij}<M_{ij}\\ 0 & e_{ij}\leqslant m_{ij}\end{cases}\qquad(3-1)$$

对逆向指标，采用半降梯形模糊隶属度函数，即：

$$\Phi_{(e_{ij})}=\frac{M_{ij}-e_{ij}}{M_{ij}-m_{ij}}=\begin{cases}1 & e_{ij}\leqslant m_{ij}\\ \dfrac{M_{ij}-e_{ij}}{M_{ij}-m_{ij}} & m_{ij}<e_{ij}<M_{ij}\\ 0 & e_{ij}\leqslant M_{ij}\end{cases}\qquad(3-2)$$

式中，e_{ij}为指标的具体属性值；$i=1$，2，…，m，表示观测年份共有 m 个；$j=1$，2，…，n 表示指标有 n 个；M_{ij}、m_{ij}分别表示每个指标第 i 年份指标值的最大值与最小值；$\Phi_{(e_{ij})}$表示指标隶属度，它的值为 0～1。标准化处理可消除不同指标之间不同量纲的影响，以便不同指标相加。某个指标的模糊值 $\Phi_{(e_{ij})}$ 越大，说明该指标的实际值越接近最大值 M_{ij}，其标准化值与其对应的权重的乘积越大，说明在评价中该项指标对最终评价值的贡献越大。

（二）区域物流枢纽布局评价指标体系及指标体系权重的确定

由正交因子载荷矩阵选取各公因子中载荷较大的指标，以此构成高载荷指标分类体系。然后，分析公因子内各高载荷指标的内在含义，对公因子进行命名，使其具有实际经济、技术或政策的含义，以便在实际中容易理解和应用，如表 3－13 所示。

表 3－13　　物流枢纽层次划分评价指标体系因子结构

公因子	高载荷指标	公因子命名
公因子 1	I_1——GDP I_2——GDP 的增长率 I_4——社会消费品零售总额 I_5——工业增加值 I_6——国有及规模以上非国有企业数 I_7——进出口贸易额 I_8——制造业总额 I_{11}——全社会货物综合运输量	物流需求因子

续 表

公因子	高载荷指标	公因子命名
公因子 2	I_3—全社会固定资产投资总额 I_9——物流园区数量 I_{10}——物流园区面积 I_{12}——高速公路网密度 I_{13}——铁路网密度 I_{14}——航空航线密度 I_{15}——航运航线密度	物流设施支撑因子
公因子 3	I_{16}——地区行政级别 I_{17}——地区口岸级别 I_{18}——特殊政策享有属性 I_{19}——是否为区域交通枢纽规划城市	区位及政策因子

第一公因子中，GDP、GDP 的增长率、社会消费品零售总额、工业增加值、国有及规模以上非国有企业数、进出口贸易额、制造业总额、全社会货物综合运输量这 8 个指标体现了物流市场中物流需求的基本情况，可命名为物流需求因子。

第二公因子中，全社会固定资产投资总额、物流园区数量、物流园区面积、高速公路网密度、铁路网密度、航空航线密度、航运航线密度这 7 个指标体现区域物流枢纽基础设施对物流各项需求提供服务的支撑条件，可命名为物流设施支撑因子。

第三个公因子中，地区行政级别、地区口岸级别、特殊政策享有属性、是否为区域交通枢纽规划城市这 4 个指标可以体现区域物流枢纽的区位优势和国家对枢纽地区给予的政策优势，可以命名为区位及政策因子。

对于评价指标权重，本章采用（1/9，9）EM 标度的 AHP 法确定，由专家给出两两评价指标对总目标的重要性标度，把所有专家给出的两两判断矩阵进行综合后，得到三个分领域的物流指标所对应的两两判断矩阵，分别如表 3 - 14、表 3 - 15 和表 3 - 16 所示。

表 3 - 14　　物流需求因子各指标两两判断矩阵

	I_1	I_2	I_4	I_5	I_6	I_7	I_8	I_{11}
I_1	1	1	2	3	3	2	$\frac{1}{2}$	$\frac{1}{2}$
I_2	1	1	2	3	3	2	$\frac{1}{2}$	$\frac{1}{2}$
I_4	$\frac{1}{2}$	$\frac{1}{2}$	1	$\frac{2}{3}$	$\frac{2}{3}$	1	$\frac{1}{4}$	$\frac{1}{4}$
I_5	$\frac{1}{3}$	$\frac{1}{3}$	$\frac{3}{2}$	1	1	$\frac{2}{3}$	$\frac{1}{6}$	$\frac{1}{6}$

续 表

	I_1	I_2	I_4	I_5	I_6	I_7	I_8	I_{11}
I_6	$\frac{1}{3}$	$\frac{1}{3}$	$\frac{3}{2}$	1	1	$\frac{2}{3}$	$\frac{1}{6}$	$\frac{1}{6}$
I_7	$\frac{1}{2}$	$\frac{1}{2}$	1	$\frac{3}{2}$	$\frac{3}{2}$	1	$\frac{1}{4}$	$\frac{1}{4}$
I_8	2	2	4	6	6	4	1	1
I_{11}	2	2	4	6	6	4	1	1

表 3－15　　物流设施支撑因子各指标两两判断矩阵

	I_3	I_9	I_{10}	I_{12}	I_{13}	I_{14}	I_{15}
I_3	1	1	2	2	$\frac{3}{2}$	$\frac{2}{3}$	$\frac{1}{2}$
I_9	1	1	2	2	$\frac{3}{2}$	$\frac{2}{3}$	$\frac{1}{2}$
I_{10}	$\frac{1}{2}$	$\frac{1}{2}$	1	1	$\frac{3}{4}$	$\frac{1}{3}$	$\frac{1}{4}$
I_{12}	$\frac{1}{2}$	$\frac{1}{2}$	$\frac{4}{3}$	1	$\frac{3}{4}$	$\frac{1}{3}$	$\frac{1}{4}$
I_{13}	$\frac{2}{3}$	$\frac{2}{3}$	3	$\frac{4}{3}$	1	$\frac{4}{9}$	$\frac{1}{3}$
I_{14}	$\frac{3}{2}$	$\frac{3}{2}$	4	3	$\frac{9}{4}$	1	$\frac{3}{4}$
I_{15}	2	2	4	4	3	$\frac{4}{3}$	1

表 3－16　　区位及政策因子各指标两两判断矩阵

	I_{16}	I_{17}	I_{18}	I_{19}
I_{16}	1	1	$\frac{1}{3}$	$\frac{1}{2}$
I_{17}	1	1	$\frac{1}{3}$	$\frac{1}{2}$
I_{18}	3	3	1	$\frac{3}{2}$
I_{19}	2	2	$\frac{2}{3}$	1

根据上述两两判断矩阵，可以得到各分领域综合物流指标所对应的指标权重，如表3－17所示。

表 3-17　各分领域综合物流指标所对应的指标权重

指标	指标权重
I_1、I_2、I_4、I_5、I_6、I_7、I_8、I_{11}	（1）AHP 权重：0.3322，0.2342，0.2532，0.3425，0.3354，0.3432，0.3556，0.4214 （2）归一化的权重：0.121197，0.085443，0.092375，0.124954，0.122364，0.12521，0.129734，0.15374
I_3、I_9、I_{10}、I_{12}、I_{13}、I_{14}、I_{15}	（1）AHP 权重：0.1243，0.2321，0.2358，0.3175，0.1353，0.3865，0.3752 （2）归一化的权重：0.053092，0.099137，0.100718，0.135614，0.057791，0.165086，0.16026
I_{16}、I_{17}、I_{18}、I_{19}	（1）AHP 权重：0.4324，0.2527，0.3748，0.2573 （2）归一化的权重：0.328272，0.191846，0.284543，0.195339

（三）确定区域物流枢纽综合因子得分

指标权重和量化值确定以后，采用以下公式求区域物流枢纽综合因子得分 F，如式（3-3）所示。

$$F = \sum_{t=1}^{3} w_t f(O_t) \tag{3-3}$$

式中，F 为区域物流枢纽综合因子得分，w_t 的为因子权重，取各因子的方差贡献度。$f(O_t)$ 表示第 t 个因子的因子得分，其求解公式如式（3-4）所示。

$$f(O_t) = \sum_{j=1}^{n} w_j \Phi_j \tag{3-4}$$

式中，w_j 代表隶属于要素 O_t 的第 j 个指标的权数，Φ_j 代表隶属于要素 O_t 的第 j 个指标的标准化值。

那么，各区域物流枢纽综合因子得分可以由以下公式得到。

$$F = 0.46986 f_1 + 0.28843 f_2 + 0.24171 f_3 \tag{3-5}$$

（四）层次聚类法进行聚类

（1）采用欧氏距离法计算区域物流枢纽层次划分上的相似性系数，并按一定阈值标准，以相似性系数最大化为原则将物流需求因子、物流设施支撑因子、区位及政策因子最为接近的两个物流节点划为同一类型区。相似性系数的计算公式如式（3-6）所示。

$$R(ij) = \sqrt{\frac{1}{n}\sum_{k=1}[X(ik) - X(jk)]^2} \tag{3-6}$$

式中，$R(ij)$ 为 i 区域物流枢纽与 j 区域物流枢纽的相似性系数；$X(ik)$ 为 i 区域物流枢纽第 k 项指标值，k 分别 =1（物流需求因子），2（物流设施支撑因子），3（区位及政策因子）；$X(jk)$ 为 j 区域物流枢纽第 k 项指标得分值；n 为研究因子个数，根据上述因子分析，$n=3$。

（2）在三个主因子中，最为相似的两个区域物流枢纽归为一类后，使用“类平均法”计算该类区域物流枢纽与步骤（1）中还没有进行归类的其他区域物流枢纽的相似系数，且仍然按照步骤（1）中的方法继续进行该类区域物流枢纽与其他枢纽归类。“类平均法”的基本原理是将两个类别之间的距离由分别属于这两类的各样品间距离的平均值来表示。假设步骤（1）中区域物流枢纽层次划分最为相似的两个枢纽 P_a、P_b 归并为 P_c，那么 P_c 与其他区域物流枢纽或层次 P_d 的相似系数 $R(cd)$ 计算公式如下。

$$R(cd)=\sqrt{\frac{n_a}{n_c}[R(ad)]^2+\frac{n_b}{n_c}[R(bd)]^2} \tag{3-7}$$

其中，$R(ad)$ 是区域物流枢纽 P_a 与 P_d 的相似系数；$R(bd)$ 是区域物流枢纽 P_b 与 P_d 的相似系数；n_a，n_b，n_c 是类别 P_a，P_b，P_c 的所含的区域物流枢纽的数量。

（3）依然按照步骤（2）的方法和思路，将剩余的物流节点和节点层次小类进行比较做进一步的归并，直至最后把一个物流节点归并进去。

（4）根据不同相似性系数的阈值标准，进行调整和核对，最终确定区域物流枢纽层次划分的结果。在聚类过程中，由不同的阈值得到的分类结果不同，在分析实际问题时，需要调节阈值来获得适当的分类。

第六节　京津冀区域物流产业协同的物流枢纽布局优化

一、京津冀城市群的基本情况

京津冀城市群内主要物流节点包括北京、天津两个直辖市和河北省的石家庄市、唐山市、保定市、承德市、张家口市、秦皇岛市、沧州市、廊坊市共 10 个物流节点，其占地面积为 183704 平方千米，占全国总面积的 1.9%，人口 7604.13 万，占全国总人口比重为 5.47%。

京津冀协同的核心内容是首都经济圈，从世界范围来看，首都经济圈是一个经济现象，东京经济圈经济总量占到日本的 33% 左右，首尔经济圈经济总量超过了韩国的 60%，而我国首都经济圈的经济总量占全国的 10% 左右。由此可见，京津冀首都经济圈发展相对落后，虽然理论界对其滞后原因众说纷纭，但有一点却是明晰的，即以京津为核心的城市群系统整合放大功能未得到充分释放。物流协同是实现经济协同的重要支撑条件之一，京津冀区域物流系统的协同与规划对推动京津冀协同起着积极的推动作用。

二、京津冀物流节点的层次划分

（一）京津冀物流节点因子分析

本章以京津冀城市群为研究对象，选取北京、天津 2 个直辖市，河北省的石家庄市、唐山市、保定市、承德市、张家口市、秦皇岛市、沧州市、廊坊市共 10 个物流节点为样本进行物流节点宏观层次划分及各节点之间关系的研究，以期为京津冀协同的规划提供决策支持。通过 AHP 与层次聚类法结合的区域物流枢纽聚类分析，可以得到京津冀物流节点的因子得分和综合得分排名，如表 3 – 18 所示。

表 3 – 18　　京津冀物流节点的因子得分和综合得分排名

城市	物流需求因子		物流设施支撑因子		区位及政策因子		综合得分	排名
	得分	排名	得分	排名	得分	排名		
北京	2. 30659	1	2. 49231	2	1. 409639	2	2. 143355	1
天津	1. 17439	2	3. 14272	1	1. 690888	1	1. 866958	2
唐山	–0. 27022	7	0. 02031	6	0. 21836	4	–0. 068328	4
秦皇岛	–0. 84640	9	0. 31468	4	–0. 23915	6	–0. 364731	6
承德	–0. 92201	10	–0. 32830	7	–0. 39883	8	–0. 624308	9
廊坊	–0. 15707	4	–0. 65858	10	–0. 14659	5	–0. 299187	5
沧州	–0. 05235	3	–0. 46977	8	–0. 92686	10	–0. 635782	10
保定	–0. 26369	5	–0. 63194	9	–0. 32942	7	–0. 385792	7
张家口	–0. 70176	8	0. 18168	5	–0. 54407	9	–0. 408834	8
石家庄	–0. 26749	6	0. 43427	3	0. 29726	3	0. 071424	3

通过以上因子分析和综合排名可以得到如下结论。

（1）各地区之间发展不平衡，综合得分最高的城市（北京）和综合得分最低的城市（沧州）之间，物流发展的综合评价水平差距比较大。排名第一的北京综合得分为 2. 143355，而排名第三的石家庄综合得分仅为 0. 071424，排名第四名及之后的综合得分均低于 0。拉开差距的主要因子是物流需求因子和区位政策因子，因此，京津冀地区发展的不均衡差异较大是阻碍京津冀一体化发展的重要因素。

（2）第一因子的方差贡献率大，说明该因子对物流发展综合评价具有较大的影响，即“GDP”“GDP 的增长率”“全社会固定资产投资总额”“工业增加值”“货物总量指标”“社会消费品零售总额”“国有及规模以上非国有企业数”是评价一个中心城市的最主要综合指标，而“物流园区数量”“物流园区面积”“全社会货物综合运输量”在物流发展综合评价占重要地位，显示着中心城市的物流发展平衡制约或促进作用。

（3）基于以上的结果认识，本章认为发展物流也必须建立在一定的经济发展水平之上，经济发展水平对物流起基础支撑作用，当经济发展到一定水平，物流又会对经济发展起到助推作用，当然物流水平的整体提高还必须要相应地提高物流投入要素，修复物流发展的“短板”效应。

（二）AHP 与层次聚类法分析

根据物流节点距离的远近，结合 SPSS 树状图的分析，为了使分类更加符合实际，需要适当调整阈值，当阈值由 1 以 0. 05 的步长下降时，所获得的聚类谱系图如图 3 – 7 所示。

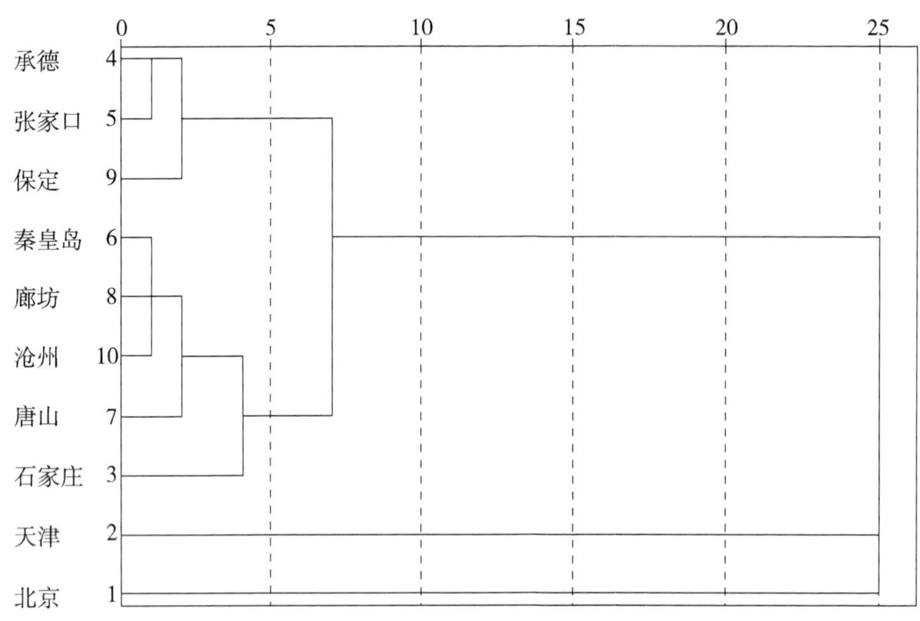

图3－7　京津冀物流节点聚类谱系图

类间距离 $d=5$ 时，可以将节点分为4类，一级节点为：北京；二级节点为：天津；三级节点为：石家庄、唐山、廊坊；四级节点为：保定、承德、张家口、沧州、秦皇岛。因此，根据以上分析得到物流枢纽等级划分，如表3－19所示。

表3－19　京津冀物流枢纽等级划分

物流节点级别	物流节点
重要物流枢纽（一级、二级节点）	北京、天津
次要物流枢纽（三级节点）	石家庄、唐山、廊坊
一般物流节点（四级节点）	保定、承德、张家口、沧州、秦皇岛

（三）京津冀物流节点的层次划分

在京津冀都市圈物流系统规划过程中，必须考虑各城市的自身特点及其物流发展需求和区域总体发展规模。根据聚类分析的结果，结合各城市的地理位置条件、交通运输条件等综合各方面考虑，可以把京津冀都市圈划分为三个等级的物流中心城市。

（1）一级物流中心轴城市：北京、天津。

北京是京津冀都市圈的最主要的铁路、公路、航空等综合运输手段集成化的城市，其城市道路网络化、立体化，同时北京又是华北地区最大的铁路枢纽中心城市，首都国际机场是亚洲第一大国际机场。随着首钢炼钢产业向曹妃甸工业区转移，北京形成了以主要发展电子信息、新材料、汽车制造为主的先进制造业、现代金融业、信息服务、科技教育、文化博览等产业的格局，综合经济实力保持在全国前列。北京的第三产业规模居国内第一。北京具有优良的经济基础和物流软硬件资源，可以作为内连京津冀都市圈，外连全球各地的国际化大型物流中心城市。

天津是著名国际港口城市，拥有中国第四大工业基地和第三大外贸港口，是我国北方的海运与工业中心。天津市由铁路、公路、水路、航空和管道五种运输方式构成了四通八达的交通运输网络，具有先进的电信通信网和便利的邮政网，交通基础设施优良。天津市良好的港口条件，在发展临港工业、面向国际以及区域消费产品的生产方面都有明显优势，形成了以发展电子信息、汽车、化工等行业为主的先进技术制造业、以水路为主的交通运输业、以石油化工为主的多种化工工业的格局。天津凭借发达的交通运输能力和强大的工业制造能力与北京遥相呼应。

和都市圈内其他城市相比，北京和天津经济发达、人口稠密，在货物生成量和货物周转量方面占有绝对优势，它们都是周边城市地区的物流枢纽和中心，承担各自区域内物流集散的作用，它们的货物流量是大规模的、密集的、稳定的，并且它们的交通设施比较完善，形成了多样化、立体化、网络化的交通运输通道。

（2）二级物流城市：石家庄、唐山。

石家庄作为河北省的省会城市及重要城市，是多条公路、铁路、高铁的枢纽城市，交通便利，是全国重要的医药、纺织工业中心城市以及重要的现代服务业和生物产业基地之一，是华北重要商埠。石家庄正定国际机场，2010 年吞吐量已突破 272 万吨。

唐山港很好的深水港条件使得唐山在冶金、化工等大规模的临港工业方面有很大的优势。唐山着力建设公路、高速公路、铁路、地铁轻轨、管道、航空、港口等综合性的交通运输方式，极大促进了唐山在人流、物流、信息流方面的沟通。

上述两个城市的经济发展水平与沧州、保定、张家口、廊坊、承德、秦皇岛相比较高，交通相对发达，但远不及北京和天津，在区域物流规划中担当着二级物流中心城市的角色，占据着承接一级轴心城市和辐射三级物流城市的枢纽地位，在京津冀区域物流发展中起着承接贯通作用。

（3）三级物流城市：沧州、秦皇岛、廊坊、保定、承德、张家口。它们主要担负京津冀都市圈内物流集散以及同一、二级物流中心城市间的物流转运功能。

①沧州地处环渤海中心地带，也是京津通往东部沿海地区的交通要冲，被国务院确定为第三批经济开发区，多条公路和铁路在此交会。国家“九五”重点工程黄骅港和朔黄铁路的建成，使得沧州成为西煤东运新通道的出海口和冀中南、鲁西北以及晋陕和内蒙古等西部地区对外开放的桥头堡，区位优势日益明显。

②秦皇岛境内有京山、京秦、大秦、秦沈四大铁路干线。京沈高速、沿海高速及承秦高速公路、北戴河连接线构成了秦皇岛市的高速公路网，全市公路通车总里程达 8253 千米，路网密度为 104.6 千米/百平方千米。秦皇岛在京津冀都市圈中的发展定位是环渤海地区重要的对外开放窗口，京津冀都市圈的区域物流的重要枢纽，侧重开发重型、大型制造业和现代物流业，集中布局港口依托型重大装备制造、食品加工及物流企业，突出临港型和高外向度的经济特色。

③廊坊地处京津两大城市之间，扼守着北京东南方向京九铁路的咽喉。廊坊的公路交通十分发达，与京津冀都市圈中其他各城市紧密连接。

④保定地处北京、天津、石家庄间的三角地带，有效连接京津冀都市圈中北京物流

轴心城市和石家庄二级物流中心城市。保定拥有四通八达的铁路和公路交通网络。除此以外，保定是华北的“电谷”，为京津冀都市圈的工业提供动力和能源。

⑤张家口是北京的生态屏障，也是北京的水资源和电资源的供应地，西北蒙晋的煤炭资源通过途经张家口的京包线运输到能源紧缺的轴心城市。张家口依靠自身的生态优势、区位优势和环境优势大力发展旅游业，旅游业日益成为张家口的支柱产业。近年来张家口在追求产业优化升级目标的同时，积极推进集约化、生态化农牧业发展，坝上的绿色蔬菜基地、奶牛养殖基地，坝下的葡萄规模化种植，都成为京津冀都市圈优良的农产品供应基地。

⑥承德南接北京，东临辽宁，北靠内蒙古，东南到天津，构筑以“一环八射”（所谓“一环”是指市区周边高速环路，“八射”是指京承、承唐、承秦、承朝、承津、承围、承赤、承张）高速公路为核心的综合交通网络，形成面向京津、通达辽蒙、辟通港口的交通枢纽和蒙东、辽西至京津唐的煤电能源通道。承德把建设国际旅游城市作为转变发展方式的战略引擎和现实载体。

三级物流城市经济发展水平较低，可以利用自身纵横交错的交通网络，依据各城市经济发展个性制定各自物流发展规划，配合一、二级物流城市，在物流系统中发挥集散作用。

三、京津冀都市圈物流发展建议

（一）完善“轴心”城市物流基础投入要素，突出“轴心”城市的中枢功能

根据在聚类分析中的京津冀都市圈轴—辐式物流网络体系的规划，把北京和天津设为一级物流中心轴城市。然而从因子分析中的京津冀都市圈 10 个城市的物流指标体系中可以看出，尤其天津的物流基础要素投入还跟不上物流发展的要求，这在一定程度上制约着轴心城市的物流规模效益、集聚效益和空间效益的发挥，对周围其他城市的物流辐射和带动功能偏弱。因此，要加强轴心枢纽城市的基础设施建设，突出轴心城市的中心功能定位；加强轴心城市主干线及其主要站点的基础设施改造，尽快建设符合物流“轴心”城市发展要求的多式联运综合运输网络和完善的仓储配送设施。

（二）加强城际间的道路交通建设，拓宽物流通道，扩大交通物流量

京津冀都市圈有明显的三个发展轴，一是京津唐主轴；二是京—保—石拓展轴；三是京—唐—秦拓展轴。加强物流轴心城市之间物流通道的主干线以及轴心城市与周围城市的交通运输路线的建设和改造，提高区域内部物流配送效率，推动京津冀都市圈经济协同进程。完善京津冀都市圈的公路、铁路建设交通网，使各个物流中心城市的物流园区、物流中心紧密连接。

（三）整合现有的物流资源，实现都市圈物流网络化运作体系

京津冀都市圈各中心城市物流资源配比严重失衡，北京和天津的现代化物流发展水平与都市圈内其他城市的物流水平相比，差距比较大，尤其是综合物流水平排名靠后的

张家口和承德，物流发展水平相当滞后。都市圈内的物流协作发展水平相对薄弱，物流产业的集聚效应和整合优势没有体现出来，应提倡和鼓励物流运输、仓储、配送企业等实行跨部门、跨行业的联合、竞争、并购，构建“物流圈—物流园区—物流中心—配送中心”的现代四级物流基本框架，积极发展壮大具有规模优势的物流企业，提高都市圈内的物流营运能力，促进区域经济发展，形成经济结构调整和物流发展相适应的现代物流运作设施网络体系。

（四）建设高效、便捷、统一的区域物流信息网络

现代物流的一个核心问题是通过物流信息对物流网络系统各种资源进行整合，提高物流网络的整体功能和效益。京津冀都市圈内各中心城市的物流信息水平差异比较大，物流信息对物流网络体系的积极作用还未得到有效发挥。因此，构筑统一、公共的物流信息交换平台，建设良好的物流信息交换环境，使信息的采集、加工、储存以及传输形成一个有机的整体，高效协调处理各种物流信息，实现都市圈物流的协调和互动发展。

（五）物流发展政策措施体系

建设区域物流发展的政策措施体系是区域物流发展的重要内容。作为京津冀都市圈的规划者和管理者，政府应强化物流企业在市场中的主体地位，发挥市场机制的基础性作用，加强产业政策的宏观指导，注重体制创新、制度创新、人才创新、政策创新，制定物流发展的政策措施和物流活动规制政策措施，出台综合性政策措施、交通运输措施和物流相关专项措施，为都市圈物流发展创造良好的政策环境，推动区域经济的协调可持续发展。

本章对京津冀都市圈物流规划的研究还存在多方面的不足，对京津冀都市圈物流区域规划的研究主要从宏观角度上对都市圈物流区域进行系统规划，并没有对都市圈内各城市内部物流的具体选址和网络建立进行详细规划设计；对于具体的选址建设物流网络还需要进行详细的问卷调查，收集更为详尽的物流数据，整合各类具体数据之后才能建立物流区域模型。但我们对都市圈物流的规划研究与此并不冲突，研究的方向都是基于同一个层面上，区别只是从宏观方面出发还是从微观方面去研究而已。

第七节　京津冀物流业协同发展政策建议

现阶段京津冀协同发展规划已经在顶层设计下逐步推进，伴随着京津冀三地区行政壁垒的逐渐打破，该区域市场协同、产业分布协同和交通协同也在逐步推进。那么，大力发展京津冀物流业将会是打通京津冀协同的高效路径，同时京津冀协同的发展也为物流业的发展提供了重大机遇。在此提出以下政策建议。

一、打破行政区划，明确各自产业分工定位，优化物流产业格局

（一）打破行政区划，制定统一的市场法规和物流标准

要构建统一开放、竞争有序的区域市场，打击地方保护和垄断主义，突破地区封锁

和市场分割，制定统一的区域性商品市场法规和标准，创造公开、透明、和谐的流通环境。同时，要加强对京津冀区域物流的统一标准建设，建立一个具有行业权威的共同标准委员会，推动物流设施设备在区域内的流通和信息共享。总体来说，三地的物流布局不要约束在行政区划中，应该从整个区域物流发展的角度考虑，空间布局实现选址最优、距离最短、效率最高，能够同时服务于三地。

（二）完善区域功能定位，促进产业分工与协作

城市功能的定位要依托其所处的发展阶段。北京作为我国经济、政治、文化中心，是京津冀中拥有创新资源最多的城市，因此城市产业结构定位应以第三产业、创新产业为主，可作为京津冀的研发中心；天津的第二产业发达，要着力打造北方经济中心，产业结构调整应以发展现代服务业、高端装备制造业、新材料、生物制药等高新技术产业为主；河北在土地、廉价劳动力等方面具有优势，在产业结构上应打造京津制造业腹地，做好产业转移的准备。另外，通过企业兼并重组等方式淘汰高污染、落后产能，从而减少日益恶劣的环境。

（三）按区域发展阶段特点和新型产业分工格局，优化物流产业

北京现处于后工业化时期，其资金流、信息流具有明显的优势；天津现处于工业化后期，其港口优势突出、制造业发达；河北现处于工业化中期，商流和物流具有一定的优势。从三者的发展阶段和产业格局来看，北京应着重建设消费品物流基地，重点发展与第三产业相配套的物流产业；天津应利用临港的优势重点发展具有国际性的枢纽型港口物流园区和航空物流园区，以适应快速增长的社会消费需求和高端装备制造业的发展需求；河北应根据自身产业特点，整合物流资源，着重建设以农业和工业为基础的物流基地，加大对外开放力度，促进物流业与经济协同发展。

（四）提高供应链管理水平，开拓乡镇市场

京津冀协同发展带动新型城镇化的建设，将加快城市化发展步伐。在城市化过程中，居民的生活消费从内容、方式到消费水平都将发生很大变化，社会化需求大大增强，这必将为物流产业带来巨大机会。随着市场容量的增加，谋划仓储中心、配送中心在乡镇领域的布局与建设，不断开拓乡镇市场，无疑是完善物流网络的必经之路。与此同时，要用供应链管理的模式推进工业、农业、流通业、建筑业的产业升级，压缩库存，加快周转，减少环节，节能减排，降低成本，提高仓储利用率，提升市场竞争力。要有效推进城市供应链、产业供应链、企业供应链战略实施，实现京津冀供应链的最优化。

二、着眼物流协同，各自找差距补短板

物流是一个系统工程，强调的是整个系统运行中的通畅和便利，若某个环节或节点发生梗阻，则其他地区的优势就化为乌有，其区域的物流协同符合“水桶原理”，取决于区域物流的短板，所以补齐短板是关键。三地应该针对自己的短板做文章，使三地的物流基础趋于同一水平，这样才能共享协同的好处。

（一）北京应针对环境、人口、交通的压力，调整交通布局

北京应加快与周边区域直达通道的建设，以减少无效的过境物流和人流，加快人口输出和第三产业转移，扩大物流信息化和技术推广的服务区域。在港口、机场的货物运输应合理分流于天津、河北，降低运输成本，减轻北京的运输压力。北京因区域特性生产要素成本居高不下，应大力发展线上虚拟交易市场，减少或转移线下实体商品交易市场，同时积极引导物流企业转型升级，支持现代化物流企业发展，为区域树立榜样。

（二）天津应加强与其他港口的沟通，制定协同发展规划

天津应实行特色错位经营；加速航运与铁路、公路运输的无缝对接，提高航运货物在国内的流通效率；对于高端制造业，应在商品贸易中心建设、跨境电商发展方面加大力度，探索海关监管、商品检疫、地面服务协同的货物进出口快速管理机制，尝试对出口货物实施先行报检报关、货到即可放行的通关新模式。

（三）河北则因短板过多，所以必须全方位发展

河北不但要加大交通基础建设投入，依据“一环八射”的大通道规划，打通与京津及其他区域的交通，杜绝梗阻；加强本省流通企业物流信息化和物流设备基础建设，推行先进物流技术和管理，大力发展与物流配套的其他服务产业，提高河北整体物流服务水平，缩小与京津的差距。

（四）建立利益反哺机制，实现区域利益共享

“木桶原理”决定了京津冀作为一个整体区域，要想持续健康发展，就不能存在“短板”。但河北高投入、低产出、粗放式的经济发展方式，经济效益低下，对资源过度依赖，环境污染严重，长此以往不仅自身难以持续，而且还会影响整个区域经济产业发展。因此，北京和天津要形成一个比较合理的利益反哺机制，除了资金投资方面，北京和天津还要利用较好的科研能力和人才优势，对河北现有落后产业进行调整，实现产业转型升级，从根本上提升河北产业的科技水平和综合实力，形成京津冀“三驾马车”共同拉动区域经济发展的良好局面。

三、构建京津冀区际高度开发、区域内协同的物流网络

构建京津冀区际高度开发、区域内协同的物流网络，应该因地制宜，根据三地区不同的产业集群的特点、产业优势和市场需求合理规划。一是交通协同是京津冀区域能够协同发展的重要条件，同时建造区际高度开放、区域内协同发展的高效的交通网络。二是通过规划整合整个京津冀现有的物流设施资源等，形成多层次、全方位和快捷高效的区域物流网络。

（一）构建现代化交通系统

抓住京津冀协同战略中把交通协同作为先行领域的大好机遇，加快构建快速、便捷、

高效、安全、大容量、低成本的互联互通综合交通网络。一是加快既有交通规划的实施，快速完成区域内主干线路的建设与完善。二是进一步扩展快速交通网络，完成区域内县级城市之间的高速交通网络建设，实现村级公路的全面互通和质量提升，保证城乡之间双向物流通道的顺畅、快捷。三是充分发挥区域内四大港口的国际交通枢纽作用，保证港口与腹地之间物流通道的畅通。四是保证交通规划与物流规划的相辅相成，交通建设与仓储设施、物流中心、配送中心的建设统筹设计、同步推进，对未来京津冀物流体系的长远发展一定会有事半功倍的效果。

（二）科学布局，形成高效物流节点设施

现代物流园区作为一种新型业态，一方面通过发挥现代物流功能，完成对生活消费服务的改进和推动；另一方面通过产业集聚效应，充分发挥生产服务功能，引导各类产业集聚。因此，要科学布局物流园区，形成物流产业与优势产业集聚发展、联动发展的格局。京津冀三地区要共同谋划物流园区布局的总体方案，推动物流资源共享。特别是要按照区域内一小时经济圈、两小时经济圈的需求布局，保证物流为经济服务。在物流园区建设开发上，应综合考虑经济开发区模式、大型物流企业引导开发模式等，并加强用地保障、税收优惠等政策扶持。力争基本形成布局合理、规模适度、功能完善、集聚集约、绿色高效的物流园区体系，打造具有区域竞争力的国家级示范物流园区体系。物流园区的发展要加强规划引导，依据城市发展基础和产业特点，科学界定，合理分工；严格执行规划，避免重复建设，少走弯路；要实施政策倾斜，支持物流园区尽快做大做强，加速对接京津城市圈，形成高效物流网络。

（三）发挥港口优势，布局更广区域的物流发展

港口是打造现代化交通网络系统的前沿阵地，京津冀区域内，共有天津港、秦皇岛港、唐山港、曹妃甸港和黄骅港五大港口，这一港群体系是其他区域无法比拟的。发挥好区域内港口群的服务和支撑作用对京津冀协同发展意义重大，一定要全力打造环渤海第一大港口群和重要港口商贸物流枢纽，在更大范围、更广领域、更高层次参与经济全球化。京津冀三地区要充分利用港口资源优势，深化合作，谋划建设向北、向西的国内乃至国际大通道，打造首都乃至三北地区以及新丝绸之路的最便捷出海口，大力拓展水路中转业务，完善港区之间相互供给、相互支撑、高效通畅的航线布局。密切港口与腹地的经济联系，拓展货物配送、分拨、集运功能，加快推进重大交通基础设施项目建设，形成海陆空配套、延伸至腹地、汇聚到港口、连通海内外的集疏运体系。

四、培育区域世界级国际物流产业集群

（一）推行现代物流技术，加快物流企业转型升级

智能化、信息化、标准化、集约化是国际物流服务发展的大方向，京津冀要抓住经济协同的契机，加快物流企业的转型升级。对于已有的物流企业要做好物流信息和标准化管理，使用现代化的物流技术提高物流效率和服务质量，向现代化物流转型；还应协

同需要新建的物流园和物流企业，在设计规划上应高起点定位，在运输、仓储、配送、信息沟通等方面实现智能化。特别是北京、天津的物流企业，应成为现代化物流管理的先行者，大力推行和应用国内外先进技术设备和管理系统，通过条码技术、射频识别、自动分拣、仓库智能管理、物流信息跟踪等先进技术，完成安全仓储、精准分拣、智能配货、快速运输，各个物流节点信息互联互通，全面提高物流服务质量和效率，引领行业发展。

（二）在港口设施和航运船舶方面应以国际先进技术为标准，提高港机装备制造和装卸工艺水平，充分发挥三地港口运输的优势

对于大型专业批发市场，应有互联网思维，大力推行电商经营模式，鼓励批发商建立网上专卖店，线上线下齐发展，扩大货源流，带动销售，加快资金周转，降低物流成本。针对生鲜农产品的特殊性，应加强冷链物流的基础设施建设和现代化技术的应用，满足加工、储藏、运输、销售环节的低温要求，减少农产品在物流中的质量损失。具有科技优势的天津和北京应在此方面做出表率，从而整体提升京津冀地区物流企业的现代化水平，促进物流协同发展。

（三）现代物流产业区别于传统物流产业重点之一就是信息技术的影响

建设覆盖京津冀地区的智慧物流信息平台，积极推进物联网、云计算、3G、4G、移动互联网等高新技术在物流产业的开发应用，在物品可追溯、在线调度管理、全自动物流配送以及智能配货等领域提升信息化与智能化水平。信息平台的建设以及物联网技术的发展无疑会大大降低物流成本。新兴信息技术在物流领域的应用不仅包括一些软硬件技术的研发，还包括物流需求分析、创新盈利模式等问题，这需要信息化与物流在理论与实践上的深度融合。

（四）支持物流企业做大做强

加大对三地区第三方物流企业的支持力度，支持企业间兼并重组，通过控股、兼并、相互持股、合资等形式做大做强，对分散化的物流设施资源进行整合和重组，形成一批具有先进管理水平、强大的国际竞争力的规模型物流企业。同时也鼓励中小企业创新服务流程和服务模式，提高专业化的服务水平。

（五）引导地区人才流动，重点培养一批物流复合型人才

京津冀人才分布很不均衡，大多数名校和人才均在北京，由于各地政策和环境不同，人才向天津和河北的流动较少。而现代物流业是集劳动、技术和知识一体的行业，需要大量的具备物流业务能力和懂得物流管理的人才。因此，京津冀应通过协商制定一系列促进三地人才流动的措施，通过户籍制度的改革、缩小社会福利差距等措施引导人才合理流动。同时，适当加大对物流培养的教育支出，支持和鼓励人才从事物流行业，进而为物流业的发展提供技术和人力支持。

五、京津冀物流业协同发展的政策建议

（一）制定针对京津冀区域的物流发展政策是京津冀协同发展的必然要求

京津冀区域应充分发挥市场对资源配置的基础性作用，强化企业在市场中的主体作用，同时政府应制定一系列针对区域实际物流发展情况的宏观调控政策措施，营造企业发展的外部环境；另外应积极推动物流基础设施资源整合，延伸物流服务产业链，提高物流业服务质量，大力培育物流市场需求，进一步完善物流体系等措施。

（二）用好税收政策，加快物流保税区建设

要加大财税等政策支持力度，切实落实国家已出台的促进物流发展的物流业相关税收优惠政策。完善曹妃甸综合保税区功能，加快石家庄综合保税区建设，保证境内货物在保税物流中心享受出口退税政策。从境外进入保税物流中心内的货物，除法律、法规另有规定外，均应予以保税。强化保税物流中心的流通加工功能，保证保税区内的企业与企业之间在提供加工服务或者进行货物交易中，能够享受增值税、消费税方面的减免优惠。

（三）用好土地政策，加快物流园区及物流设施的合理化布局

做好物流园区布局规划，做好现代化物流中心、配送中心、现代化仓库等用地项目的发展规划，既要适应经济发展保证规模、数量，又要避免重复建设；既要寻求用地支持，又要坚持集约节约用地。物流产业是用地大户，在以往的发展过程中，以建设物流园区为名，圈占土地的情况时有发生，在京津冀协同发展过程中，各类产业的发展将互为支撑、共成系统，一定要有珍惜土地资源的意识，严审规划，严格标准，切实保证投入产出强度的提高，提升建设用地利用效率。

（四）用好财政政策，加大物流基础设施投入

在物流产业振兴规划出台以后，各地在财政支持物流产业发展方面运用了投资补贴、项目补贴、产业基金等政策，对物流产业的快速发展起到了重要作用。从目前来看，财政投入要重点放在两个方面：一是对现代化的物流仓储、配送设施的建设支持。按照圈层与节点相结合的布局原则，在农产品产地建设一批具有保鲜、调温等功能的现代化的仓库，保障农产品物流；在制造业基地附近建设一批具有强大流通加工功能的物流中心和配送中心，保障工业品物流。同时，要支持对现有基础设施的整合，盘活存量。二是对物流信息系统的建设支持。支持的重点包括搭建物流信息平台、对物流企业的信息化建设进行软硬件投入予以补贴等。通过基础设施建设和信息化建设，着力提高物流设施的系统性、兼容性，提高管理的科学性。

（五）用好产业政策，加快培育物流产业集群，促进集约发展

一方面鼓励大型物流企业做大做强，提升区域竞争力和国际竞争力；另一方面扶持

中小型物流企业发展，引导产业集聚。在这一前提下，第一，要集中力量支持第三方物流企业的发展，鼓励生产企业和流通企业将内部物流资源整合、剥离，将物流业务社会化，实现与第三方物流企业的良性互动，为吸引知名第三方物流企业在区域内布局创造良好的发展环境；第二，支持现有的小规模物流企业进行整合、兼并、重组，通过功能整合和服务延伸，加快向现代物流企业转型；第三，鼓励竞争，放宽准入条件，为社会资本进入物流领域创造良好的市场环境。

第四章

北京多式联运枢纽评估体系构建与对策研究

第一节　北京多式联运枢纽发展现状

一、北京市仓储资源分布现状

经过近二十年的发展，北京市的物流业已拥有了一定的仓储、分拨、装卸、运输等物流基础设施，初步构建了以物流基地为支撑，以各类物流园区、配送中心为补充的多层次、专业化的物流节点布局网络。

现在全市物流仓储用地总规模为49平方千米，其中消费领域服务居民日常生活和城市日常运转的物流仓储用地规模约30平方千米；用于米面粮油和各类应急保障物资储备的占地面积约8平方千米；储存危险化学品及特殊物品的仓储用地约3平方千米；钢材、煤炭等大宗物资储存用地约8平方千米。

全市现有物流园区绝大部分分布在城市南部、东南部和东部地区，物流设施的分布明显表现出对高速公路、机场等交通设施的追随性。在高速公路及城市五环和六环之间的两千米范围内，集聚了约70%的现有仓储物流用地。南部地区集聚度相对更高，在南五环周边，京开高速、京津唐高速、京津第二通道、京通高速周边大约集中了全市50%的仓储物流用地。北部的仓储物流用地则主要位于北六环首都机场周边。

二、北京市多式联运枢纽现状分析

北京市现有物资集散地可分为需求型集散地和节点型集散地两类，其中需求型集散地包括大型批发市场（如新发地）、大型商圈（如东直门）和产业（如黄村）集群集散地，而节点型集散地以物流基地、货运场站和未经过审批自发形成的货运车辆集散地为代表，包括四大物流基地、10个货运枢纽和若干个仓储配送中心。从车辆空间聚集来看，短时间（1小时内）车辆停留区域基本涵盖需求型和节点型集散地，空间上覆盖六环及周边区域，车辆密度最高接近300辆次/平方千米；长时间（超过8小时）停留区域与节点型集散地重合度较高。

按照北京市规划和路网结构、铁路货场分布，构建“双核多中心”外集内配的多式联运枢纽布局。

第二节　多式联运评价指标体系构建

一、北京市多式联运影响因素分析

京津冀地区是中国的“首都经济圈”，是中国的政治中心、文化中心，同时也是中国北方经济的核心区。京津冀地区经济的高速发展，很大程度上促进了物流业的发展，多式联运更是为京津冀地区的经济发展作出了巨大的贡献，同时也起到了与国际间经济交流的作用。

多式联运通过整合多种运输方式，发挥多种运输方式的各自优点，可有效地降低物流成本和增加经济效益。从 2018 年起，为实现调整运输结构的目标，交通运输部门将在京津冀及周边地区、长三角和汾渭平原三大重点区域实施“公转铁”和“公转水”行动方案。“一带一路”的开展更是为京津冀多式联运的发展注入了强大的动力，有效地将京津冀地区物流通道变为繁荣的贸易通道，促进经济发展，为北京市企业的发展提供良好的外部环境。

根据所需设立的目标——多式联运枢纽评估体系构建研究，本章根据层次分析法设立以下四个层级。

第一层级：多式联运枢纽评估体系构建。

第二层级：多式联运枢纽评估体系构建的二级指标。

第三层级：多式联运枢纽评估体系构建的三级指标。

第四层级：多式联运枢纽评估体系构建的四级指标。

构建多式联运枢纽评估体系所需考虑的影响因素众多，根据现有资料进行多方面的综合考虑和分析，主要从评价目标地区的经济发展程度、物流装备及设施、交通运输量、物流信息化四个方面来构建本章的二级指标体系（见图 4－1）。

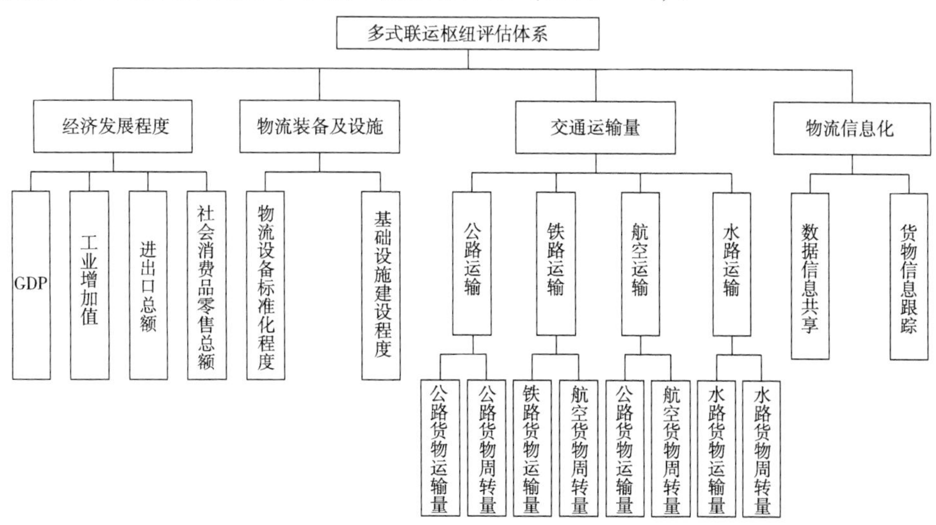

图 4－1　多式联运枢纽评估体系

1. 经济发展程度

多式联运的发展和运营与该地区的经济发展水平有密切的关系，地区经济发展水平越高，物流需求量就会越大，在物流费用上的支出也越大。经济发展程度指标选取 GDP、工业增加值、进出口总额、社会消费品零售总额四个方面构建三级指标体系。

2. 交通运输量

运输量与经济发展有密切的关系，同时也与物流需求息息相关。在交通运输量指标中选取公路运输、铁路运输、航空运输、水路运输四个方面来构建三级指标体系，再分别将这四个三级指标细分为各运输方式的货物运输量和货物周转量，以此建立四级指标。

3. 物流装备及设施

多式联运受早期各种运输方式互相割裂式发展的影响，造成多式联运各环节衔接不通畅，影响多式联运的效率，如吊装设备、托盘、集装箱等设备的标准化程度不高。同时，物流基础设施的完善程度，如多式联运中各环节的配套设备、公路和铁路枢纽的建设情况等也会影响多式联运的效率和运转。因此，本章构建物流装备及设施指标时选取物流设备标准化程度和基础设施建设程度两方面构建三级指标体系。

4. 物流信息化

多式联运的信息化是保障运输正常进行的前提，物流信息化能够使多式联运过程中的信息进行传递、交换、共享，同时能够对货物运输过程进行跟踪，减少信息不对称的问题。因此，对于物流信息化这个指标，本章选取数据信息共享和货物信息跟踪两方面构建三级指标体系。

二、构建三级指标指数公式模型

为了使四级指标能够更好地反映出三级指标的重要程度，现根据四级指标构建交通运输量三级指标评价指数（见表 4－1）。

表 4－1　交通运输量三级指标评价指数

三级指标	四级指标	变量	权重
公路运输 Z_1	公路货物运输量	X_1	α_1
	公路货物周转量	Y_1	β_1
铁路运输 Z_2	铁路货物运输量	X_2	α_2
	铁路货物周转量	Y_2	β_2
航空运输 Z_3	航空货物运输量	X_3	α_3
	航空货物周转量	Y_3	β_3
水路运输 Z_4	水路货物运输量	X_4	α_4
	水路货物周转量	Y_4	β_4

公路、铁路、航空、水路运输用 Z_i 表示，货物运输量用 X_i 表示，货物运输量的权重用 α_i 表示，货物周转量用 Y_i 表示，货物周转量的权重用 β_i 表示（$i=1，2，3，4$）。现根

据指标体系建立三级指标指数公式模型。

$$Z_1 = \alpha_1 X_1 + \beta_1 X_1$$
$$Z_2 = \alpha_2 X_2 + \beta_2 X_2$$
$$Z_3 = \alpha_3 X_3 + \beta_3 X_3$$
$$Z_4 = \alpha_4 X_4 + \beta_4 X_4 \quad (4-1)$$

为了能够对三级指标做出正确判断，现根据众多数据标准化方式中的对各种运输方式的货物运输量和货物周转量进行标准化处理。然后通过专家打分法确定各四级指标的权重，共计四位北京物资学院的专家进行了打分，经过计算现得出各指标的数值如下（$i=1, 2, 3, 4$）。

$$\alpha_1 = 62.5 \quad \beta_1 = 37.5$$
$$\alpha_2 = 39.75 \quad \beta_2 = 60.25$$
$$\alpha_3 = 46 \quad \beta_3 = 54$$
$$\alpha_4 = 52.5 \quad \beta_4 = 47.5$$

三、层次分析法结果及分析

1. 层次分析法计算公式

本章利用方根法对指标体系中的各项指标权重进行计算，由专家对指标进行打分，各项指标打分根据重要程度 1—9 确定（见表 4－2），建立判断矩阵。

表 4－2　判断矩阵标度说明

标度	说明
1	两个指标相比，两者同等重要
3	两个指标相比，前者比后者略微重要
5	两个指标相比，前者比后者明显重要
7	两个指标相比，前者比后者强烈重要
9	两个指标相比，前者比后者极端重要
2、4、6、8	上述相邻判断中间值
倒数	若因素 i 与因素 j 的重要性之比为 a_{ij}，则因素 j 与因素 i 之间的重要性为 $1/a_{ij}$

（1）将判断矩阵中各项元素各行相乘。

$$b_i = \prod c_{ij} \quad (4-2)$$

（2）计算判断矩阵的 n 次方根。

$$u_i = \sqrt[n]{b_i} \quad (4-3)$$

（3）将 u_i 归一，得到特征向量。

$$\boldsymbol{w}_i = \frac{u_i}{\sum u_i} \quad (4-4)$$

（4）计算最大特征值 λ_{max}。

$$(AW)_i = \sum_{j=1}^{n} w_j c_{ij} \tag{4-5}$$

$$\lambda_{max} = \frac{\sum_{i=1}^{n} (AW)_i}{n w_i} \tag{4-6}$$

（5）进行一致性检验，其中平均随机一致性指标 RI 如表 4-3 所示。

表 4-3　　平均随机一致性指标

判断矩阵阶数	2	3	4	5	6	7	8	9	10
RI	0.00	0.58	0.89	1.25	1.26	1.36	1.41	1.46	1.49

$$CI = \frac{\lambda_{max} - n}{n - 1} \tag{4-7}$$

$$CR = \frac{CI}{RI} \tag{4-8}$$

若 $CR \leqslant 0.1$，则通过一致性检验，特征向量即为三级指标权重；若 $CR > 0.1$，则需要对判断矩阵进行重新打分。

2. 各级指标因素的判断矩阵及权重计算

通过对多式联运评价体系进行问卷的设计及发放，选择北京物资学院物流学院的三位老师进行专家打分。专家对同一层次的影响因素进行两两对比，衡量尺度划分为九个等级。

根据第一位专家打分的结果，构造二级指标经济发展程度下三级指标的判断矩阵如下所示：

$$\begin{bmatrix} 1 & 4 & 1/3 & 5 \\ 1/4 & 1 & 1/7 & 4 \\ 3 & 7 & 1 & 7 \\ 1/5 & 1/4 & 1/7 & 1 \end{bmatrix}$$

现运用方根法对判断矩阵进行计算，得到第一位专家打分的计算结果（见表 4-4）。

表 4-4　　第一位专家的经济发展程度判断矩阵

经济发展程度	GDP	工业增加值	进出口总额	社会消费品零售总额	权重系数
GDP	1	4	1/3	5	0.2680
工业增加值	1/4	1	1/7	4	0.1026
进出口总额	3	7	1	7	0.5809
社会消费品零售总额	1/5	1/4	1/7	1	0.0485
$\lambda_{max} = 4.2655$，$CI = 0.0885$，$CR = 0.0994 < 0.1$					

现根据第二位专家的打分结果，构造二级指标经济发展程度下三级指标的判断矩阵：

$$\begin{bmatrix} 1 & 5 & 1/5 & 1/2 \\ 1/5 & 1 & 1/8 & 1/4 \\ 5 & 8 & 1 & 6 \\ 2 & 4 & 1/6 & 1 \end{bmatrix}$$

对第二位专家的判断矩阵进行计算，得到第二位专家打分的计算结果（见表4－5）。

表4－5　　第二位专家的经济发展程度判断矩阵

经济发展程度	GDP	工业增加值	进出口总额	社会消费品零售总额	权重系数
GDP	1	5	1/5	1/2	0.1372
工业增加值	1/5	1	1/8	1/4	0.0458
进出口总额	5	8	1	6	0.6418
社会消费品零售总额	2	4	1/6	1	0.1752
$\lambda_{max}=4.2626$，$CI=0.0875$，$CR=0.0984<0.1$					

现根据第三位专家的打分结果，构造二级指标经济发展程度下三级指标的判断矩阵：

$$\begin{bmatrix} 1 & 8 & 9 & 4 \\ 1/8 & 1 & 1/3 & 1/6 \\ 1/9 & 3 & 1 & 1/5 \\ 1/4 & 6 & 5 & 1 \end{bmatrix}$$

对第三位专家的判断矩阵进行计算，得到第三位专家打分的计算结果（见表4－6）。

表4－6　　第三位专家的经济发展程度判断矩阵

经济发展程度	GDP	工业增加值	进出口总额	社会消费品零售总额	权重系数
GDP	1	8	9	4	0.6270
工业增加值	1/8	1	1/3	1/6	0.0439
进出口总额	1/9	3	1	1/5	0.0773
社会消费品零售总额	1/4	6	5	1	0.2518
$\lambda_{max}=4.2661$，$CI=0.0887$，$CR=0.0997<0.1$					

对三位专家打分后的各项因素进行一一计算，在计算中若一致性检验不通过，则和专家进行商议后重新打分，直到一致性检验通过，从表4－4、表4－5、表4－6中可以看出，各判断矩阵均通过了一致性检验。

三位专家对二级指标和三级指标打分后，取三位专家权重的平均值，得到其指标的平均权重（见表4－7）。

表4－7　　三级指标平均权重

三级指标	平均权重
GDP	0.3440

续　表

三级指标	平均权重
工业增加值	0. 0641
进出口总额	0. 4333
社会消费品零售总额	0. 1585
物流设备标准化程度	0. 6190
基础设施建设程度	0. 3810
公路运输	0. 1620
铁路运输	0. 3247
水路运输	0. 2718
航空运输	0. 2415
数据信息共享	0. 3671
货物信息跟踪	0. 6329

3. 三级指标对目标层的贡献权重

现对二级指标进行同样的计算后，得到二级指标的各项权重如下所示。

$$W_1 = [0.0607, 0.3004, 0.5068, 0.1322]^T$$

$$W_2 = [0.0590, 0.4421, 0.3654, 0.1336]^T$$

$$W_3 = [0.0519, 0.5358, 0.3040, 0.1083]^T$$

将三位专家的权重结果取平均值，得到二级指标权重均值，计算结果如表4－8所示。

表4－8　　二级指标权重均值

二级指标	权重均值
经济发展程度	0. 0572
物流装备及设施	0. 4261
交通运输量	0. 3920
物流信息化	0. 1247

现需计算三级指标对目标层的贡献权重，即用计算好的各项三级指标平均权重乘以对应的二级指标平均权重，将数据整理汇总后得到各指标权重（见表4－9）。

表4－9　　指标权重

二级指标	三级指标	权重	
经济发展程度	GDP	0. 0196	0. 0572
	工业增加值	0. 0037	
	进出口总额	0. 0248	
	社会消费品零售总额	0. 0091	

续 表

二级指标	三级指标	权重	
交通运输量	公路运输	0.0635	0.3920
	铁路运输	0.1273	
	水路运输	0.1065	
	航空运输	0.0947	
物流装备及设施	物流设备标准化程度	0.2638	0.4261
	物流基础设施建设程度	0.1623	
物流信息化	数据信息共享	0.0458	0.1247
	货物信息跟踪	0.0789	

根据表4－9数据可以看出物流装备及设施是四个二级指标里最重要的一个，其次是交通运输量，再次是物流信息化，而经济发展程度是四个二级指标权重中最低的。由此可见，影响多式联运最多的是物流装备及设施，如果物流装备及设施没有建设、完善好，则会极大地影响多式联运的效率。

在经济发展程度方面，经济发展程度越高，地区的物流需求越大，因此经济发展程度能够很好地衡量一个地区的物流发展水平。在此二级指标中，进出口总额所占的权重最高，进出口总额反映了我国在对外贸易方面的规模，货物的往来必定需要物流作为支撑。

在物流装备及设施方面，物流设备标准化程度权重是最高的。由此可见，在影响多式联运的众多因素中，物流设备的标准化程度及物流基础设施的建设程度较主要，并且直接对多式联运的顺利运转和衔接起着决定性的作用。

在交通运输量这个二级指标中，其三级指标铁路运输所占的权重最高，其次是水路运输，再次是航空运输，而公路运输所占权重最低。铁路运输具有运输能力大、运输成本低、安全可靠的特性，在多式联运中起着重要的作用，可以实现长距离连续运输。水路运输的运力大、运输成本低，适合远距离的运输，且对基础设施的投资较少。因此，在多式联运中，水路运输为长距离运输中的主要运输方式。航空运输有着速度上的绝对优势，但是缺点是运输能力小、运输成本高，因此在多式联运中，航空运输适合运输高价值的货物。公路运输在短途运输中，其运输速度及效率有着其他运输方式不可比拟的优势。

在物流信息化方面，货物信息跟踪比数据信息共享所占的权重高。说明在多式联运中，货物信息的跟踪比多式联运中产生的数据信息共享更为重要。这当然无可厚非，在多式联运中，货物需要经过多次更换运输工具，因此发货人需要实时掌握货物的状态。

第三节　京津冀多式联运权重及分析

现根据北京市、天津市和石家庄市这三个地区统计局发布的数据，找到各指标下的具体数值，并对三地多式联运进行具体分析。

一、北京地区多式联运权重及分析

1. 经济发展程度权重

根据北京市统计局公布的经济发展程度基础数据建立表 4 - 10。

表 4 - 10　　1998—2017 年北京市经济发展程度基础数据

年份＼三级指标	GDP（亿元）	进出口总额（万美元）	工业增加值（亿元）	社会消费品零售总额（亿元）
1998	2406.2	3050608	610.66	1373.6
1999	2713.5	3435951	649.34	1509.3
2000	3212.8	4940041	745.32	1658.7
2001	3769.9	5149809	816.24	1831.4
2002	4396.0	5250529	874.15	2005.2
2003	5104.1	6850017	1032.03	2296.9
2004	6164.9	9457572	1290.16	2626.6
2005	7141.4	12550643	1707.04	2911.7
2006	8312.6	15803663	1821.86	3295.3
2007	10071.9	19299976	2082.76	3835.2
2008	11392.0	27169290	2198.49	4645.5
2009	12419.0	21479103	2303.08	5387.5
2010	14441.6	30166129	2763.99	6340.3
2011	16627.9	38958314	3048.79	7222.2
2012	18350.1	40810735	3294.32	8123.5
2013	20330.1	42994169	3536.89	8872.1
2014	21944.1	41553810	3746.77	9638.0
2015	23685.7	31941616	3710.88	10338.0
2016	25669.1	28237935	4026.68	11005.1
2017	28014.9	32372058	4274.00	11575.4

利用归一化方法对经济发展程度中各项数据进行标准化处理，把数据映射到［0，1］，再乘以 100 扩大数据范围到［0，100］。归一化公式为：

$$a_i = \frac{x_i - x_{min}}{x_{max} - x_{min}} \times 90 + 10 \tag{4-9}$$

其中，i 为从 2013 年开始的年份。

将数据整理后得到 2003—2017 年北京市经济发展程度标准化数据（见表 4 - 11）。

表 4-11　　2003—2017 年北京市经济发展程度标准化数据

年份＼三级指标	GDP	进出口总额	工业增加值	社会消费品零售总额
2003	19.48	18.56	20.35	18.15
2004	23.21	24.44	26.69	21.05
2005	26.64	31.41	36.94	23.57
2006	30.76	38.73	39.76	26.95
2007	36.94	46.61	46.17	31.72
2008	41.58	64.34	49.01	38.86
2009	45.19	51.52	51.58	45.41
2010	52.30	71.10	62.90	53.82
2011	59.98	90.91	69.90	61.60
2012	66.03	95.08	75.93	69.55
2013	72.99	100.00	81.89	76.15
2014	78.66	96.75	87.05	82.91
2015	84.79	75.10	86.17	89.08
2016	91.76	66.75	93.92	94.97
2017	100.00	76.07	100.00	100.00

将经济发展程度下各因素得分乘以专家打分后的权重，得到 2003—2017 年北京市经济发展程度权重数据（见表 4-12）。

表 4-12　　2003—2017 年北京市经济发展程度权重数据

年份＼三级指标	GDP	进出口总额	工业增加值	社会消费品零售总额
2003	0.3838	0.4603	0.0753	0.1651
2004	0.4572	0.6060	0.0988	0.1916
2005	0.5248	0.7789	0.1367	0.2145
2006	0.6059	0.9606	0.1471	0.2453
2007	0.7277	1.1560	0.1708	0.2886
2008	0.8191	1.5957	0.1813	0.3537
2009	0.8902	1.2778	0.1908	0.4132
2010	1.0303	1.7632	0.2327	0.4897
2011	1.1816	2.2545	0.2586	0.5605

续 表

年份 \ 三级指标	GDP	进出口总额	工业增加值	社会消费品零售总额
2012	1.3009	2.3580	0.2809	0.6329
2013	1.4379	2.4800	0.3030	0.6930
2014	1.5497	2.3995	0.3221	0.7545
2015	1.6703	1.8624	0.3188	0.8107
2016	1.8076	1.6554	0.3475	0.8642
2017	1.9700	1.8864	0.3700	0.9100

2. 交通运输量权重

将收集到的1998—2017年北京市交通运输量四级指标基础数据进行汇总，得到表4-13。

表4-13　1998—2017年北京市交通运输量四级指标基础数据

年份 \ 四级指标	公路货物运输量（万吨）	公路货物周转量（万吨公里）	铁路货物运输量（万吨）	铁路货物周转量（万吨公里）	航空货物运输量（万吨）	航空货物周转量（万吨公里）
1998	27490	783237	2563	1952602	22	110470
1999	25635	754264	2583	1929269	30	155171
2000	28010	826438	2612	2001875	35	167691
2001	28007	826437	2505	2167201	38	165832
2002	28375	835873	2348	2213728	44	195792
2003	28361	789952	2265	2409620	45	208058
2004	29256	822992	1959	2571459	73	270182
2005	30050	854944	1976	3108137	77	281672
2006	30953	885991	1956	2625719	89	335693
2007	17872	792883	1925	2684862	98	376074
2008	18689	840878	1733	2535249	93	356744
2009	18753	878887	1635	2293902	98	355257
2010	20184	1015944	1572	2574567	130	482467
2011	23276	1323259	1380	3113203	132	474856
2012	24925	1397736	1232	3076143	134	489845
2013	24651	1561929	1078	3231824	136	491861
2014	25416	1651938	1132	2843623	149	553661

续 表

四级指标 / 年份	公路货物运输量（万吨）	公路货物周转量（万吨公里）	铁路货物运输量（万吨）	铁路货物周转量（万吨公里）	航空货物运输量（万吨）	航空货物周转量（万吨公里）
2015	19044	1563562	1004	2247538	158	637018
2016	19972	1613192	725	2290438	163	671413
2017	19374	1592419	704	2464289	175	743891

利用上述的归一化方法对交通运输量中各项数据进行标准化处理，得到 2003—2017 年北京市交通运输量四级指标标准化数据（见表 4－14）。

表 4－14　　2003—2017 年北京市交通运输量四级指标标准化数据

四级指标 / 年份	公路货物运输量	公路货物周转量	铁路货物运输量	铁路货物周转量	航空货物运输量	航空货物周转量
2003	82. 17	13. 58	83. 63	43. 19	23. 53	23. 87
2004	88. 32	16. 89	69. 20	54. 37	40. 00	32. 69
2005	93. 79	20. 09	70. 00	91. 45	42. 35	34. 33
2006	100. 00	23. 21	69. 06	58. 12	49. 41	42. 00
2007	10. 00	13. 87	67. 59	62. 21	54. 71	47. 74
2008	15. 62	18. 68	58. 54	51. 87	51. 76	44. 99
2009	16. 06	22. 49	53. 91	35. 19	54. 63	44. 78
2010	25. 91	36. 24	50. 92	54. 59	73. 41	62. 86
2011	47. 18	67. 05	41. 88	91. 80	74. 45	61. 77
2012	58. 52	74. 51	34. 92	89. 24	75. 95	63. 90
2013	56. 64	90. 98	27. 64	100. 00	77. 06	64. 19
2014	61. 90	100. 00	30. 19	73. 18	84. 71	72. 97
2015	18. 06	91. 14	24. 15	31. 99	90. 00	84. 81
2016	24. 45	96. 12	10. 99	34. 95	92. 94	89. 70
2017	20. 33	94. 03	10. 00	46. 97	100. 00	100. 00

把交通运输量中的四级指标数据进行标准化处理后，分别乘以上述几种运输方式的指标指数，得到 2003—2017 年北京市交通运输量四级指标权重数据（见表 4－15）。

表 4－15　　2003—2017 年北京市交通运输量四级指标权重数据

四级指标 / 年份	公路货物运输量	公路货物周转量	铁路货物运输量	铁路货物周转量	航空货物运输量	航空货物周转量
2003	51. 35	5. 09	33. 24	26. 02	10. 82	12. 89

续 表

四级指标 / 年份	公路货物运输量	公路货物周转量	铁路货物运输量	铁路货物周转量	航空货物运输量	航空货物周转量
2004	55.20	6.33	27.51	32.76	18.40	17.65
2005	58.62	7.54	27.83	55.10	19.48	18.54
2006	62.50	8.70	27.45	35.02	22.73	22.68
2007	6.25	5.20	26.87	37.48	25.16	25.78
2008	9.76	7.01	23.27	31.25	23.81	24.30
2009	10.04	8.44	21.43	21.20	25.13	24.18
2010	16.19	13.59	20.24	32.89	33.77	33.94
2011	29.49	25.14	16.65	55.31	34.25	33.36
2012	36.58	27.94	13.88	53.77	34.94	34.51
2013	35.40	34.12	10.99	60.25	35.45	34.66
2014	38.69	37.50	12.00	44.09	38.96	39.40
2015	11.29	34.18	9.60	19.27	41.40	45.80
2016	15.28	36.04	4.37	21.06	42.75	48.44
2017	12.71	35.26	3.98	28.30	46.00	54.00

将同一交通方式的货物运输量和货运周转量相加后乘以专家打分后的权重，得出2003—2017 年北京市交通运输量权重数据（见表 4 – 16）。

表 4 – 16　　2003—2017 年北京市交通运输量权重数据

三级指标 / 年份	公路运输	铁路运输	航空运输
2003	3.5843	7.5445	2.2454
2004	3.9076	7.6718	3.4143
2005	4.2007	10.5565	3.6003
2006	4.5214	7.9522	4.3003
2007	0.7272	8.1916	4.8243
2008	1.0649	6.9405	4.5558
2009	1.1731	5.4272	4.6698
2010	1.8911	6.7635	6.4123
2011	3.4690	9.1606	6.4021
2012	4.0970	8.6116	6.5763

续 表

年份 \ 三级指标	公路运输	铁路运输	航空运输
2013	4. 4143	9. 0685	6. 6394
2014	4. 8381	7. 1402	7. 4216
2015	2. 8872	3. 6757	8. 2578
2016	3. 2590	3. 2371	8. 6359
2017	3. 0462	4. 1083	9. 4700

3. 物流装备及设施权重

因北京市无港口，故采用邻近且对该地区影响力较大的天津港数据。根据天津市统计局发布的数据，收集天津港1998—2017年国际标准集装箱吞吐量占总货物吞吐量的比重，以此分析物流设备标准化程度。由北京市统计局得到的北京高速公路里程数和公路总里程数计算高速公路里程占公路总里程比重，并整理成表格（见表4－17）。

表4－17　　北京（天津港）1998—2017年物流装备及设施基础数据

年份	天津港总货物吞吐量（万吨）	天津港国际标准集装箱吞吐量（万TEU）	天津港国际标准集装箱吞吐量占总货物吞吐量比重	高速公路里程（千米）	公路总里程（千米）	高速公路里程占公路总里程比重
1998	6818	102	0. 0150	190	12498	0. 0152
1999	7298	130	0. 0178	230	12825	0. 0179
2000	9582	171	0. 0178	267	13597	0. 0196
2001	11369	201	0. 0177	335	13891	0. 0241
2002	12906	241	0. 0187	463	14359	0. 0322
2003	16182	302	0. 0187	499	14453	0. 0345
2004	20619	382	0. 0185	525	14630	0. 0359
2005	24069	480	0. 0199	548	14696	0. 0373
2006	25760	595	0. 0231	625	20503	0. 0305
2007	30946	710	0. 0229	628	20754	0. 0303
2008	35593	850	0. 0239	777	20340	0. 0382
2009	38111	870	0. 0228	884	20755	0. 0426
2010	41325	1008	0. 0244	903	21114	0. 0428
2011	45338	1159	0. 0256	912	21347	0. 0427
2012	47697	1230	0. 0258	923	21492	0. 0429

续 表

年份	天津港总货物吞吐量（万吨）	天津港国际标准集装箱吞吐量（万 TEU）	天津港国际标准集装箱吞吐量占总货物吞吐量比重	高速公路里程（千米）	公路总里程（千米）	高速公路里程占公路总里程比重
2013	50063	1301	0.0260	923	21673	0.0426
2014	54002	1406	0.0260	982	21849	0.0449
2015	54051	1411	0.0261	982	21885	0.0449
2016	55056	1452	0.0264	1013	22026	0.0460
2017	50056	1507	0.0301	1013	22226	0.0456

对数据进行标准化处理，得到2003—2017年北京市物流设备标准化程度和基础设施建设程度标准化数据（见表4－18）。

表4－18　2003—2017年北京市物流设备标准化程度和基础设施建设程度标准化数据

年份	物流设备标准化程度	基础设施建设程度
2003	32.00	63.22
2004	31.19	67.58
2005	39.61	72.09
2006	58.35	50.26
2007	57.44	49.54
2008	63.01	75.01
2009	56.75	89.10
2010	66.04	89.66
2011	73.01	89.52
2012	74.34	90.23
2013	75.52	89.08
2014	75.81	96.64
2015	76.22	96.41
2016	77.82	100.00
2017	100.00	98.66

将上述物流设备标准化程度和基础设施建设程度的标准化数据与层次分析法得出的权重相乘，得到北京市物流设备标准化程度和基础设施建设程度权重数据（见表4－19）。

表4－19　2003—2017年北京市物流设备标准化程度和基础设施建设程度权重数据

年份	物流设备标准化程度	基础设施建设程度
2003	8.4416	10.2610

续 表

年份	物流设备标准化程度	基础设施建设程度
2004	8.2282	10.9687
2005	10.4480	11.6996
2006	15.3939	8.1565
2007	15.1515	8.0398
2008	16.6217	12.1742
2009	14.9710	14.4605
2010	17.4226	14.5519
2011	19.2590	14.5284
2012	19.6105	14.6448
2013	19.9232	14.4581
2014	19.9997	15.6853
2015	20.1077	15.6468
2016	20.5281	16.2300
2017	26.3800	16.0118

4. 物流信息化权重

由于物流信息化指标没有具体数据，现基于国家统计局数据，选取北京市 2013—2017 年每百家企业拥有网站数反映数据信息共享与货物信息跟踪情况，并将具体数据整理得到表 4 – 20。

表 4 – 20　北京市 2013—2017 年每百家企业拥有网站数

年份	数据信息共享与货物信息跟踪数据
2013	59
2014	60
2015	63
2016	64
2017	65
平均	62.2

将上述数据与层次分析法得出的权重相乘，得到北京市数据信息共享权重与货物信息跟踪权重（见表 4 – 21）。

表 4 – 21　北京市 2013—2017 年数据信息共享权重与货物信息跟踪权重数据

年份	数据信息共享权重	货物信息跟踪权重
2013	2.9770	2.9770

续　表

年份	数据信息共享权重	货物信息跟踪权重
2014	2.9312	2.9312
2015	2.8854	2.8854
2016	2.7480	2.7480
2017	2.7022	2.7022

将北京市多式联运层次分析法下各指标权重数据进行汇总整理得到表4－22。

表4－22　　北京市各级权重指标数据汇总

年份	经济发展程度	交通运输量	物流装备及设施	物流信息化	合计
2003	1.0845	13.3742	18.7026	—	33.1613
2004	1.3536	14.9937	19.1969	—	35.5442
2005	1.6549	18.3575	22.1476	—	42.1600
2006	1.9589	16.7739	23.5504	—	42.2832
2007	2.3431	13.7431	23.1913	—	39.2775
2008	2.9498	12.5612	28.7959	—	44.3069
2009	2.7720	11.2701	29.4315	—	43.4736
2010	3.5159	15.0669	31.9745	—	50.5573
2011	4.2552	19.0317	33.7874	—	57.0743
2012	4.5727	19.2849	34.2553	—	58.1129
2013	4.9139	20.1222	34.3813	5.9540	65.3714
2014	5.0258	19.3999	35.685	5.8624	65.9731
2015	4.6622	14.8207	35.7545	5.7708	61.0082
2016	4.6747	15.1320	36.7581	5.4960	62.0608
2017	5.1364	16.6245	42.3918	5.4044	69.5571

由表4－22可以看出，经济发展程度的权重逐年上升。国家"一带一路"倡议、京津冀一体化协同发展等多项国家重大政策的开展刺激了北京的经济发展，更带动了物流的发展。

在铁路、公路、航空这三种运输方式中，铁路运输所占比例最大，这和铁路运输所具备的优势有关。由于铁路运力大，可以实现长距离运输且运输成本相对较低，因此在几种运输方式中所占的权重较大。在公路运输方面，由于北京市内交通对货车的限制，因此近几年呈现下降的趋势。近几年来，人们对物流时效的要求越来越高，因此各物流公司也在为物流进行提速，以满足市场的需求，而航空运输的时效很有保障，虽然运输费用较高，但航空运输所占的权重在逐年上升。

在物流设备及设施基础建设方面，高速公路和普通公路里程逐年上升，四通八达的交通网络和基础设施的不断完善助力北京多式联运的发展。

北京在多式联运的发展中有巨大的优势，首都国际机场在 2017 年的货物吞吐量为 202.96 万吨，北京大兴新机场也即将投入运营。当然，在铁路和公路运输方面，北京的铁路网和公路网辐射全国。虽然北京不靠海，但是毗邻天津，且天津港是世界排名前十的大港。因此，北京在多式联运中能够实现多种方式的衔接。

二、天津地区多式联运权重及分析

1. 经济发展程度权重

根据天津市统计局公布的各项指标数据，建立表 4－23。

表 4－23　　1998—2017 年天津市经济发展程度指标数据

三级指标 年份	GDP（亿元）	进出口总额（万美元）	工业增加值（亿元）	社会消费品零售总额（亿元）
1998	1336.4	1107729	—	587.1
1999	1450.1	1341315	682.52	657.3
2000	1639.4	1715625	785.96	736.6
2001	1919.1	1827002	869.15	832.7
2002	2150.8	2285020	968.44	941.4
2003	2578.0	3003040	1217.88	922.3
2004	3111.0	4323632	1549.67	1052.7
2005	3905.6	5463162	1957.95	1190.1
2006	4462.7	6728323	2261.52	1356.8
2007	5252.8	7556369	2661.87	1603.7
2008	6719.0	8690306	3418.87	2078.7
2009	7521.9	7203488	3622.11	2430.8
2010	9224.5	9161184	4410.85	2860.2
2011	11307.3	11167988	5430.84	3395.1
2012	12893.9	12284792	6123.06	3921.4
2013	14442.0	13460007	6686.60	4470.4
2014	15726.9	14442068	7079.10	4738.7
2015	16538.2	11896003	6982.66	5257.3
2016	17885.4	10697369	6805.13	5635.8
2017	18549.2	12171479	6863.98	5729.7

标准化后得到天津市经济发展程度三级指标数据（见表 4－24）。

表 4－24　　2003—2017 年天津市经济发展程度标准化数据

年份＼三级指标	GDP	进出口总额	工业增加值	社会消费品零售总额
2003	16.49	22.79	17.53	15.87
2004	19.28	31.71	22.20	18.15
2005	23.43	39.40	27.95	20.55
2006	26.35	47.94	32.22	23.47
2007	30.48	53.53	37.85	27.79
2008	38.14	61.18	48.50	36.10
2009	42.34	51.14	51.36	42.27
2010	51.24	64.36	62.46	49.78
2011	62.13	77.90	76.81	59.14
2012	70.43	85.44	86.55	68.35
2013	78.52	93.37	94.48	77.96
2014	85.24	100.00	100.00	82.66
2015	89.49	82.82	98.64	91.73
2016	96.53	74.73	96.15	98.36
2017	100.00	84.67	96.97	100.00

对天津市的经济发展程度下的三级指标进行标准化处理后，乘以各项指标相应的权重，得到2003—2017 年天津市经济发展程度权重数据（见表 4－25）。

表 4－25　　2003—2017 年天津市经济发展程度权重数据

年份＼三级指标	GDP	进出口总额	工业增加值	社会消费品零售总额
2003	0.3249	0.5653	0.0649	0.1444
2004	0.3798	0.7863	0.0821	0.1652
2005	0.4616	0.9770	0.1034	0.1870
2006	0.5190	1.1888	0.1192	0.2136
2007	0.6004	1.3274	0.1400	0.2529
2008	0.7514	1.5172	0.1795	0.3285
2009	0.8341	1.2684	0.1900	0.3846
2010	1.0095	1.5960	0.2311	0.4530
2011	1.2240	1.9320	0.2842	0.5382

续 表

年份 \ 三级指标	GDP	进出口总额	工业增加值	社会消费品零售总额
2012	1.3875	2.1189	0.3202	0.6220
2013	1.5469	2.3156	0.3496	0.7095
2014	1.6793	2.4800	0.3700	0.7522
2015	1.7629	2.0538	0.3650	0.8348
2016	1.9016	1.8532	0.3557	0.8950
2017	1.9700	2.0999	0.3588	0.9100

2. 交通运输量权重

根据天津市统计局公布的交通运输量的四级指标数据，建立交通运输量四级指标数据表格（见表4-26）。

表4-26　　1998—2017年天津市交通运输量四级指标基础数据

年份 \ 四级指标	公路货物运输量（万吨）	公路货物周转量（万吨公里）	铁路货物运输量（万吨）	铁路货物周转量（亿吨公里）	水路货物运输量（万吨）	水路货物周转量（亿吨公里）
1998	18584	60	2467	198	438	73
1999	20049	60	2380	200	3884	4497
2000	18764	63	3078	275	4184	4307
2001	19382	65	3727	273	4879	4820
2002	19554	66	4519	275	5979	5961
2003	20072	68	5664	320	6278	6133
2004	19650	72	6113	360	10474	10792
2005	19850	74	6810	411	12559	12108
2006	20290	76	8410	453	13239	11716
2007	23500	88	11328	484	15433	14717
2008	18160	178	12210	481	3744	2044
2009	19800	206	11263	458	11261	8943
2010	20855	231	7242	510	11916	9324
2011	23505	267	7346	520	12750	9551
2012	27735	318	7909	513	10371	7013
2013	28206	314	8349	516	8678	2268
2014	31130	349	8874	519	9749	2734

续 表

年份 \ 四级指标	公路货物运输量（万吨）	公路货物周转量（万吨公里）	铁路货物运输量（万吨）	铁路货物周转量（亿吨公里）	水路货物运输量（万吨）	水路货物周转量（亿吨公里）
2015	30551	345	8378	445	9850	1729
2016	32841	372	8150	400	9515	1530
2017	34720	398	8736	480	8345	1291

标准化后得到天津市交通运输量四级指标标准化数据（见表4－27）。

表4－27　　2003—2017年天津市交通运输量四级指标标准化数据

年份 \ 四级指标	公路货物运输量	公路货物周转量	铁路货物运输量	铁路货物周转量	水路货物运输量	水路货物周转量
2003	20. 39	12. 26	40. 07	44. 03	45. 05	47. 25
2004	18. 10	13. 27	44. 18	55. 13	70. 24	75. 88
2005	19. 18	13. 80	50. 56	69. 41	82. 75	83. 97
2006	21. 58	14. 28	65. 21	81. 39	86. 83	81. 53
2007	39. 02	17. 53	91. 93	89. 87	100. 00	100. 00
2008	10. 00	41. 55	100. 00	89. 07	29. 84	22. 12
2009	18. 91	48. 90	91. 33	82. 71	74. 96	64. 51
2010	24. 65	55. 64	54. 52	97. 08	78. 89	66. 86
2011	39. 05	65. 07	55. 47	100. 00	83. 90	68. 25
2012	62. 04	78. 76	60. 63	98. 11	69. 62	52. 65
2013	64. 60	77. 57	64. 65	98. 85	59. 46	23. 49
2014	80. 49	86. 97	69. 46	99. 83	65. 89	26. 36
2015	77. 34	85. 95	64. 92	78. 98	66. 49	20. 18
2016	89. 79	93. 21	62. 83	66. 39	64. 48	18. 96
2017	100. 00	100. 00	68. 19	88. 95	57. 46	17. 49

将归一化处理后的交通运输量数据乘以四级指标的指数，得到天津市交通运输量四级指标权重数据（见表4－28）。

表4－28　　2003—2017年天津市交通运输量四级指标权重数据

年份 \ 四级指标	公路货物运输量	公路货物周转量	铁路货物运输量	铁路货物周转量	水路货物运输量	水路货物周转量
2003	12. 74	4. 60	15. 93	26. 53	23. 65	27. 17

续 表

年份 \ 四级指标	公路货物运输量	公路货物周转量	铁路货物运输量	铁路货物周转量	水路货物运输量	水路货物周转量
2004	11.31	4.98	17.56	33.22	36.87	43.63
2005	11.99	5.18	20.10	41.82	43.44	48.28
2006	13.49	5.36	25.92	49.04	45.59	46.88
2007	24.39	6.57	36.54	54.14	52.50	57.50
2008	6.25	15.58	39.75	53.66	15.67	12.72
2009	11.82	18.34	36.30	49.83	39.35	37.09
2010	15.40	20.86	21.67	58.49	41.42	38.44
2011	24.41	24.40	22.05	60.25	44.05	39.24
2012	38.77	29.54	24.10	59.11	36.55	30.27
2013	40.37	29.09	25.70	59.56	31.21	13.51
2014	50.31	32.61	27.61	60.15	34.59	15.15
2015	48.34	32.23	25.81	47.59	34.91	11.60
2016	56.12	34.95	24.98	40.00	33.85	10.90
2017	62.50	37.50	27.11	53.59	30.16	10.06

对天津市的交通运输量各项指标数据进行标准化处理后乘以各项指标相应的权重，可得到如下的天津市交通运输量权重数据（见表4－29）。

表4－29　　　　2003—2017年天津市交通运输量权重数据

年份 \ 三级指标	公路运输	铁路运输	水路运输
2003	1.1012	5.4045	5.4121
2004	1.0343	6.4640	8.5735
2005	1.0901	7.8824	9.7687
2006	1.1964	9.5424	9.8476
2007	1.9661	11.5445	11.7150
2008	1.3862	11.8916	3.0230
2009	1.9150	10.9654	8.1417
2010	2.3030	10.2048	8.5051
2011	3.0992	10.4766	8.8702
2012	4.3376	10.5923	7.1167
2013	4.4108	10.8532	4.7629

续 表

年份 \ 三级指标	公路运输	铁路运输	水路运输
2014	5. 2653	11. 1712	5. 2979
2015	5. 1162	9. 3430	4. 9535
2016	5. 7830	8. 2716	4. 7660
2017	6. 3500	10. 2732	4. 2834

3. 物流装备及设施权重

由天津市统计局公布的数据得到天津的港口数据、高速公路里程数和公路总里程数，由此得到高速公路里程占公路总里程比重数据（见表 4 – 30）。

表 4 – 30　　天津市 1998—2017 年物流装备及设施基础数据

年份	天津港总货物吞吐量（万吨）	天津港国际标准集装箱吞吐量（万 TEU）	天津港国际标准集装箱吞吐量占总货物吞吐量比重	高速公路里程（千米）	公路总里程（千米）	高速公路里程占公路总里程比重
1998	6818	102	0. 015	—	—	—
1999	7298	130	0. 0178	231	8844	0. 0261
2000	9582	171	0. 0178	305	8946	0. 0341
2001	11369	201	0. 0177	304	9647	0. 0315
2002	12906	241	0. 0187	331	9696	0. 0341
2003	16182	302	0. 0187	517	10168	0. 0508
2004	20619	382	0. 0185	517	10514	0. 0492
2005	24069	480	0. 0199	593	10836	0. 0547
2006	25760	595	0. 0231	682	11316	0. 0603
2007	30946	710	0. 0229	682	11531	0. 0591
2008	35593	850	0. 0239	835	12060	0. 0692
2009	38111	870	0. 0228	885	14316	0. 0618
2010	41325	1008	0. 0244	982	14832	0. 0662
2011	45338	1159	0. 0256	1103	15163	0. 0727
2012	47697	1230	0. 0258	1103	15391	0. 0717
2013	50063	1301	0. 0260	1103	15718	0. 0702
2014	54002	1406	0. 0260	1113	16110	0. 0691
2015	54051	1411	0. 0261	1130	16550	0. 0683
2016	55056	1452	0. 0264	1208	16764	0. 0721
2017	50056	1507	0. 0301	1248	16532	0. 0755

对数据进行标准化处理，得到天津市物流设备标准化程度和基础设施建设程度标准化数据（见表4－31）。

表4－31　2003—2017年天津市物流设备标准化程度和基础设施建设程度标准化数据

年份	物流设备标准化程度	基础设施建设程度
2003	32.00	55.08
2004	31.19	52.03
2005	39.61	62.16
2006	58.35	72.26
2007	57.44	70.21
2008	63.01	88.62
2009	56.75	75.09
2010	66.04	83.09
2011	73.01	95.01
2012	74.34	93.04
2013	75.52	90.32
2014	75.81	88.34
2015	76.22	86.87
2016	77.82	93.76
2017	100.00	100.00

将上述数据与层次分析法得出的权重相乘，得到天津市物流设备标准化程度和基础设施建设程度权重数据（见表4－32）。

表4－32　2003—2017年天津市物流设备标准化程度和基础设施建设程度权重数据

年份	物流设备标准化程度	基础设施建设程度
2003	8.4416	8.9400
2004	8.2282	8.4449
2005	10.4480	10.0880
2006	15.3939	11.7284
2007	15.1515	11.3959
2008	16.6217	14.3824
2009	14.9710	12.1872
2010	17.4226	13.4861
2011	19.2590	15.4198
2012	19.6105	15.1009

续 表

年份	物流设备标准化程度	基础设施建设程度
2013	19.9232	14.6597
2014	19.9997	14.3381
2015	20.1077	14.0985
2016	20.5281	15.2175
2017	26.3800	16.2300

4. 物流信息化权重

基于国家统计局和天津市统计局数据，选取天津市2013—2017年每百家企业拥有网站数，反映数据信息共享与货物信息跟踪情况（见表4－33）。

表4－33　天津市2013—2017年每百家企业拥有网站数

年份	数据信息共享与货物信息跟踪数据
2013	53
2014	54
2015	54
2016	53
2017	52
平均	53.2

将上述数据与层次分析法得出的权重相乘，可得到相对数据信息共享权重与货物信息跟踪权重数据（见表4－34）。

表4－34　天津市2013—2017年数据信息共享权重与货物信息跟踪权重数据

年份	数据信息共享权重	货物信息跟踪权重
2013	2.3816	2.3816
2014	2.4274	2.4274
2015	2.4732	2.4732
2016	2.4732	2.4732
2017	2.4274	2.4274

将多式联运层次分析法下天津市各指标权重数据进行汇总整理，得到表4－35。

表4－35　天津市各权重指标数据汇总

年份	经济发展程度	交通运输量	物流装备及设施	物流信息化	合计
2003	1.0995	11.9178	17.3816	—	30.3989

续 表

年份	经济发展程度	交通运输量	物流装备及设施	物流信息化	合计
2004	1.4134	16.0718	16.6731	—	34.1583
2005	1.7290	18.7412	20.536	—	41.0062
2006	2.0406	20.5864	27.1223	—	49.7493
2007	2.3207	25.2256	26.5474	—	54.0937
2008	2.7766	16.3008	31.0041	—	50.0815
2009	2.6771	21.0221	27.1582	—	50.8574
2010	3.2896	21.0129	30.9087	—	55.2112
2011	3.9784	22.4460	34.6788	—	61.1032
2012	4.4486	22.0466	34.7114	—	61.2066
2013	4.9216	20.0269	34.5829	4.7632	64.2946
2014	5.2815	21.7344	34.3378	4.8548	66.2085
2015	5.0165	19.4127	34.2062	4.9464	63.5818
2016	5.0055	18.8206	35.7456	4.9464	64.5181
2017	5.3387	20.9066	42.6100	4.8548	73.7101

从经济发展方面总体来看，天津市各项指标在近十几年中稳步提升，只是在近几年中，天津市进出口总额和工业增加值存在些许的下降后稳步回升，这表明天津市的经济发展活力还比较充沛。

在运输方面，铁路所占权重在近几年中表现为有起有落，但总体来说并没有太大的变化。在公路运输方面，近几年所占的权重逐渐增加；而相反的是，天津市近几年的水路运输权重在逐渐下降。而天津市水路运输权重下降背后的原因一是由于天津市正在调整其产业结构，限制了煤炭、铁矿石等大宗商品的运输，对石油天然气等炼化企业进行了迁移，因此在一定程度上影响了天津港的水路货物运输量和水路货运周转量；二是由于在“一带一路”倡议下，天津周围各港口城市加大了对港口的投资，如曹妃甸港、秦皇岛港等港口与天津港进行激烈的竞争。

天津港是世界级人工深水港，30 万吨级船舶可自由进出港口。2016 年，天津港货物吞吐量突破 5.5 亿吨，世界排名第五位；集装箱吞吐量超过 1450 万标准箱，世界排名第十位。天津港对外联系广泛，同世界上 180 多个国家和地区的 500 多个港口有贸易往来，集装箱班轮航线达到 120 条，每月航班 550 余班，连通世界各主要港口。天津港拥有发达的交通网络，连接二连浩特、阿拉山口和满洲里，开通了天津至白俄罗斯、天津至俄罗斯的中欧班列，通过铁路连通“一带一路”经济带，能与欧洲进行紧密的经济交流与合作。天津港应该抓住京津冀协同发展、“一带一路”倡议的发展机遇，发挥自身优势，完善铁路、港口等基础设施，与周围各个港口展开竞争或合作，积极发展海铁联运。

三、石家庄市多式联运权重及分析

1. 经济发展程度权重

根据国家统计局和石家庄市统计局的数据，建立石家庄市经济发展程度基础数据表（见表4－36）。

表4－36　　1998—2017年石家庄市经济发展程度基础数据

年份	GDP（亿元）	进出口总额（万美元）	工业增加值（亿元）	社会消费品零售总额（亿元）
1998	845.86	—	—	268.0
1999	908.4	—	—	296.8
2000	1003.1	—	—	330.9
2001	1085.4	—	—	369.1
2002	1186.8	1137000	305.02	411.5
2003	1377.9	169000	378.30	456.6
2004	1633.5	366000	459.80	533.1
2005	1786.8	443000	572.00	606.0
2006	2026.6	418000	679.00	698.8
2007	2360.7	513000	909.00	821.1
2008	2838.4	699000	1096.00	1005.2
2009	3001.3	551000	1203.00	1190.6
2010	3401.0	1097000	1340.00	1409.8
2011	4082.7	1417000	1746.00	1663.0
2012	4500.2	1295000	1800.00	1915.8
2013	4863.7	1400000	1955.00	2179.7
2014	5170.3	1430000	2072.00	2451.8
2015	5440.6	1214000	2117.00	2693.0
2016	5927.7	1161000	2190.00	2975.2
2017	6460.9	1273000	2355.80	2983.3

将石家庄市经济发展程度数据进行标准化处理后得到如下数据（见表4－37）。

表4－37　　2003—2017年石家庄市经济发展程度标准化数据

年份	GDP	进出口总额	工业增加值	社会消费品零售总额
2003	18.53	13.78	13.22	16.25

续 表

年份	GDP	进出口总额	工业增加值	社会消费品零售总额
2004	22.62	27.25	16.79	18.79
2005	25.08	32.52	21.72	21.20
2006	28.93	30.81	26.41	24.28
2007	34.28	37.30	36.51	28.33
2008	41.94	50.02	44.71	34.43
2009	44.55	39.90	49.41	40.58
2010	50.96	77.23	55.42	47.85
2011	61.88	99.11	73.24	56.24
2012	68.57	90.77	75.61	64.62
2013	74.40	97.95	82.41	73.37
2014	79.31	100.00	87.55	82.38
2015	83.65	85.23	89.52	90.38
2016	91.45	81.61	92.72	99.73
2017	100.00	89.27	100.00	100.00

对石家庄市经济发展程度的各项指标数据进行标准化处理后，乘以各项指标相应的权重，得到经济发展程度权重数据（见表4－38）。

表4－38　　2003—2017年石家庄市经济发展程度权重数据

年份	GDP	进出口总额	工业增加值	社会消费品零售总额
2003	0.3650	0.3418	0.0489	0.1479
2004	0.4457	0.6758	0.0621	0.1710
2005	0.4941	0.8064	0.0804	0.1929
2006	0.5698	0.7640	0.0977	0.2209
2007	0.6753	0.9251	0.1351	0.2578
2008	0.8262	1.2405	0.1654	0.3134
2009	0.8776	0.9895	0.1828	0.3693
2010	1.0038	1.9153	0.2051	0.4354
2011	1.2191	2.4580	0.2710	0.5118
2012	1.3509	2.2511	0.2798	0.5880
2013	1.4657	2.4291	0.3049	0.6676
2014	1.5625	2.4800	0.3239	0.7497

续 表

年份	GDP	进出口总额	工业增加值	社会消费品零售总额
2015	1.6478	2.1137	0.3312	0.8224
2016	1.8017	2.0239	0.3431	0.9076
2017	1.9700	2.2138	0.3700	0.9100

2. 交通运输量权重

由于无法获得石家庄市交通运输量的四级指标具体数据，现用河北省的相应数据进行计算，并将数据整理成表格（见表4－39）。

表4－39　1998—2017年河北省交通运输量四级指标基础数据

四级指标/年份	公路货物运输量（万吨）	公路货物周转量（万吨公里）	铁路货物运输量（万吨）	铁路货物周转量（亿吨公里）	水路货物运输量（亿吨）	水路货物周转量（亿吨公里）
1998	61564	502	11858	1345	414	81
1999	62340	538	11864	1371	504	181
2000	62321	555	12711	1475	572	268
2001	63696	608	14245	1637	945	513
2002	66655	632	14466	1735	1105	543
2003	61570	592	14347	2019	1172	612
2004	66227	659	15744	2221	1701	1149
2005	68652	691	17151	2469	2539	1908
2006	73263	749	14790	2756	2778	2051
2007	79822	843	14906	3106	2163	2058
2008	91342	2548	14750	3205	830	172
2009	106530	2998	15483	3183	1052	224
2010	135938	4011	18508	3618	2150	441
2011	166680	5219	20447	3916	2672	495
2012	195530	6133	21010	3962	2590	510
2013	172492	6578	22469	4234	3048	863
2014	185286	7020	20619	4183	4041	1482
2015	175637	6821	17843	3633	4544	1553
2016	189822	7295	16313	3704	4451	1334
2017	207340	7899	17100	4278	4413	1204

将河北省交通运输量四级指标基础数据标准化处理后，得到标准化数据（见表4－40）。

表 4-40　　2003—2017 年河北省交通运输量四级指标标准化数据

四级指标 年份	公路货物运输量	公路货物周转量	铁路货物运输量	铁路货物周转量	水路货物运输量	水路货物周转量
2003	10.00	11.09	31.11	30.69	26.52	34.19
2004	12.88	11.91	42.96	36.88	38.05	58.65
2005	14.38	12.31	54.89	44.64	56.31	93.19
2006	17.22	13.01	34.87	53.29	61.52	99.72
2007	21.27	14.15	35.85	64.02	48.11	100.00
2008	28.38	34.89	34.53	67.07	19.07	14.16
2009	37.76	40.38	40.75	66.39	23.90	16.51
2010	55.92	52.70	66.40	79.75	47.83	26.42
2011	74.90	67.39	82.85	88.88	59.21	28.86
2012	92.71	78.52	87.63	90.29	57.42	29.52
2013	78.49	83.92	100.00	98.62	67.40	45.59
2014	86.38	89.30	84.31	97.08	89.03	73.78
2015	80.43	86.89	60.76	80.20	100.00	77.02
2016	89.18	92.64	47.79	82.39	97.97	67.04
2017	100.00	100.00	54.46	100.00	97.15	61.13

将归一化处理后的交通运输量数据乘以四级指标的指数，得到河北省交通运输量四级指标权重数据（见表 4-41）。

表 4-41　　2003—2017 年河北省交通运输量四级指标权重数据

四级指标 年份	公路货物运输量	公路货物周转量	铁路货物运输量	铁路货物周转量	水路货物运输量	水路货物周转量
2003	6.25	4.16	12.37	18.49	13.92	16.24
2004	8.05	4.47	17.08	22.22	19.97	27.86
2005	8.99	4.62	21.82	26.79	29.56	44.27
2006	10.76	4.88	13.86	32.11	32.30	47.37
2007	13.30	5.31	14.25	38.57	25.26	47.50
2008	17.74	13.09	13.72	40.41	10.01	6.73
2009	23.60	15.14	16.20	40.00	12.55	7.84
2010	34.95	19.76	26.39	48.05	25.11	12.55
2011	46.81	25.27	32.93	53.55	31.08	13.71

续 表

四级指标 年份	公路货物运输量	公路货物周转量	铁路货物运输量	铁路货物周转量	水路货物运输量	水路货物周转量
2012	57. 94	29. 44	34. 83	54. 40	30. 14	14. 02
2013	49. 05	31. 47	39. 75	59. 42	35. 38	21. 66
2014	53. 99	33. 49	33. 51	58. 49	46. 74	35. 05
2015	50. 27	32. 58	24. 15	48. 32	52. 50	36. 58
2016	55. 74	34. 74	19. 00	49. 64	51. 43	31. 84
2017	62. 50	37. 50	21. 65	60. 25	51. 00	29. 04

对河北省的交通运输量各项指标数据进行标准化处理后，乘以各项指标相应的权重，得到2003—2017年河北省交通运输量权重数据（见表4－42）。

表4－42　　2003—2017年河北省交通运输量权重数据

三级指标 年份	公路运输	铁路运输	水路运输
2003	0. 6612	3. 9281	3. 2125
2004	0. 7947	5. 0025	5. 0943
2005	0. 8636	6. 1885	7. 8627
2006	0. 9932	5. 8525	8. 4840
2007	1. 1813	6. 7240	7. 7489
2008	1. 9574	6. 8916	1. 7825
2009	2. 4601	7. 1537	2. 1718
2010	3. 4741	9. 4767	4. 0108
2011	4. 5773	11. 0095	4. 7703
2012	5. 5490	11. 3591	4. 7039
2013	5. 1133	12. 6248	6. 0748
2014	5. 5548	11. 7118	8. 7107
2015	5. 2609	9. 2258	9. 4874
2016	5. 7456	8. 7374	8. 8688
2017	6. 3500	10. 4257	8. 5244

3. 物流装备及设施权重

根据河北省统计局发布的数据，收集河北省2000—2017年国际标准集装箱吞吐量占总货物吞吐量的比重，用以分析物流设备标准化程度；收集石家庄市2000—2017年高速公路里程占公路总里程比重，用以分析基础设施建设程度。由河北省统计局得到河北省的高速公路里程数和公路总里程数，计算相关指标，并将数据整理成表格（见表4-43）。

表4-43　河北省2000—2017年国际标准集装箱吞吐量占总货物吞吐量的比重

年份	河北省总货物吞吐量（万吨）	河北省国际标准集装箱吞吐量（万TEU）	河北省国际标准集装箱吞吐量占总货物吞吐量比重	高速公路里程（千米）	公路总里程（千米）	高速公路里程占公路总里程比重
2000	10771	2	0.000186	1480	59152	0.0250
2001	12558	2	0.000183	1563	62615	0.0250
2002	14432	5	0.000326	1591	63079	0.0252
2003	18002	6	0.000322	1681	65391	0.0257
2004	22515	9	0.000391	1706	70200	0.0243
2005	27341	14	0.000512	2135	75894	0.0281
2006	33805	30	0.000873	2329	143778	0.0162
2007	39962	49	0.001226	2853	147265	0.0194
2008	44065	65	0.001475	3233	149503	0.0216
2009	50874	57	0.001120	3303	152135	0.0217
2010	60334	62	0.001028	4307	154344	0.0279
2011	71300	77	0.001080	4756	156965	0.0303
2012	76234	90	0.001181	5069	163045	0.0311
2013	88984	135	0.001517	5619	174492	0.0322
2014	95029	184	0.001936	5888	179200	0.0329
2015	91251	253	0.002773	6333	184553	0.0343
2016	95208	305	0.003201	6502	188431	0.0345
2017	108868	374	0.003438	6530	191693	0.0341

对数据进行标准化处理，得到2003—2017年河北省物流设备标准化程度和基础设施建设程度标准化数据（见表4-44）。

表4-44　2003—2017年河北省物流设备标准化程度和基础设施建设程度标准化数据

年份	物流设备标准化程度	基础设施建设程度
2003	13.84	56.74
2004	15.74	49.84
2005	19.09	68.66
2006	29.06	10.00
2007	38.84	25.61

续 表

年份	物流设备标准化程度	基础设施建设程度
2008	45.72	36.68
2009	35.92	37.10
2010	33.35	67.55
2011	34.80	79.32
2012	37.58	83.20
2013	46.88	88.67
2014	58.47	91.89
2015	81.60	99.06
2016	93.46	100.00
2017	100.00	97.85

将上述物流设备标准化程度和基础设施建设程度的标准化数据与层次分析法得出的权重相乘，得出河北省物流设备标准化程度和基础设施建设程度权重数据（见表4－45）。

表4－45　2003—2017年河北省物流设备标准化程度和基础设施建设程度权重数据

年份	物流设备标准化程度	基础设施建设程度
2003	3.6521	9.2094
2004	4.1530	8.0885
2005	5.0370	11.1438
2006	7.6673	1.6230
2007	10.2459	4.1560
2008	12.0616	5.9526
2009	9.4745	6.0212
2010	8.7976	10.9634
2011	9.1793	12.8739
2012	9.9133	13.5041
2013	12.3682	14.3917
2014	15.4253	14.9144
2015	21.5255	16.0779
2016	24.6535	16.2300
2017	26.3800	15.8803

4. 物流信息化权重

基于国家统计局数据，选取河北省2013—2017年每百家企业拥有网站数反映数据信息共享与货物信息跟踪情况。因缺少石家庄市每百家企业拥有网站数的相关数据，故用河北省每百家企业拥有网站数数据代替（见表4－46）。

表4－46　　河北省2013—2017年每百家企业拥有网站数

年份	数据信息共享与货物信息跟踪数据
2013	50
2014	56
2015	57
2016	57
2017	57
平均	55.4

将上述数据与层次分析法得出的权重相乘，可得到河北省的相对应指标权重与货物信息跟踪权重数据（见表4－47）。

表4－47　　河北省数据信息共享权重与货物信息跟踪权重数据

年份	数据信息共享权重	货物信息跟踪权重
2013	2.6106	2.6106
2014	2.6106	2.6106
2015	2.6106	2.6106
2016	2.5648	2.5648
2017	2.29	2.29

将上述多式联运层次分析法下各指标权重数据进行汇总整理，得到表4－48。

表4－48　　河北省石家庄市各级权重指标数据汇总

年份	经济发展程度	交通运输量	物流装备及设施	物流信息化	合计
2003	0.9036	7.8018	12.8615	—	21.5669
2004	1.3546	10.8915	12.2415	—	24.4876
2005	1.5738	14.9148	16.1808	—	32.6694
2006	1.6524	15.3297	9.2903	—	26.2724
2007	1.9933	15.6542	14.4019	—	32.0494
2008	2.5455	10.6315	18.0142	—	31.1912
2009	2.4192	11.7856	15.4957	—	29.7005
2010	3.5596	16.9616	19.7610	—	40.2822
2011	4.4599	20.3571	22.0532	—	46.8702

续 表

年份	经济发展程度	交通运输量	物流装备及设施	物流信息化	合计
2012	4.4698	21.6120	23.4174	—	49.4992
2013	4.8673	23.8129	26.7599	5.2212	60.6613
2014	5.1161	25.9773	30.3397	5.2212	66.6543
2015	4.9151	23.9741	37.6034	5.2212	71.7138
2016	5.0763	23.3518	40.8835	5.1296	74.4412
2017	5.4638	25.3001	42.2603	4.5800	77.6042

由上述数据可以看出，近几年中石家庄市各项经济指标基本都在平稳地发展，因此所占权重也基本在逐年增加，只有进出口总值在经过短暂的下降后继续回暖，逐步上升。

在物流标准化程度方面采用的是河北省的数据，从数据中可以看出河北省国际标准集装箱吞吐量在逐年上升，并且在近几年中上升的趋势加快。河北省主要有唐山港、黄骅港、秦皇岛港这3个港口，港口发展沿着东海岸线向西推进。秦皇岛港是世界第一大能源输出港，是我国“北煤南运”大通道的主枢纽港，目前秦皇岛港的年吞吐量达到3亿吨左右；其他两个港口也是年吞吐量在亿吨以上的大港。随着港口的不断发展，其物流设施标准化是必然的，物流设施的标准化对多式联运的发展有着重要的作用，可以使物流环节的衔接更加通畅。

石家庄拥有发达的铁路网，石家庄铁路枢纽是华北仅次于北京的铁路枢纽，开展铁路运输和铁路与其他运输方式对接有天然的优势。因此石家庄要积极发展多式联运，在京津冀协同发展战略下与北京、天津建立多式联运枢纽，加快更新建设物流基础设施和多式联运配套设施，实现降低物流运输成本，增大进出口贸易，推动经济的发展。

第四节　北京多式联运枢纽评估体系构建对策

本章通过运用层次分析法构建多式联运评价指标体系，从经济发展程度、物流装备及设施、交通运输量、物流信息化这四个方面构建指标体系，从不同角度分析了京津冀地区多式联运的发展情况，反映京津冀地区多式联运枢纽建设情况、发展水平、运营现状，并提出多式联运发展的三点建议。

一、完善多式联运的基础设施建设

经过测算，目前我国多式联运运量占全社会货物运输量的比重每提高1%，可降低社会物流总费用0.9%左右，节约支出成本1000亿元左右。对于多式联运业务来说，能够实现货物在不同运输方式之间的无缝衔接，可以视为是最理想的多式联运状态。多式联运对运输装备的标准化要求高，如货运车型的标准化、托盘的标准化等，而这些运输设施标准化之后就可以使多式联运中的载运机具和转运设备标准化，这样能够有效提高效率、减少货物周转次数和降低出错率。同时要合理利用现有路网设施，了解物流通道构建时企业的需求，同时降低社会物流费用。

二、推进多式联运信息共享

建立多式联运信息共享平台以实现多式联运过程中的信息实时共享，信息数据处理迅速并且能够为参与多式联运的各个主体提供信息参考，这对于多式联运的发展至关重要。信息互联互通是多式联运能够顺畅地进行的前提，多式联运的信息互联互通能够有效协调各种运输方式、合理地分配运输资源、提高多式联运的运输效率。但是对于如今多式联运公共信息共享平台来说，存在的问题有行业缺乏信息交换共享平台、信息互联互通不顺畅、交换体系不健全、交换标准不统一、公共信息服务能力薄弱、决策支撑能力不足等。因此为了推进多式联运向前发展，就必须促进信息共享平台的建设并且促进不同运输方式企业之间建立合作联盟，支持信息互联共享，为京津冀地区企业发展提供良好的外部环境。

三、"一带一路"助力多式联运发展

在"一带一路"的发展背景下，中国与沿线国家经济交往更加密切，中欧班列自2011 年开行以来，已经突破 13000 列。随着中欧班列的开行数量不断增加，覆盖范围也越来越大，其中海铁、公铁等多种联运的方式降低了物流成本、加快了物流速度。而中欧班列的快速发展在一定程度上促使我国多式联运发展，弥补了我国多式联运市场的空缺，迫使完善我国多式联运的基础设施建设与推进物流设施标准化，加快建设多式联运信息共享平台，将京津冀地区物流通道变为繁荣的贸易通道，促进经济发展，为北京市企业发展提供良好的外部环境。

附录 A　北京多式联运评价体系指标权重打分问卷

问卷 1

1. 为影响公路运输指标权重打分，满分 100 分（比重题）
（1）公路货物运输量　70
（2）公路货物周转量　30
2. 为影响铁路运输指标权重打分，满分 100 分（比重题）
（1）铁路货物运输量　30
（2）铁路货物周转量　70
3. 为影响航空运输指标权重打分，满分 100 分（比重题）
（1）航空货物运输量　50
（2）航空货物周转量　50
4. 为影响水路运输指标权重打分，满分 100 分（比重题）
（1）水路货物运输量　70
（2）水路货物周转量　30

问卷 2

1. 为影响公路运输指标权重打分，满分 100 分（比重题）
（1）公路货物运输量　40
（2）公路货物周转量　60
2. 为影响铁路运输指标权重打分，满分 100 分（比重题）
（1）铁路货物运输量　53
（2）铁路货物周转量　47
3. 为影响航空运输指标权重打分，满分 100 分（比重题）
（1）航空货物运输量　36
（2）航空货物周转量　64
4. 为影响水路运输指标权重打分，满分 100 分（比重题）
（1）水路货物运输量　75
（2）水路货物周转量　25

问卷 3

1. 为影响公路运输指标权重打分，满分 100 分（比重题）
（1）公路货物运输量　60
（2）公路货物周转量　40
2. 为影响铁路运输指标权重打分，满分 100 分（比重题）
（1）铁路货物运输量　60

（2）铁路货物周转量　　40
3. 为影响航空运输指标权重打分，满分 100 分（比重题）
（1）航空货物运输量　　60
（2）航空货物周转量　　40
4. 为影响水路运输指标权重打分，满分 100 分（比重题）
（1）水路货物运输量　　60
（2）水路货物周转量　　40

问卷 4

1. 为影响公路运输指标权重打分，满分 100 分（比重题）
（1）公路货物运输量　　80
（2）公路货物周转量　　20
2. 为影响铁路运输指标权重打分，满分 100 分（比重题）
（1）铁路货物运输量　　16
（2）铁路货物周转量　　84
3. 为影响航空运输指标权重打分，满分 100 分（比重题）
（1）航空货物运输量　　38
（2）航空货物周转量　　62
4. 为影响水路运输指标权重打分，满分 100 分（比重题）
（1）水路货物运输量　　5
（2）水路货物周转量　　95

附录B 层次分析法专家打分结果判断矩阵

交通运输量：

附表B－1　　交通运输因素判断矩阵（1）

交通运输量	公路运输	铁路运输	水路运输	航空运输
公路运输	1	1/6	1/4	1/4
铁路运输	6	1	5	5
水路运输	4	1/5	1	2
航空运输	4	1/5	1/2	1

附表B－2　　交通运输因素判断矩阵（2）

交通运输量	公路运输	铁路运输	水路运输	航空运输
公路运输	1	2	1/4	6
铁路运输	1/2	1	1/5	5
水路运输	4	5	1	7
航空运输	1/6	1/5	1/7	1

附表B－3　　交通运输因素判断矩阵（3）

交通运输量	公路运输	铁路运输	水路运输	航空运输
公路运输	1	1	9	1/4
铁路运输	1	1	9	1/3
水路运输	1/9	1/9	1	1/9
航空运输	4	3	9	1

物流装备及设施：

附表B－4　　物流装备及设施因素判断矩阵（1）

物流装备及设施	物流设备标准化程度	基础设施建设程度
物流设备标准化程度	1	6
基础设施建设程度	1/6	1

附表 B－5　　物流装备及设施因素判断矩阵（2）

物流装备及设施	物流设备标准化程度	基础设施建设程度
物流设备标准化程度	1	6
基础设施建设程度	1/6	1

附表 B－6　　物流装备及设施因素判断矩阵（3）

物流装备及设施	物流设备标准化程度	基础设施建设程度
物流设备标准化程度	1	1/6
基础设施建设程度	6	1

物流信息化：

附表 B－7　　物流信息化因素判断矩阵（1）

物流信息化	数据信息共享	货物信息跟踪
数据信息共享	1	5
货物信息跟踪	1/5	1

附表 B－8　　物流信息化因素判断矩阵（2）

物流信息化	数据信息共享	货物信息跟踪
数据信息共享	1	1/7
货物信息跟踪	7	1

附表 B－9　　物流信息化因素判断矩阵（3）

物流信息化	数据信息共享	货物信息跟踪
数据信息共享	1	1/6
货物信息跟踪	6	1

二级指标对一级指标贡献权重打分矩阵：

附表 B－10　　多式联运枢纽评估体系判断矩阵（1）

多式联运枢纽评估体系	经济发展程度	物流装备及设施	交通运输量	物流信息化
经济发展程度	1	1/6	1/7	1/3
物流装备及设施	6	1	3	5
交通运输量	7	1/3	1	4
物流信息化	3	1/5	1/4	1

附表 B－11　　多式联运枢纽评估体系判断矩阵（2）

多式联运枢纽评估体系	经济发展程度	物流装备及设施	交通运输量	物流信息化
经济发展程度	1	1/6	1/7	1/3
物流装备及设施	6	1	3	5
交通运输量	7	1/3	1	4
物流信息化	3	1/5	1/4	1

附表 B－12　　多式联运枢纽评估体系判断矩阵（3）

多式联运枢纽评估体系	经济发展程度	物流装备及设施	交通运输量	物流信息化
经济发展程度	1	1/5	1/7	1/3
物流装备及设施	5	1	1/3	4
交通运输量	6	3	1	3
物流信息化	3	1/4	1/3	1

第五章

北京市废旧电子产品回收物流协同成长研究

废旧电子（即废弃电器电子）产品回收是实现资源化、减量化、无害化的重要环节，而一个高效强大的产品回收物流系统是解决问题的关键所在。然而，北京市废旧电子产品回收物流企业实力弱小、回收物流成本过高、回收技术滞后、资源和信息利用效率低下、正规企业回收率和综合处置率偏低、回收物流成长缓慢，无法适应废旧电子产品回收的需要。与此同时，随着网络、信息和知识经济的迅猛发展，废旧电子产品回收物流的内部环境和赖以生存的外部环境正从以往相对稳定的静态环境转变成复杂多变和充满不确定性的动态环境，现有的废旧电子产品回收物流系统的结构、运行机制、协同管理模式、成长进程等越来越难以适应繁杂、多样、快速增长的需要。解决废旧电子产品回收物流协同成长过程中存在的问题，迫切需要科研人员探索废旧电子产品回收物流协同成长的规律，并在实践中采取一切有效措施促使它健康快速成长。

本章以北京市为例，通过对废旧电子产品回收物流协同成长研究，深化对协同成长过程及规律的认识，为北京市废旧电子产品回收实践提供理论指导和决策依据。本章首先介绍了北京市废旧电子产品回收物流发展现状；然后对废旧电子产品回收物流协同成长的动力机制以及协同成长运行机制进行系统分析，并对废旧电子产品回收的成长规律运用系统动力学模拟仿真。最后，针对北京市废旧电子产品回收物流协同成长中存在的问题提出对策建议。

第一节　北京废旧电子产品回收物流现状

北京市是中华人民共和国的首都，是一座历史悠久、文化底蕴深厚的政治经济城市。其首都功能定位为政治中心、文化中心、国际交往中心和国家创新示范区。北京废旧电子产品的回收经历了四种不同的发展阶段，从自发行为变成有组织的规范化行为；与此同时，废旧电子产品的回收体系也不断发展完善，经历了自发状态的独立回收系统阶段和初步规范化的独立回收系统阶段，到现在发展为相对规范化的独立回收系统。本章将从废旧电子产品回收处理行业发展概况、回收渠道、理论报废量、回收处理成本、回收体系结构等方面对北京废旧电子产品回收系统进行详细分析。

一、北京废旧电子产品回收行业发展概况

1. 北京废旧电子产品回收行业发展阶段

北京废旧电子产品回收行业的发展经历了四个阶段，具体如图 5－1 所示。

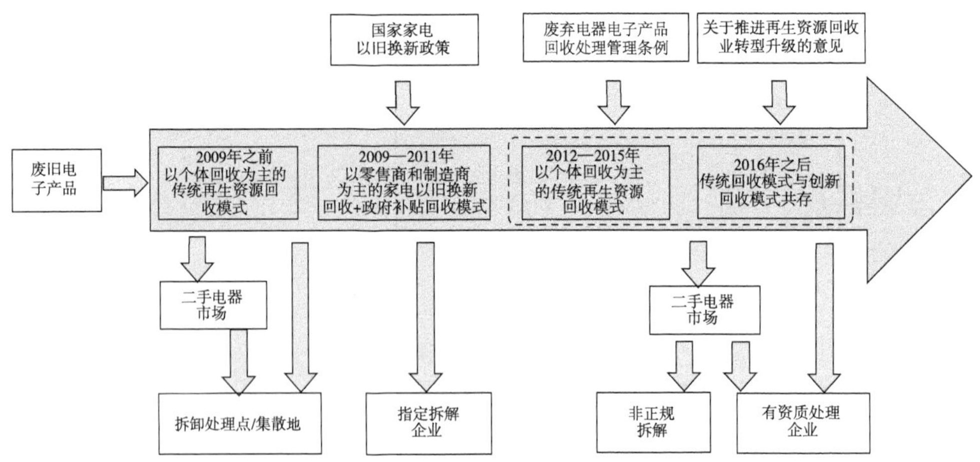

图 5－1　北京废旧电子产品回收处理行业发展

第一个阶段是 2009 年之前市场经济体制下，以个体回收为主的传统再生资源回收模式。废旧电子产品回收行业发展缓慢，主要由拆解处理点/集散地负责回收，废弃电子电器数量较少，回收企业惨淡经营。

第二个阶段是 2009—2011 年，在国家家电以旧换新政策下的以零售商和制造商为主的家电以旧换新回收＋政府补贴回收模式。以旧换新政策采用补贴消费者、回收机构和处理企业的方式，促进消费者购买家电并交投废旧家电，从而起到促进家电行业发展、拉动内需的效果，同时也促进电子废弃物正规处理企业的发展。

第三个阶段是 2012—2015 年，在《废弃电器电子产品回收处理管理条例》和《废弃电器电子产品处理基金征收使用管理办法》制度下，以个体回收为主的传统再生资源回收模式。明确规定了与电子产品相关的生产者、销售者、消费者等各方主体的回收责任，通过向家电生产商、进口商征收处理费用，并补贴处理企业，推进电子废弃物处理行业的发展。

第四个阶段是 2016 年之后，传统回收模式与创新回收模式共存的发展阶段。传统的 WEEE 回收模式在原有的发展基础上，利用互联网、物联网等技术，通过生活垃圾回收网、北京邮政网点、电器电子销售网点和合作社网点对资源进行整合，推动再生资源回收模式创新。

2. 北京废旧电子产品回收行业发展特点

（1）北京市电子废弃物回收渠道呈现多元化发展

北京市现有的回收网络体系是沿着传统回收路径，在经济利益和政府政策的推动下形成的混合体系，主要包括流动的个体商贩回收、废旧家电处理企业回收、家电销售企业以旧换新回收、新型回收试点企业回收四种模式。

（2）北京市电子废弃物理论报废量呈现稳定增长趋势

产品的生命周期以及消费者使用电器电子产品的习惯都直接或者间接地影响了产品的使用寿命，每年都会有大量的电器电子产品报废。历史数据显示，北京市从 2003 年开始已经进入了电器电子产品报废的高峰期，北京市城镇居民在 1996—2002 年购买的电视机、电脑等电器电子产品共约 658.5 万台，10 年内陆续报废。伴随着经济的快速发展，北京市电子废弃物的理论报废量呈现稳定增长的趋势，2015—2017 年北京市电子废弃物理论报废量变化趋势如图 5－2 所示。

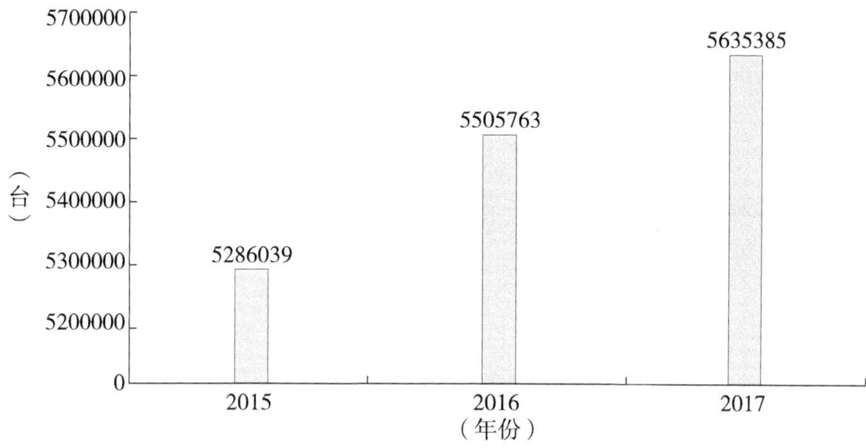

图 5－2　2015—2017 年北京市电子废弃物理论报废量变化趋势

（3）北京市电子废弃物回收处理成本居高不下

北京市废旧电子产品回收网络体系中多种回收渠道并行，非正规渠道回收的废旧电子产品仍然占绝大部分。

由于电子废弃物中包含多种重金属、挥发性有机物和颗粒物等有害物质，如果处理不当，这些有害物质将会释放到环境中，对水和土壤等自然资源造成污染，严重危害到人类的身体健康。电子废弃物正规处理企业对电子废弃物进行无害化处理，要投入大量人力、物力、财力。此外，废旧电子产品的回收经过收集、运输、分拣、贮存等众多物流环节，也需要耗费大量的人力、物力对其进行管理，物流成本相对较高。2015—2017 年北京市废旧电器电子产品的回收处理成本呈现增长的趋势，回收处理成本居高不下，其变化趋势如表 5－1 所示。

表 5－1　2015—2017 年北京市废旧电器电子产品的回收处理成本　（单位：万元）

年份	2015	2016	2017
废旧电器电子产品回收处理成本	115256.55	122002.87	125093.98

（4）北京市电子废弃物回收体系日趋完善

北京市电子废弃物回收网点数量逐步增加，由 2009 年的 3638 个社区回收站点增加到 2015 年的 4802 个，北京市电子废弃物回收体系日益完善。同时，拆解处理中心的拆解能力正逐步提高，2017 年，北京市正规处理企业共拆解 512467 台废旧电器电子产品，拆解率由 2014 年的 78.58% 上升到 2017 年的 84.12%，拆解处理产生的塑料、铝、铜、铁等再生产品 11319.4663 吨，共减少废气、废水等排放的污染物 518603.852 吨，废弃产品处置点的处理能力基本能达到现有电子废弃物处理的需求。

二、北京市电子废弃物回收渠道

废旧电子产品回收呈现多渠道并存、合法非法混杂的现状，废旧电子产品容易流入非正规渠道，从而给环境带来很大的风险。目前还没有统一的标准或要求对这一行业进行规范。根据北京市电子废弃物回收主体的不同，回收渠道分为七大类，分别是：传统回收商（占总回收量的 80%）回收、销售企业回收、生产企业回收、再生资源回收利用企业回收、互联网企业回收、环卫企业回收、处理企业回收。对消费者来说，回收依然是一件有利可图的事情，消费者基本上会根据不同回收渠道的回收收益来进行选择。图 5－3 为北京市电子废弃物回收处理体系示意。

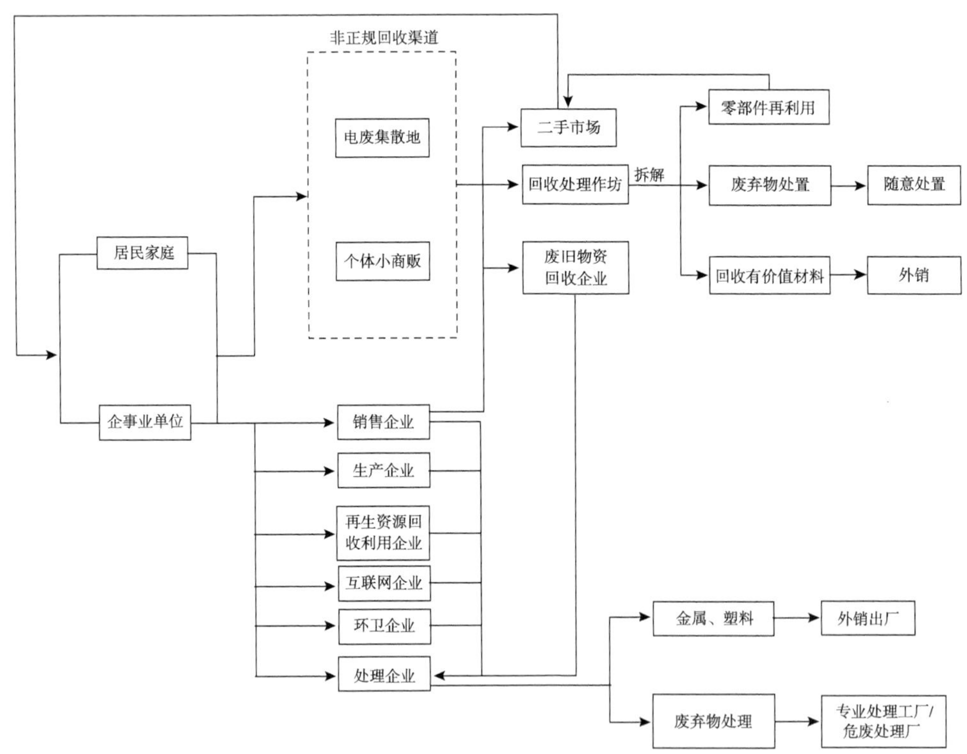

图 5－3　北京市电子废弃物回收处理体系示意

1. 非正规回收渠道

北京市电子废弃物的回收是一个庞大且系统性的工作。市场早就自发形成了一个比较完整的非正规电子废弃物回收链条：社区周边的小商贩直接收购居民的电子废弃物后，运到周围的小型集散点，达到一定量后再运往北京周边的大型电子废弃物回收中心，在那里做简单手工分拣，最后运往外省拆解。这些运往外省的电子垃圾，通常没能进入正规处理厂，而是以极不环保的方式处理，如用酸碱液浸泡线路板、废酸液随意倾倒；露天焚烧、简单粗暴地提取贵金属，造成污染。

目前，北京市非正规电子废弃物回收渠道主要有两种：一是个体小商贩直接上门回收，商贩们走街串巷以低价换取住户不需要的废旧电子产品，也有相当一部分商贩会扎堆聚集在闹市区或者在路边设摊回收。之后商贩会对回收的废旧电子产品进行分类，有使用价值的就转手卖到二手市场；不能使用的就送到小作坊对电子废弃物进行拆解处理。据统计，北京市从事电子废弃物回收的小商贩约有 10 万人，专业从事电子废弃物回收的企业却不到 10 家。二是电废集散地，北京市每年大约有 80% 的废旧电子产品进入电废集散地。二手市场的电子废弃物主要来源一部分是电废集散地回收到的电器，另一部分是由消费者直接将淘汰或不用的家电转卖。二手市场将可使用的废旧电子产品转卖给旧货消费者，无法使用的直接送到城郊垃圾场处理。

2. 正规回收渠道

作为电子废弃物产业的最前端，正规回收渠道的建立是最大难题，电子废弃物回收渠道更多地掌握在个体经营者手中，他们控制着电子废弃物的回收价格，而拆解企业也必须跟他们交易，造成这种被动局面的原因之一是始终没能有效建立从居民直接到拆解企业的回收渠道。

如图 5－3 所示，电子废弃物回收渠道发展成以小商贩回收、集散地回收、互联网企业回收、经销商回收、生产企业回收以及电子废弃物处理企业回收的多种方式共存的局面，形成了以小商贩回收为代表的非正规拆解和以电子废弃物处理企业为代表的正规拆解共存的复杂竞争态势。

据了解，为进一步拓宽回收渠道，扩大新型回收利用体系在全市的覆盖范围，2017 年年底，北京市发布了第一批共 13 个废弃电子产品新型回收利用试点单位名单。

（1）销售企业回收渠道

在北京市以旧换新政策实施以及近几年北京市激励政策的推动下，销售企业的回收渠道主要包括三种回收模式：以旧换新回收模式、绿色消费＋绿色回收、销售商＋处理企业回收。

①以旧换新回收模式

以旧换新回收体系已形成了由生产者、消费者、回收企业和拆解处理企业构成的政策内的回收体系与政策外的回收体系交叉并存的回收模式，具体如图 5－4 所示。北京节能环保中心的试点类型为“电器电子产品销售企业以旧换新回收”，服务网点在苏宁、大中、国美 3 家企业的 30 户门店。2009 年，北京市参与以旧换新的企业共有 15 家，这些企业在北京地区以旧换新的网点共 1568 个，具体如表 5－2 所示。这一模式的优势主要是覆盖区域广、直接与消费者接触以及企业在销售新品上门的同时就可以对消费者手中的废旧电器电子产品进行回收，可有效地降低物流运输成本以及消费者的时间成本。

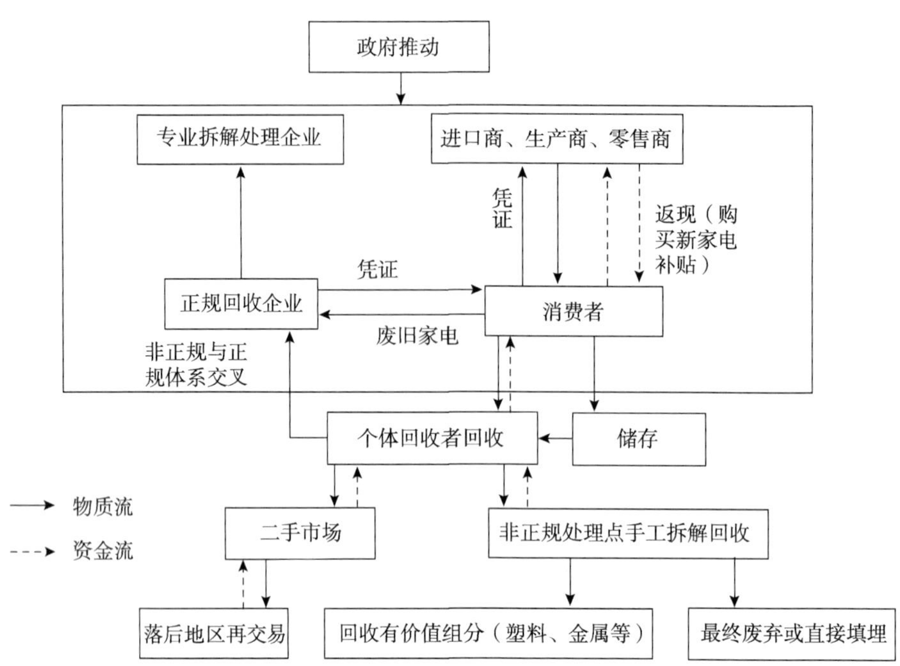

图5－4　家电以旧换新政策实施阶段国内WEEE回收体系

表5－2　　北京地区以旧换新网点数量

企业名称	以旧换新网点数量
同方股份有限公司	145
北京苏宁电器有限公司	53
北京市大中家用电器连锁销售有限公司	52
北京方正延中信息系统有限公司	36
北京国美电器有限公司	46
康佳集团股份有限公司北京分公司	225
联想（北京）有限公司	93
北京明珠新兴格力空调销售有限公司	366
北京市顺义国泰商业大厦	8
北京鑫海韵通商业大厦	24
四川长虹电器股份有限公司北京销售分公司	266
索尼（中国）有限公司	27
北京家乐福商业有限公司	12
北京王府井百货（集团）股份公司	3
海信（北京）电器有限公司	212

②绿色消费+绿色回收模式

2010年北京市发展和改革委员会举办了节能产品进超市活动，超市设立智能回收箱，同时宣传能效等级一、二级的产品。在政府激励政策下，从2012年开始，国美、大中、苏宁等销售商均在专营店设立“节能超市”。2014年北京市在商业领域推动“绿纽扣计划”，进一步推进绿色回收工作，节能超市设立智能回收机试点，运用“物联网”技术建立智能WEEE回收平台。同时，这一平台还与“香蕉皮”网站等专业的WEEE回收机构进行合作，加强无害化处置以及资源化利用。

自2010年以来，受北京市发展和改革委员会、财政局等部门的委托，北京节能环保中心连续8年组织实施节能产品进超市活动，具体历程如图5-5所示。2010—2015年节能超市项目财政投资5000万元，引导销售十大类节电产品近133万台，销售额43亿元，所销售节能产品节约电能为9000万千瓦时，折合为标煤节约3600吨，减少CO_2排放量为8.91万吨，有效推动了节能产品绿色消费的升级发展，同时节能减排效果显著。

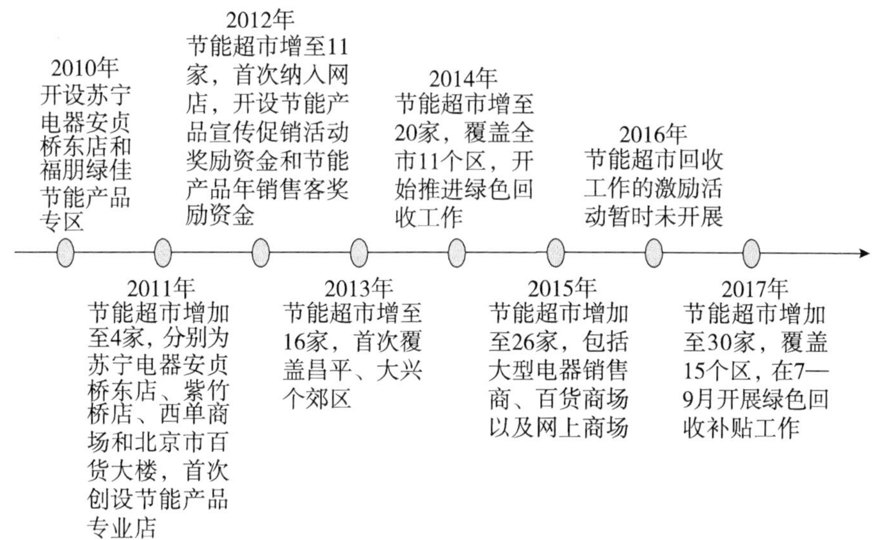

图5-5　节能超市发展历程

2014—2015年节能超市总计回收废弃家电产品约7万台，绿色回收也初见成效。2016年政策推动力度减小，回收数量较少；2017年7—9月，节能超市开始实施家电回收补贴政策，建立了废弃家电产品回收监管信息平台，再次推动了节能超市的回收成效，2017年的回收量达到了3万台。截至2017年年底，节能超市共有30家。2014—2017年受调研节能超市共实际回收废弃家电产品10.38万台，如表5-3所示。

表5-3　　节能超市不同年度回收数量及回收率

年份	2014	2015	2016	2017	总计
总销量（台）	282788	418599	601540	792358	2095285
总实际回收量（台）	38686	33542	1528	30006	103762
回收率（%）	13.68	8.01	0.25	3.79	4.95

2014 年首次推动绿色回收工作，财政激励力度较大，回收效果最好；2015 年随着废弃家电产品回收行业整体发展，回收渠道之间竞争激烈，回收效果与 2014 年持平，回收量稍有减少。2016 年政府未从政策上推动回收工作，所以回收量急剧下降。2017 年节能超市重新开始对绿色回收指标进行考核与激励，并开展了三个月的绿色回收补贴活动，回收量直线上升。由此可见，销售商开展废弃家电产品绿色回收对于激励政策的依附性很大。

北京地区各节能超市的废弃家电产品回收价格不尽相同。同时，个别门店在回收价格的基础上，给予消费者一定的额外补贴。由于节能超市需要承担物流、人员、场租、管理等成本，所以废弃家电产品回收价格会低于走街串巷的小商贩。表 5－4 是国美、苏宁、大中三大节能超市门店年平均回收量。2014 年国美在统一的回收价格的基础上给予额外的补贴激励，回收量远远高于苏宁和大中。2015 年回收补贴力度较大的是苏宁通州西门店，该门店回收率位于所有受调研的节能超市之首，达到了 16.41%。在回收价格大体相同的前提下，2017 年苏宁的宣传次数达到了 340 余次，其中进社区宣传的次数为 100 余次，是国美和大中的三到四倍，所以苏宁门店年平均回收量远远高于国美和大中，说明节能超市在宣传提升消费者绿色消费、绿色回收意识的同时，提高回收价格，给予消费者额外的补贴和礼品，会有效提高绿色回收的效果。此外，从国美的回收数量下降可以看出，绿色回收的效果强烈依赖于宣传以及激励措施的实施。

表 5－4　国美、苏宁、大中节能超市门店年平均回收量　（单位：台）

年份	2014	2015	2016	2017
国美节能超市门店年平均回收量	1228	1441	0	197
苏宁节能超市门店年平均回收量	951	828	139	684
大中节能超市门店年平均回收量	105	357	20	228

节能超市在回收废弃家电产品后，需将废弃家电产品交付给有资质的处理企业完成绿色回收的整个流程，使其得到环保高效的拆解利用。表 5－5 显示 2014—2017 年受调研的节能超市绿色回收交付废品给有资质处理企业的数量为 28628 台，占回收总量的 27.59%。2017 年，北京节能环保中心针对家电回收建立了信息监管平台，销售企业回收产品交付处理企业的情况有着十分明显的改善。近 4 年，节能超市绿色回收交付给有资质处理企业的比例从 2.58% 上升到 61.87%。

表 5－5　2014—2017 年节能超市绿色回收交付废品给有资质处理企业数量及比例

年份	2014	2015	2016	2017	总计
总实际回收量（台）	38686	33542	1528	30006	103762
交给处理企业量（台）	1000	7636	1427	18565	28628
交给处理企业比例（%）	2.58	22.77	93.39	61.87	27.59

③销售商＋处理企业回收模式

2014 年，国美在线联手环保拆解企业在北京、深圳、上海等地区合作开展 WEEE 回收业务，合作企业均具备环保回收和拆解资质，并且在其网站上列出了北京、上海、深圳等19个城市的家电回收参考价格。通过跨界合作，既解决用户家中WEEE回收问题，又享受在线一站式购物。

（2）生产企业回收渠道

生产企业回收指的是以生产者为主导的责任主体对消费及其他环节所产生的废弃物的回收、循环利用。2016年12月25日国务院办公厅下达了《关于印发生产者责任延伸制度推行方案的通知》，北京市为响应国家号召，积极开展废弃电器电子产品新型回收利用体系建设试点工作。此前，北京市已有一些家电生产企业开始了电子废弃物的回收工作，这些生产企业依据自身的发展情况构建了相应的回收渠道。生产企业回收渠道包括自建回收网络回收模式、生产企业委托第三方回收模式。

①自建回收网络回收模式

北京盛世欣兴格力贸易有限公司是“电器电子产品生产企业依托销售网络回收”类型的企业，服务范围为格力电器在北京的187家专卖店。格力“四合一”绿色回收再利用系统是针对格力再生资源基地面临的回收问题而设计的，其系统整合格力电器系统所有资源。格力O2O电商平台+格力线下销售渠道+格力绿色再生处理+格力绿色生态再生设计组成了格力“四合一”，是绿色回收系统不可或缺的一部分。以格力线下销售渠道为核心，依托线上互联网O2O回收平台，以格力绿色再生处理和格力绿色生态再生设计为保障，统一物流配送体系，根据国家发展政策导向，联合政府打造成具有不可替代性、专业性及网络化、集中化、体系化管理的静脉回收闭环系统。据统计，2016年格力绿色处理基地资质拆解量为684万台。通过环保先进的拆解技术，实现家电产业链的生态循环，做到经济效益、环境效益和社会效益的高度统一。

格力绿色再生基地参加了863计划“退役家电产品逆向物流关键技术研究与示范”项目，建立了统一逆向物流信息管理系统。在实践“以旧换新”活动的同时，格力绿色再生基地研究了销售系统的正向流系统，结合目前以旧换新的成果，构建销售逆流系统。通过销售体系逆向回收系统，用户可以通过销售系统直接将旧机交给终端处理中心，省去中间环节，消费者能得到更多利益，还可以避免用户处理旧机不当造成的环保问题，终端处理中心以较低价格取得生产原料，实现了三方兼顾、三方共赢的局面。合作开展过程中回收各类废旧家电共计10000余台，销售体系中的逆向回收体系初步形成。格力绿色逆向回收系统流程如图5－6所示。

②生产企业委托第三方的回收模式

第三方回收模式指生产企业将其承担的回收责任委托给具有正规资质的第三方回收企业，由第三方回收企业负责产品的回收工作。2015年6月，工业和信息化部、财政部、商务部、科学技术部制定了《电器电子产品生产者责任延伸试点工作方案》，组织开展生产者责任延伸制度试点工作，其中，回收体系建设是EPR试点的重要内容之一。2016年，工业和信息化部公布了首批生产者责任延伸试点的企业名单，其中一些企业委托回收企业进行回收工作的开展。如华为终端（东莞）有限公司委托俐通集团、深圳回收宝科技有限公司开展手机、PAD的回收；联想（北京）有限公司委托阳光雨露信息技术服务（北京）有限公司开展笔记本和台式机的回收。生产企业回收模式比较如表5－6所示。

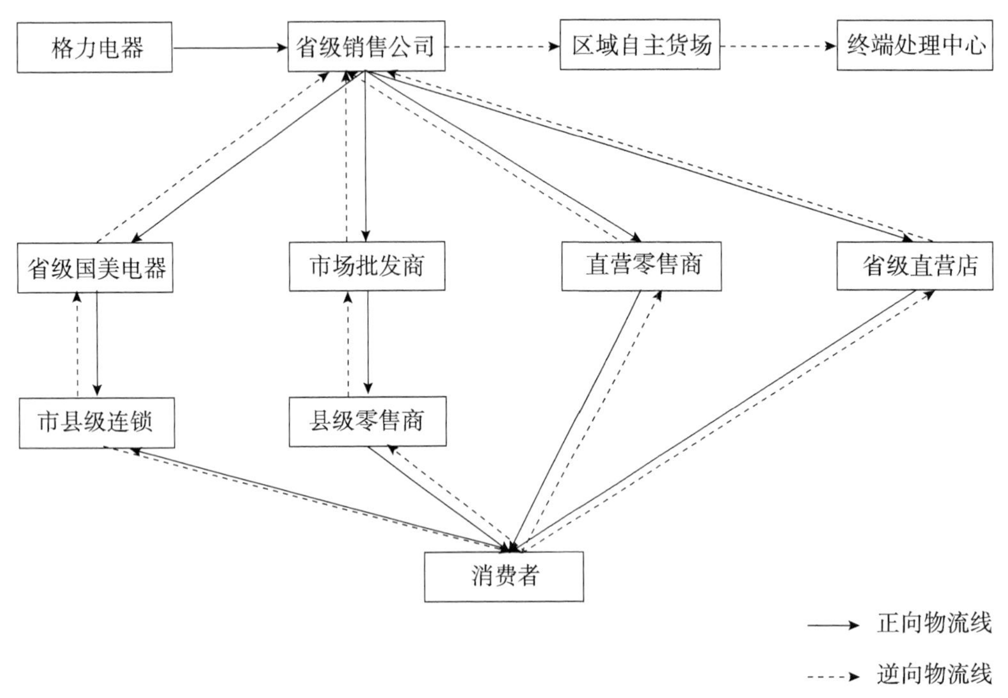

图5－6　格力绿色逆向回收系统流程

表5－6　生产企业回收模式比较

	自建回收模式	第三方回收模式
运作模式	生产企业内部子部门或成立子公司负责产品的回收工作	生产企业将回收处理责任委托给具有正规资质的专业回收商
使用范围	适用于具备一定的经济实力和技术能力、产品量大的生产商	适用于不具备自行回收能力的生产企业，需委托第三方的情况
典型案例	格力“四合一”绿色回收再利用系统	联想（北京）有限公司委托阳光雨露信息技术服务（北京）有限公司开展笔记本和台式机的回收

（3）再生资源回收利用企业拓展服务范围回收渠道

北京市供销合作总社是“再生资源回收利用企业拓展服务范围回收”类型的企业，在丰台区卢沟桥街道、丰台街道等共设立了41个回收亭。北京市供销合作总社利用郊区农村废弃电器电子产品进行回收网点建设，截至目前已在8家首都农资网点挂牌开展回收工作。

（4）互联网企业回收渠道

“互联网+分类回收”模式包括南京拍拍蓝天信息技术有限公司、北京有得卖科技发展有限公司等新型回收试点企业，居民可通过二维码App下载，足不出户就可以让淘汰下来的电器电子产品实现正规回收；同类公司有华新绿源环保股份有限公司的香蕉皮、格力O2O电商平台等，本章主要以香蕉皮为例进行介绍。

香蕉皮环保科技（北京）有限公司是北京市首家电子废弃物在线回收和环保处理企业，同时其 B2C 网站也是国家“城市矿产”电子废弃物回收体系建设的绿色通道。香蕉皮在线回收平台是华新绿源回收电子废弃物的方式之一，回收的对象主要是北京市居民消费者以及企事业单位产生的电视机、电冰箱、洗衣机、空调和电脑等电器电子废弃物。香蕉皮通过网站向消费者进行环保科普宣传的同时，还为消费者提供便捷式公益捐赠服务。除了在线回收平台外，华新绿源的回收渠道还包括国美等固定合作电器零售商、行政事业单位、企业、废旧物资集散地以及协会、非政府组织和高校等多种回收渠道，各渠道废弃电器电子产品每日回收量约 6000 台。香蕉皮平台责任主体构成如图 5－7 所示。

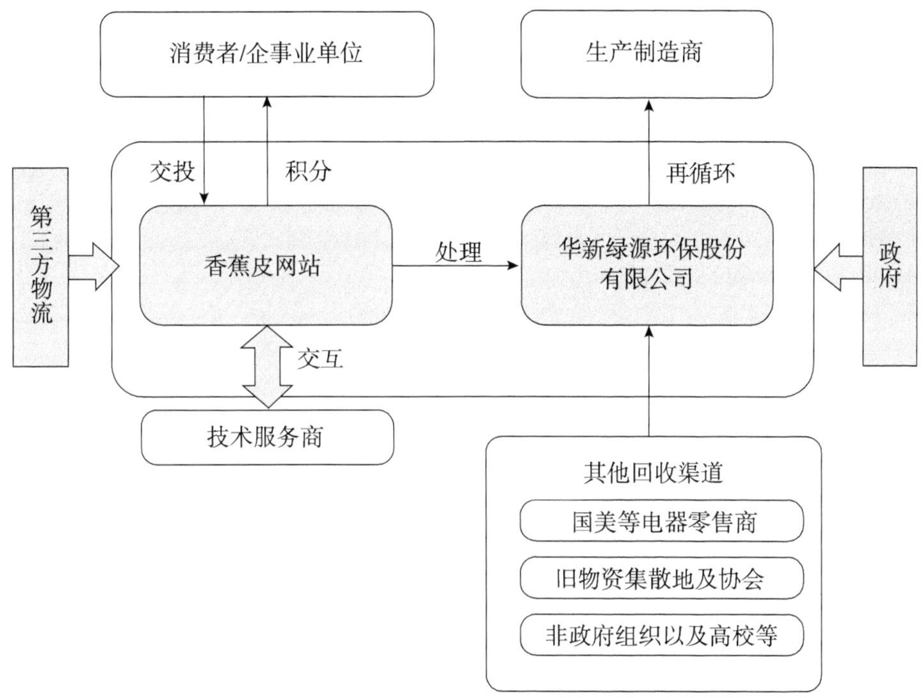

图 5－7　香蕉皮平台责任主体构成

华新绿源环保股份有限公司与北京邮政共同搭建电子废弃物回收处置通道。很多人通过邮政网点寄信件和快递、收取包裹，邮政网点基本覆盖各地，给人们带来了生活上的便利。现在邮政网点推出回收电子废弃物的新功能，北京邮政在全国先行试点，为绿色环保开放服务渠道，为广大公众无法继续使用的、不具备二手交易价值的电子废弃物搭建正规处置通道，并向全社会发出“共同参与绿色环保，邮政助你幸福生活”的倡议，呼吁广大公众不要让电子废弃物成为电子垃圾污染环境，一定要让电子废弃物转变为可利用再生资源造福人类。首批城六区共 20 个邮政网点将成为周边市民家中厨房、家居、个人生活、个人数码四大类小家电中 35 类电子废弃物的正规处置渠道，回收产品全部实现规范化环保处理。

（5）环卫企业回收渠道

北京城市矿产资源开发有限公司属于“环卫企业依托生活垃圾分类收集网络回收”类型的企业，先期试点包括密云区檀营地区、鼓楼街道、果园街道等 10 个。

（6）处理企业回收渠道

目前从事北京市电子废弃物正规回收处理业务的有两家企业，分别是华新绿源环保股份有限公司、伟翔联合环保科技发展（北京）有限公司，2016—2017 年两家正规回收处理企业电子废弃物的回收情况如表 5 –7 所示。

表 5 –7　　2016—2017 年两家正规回收处理企业电子废弃物的回收情况　　（单位：台）

类别＼年份	2016	2017
电视机	728200	137000
电冰箱	100000	151000
洗衣机	87300	149600
空调	24500	20100
计算机	564900	72100
总计	1504900	529800

资料来源：北京市环境保护局官网。

三、北京电子废弃物理论报废量现状

在区域家电回收量的统计中，通常要考虑很多因素，并通过一定的预测方法进行估算。现有的电子废弃物估算模型有市场供给模型、市场供给 A 模型等。

本章对电子废弃物报废量的预测运用的是改进的消费使用模型，该模型是在消费使用的模型上做出改进，在一定程度上避免了科技进步及经济发展带来的预测不准确的情况，改进的模型充分考虑各类电器产品的寿命变化情况，依据家用电器产品社会保有量和平均寿命对废旧电器产生量进行估算，在一定程度上提高了预测的准确性。另外，由于北京市是我国首都，发展较快、资源较多，因此外来人口增长速度也较快，社会保有量数据比市场销售量数据更能准确反映废旧家电数量的实际增长情况。所以，该方法的选用在数据选取以及计算结果方面均较为合理，并且计算预测报废量，为废旧电器回收处理工作提供了数据支撑。本章假定电子电器产品的报废期限为其使用寿命，即产品达到规定的使用年限即报废，估算公式如下。

$$Q_t = H/n \tag{5-1}$$

式中，Q_t 为某一年份某一类别废弃电器电子产品的产生量；H 为同年该类产品的家庭保有量；n 为该类产品的平均使用寿命。2013—2017 年北京市全市居民家庭每百户家电拥有量、北京市全市常住人口及平均每户人口、常用家电平均使用寿命如表 5 –8、表 5 –9 和表 5 –10 所示。

表 5 –8　　2013—2017 年北京市全市居民家庭每百户家电拥有量　　（单位：台）

年份	洗衣机	电冰箱	彩色电视机	空调	计算机
2013	100	103	140	180	110

续 表

年份	洗衣机	电冰箱	彩色电视机	空调	计算机
2014	101	104	141	186	105
2015	95	98	130	156	102
2016	95	98	128	163	100
2017	97	100	130	168	103

资料来源：《北京统计年鉴》。

表 5－9　　2013—2017 年北京市全市常住人口及平均每户人口　　（单位：人）

年份	全市常住人口	平均每户人口
2013	21148000	2.8
2014	21516000	2.8
2015	21705000	2.8
2016	21729000	2.7
2017	21707000	2.7

资料来源：《北京统计年鉴》。

表 5－10　　常用家电平均使用寿命　　（单位：年）

项目	使用寿命
洗衣机	8
电冰箱	10～16
彩色电视机	8～10
空调	8～10
计算机	6

资料来源：《家用电器安全使用年限细则》。

根据表 5－8 和表 5－9 相关数据可以计算出 2013 年至 2017 年北京市各类家电的家庭保有量，如表 5－11 所示。再结合表 5－10 所示的常用家电的平均使用寿命，利用公式（5－1），可以估算出 2013 年至 2017 年北京市各类常用家电的理论报废量，如表 5－12 所示。

表 5－11　　2013—2017 年北京市各类常用家电的家庭保有量　　（单位：台）

年份	洗衣机	电冰箱	彩色电视机	空调	计算机
2013	7552857	7779443	10574000	13595143	8308143
2014	7761129	7991657	10834843	14292771	8068500
2015	7364196	7596750	10077321	12092786	7906821
2016	7645389	7886822	10301156	13117878	8047778
2017	7798441	8039630	10451519	13506578	8280819

表 5－12　　2013—2017 年北京市各类常用家电的理论报废量　　（单位：万台）

年份	洗衣机	电冰箱	彩色电视机	空调	计算机
2013	94.41	59.84	117.49	151.06	138.47
2014	97.01	61.47	120.39	158.81	134.48
2015	92.05	58.44	111.97	134.36	131.78
2016	95.57	60.67	114.46	145.75	134.13
2017	97.48	61.84	116.13	150.07	138.01

家电报废量增长率是指家电产品报废量年增长率；年增长率是指本年度家电报废量与上一年度数据之差再除以上一年度数据的百分比。计算公式为：

家电报废量年增长率 =（本年度家电报废量 － 上一年度家电报废量）/ 上一年度家电报废量 × 100%

通过上述公式对报废量年增长率进行计算，计算结果如表 5－13 所示。

表 5－13　　2015—2017 年北京市家电理论报废量年增长率

年份	2015	2016	2017
家电理论报废量年增长率（%）	－7.61	4.16	2.35

四、北京市电子废弃物回收处理成本

1. 北京市电子废弃物回收处理总成本

本章从北京市环境保护局官网获取了 2014—2017 年共四年的样本数据，以此反映北京市电子废弃物正规企业回收的基本状况，统计可得出 2014—2017 年的电子废弃物正规企业回收量（见表 5－14）和电子废弃物正规企业拆解量（见表 5－15）。

表 5－14　　北京市 2014—2017 年电子废弃物正规企业回收量　　（单位：万台）

年份	2014	2015	2016	2017
正规处理企业回收量	182.72	138.84	150.49	60.92

表 5－15　　北京市 2014—2017 年电子废弃物正规企业拆解量　　（单位：台）

年份	2014	2015	2016	2017
正规处理企业拆解量	1435859	1180622	1239762	512467

电子废弃物回收处理成本包括回收成本和处理成本，回收成本主要是指电子废弃物从消费者或者企事业单位等电子废弃物产生源到回收处理企业所产生的成本，包含电子废弃物收购成本、物流成本（运输、仓储）以及回收管理费用的相关辅助成本（回收设备折旧费、回收管理人员工资等）等费用；处理成本主要是指处理企业对电子废弃物进

行检测、拆解、无害化处理、污染控制处理等所产生的费用。我国每台“四机一脑”的回收处理成本如表5-16所示。

表5-16　我国每台“四机一脑”的回收处理成本　（单位：元/台）

	电视机	电冰箱	空调	洗衣机	电脑
回收	64	144	250	87	50
处理	44	166	194	60	40
回收处理总成本	108	310	444	147	90

根据2014—2017年北京市“四机一脑”理论报废量可以计算出2014—2017年北京市废旧电器电子产品的回收处理成本（见表5-17），计算公式如下。

以2017年为例，回收处理成本=2017年北京市电视机报废量×单位电视机的回收处理成本+电冰箱报废量×单位电冰箱的回收处理成本+空调报废量×单位空调的回收处理成本+洗衣机报废量×单位洗衣机的回收处理成本+电脑报废量×单位电脑的回收处理成本

表5-17　2014—2017年北京市废旧电器电子产品的回收处理成本　（单位：万元）

年份	2014	2015	2016	2017
电子废弃物回收处理成本	128933.13	115256.55	122002.87	125093.98

大部分电子废弃物没有流入正规渠道的原因是目前正规企业的回收来源多集中在政企单位，在居民区常年走街串巷的个体游商仍是回收主力，而且“正规军”回收价钱没有优势。据调研，走街串巷的个体游商回收背投电视价格约为40元，滚筒洗衣机的价格约为30元，在回收后将回收物倒卖至打包站，平均每件回收品获得十几元的利润，但相比正规的回收企业，这一价格已是高价。以北京废弃电器电子产品新型回收利用体系试点企业之一的香蕉皮回收平台为例，在该平台公示的价格中，背投电视和滚筒洗衣机的回收价均为10元。相比个体游商，正规回收企业的价格并没有竞争力，最主要的原因是成本更高，比如司机出一次车收一台冰箱，油费、员工工资、付给居民的回收费、税费等各类费用加起来是260元左右，但拆解后只能卖100元左右。

回收处理成本增长率是指回收处理成本年增长率，计算公式如下：

回收处理成本年增长率=（本年度回收处理成本-上一年度回收处理成本）/上一年度回收处理成本

通过上面的计算公式可以得到回收处理成本年增长率，计算结果如表5-18所示。

表5-18　2015—2017年北京市废旧电器电子产品回收处理成本年增长率

年份	2015	2016	2017
回收处理成本年增长率（%）	-10.61	5.85	2.53

随着经济的不断发展、居民的消费水平不断提升，消费观念也有所改变，对电器电

子产品的需求也更加多样化；由于技术的不断发展，新的理念及技术广泛地应用到电器电子产品的设计上，功能更佳的电器电子产品层出不穷，客观上加快了电器电子产品更新换代的速度，也对废旧电子产品回收量的增加产生了一定的影响；居民对废旧电子产品的资源化价值认识不足，将在很长时间内仍选择高利润的途径来处理废旧电子产品。由于报废量的逐年递增，回收成本也呈现逐年递增的状况，回收处理成本年增长率也在递增。

2. 北京市废旧电器电子产品正规处理企业基金补贴

为进一步落实条例，国务院于2012年批准了《废弃电器电子产品处理基金征收使用管理办法》，明确规定了对处理企业按照实际完成拆解处理的废弃电器电子产品数量给予定额补贴。其中，补贴标准为电视机每台85元、电冰箱每台80元、洗衣机每台35元、空调每台35元、微型计算机每台85元。

为合理引导废弃电器电子产品回收处理，加快提升行业技术水平和整体效率，根据废弃电器电子产品回收处理成本和收益变化情况，财政部、环境保护局、发展和改革委员会、工业和信息化部公布调整后的废弃电器电子产品处理基金补贴标准，自2016年1月1日起施行，标准如表5－19所示。2014—2015年正规处理企业的基金补贴按照2012年出台的补贴标准进行计算，2016—2017年正规处理企业的基金补贴按照新的补贴标准进行计算。

表5－19　北京市正规处理企业的基金补贴新标准　（单位：元/台）

序号	产品名称	品种	补贴标准	备注
1	电视机	14英寸至25英寸阴极射线管（黑白、彩色）电视机	60	14英寸以下阴极射线管（黑白、彩色）电视机不予补贴
		25英寸及以上阴极射线管（黑白、彩色）电视机，等离子电视机、液晶电视机、OLED电视机、背投电视机	70	
2	微型计算机	台式微型计算机（含主机和显示器）、主机显示器一体形式的台式微型计算机、便携式微型计算机	70	平板电脑、掌上电脑补贴标准另行制定
3	洗衣机	单桶洗衣机、脱水机（3千克 < 干衣量≤10千克）	35	干衣量≤3千克的洗衣机不予补贴
		双桶洗衣机、波轮式全自动洗衣机、滚筒式全自动洗衣机（3千克 < 干衣量≤10千克）	45	
4	电冰箱	冷藏冷冻箱（柜）、冷冻箱（柜）、冷藏箱（柜）（50升≤容积≤500升）	80	容积 < 50升的电冰箱不予补贴
5	空调	整体式空调、分体式空调、一拖多空调（含室外机和室内机）（制冷量≤14000瓦）	130	

根据2014—2017年北京市主要的废弃电器电子产品处理企业的废弃电器电子产品规范处理的种类和数量，推算废弃电器电子产品处理基金补贴情况（见表5－20）。

以2017年为例，基金补贴＝2017年北京市环境保护局核定的正规企业拆解处理的电视机拆解处理量×电视机的补贴标准＋电冰箱拆解处理量×电冰箱的补贴标准＋空调拆解处理量×空调的补贴标准＋洗衣机拆解处理量×洗衣机的补贴标准＋电脑拆解处理量×电脑的补贴标准。

表5－20　2014—2017年北京市废弃电器电子产品处理基金补贴估算值　（单位：元）

年份	2014	2015	2016	2017
基金补贴数额	119780135	97492980	83026785	34640365

3. 污染处理、环境管理及再生资源拆解节约成本

（1）污染处理成本和环境管理成本

污染处理成本是指在电子废弃物回收的经济活动中，为达到利润最大化而造成的环境破坏，私人作坊拆解技术低、环保意识差；而正规回收企业拆解技术和各项排放标准都严格按照国家标准，产生的污染相对较少。环境管理成本是指为了让电子废弃物回收活动的进行对环境的污染最小化而投入的管理成本。根据国家发展和改革委员会编著的《废弃电器电子产品回收处理研究与实践》显示，污染处理成本和环境管理成本占总运行成本的30%～40%，本章取平均数35%，所以污染处理和环境管理成本＝回收处理成本×35%。2014—2017年北京市电子废弃物污染处理和环境管理成本如表5－21所示，2015—2017年正规处理企业每年减少的污染物排放量如表5－22所示。

表5－21　2014—2017年北京市电子废弃物污染处理和环境管理成本　（单位：万元）

年份	2014	2015	2016	2017
电子废弃物污染处理和环境管理成本	45126.596	40339.793	42701.005	43782.893

表5－22　2015—2017年北京市正规处理企业每年减少的污染物排放量　（单位：吨）

年份	2015	2016	2017
减少的污染物排放量	749196.409	890298.810	518603.852

污染处理和环境管理成本增长率是指污染处理和环境管理成本年增长率，年增长率是指本年度的数据与上一年度之差除以上一年度数据的百分比，2015—2017年北京市电子废弃物污染处理和环境管理成本年增长率如表5－23所示。

表5－23　2015—2017年北京市电子废弃物污染处理和环境管理成本年增长率　（单位:%）

年份	2015	2016	2017
电子废弃物污染处理和环境管理成本年增长率	－10.61	5.85	2.53

（2）再生资源拆解节约成本

再生资源拆解节约成本是指电子废弃物正规处理企业拆解电子废弃物产生的塑料、铝、铜、铁等再生产品及矿石、标准煤等原材料进行加工后销售给需求方的收益，该收益能够弥补企业拆解处理电子废弃物产生的部分成本。2017 年北京市正规处理企业拆解处理每吨电子废弃物产生的再生资源种类及数量如表 5－24 所示。

表 5－24　北京市电子废弃物拆解处理产生的再生资源种类及数量　（单位：吨）

再生资源种类	再生产品				节约原材料	
	塑料	铝	铜	铁	矿石	标准煤
拆解一吨电视机	0. 12	0. 08	0. 10	0. 28	9. 19	1. 38
拆解一吨冰箱	0. 11	0. 13	0. 16	0. 60	15. 00	2. 27
拆解一吨空调	0. 05	0. 15	0. 30	0. 50	26. 20	3. 21
拆解一吨洗衣机	0. 15	0. 05	0. 05	0. 75	6. 20	1. 04

资料来源：https：//www. boolv. com/html/news/4503. html。

依据《中国废弃电器电子产品回收处理及综合利用行业白皮书 2016》核算了电视机、电冰箱、洗衣机、空调的平均报废质量如表 5－25 所示，计算公式以电视机为例：2016 年电视机的报废总量（万吨）/2016 年电视机的报废数量（万台）。

表 5－25　电视机、电冰箱、洗衣机、空调的平均报废质量　（单位：吨/台）

类别	电视机	电冰箱	洗衣机	空调
平均报废质量	0. 0260	0. 0359	0. 0209	0. 0340

依据北京市环境保护局审核的 2015—2017 年正规企业拆解处理的电视机、电冰箱、洗衣机、空调的总量（见表 5－26），结合表 5－25，计算出 2015—2017 年北京市正规企业拆解处理的各类电子废弃物的总重量（见表 5－27）。

表 5－26　2015—2017 年北京市正规处理企业各类电子废弃物拆解处理总量　（单位：台）

年份 / 类别	2015	2016	2017
电视机	751950	723077	134415
电冰箱	37748	100493	148902
洗衣机	45837	86245	148739
空调	7586	22406	23849

资料来源：北京市环境保护局。

表 5－27　2015—2017 年北京市正规处理企业各类电子废弃物拆解处理总重量　（单位：吨）

年份 / 类别	2015	2016	2017
电视机	19560. 530	18809. 454	3496. 547

续 表

类别 \ 年份	2015	2016	2017
电冰箱	1358.717	3617.185	5359.638
洗衣机	961.701	1809.500	3120.682
空调	258.014	762.070	811.149

2017年北京市正规处理企业拆解处理电子废弃物产生的再生资源的重量如表5－28所示。

表5－28　北京市正规处理企业拆解处理电子废弃物产生的再生资源的重量　（单位：吨）

类别 \ 再生资源种类	塑料	铝	铜	铁	矿石	标准煤
电视机	419.59	279.72	349.65	979.03	32133.27	4825.23
电冰箱	589.56	696.75	857.54	3215.78	80394.57	12166.38
空调	40.56	121.67	243.34	405.57	21252.11	2603.79
洗衣机	468.10	156.03	156.03	2340.51	19348.23	3245.51
总重量	1517.81	1254.17	1606.56	6940.89	153128.18	22840.91

2017年北京市正规处理企业的再生资源拆解节约成本计算公式为：2017年正规处理企业拆解产生的塑料总重量×塑料的市场价格＋铝的总重量×铝的市场价格＋铜的总重量×铜的市场价格＋铁的总重量×铁的市场价格＋矿石的总重量×矿石的市场价格＋标准煤的总重量×标准煤的市场价格，由于本章未对各类再生资源的市场价格进行调研，如需计算可按照该公式进行计算。

五、北京市电子废弃物回收物流体系

北京市电子废弃物回收物流体系与国内再生资源试点城市和大多数城市回收物流体系结构相似，由分布在不同层级中的回收实体节点构成，有回收站点、储存转运中心、拆解处理中心、二手市场、零部件回收市场、材料再生提炼工厂和废弃产品处置点，其层级结构如图5－8所示。

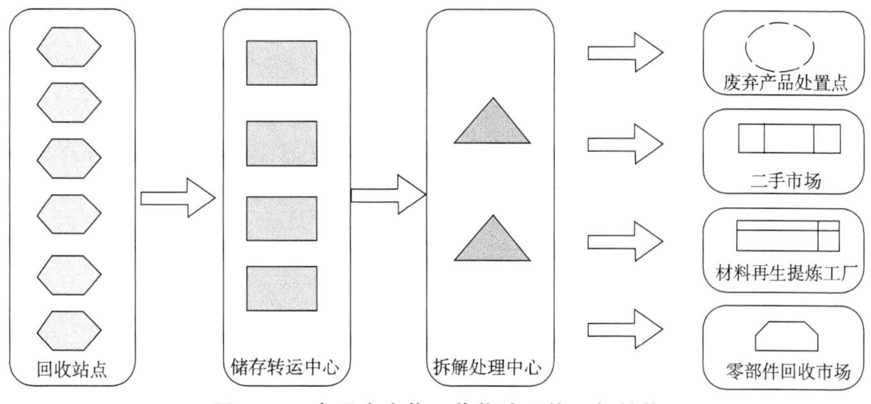

图5－8　电子废弃物回收物流网络层级结构

电子废弃物从回收站点收集，通过存储转运中心后到达拆解处理中心，拆解处理中心是电子废弃物回收物流系统的中心企业，也是电子废弃物进行绿色处理的关键企业。电子废弃物经过拆解处理后，有四种不同的流向，即产品翻新流向二手市场、产品拆解的可用零件流向零部件回收市场、拆解的不可用部件流向废弃产品处置点进行垃圾处理、可再生材料部件流向材料再生提炼工厂进行材料再生处理。

1. 回收站点

回收站点负责北京市电子废弃物的收集工作，并暂时存储收集到的电子废弃物，等待运输车辆将其送到储存转运中心进行储存。回收站点应该具有以下功能：有效地收集消费者提供的电子废弃物，为收集到的电子废弃物提供暂时储存场所，为回收消费者的电子废弃物提供必要的运输和信息服务。

布局合理的电子废弃物回收体系是一项复杂的工程。根据投资最小化原则，北京市回收体系整合多种回收渠道和现有的回收资源，对回收站点进行区域性布局。

已建的社区性回收站点主要由政府出资建设，大多为公益性服务站点，根据社区人口分布合理布局，覆盖面积合适，回收站点规模恰当，原则上1000～1500户设置一个回收站点，主要采用流动站点，施行定时、定点、定人回收。回收站点具备仓储、运输、装卸、搬运等的物流装备以及电信设施、互联网终端等信息设备。

2009年年底，北京市全市已建成社区回收站点3638个（固定2672个，流动966个），其中城六区2112个（固定1465个，流动647个），其余区域1526个。另外，天天洁回收公司在170余个党政机关、企事业单位设立了8000余个废纸分类回收架，建立了再生资源分类回收系统；北京市海淀区物资回收公司在部分商场安置了50余个饮料瓶自助回收机。北京市2008年再生资源回收量359万吨，交易额35.2亿元；2009年再生资源回收量超过420万吨，社区覆盖率达到近70%，初步实现了城市居民卖废品不出社区、农村居民卖废品不出村庄。到2015年，北京市共有回收站点4802个。

2. 储存转运中心

储存转运中心负责一定区域范围内回收网点的电子废弃物回收和存储工作，是底层回收站点和拆解处理中心之间的“缓冲器”。储存转运中心相当于区域仓库和物流中心，从回收站点收集电子废弃物后进行简单的分拣、分类和储存，能大大提高回收物流系统的运营效率、降低运输和储存成本。储存转运中心应该具备以下功能：收集回收站点和消费者提供的电子废弃物，为收集到的电子废弃物提供储存场所并对其进行简单分类整理，为电子废弃物的集中收集和转运提供必要的物流信息化服务。

储存转运中心由家电经销商经营的仓储中心和政府出资建设的仓储中心构成，储存转运中心建设以区域为单位，主要负责每个区域内的电子废弃物的集中仓储、分拣和运输，其布局符合北京城市总体规划布局、符合国家有关环保规定、符合行业特点的布局要求。

3. 拆解处理中心

拆解处理中心是电子废弃物回收物流系统中的中心企业，是整个系统的核心。拆解处理中心首先对接收到的电子废弃物进行质量检测，对可再利用的电子产品进行维修翻新，然后送往二手市场进行再次销售；对不可翻新的电子产品进行拆解，对可用的、有价值的零部件进行简单处理后送往零部件回收市场继续销售，对可用的价值不大的零部件进行压碎等材料处理，并送往材料再生提炼工厂进行提炼作业，对不可用的零部件送往废弃产品处置点进行相关的废弃处置工作。主要处理流程如图 5－9 所示。

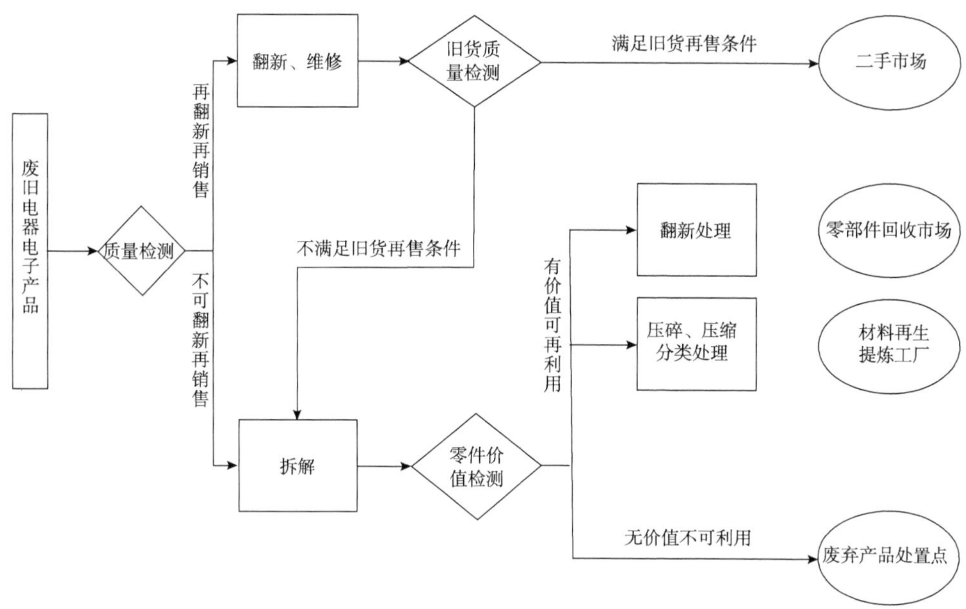

图 5－9　拆解处理中心工作流程

拆解处理中心主要功能有两部分：一是对电子废弃物进行统一质量相关检测；二是对报废的电子产品进行拆解处理。检测方面，需满足我国电子废弃物在废旧产品检测方面的标准化和规范化管理，对可再销售的产品进行使用期限和安全标准标注，并提供公众查询和监督的功能，再销售价格透明，使得再销售电子废弃物有一定的质量、安全和经济保证。拆解处理方面，对于不可再销售的电子废弃物施行拆解处理，其主要功能在于：提供安全环保的拆解分拣，回收可再利用零部件和原材料，为电子废弃物回收处理提供信息化服务。北京市拆解处理中心的建设主要是为了满足未来电子废弃物的处理需求，在处理能力上与电子废弃物处理需求挂钩，不可过大过多地扩建拆解处理中心，导致资源浪费。根据北京电子废弃物处理需求数据分析，北京市 2015 年拆解处理能力需求达到年处理量 260 万台，而现有北京市规划的 4 家拆解处理企业处理能力在 200 万台/年，其中北京金隅红树林环保技术有限责任公司采用焚烧方式处置废弃电器电子产品拆解产物，伟翔联合环保科技发展（北京）有限公司主要从事收集处理工作，北京市危险废物处置中心和华新绿源环保股份有限公司主要从事拆解处理业务。（2015 年全国电子废弃物资质企业总量为 109 家，根据各企业处理规模计算出全国电子废弃物企业年总处理能力在 10120 万台左右，相当于 236 万吨。2015 年电子废弃物回收 10636 万台。电子废弃物处理企业规模基本可满足需要，甚至可能因回收率较低，很多企业存在吃不饱的现象）。四家企业的相关信息如表 5－29 所示。

表 5-29　　四家企业的相关信息

序号	单位名称	单位性质	法定代表人	经营设施场所地址/住所	经营方式/范围
1	华新绿源环保股份有限公司	法人单位	张军	通州区中关村科技园区通州园金桥科技产业基地景盛北一街4号院3-9号	收集、拆解：废弃的电子电器产品、电子电气设备（包括手机、打印机、复印机、传真机、电话机、服务器、路由器、影音器件等）
2	北京金隅红树林环保技术有限责任公司	法人单位	郑宝金	昌平区科技园区白浮泉路10号	处置：废弃的电子元器件（包括需销毁处置的电子元器件、液晶显示屏、生产中的废料）
3	伟翔联合环保科技发展（北京）有限公司	法人单位	李春航	中关村科技园通州园金桥科技产业基地景盛中街22号	收集、拆解、利用：电子废物（包括废电视机、电冰箱、洗衣机、房间空调器、微型计算机、打印机、手机等其他小家电，电子线路板及元器件）
4	北京市危险废物处置中心	法人单位	宗印德	北京市大兴区东大屯村56号院	拆解：废弃的电子电器产品、电子电气设备（包括电脑、手机、电视机、洗衣机、打印机、复印机、传真机、电话机、服务器、路由器、影音器件）

资料来源：http：//sthjj.beijing.gov.cn/bjhrb/xxgk/ywdt/gtfwjwxfwgl/gfwfglmlml/610596/index.html。

现在的处理能力与需求相比还差60万台，理论上讲，北京市应新增1~2家年处理能力在60万台的电子废弃物拆解处理企业。新建的拆解处理企业布局必须符合北京城市总体规划布局，符合国家有关环保规定，建设位置原则上在城市五环以外，必须远离水源保护区，避免环境污染、扰民、社会安全等问题。

然而，从近几年北京市废弃电器电子产品拆解利用正规处置单位接收各类废弃电器电子产品数量及无害化处理情况来看，实际回收拆解数量远没有达到规划能力，因此短时间内不建议新增拆解企业。

4. 废弃产品处置点

废弃产品处置点主要对不可用的零部件进行焚烧、填埋等处理。目前位于市区西南部的北京市危险废物处置中心的处理处置能力达到8.5万吨/年，其中焚烧能力1万吨/年，填埋能力1.3万吨/年，物理化学处理能力1.5万吨/年，废物综合利用能力4.7万吨/年；位于市区北部的金隅红树林环保技术有限责任公司的工业废弃物处置能力为每年8万~10万吨。

5. 二手市场

再生资源集散（交易）市场建设要符合城市总体规划和环保的要求，与居民区相对隔离且便于运输，具有一定的规模；市场内每个摊位经营面积不应低于100平方米，储存场地要相对固定、有围墙隔断，避免造成二次污染；必须备有合格、完善的消防设施，符合公安消防有关规定；初步具备储存、集散、初级加工、交易、信息收集发布等功能。《北京市再生资源集散市场发展规划》提出关于再生资源集散市场的规划与建设中的布局与选址原则：主要安排在边远地区，减少对市区影响；尽量在五环以外，方便集散；选址对象为城市工业用地、城市仓储用地或乡镇企业用地，便于进行用地性质的调整；考虑与周围环境的协调性，尽量避开居住区。

现有的再生资源集散市场多数为摊群式，建设规模普遍较小，空间布局不合理，物流设施设备和管理水平落后，经营规模小且形式单一，并且存在违章用地问题。再生资源集散市场进行收购和分拣多以人工作业为主，对回收品进行简单处理，将塑料制品进行打包，将纸制品进行块状压缩后露天堆放，等待运往各再生资源利用企业。

北京市每年大约有80%的电子废弃物进入二手集散市场，二手电子产品的交易环节对于电子产品循环过程而言非常重要。消费结构不断升级、产品更新速度加快、消费层次多样化，为二手电子产品的交易提供充足的货源和广阔的市场空间。

2001年北京市有再生资源集散市场120多个，占地240多公顷，集中在朝阳、丰台、海淀、石景山的城乡接合部，多为临时建筑，其中“三证”（即特种行业许可证、市场经营许可证、营业执照）齐全、合法经营的市场约为24个。其中规模较大的二手电子产品市场分布在四环附近，远郊地区还有一些小型的二手电子产品市场，覆盖面不断扩大，交易量稳步上升。近年来北京市的二手电子产品市场虽然发展迅速，但是在京津冀一体化的背景下，四环以内的废旧产品交易市场不得不迁移，再生资源集散市场的格局将发生重大的变化。

六、小结

本节介绍了北京市电子废弃物回收处理现状，依据北京市电子产品拥有量计算了北京市电子产品的理论报废量，分析了北京市电子废弃物回收渠道和回收体系。通过分析发现北京市现有4家正规处理企业，拥有较为先进的拆解技术，但是正规企业的回收量远远小于电子废弃物的拥有量。目前，北京市电子废弃物回收效率较低，回收处理成本偏高，而且回收处理企业和回收物流资源较为分散，物流资源和信息亟待整合。为提高回收物流企业间的协作，整合回收物流资源就需要建立回收物流行业企业联盟，整合回收物流信息资源，从而达到优势互补、利益共享。由于正规回收渠道不顺通、电子废弃物流入非正规拆解工厂，造成环境二次污染，因此有必要通过完善电子废弃物相关的法规政策，加强对二手市场及流动商贩的监管，完善电子废弃物回收体系，提高公众的环保意识，使更多的电子废弃物进入正规的回收渠道。

第二节　回收物流协同成长动力机制

协同的实质在于强调事物或系统在发展过程中内部各要素或子系统之间保持协作、

协调的状态，强调整合、协作的合作性和运行、交互的协调性，以及在某种模式的支配下事物或系统产生不同于原来状态的质变过程。

“协同成长”是对“协同”概念的进一步推广和应用，也是“成长”概念的延伸和演化，是两者的综合和深化。协同成长是在外界提供的物质、能量、信息等的支持下，系统内各子系统、各部分、各要素为实现系统共同的目标，相互配合、相互协作、相互依存、相互促进，共同耦合而成的一种良性动态成长变化的过程和状态。从系统发展到协同成长是发展的“实践—认识—再实践”的过程，是不断协调各子系统相互适应、共同优化的演进过程。

协同成长具有如下特征：第一，协同成长是为了通过各子系统的协调、合作、互补、同步，促进系统整体功能、组织机构的优化，实现系统整体发展目标。第二，协同成长是系统内各子系统耦合而成的同步成长的良性循环态势，具有历史关联性，影响系统未来演化成长的路径与方向。第三，协同成长是系统动态连续的成长过程，是一个由量变到质变的具有阶段性的进化过程。第四，协同成长受系统内部、外部多种因素的综合影响。

回收物流系统是一个包含回收网点、拆解处理企业及收集、储存、转运等大量子系统的复杂系统，在其成长进化过程中，受到回收物流能力、企业文化、回收物流技术、区域经济、外部环境、环保政策等诸多因素的影响，受诸多条件制约。目前北京市电子废弃物回收市场不规范、不具规模，还没有形成较为完善的回收物流网络，正规回收一直处于低水平、低收益的状态。大多数电子废弃物回收处理企业受企业本身拆解技术的局限，规模偏小，且只能对电子废弃物进行简单的拆解，回收资源没有得到充分利用，企业回收成本总体偏高，资源利用效率偏低。

电子废弃物回收物流协同成长要充分考虑回收体系与经济、社会和资源环境之间的协调发展，促进回收物流系统内部企业实体之间、回收物流内不同子系统之间的合作协同，提高回收系统资源的利用率与管理水平，提高回收系统的规模效益，提高正规企业电子废弃物回收率，最大限度地促进回收物流企业快速成长。

本章以协同学为理论工具，研究回收物流系统内部因素是如何通过相互作用形成系统序参量，以及序参量是如何通过控制系统行为形成整个回收系统协同成长的动力，并使回收系统从一个相变演化发展到另一个相变的过程，最终使回收物流系统整体向协同优化方向发展，挖掘出回收物流系统从低级向高级、从无序走向有序到更加优化状态的动力源泉，分析回收物流系统成长进化的自组织动力问题。

一、回收物流系统从协作、协调到协同成长过程

1. 协作、协调、协同的区别与联系

协作是分工明确的回收物流系统资源之间的互动合作。一般协作指具有单一目标的多个资源进行互补性合作，并具有共同创造的集体性结果，协作包括资源、信息、技术等方面。

协调是在协作的基础上，通过综合考虑各种因素，实现协作效率和效益的最大化，及时发现并处理回收系统运行过程中出现的问题，是使协作群体能够顺利有效合作的方

法和手段，是回收系统稳定运行的方案定制和任务决策机制。

协同是在共同协作理念的宏观指导下，在共同的目标和信息、知识、资源共享的前提下，使资源之间保持相互协作和良好协调性能的管理机制，在复杂的环境下用系统思维、系统理论解决系统问题，是保障回收物流系统长期健康稳定运行的必备机能。

协作最基本的特征是有共同目标和协作意愿的各回收物流资源的组合搭配；协调的特征是在协作的基础上，优化协作的方式方法，从而实现资源的合理流动和协作效率的最大化；协同的特征是用系统的思想组织和协调回收系统，以实现整体的最优，要求回收系统要素或子系统的优化组织要以系统整体最优为目标，强调组织协调的系统整体最优。

现有文献中的协同，有两种写法，一种为Cooperation，另一种为Synergy。Cooperation侧重于合作、协作资源的协同，落脚点是协作者之间的关系；而Synergy是基于共同目标使系统整体优于各独立组成部分的系统功能涌现的宏观策略，落脚点是物流系统整体。本章对回收物流系统协同的研究，是从资源个体间的Cooperation到系统整体的Synergy的升华，用系统的思想研究回收系统整体的协调与协作。回收物流系统协同可以实现系统的稳定性和系统效应，增强回收企业之间的合作关系，优化资源利用。

纵观协作、协调与协同的关系：协作是技术级协同，协调是策略级协同，而协同是以协作为手段、以协调为方法的回收物流系统整体的战略级协同管理思想和概念模型。回收物流系统技术级协同主要是研究回收物流系统资源整合的模式方法，即系统各要素之间的信息交互、资源共享和相互作用关系；回收物流系统策略级协同主要研究物流系统动态联盟，即功能体内部资源之间的协调合作，各横向资源之间的竞争合作和纵向资源之间的互补合作的方法实现等问题；回收物流系统战略级协同是对整个物流系统资源运行机制进行定性或定量分析，明确技术层协同的作用范围和作用对象，界定策略层的协同机制，对回收物流系统的自组织进行理论上的整体梳理和全面把握。

2. 回收物流系统协同成长阶段

“协同”即为通过协调以达到同步发展成长之意，是手段和目的的结合。协同的目的是从系统整体的观点出发，协调系统内部各子系统之间的关系，使系统宏观上呈现有序结构和协作功能，它是一种用统一的观点处理复杂系统的方法。

回收物流系统协同的内涵可以理解为：为实现回收物流系统总体的发展目标，系统中各资源之间、各子系统之间在运行中的协作、协调与同步，以使系统发挥更大的效能。回收物流系统协同微观上表现为资源之间的协调合作，宏观上表现为回收物流系统的有序运行，是系统整体从无序到有序、从低级向高级发展成长的动态过程。回收物流系统协同的实质是对回收物流系统资源的一种动态的、复杂的管理和优化过程，即作为系统整体取得系统资源最佳的组织结构和协作功能。

回收物流系统的协同是系统资源整合得以实现的关键，是系统自组织演化过程中潜在的规律，是系统有序发展成长的主线。

回收物流系统成长变化经历了从协作、协调到协同三个成长阶段。

（1）回收物流协作：早期的回收物流协作，只是由企业内部回收物流部门或进行废旧电子回收的物流企业的仓储、运输、拆解处理部门，在企业自身不能完成废旧电子整个回收业务流程的情况下，寻求与其他企业进行合作，从而形成多个回收物流企业或部门为完成同一回收物流任务在时间、空间或功能上的协作。

（2）回收物流协调：随着回收物流协作的普遍和深入发展，合作者进一步考虑在协作的基础上如何提高协作效率和节约服务资源，即优化协作流程和协作方案。随后产生了一系列关于回收设施选址、回收路径优化、回收运输方式或工具选择、合作伙伴选择等回收物流资源优化利用的协调优化方法，使针对回收物流需求问题的协作具有更高的效率和效益。

（3）回收物流协同：随着“互联网+”回收物流等新型商业模式兴起和发展，对回收物流服务提出了高效、快捷、低价、优质等更高的要求。与此同时，社会回收物流资源处于一种局部过剩且又未能充分利用和局部资源匮乏的情况同时存在的不均衡发展状态。于是，仅靠局部的协调优化来提高回收服务效率已不能解决回收物流资源供给和需求之间的根本问题，需要站在更高的角度即回收物流系统的角度进行整体资源的战略性协同管理，使服务于回收物流需求的社会资源在全局宏观上优化配置，使各协作、协调主体具有共同的协同目标，这样才能实现回收物流系统的整体性和系统性效应，实现回收物流系统的系统化、协同化管理与运行。

二、回收物流系统协同成长的内、外动力

当废旧电子产品回收环境、技术、市场等条件发生变化，并给废旧电子产品回收物流系统带来新的获利机会时，就会诱发系统中回收物流企业寻求协同的欲望并且产生协同行为。当协同提供的边际收益相当于原有系统结构运行所付出的边际成本时，协同就会暂时停止，系统的结构暂时处于某种“均衡”；当外部条件改变时，产生了新的协同“需求”和“供给”，且能够增加边际收益时，协同行为又将产生。回收物流所处的各种不同状态下都可能存在协同，协同体现了系统节点成员企业对回收物流运行状态的一种满足；当节点企业对协同状态和协同利益预期不满足、不满意时，非协同现象和行为会出现，就会产生寻求新的协同的需求。由于节点企业各自的核心回收能力不同，各自拥有的回收资源、回收技术优势不同，面对日益激烈的回收市场和竞争压力，想要生存和发展，就要寻求协同并期望协同效益高于非协同效益、协同成本低于非协同成本或协同后竞争力高于非协同竞争力，这也是节点企业寻求协同的动因和目标。总的来说，回收物流系统协同的动因包括内在动因和外在动因两个方面。

废旧电子产品回收物流协同进化是系统组织内外部的各种力量相互作用的结果、是伴随各种资源整合的运行过程，这一过程的实现需要有动力的牵引，协同动力影响废旧电子产品回收物流系统组织内部关联以及对外联系。回收物流系统协同进化动力源主要包括两个方面，即内部原动力与外部影响力。内因实质是系统的内部结构，是系统的构成要素（或子系统结构）；外因实质是系统的环境，是系统之外的一切事物的总和。内因主要由物流节点、线路、网络等因素组成，外因包括区域产业、生产制造、居民消费产生的回收需求以及市场经济、科技、政策等。

1. 内部原动力

内在动因是指回收物流系统的内部各构成要素在外界环境的影响下在内部产生的协

同欲望、动机和行为，主要包括回收节点企业追求利益最大化、构造网络竞争优势、保持核心竞争力、实现企业的社会责任等。内部原动力是系统组织成长进化的基础和根源。

从微观企业层面来看，回收物流系统成长的内因在于利益驱动和效率驱动。反映系统的内在结构方面，就是回收物流服务商之间的竞争与协同、物流服务商与用户之间的竞争与协同。这种微观主体之间的竞争和协同会随着回收物流市场需求的变化而不断变化。要素之间的竞争使系统趋于非平衡，要素之间的协同则在非平衡条件下联合力量并放大某些趋势，从而占据优势地位，推动回收物流系统的成长进化。

（1）回收物流系统内部竞争

回收物流基础设施比较薄弱，回收产业结构较为单一，回收供给同质化严重，回收企业相互间存在有限物流资源的争夺和同质化服务的竞争。回收物流企业一方面依靠自身的核心竞争力优势在产业链中力争上游，以获取更大的利益；另一方面在整个回收物流市场中不断拓展自己的业务范围，争取处在多条产业链，扩大自身的规模和效益，回收企业的竞争又转化为产业链之间的竞争。可以说，竞争贯彻于回收物流企业发展成长的整个过程中，是回收物流企业追逐利益最大化的必然结果。回收物流企业为追求利益最大化，整个回收物流系统最终利益出现分化并产生冲突是不可避免的，所以竞争是客观存在的。

（2）回收物流系统内部协同

从回收物流的成长发展过程看，回收物流系统的微观单元——回收物流企业，普遍功能单一、资源有限、服务范围狭小，无法应对回收市场需求，与消费者所要求的回收一体化服务和系统化运作要求相距甚远。回收物流企业如果采取购置物流设备、引进物流技术、加大物流基础设施投资的方式来拓展业务和市场，可能会陷入回收周期长、设备更新速度跟不上市场需要变化的困境，所以企业间的协作（中小企业联盟形式）成为降低成本和提高效益的最优运作模式，企业相互间的组合搭配将使得整体的回收物流服务效率更高。

不同的回收企业主体参与竞争和协同的目的各有不同，各方都希望系统向符合各自期望的有利方向演变，最终这些竞争和协同的作用会形成系统整体的合力，并推动系统向一个方向演变。

（3）回收物流系统内的竞争与协同

回收物流系统内的竞争与协同是相互依存的，没有竞争就没有协同。竞争反映系统或要素保持个体性的状态和趋势，协同则反映的是系统或要素之间保持合作性、集体性的状态和趋势。耗散结构的形成就是系统中的子系统之间通过竞争而实现的协同。

回收物流系统是由多个不同类型和规模的企业经济体，以及不同的回收功能环节构成的，它们之间由于目标和运作的差异必然会存在冲突（如“效益背反”现象，各运营主体功能不同，各功能之间的衔接环节不顺畅等）而导致竞争。回收物流系统所服务的电子废弃物越来越多样化、市场的细分程度越来越精细，不同类型的电子废弃物对回收物流服务商的要求不同，电子废弃物的使用方信息不透明，也对为其提供服务的回收服务商增加了运营的难度。此外，由于用户和物流提供商属于买卖双方，用户的物流外包正是基于降低日益攀升的物流运作成本的考虑，而物流提供商为提高利润必然会尽可能提高其物流收入，双方之间也存在竞争格局。

随着社会经济和回收环境的变化，一方面对回收物流系统提出更高的要求，致使单个企业因为资源限制无法满足用户需求；另一方面相关回收物流企业随着城市经济的发展，在城市内大量聚集，各企业为获得稳定的市场地位，满足需求而又不承担较大的市场风险，需要和其他企业之间协同合作并形成利益共同体。

回收物流系统内部不同企业最终会为适应外界环境和市场需要而求同存异，形成一定的协同合力，如形成联盟体、联合收集、共同转运、信息共享机制等，推动整个回收物流系统的结构演变。

2. 外部影响力

电子废弃物回收物流系统组织演化的外部影响力是系统的环境因素对系统组织演化的驱动力。外部影响力主要包括市场需求拉力、科学技术推力、市场竞争力与政府支持行为。

（1）市场需求拉力

市场需求是进行电子废弃物回收物流业务的关键动力源泉。企业的行为只有与市场需求保持一致时，企业才可能立于不败之地。这里的市场需求是广义而言的，对于电子废弃物回收需求而言，既包括对回收网点、回收时间、回收价格、回收数量的需求，又包括对回收能力的需求。这些需求随着城市经济和社会的发展不断地变化，当需求变化累积达到一定程度或规模时，将直接影响电子废弃物回收物流系统组织的结构与运营模式，进而促进系统的成长进化。系统在满足需求的同时又会衍生新的需求，从而拉动新一轮的系统演化，这样循环往复，市场需求拉力最终成为系统演化的持续动力。

（2）科学技术推力

随着社会的发展，科学技术水平不断提高，先进科学技术的推广和应用为企业带来竞争优势，科学技术是提高电子废弃物回收物流效率的有力法宝。回收企业通过自主研发或引进新技术，为电子废弃物回收提供技术支持，这些技术包括新设备、新方法，也包括新的物流管理方法、理念等。科学技术的不断进步，为电子废弃物回收物流系统不断地注入新的血液与活力，推动系统朝着高效率、高目标的方向前进，是系统成长演化强有力的助推器。

（3）市场竞争力

竞争是企业之间的基本经济关系，也是回收企业面临的基本外部环境，回收企业之间、联盟体之间、系统组织之间的竞争无处不在，为了保证自身在竞争中占据有利地位，就必须采取各种手段增强自身的实力。回收企业之间通过组建电子废弃物回收物流联盟体，可以有效地增强自身的竞争实力，实现成员企业的“共赢”。系统外部激烈的市场竞争是推动系统演化的重要因素，系统中的成员企业通过改变系统的组织模式和企业间的协作方式等，使系统得到优化，进而提高系统组织的市场竞争力。

（4）政府支持行为

由于电子废弃物回收物流的特殊性，回收企业在为自身获得一定利益的同时也在为国家环保事业做贡献，政府支持行为是推动电子废弃物回收物流事业向前发展的重要因素。2011 年起施行由国务院颁布的《废弃电器电子产品回收处理管理条例》，条例明确规定“国家建立废弃电器电子处理基金，用于废弃电器电子产品回收处理费用的补贴。电器电子产品生产者、进口电器电子产品的收货人或其代理人应当按照规定履行废弃电器电子产品处理基金的缴纳义务”；“国家鼓励电器电子产品生产者自行或者委托销售者、维修机构、售后服务机构、废弃电器电子产品回收经营者回收废弃电器电子产品”，该条例的颁布不仅鼓励了消费者将电子废弃物送入回收渠道，也提高了电子废弃物回收物流系统内企业工作的积极性，因而促进了系统的和谐、快速发展，推动了系统成长演化。

三、回收物流协同动力机制模型

1. 回收物流协同动力机制模型逻辑框架

在社会经济活动中，机制是指系统的内在机能与运行方式，是系统内各要素功能之间互相作用的关系总和，换言之，机制是系统内部的一组特殊的约束关系。机制是保障系统正常运转的动力来源，它通过微观要素之间的相互运动，引发系统宏观层面的非平衡相变，最终促使系统整体不断向前演化。动力机制是推进系统运行和成长的动因、作用机理以及维持和改善这种作用机理的各种关系所构成的综合关系的总和。动力机制一般分为激发动力机制和内源动力机制，激发动力机制为系统演化提供环境条件，而内源动力机制则是在激发动力机制的催化作用下，推动系统向前发展的根本动力。

回收物流系统是一种耗散结构系统，具备开放性、非平衡性、非线性和涨落性等自组织特性，其成长规律符合自组织演化规律。从耗散结构理论角度看，回收物流系统本质上存在着熵减机制和非线性耦合效应，是一个非平衡开放复杂大系统。当系统在开放的条件下远离平衡态，并且控制参量输入达到或超过某一特定的阈值时，回收物流系统在非线性耦合机制作用下，将出现非平衡相变（突变），并在涨落机制作用下产生序参量，进而通过役使机制促使系统不断向更高级、更谐调的高度发展。协同学理论进一步认为，自组织系统演化的动力来源于系统内部的两种相互作用，即竞争和协同。一是子系统的竞争使系统趋于非平衡状态，这是系统自组织的首要条件；二是子系统之间的协同作用则表现在非平衡条件下，当控制参量输入达到一定的阈值时，在涨落机制的作用下，子系统中的某些运动趋势联合起来并产生放大效应，序参量随之产生并占据优势地位，进而支配系统的整体演化。

协同动力机制是推动回收物流系统自组织演化的根本动力机制。在回收物流系统开放的大前提下，由控制参量通过熵减机制提供适当的系统演化环境，通过竞争机制促使子系统状态参量之间产生竞争，系统因而趋于非平衡状态，然后通过协同机制使子系统状态参量产生非线性耦合效应，系统产生涨落并产生宏观序参量，序参量反过来通过役使机制支配回收系统进行自组织演化。回收物流系统自组织演化的协同动力机制逻辑架构如图 5 – 10 所示。

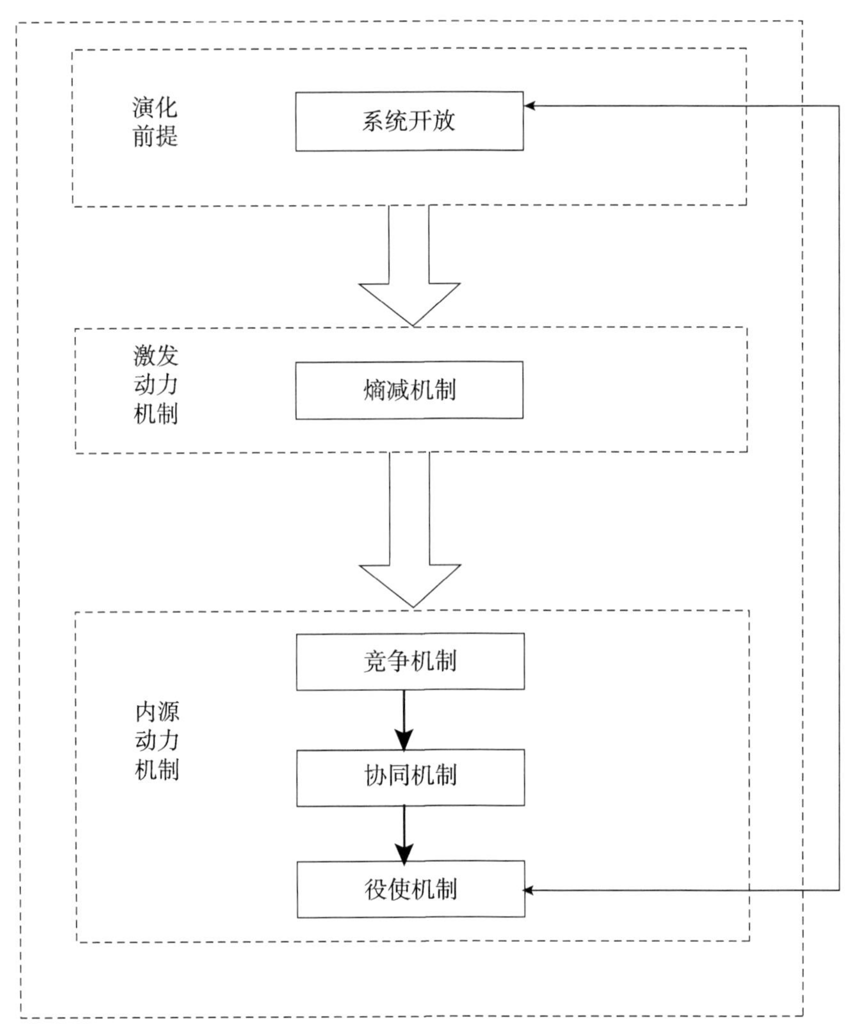

图 5－10　回收物流系统自组织演化的协同动力机制逻辑架构

2. 协同动力机制理论模型

回收系统自组织演化的协同动力机制是由激发动力机制与内源动力机制一起构成系统演化的总动力机制。本节依据激发动力机制与内源动力机制的互动关系构建回收物流系统自组织演化的协同动力机制模型。

按照回收物流系统自组织演化的协同动力机制逻辑架构，协同动力机制模型主要由系统开放、熵减机制、竞争机制、协同机制和役使机制五部分构成，具体如图 5－11 所示。

（1）开放是回收物流系统自组织演化的前提

回收物流系统依据有无与外界进行能量交流，可分为封闭系统和开放系统。从系统与环境的关系看，我们称与外界环境进行物质、能量、信息交换的系统为开放系统，而不受外界环境影响的系统则为孤立系统。开放是回收物流系统自组织演化的大前提，也是协同动力机制发挥作用的首要条件。如果系统封闭，系统内外无法进行能量或物质交流，熵增机制将发挥作用。随着熵的无限增大，回收物流系统将走向死寂，即回收产业

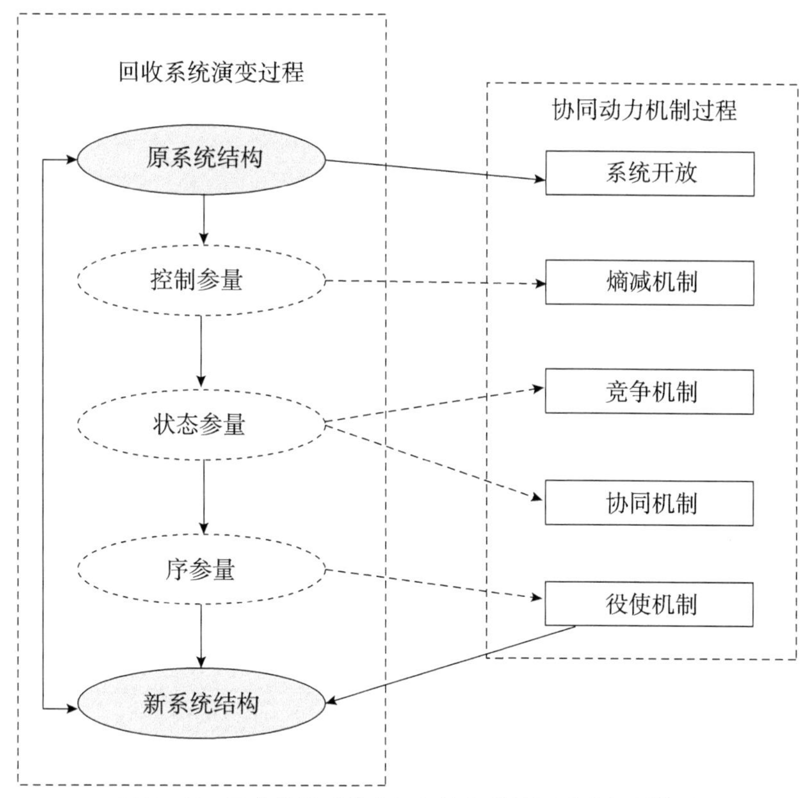

图 5－11　回收物流系统自组织演化的协同动力机制模型

衰退，协同动力机制也无法产生作用。只有开放的回收物流系统才能从系统外部得到能量或物质的补充，熵减机制才能发挥作用，回收物流系统的自组织演化才能得以进行。

耗散结构理论指出，系统的熵值高表明系统的混乱程度大；熵值低则表明混乱程度低、有序度高。在孤立的系统中，自发演化过程中熵不可能减少，系统最终达到一个熵最大的状态。而对于一个开放系统，熵可以被释放到系统外部，或者从外部引入负熵，使有序程度提高。这样，在远离平衡的开放系统中，在一定的条件下，系统自发形成新的稳定有序结构，实现无序向有序、较低层次的有序向较高层次的有序转化。

根据“热力学第二定律”（熵增定律），封闭系统由于不可逆过程伴随着熵增，无法得到外界物质、能量与信息的补充而产生正熵流，即 $d_s = d_{is} \geqslant 0$，因而系统必然出现混沌无序状态。事实上，系统是否开放对回收物流发展有着重要的影响。在封闭回收物流系统中，也存在着竞争与协作，而且这种竞争与协作的作用也会促进拆解技术创新与回收渠道的完善，但其结果只能是促进系统沿着原有的发展趋势演化。当系统发展到一定程度，即达到回收规模上限容量时，就会出现系统发展停滞现象，甚至出现衰退与消失的情况。

随着外部能量的输入达到一定的阈值之后，回收物流系统在协同机制的非线性放大作用下，子系统状态参量产生协同效应，由此导致的巨涨落促使系统失稳，并产生具有决定作用的序参量。如果涨落低于临界点，回收物流系统将返回原结构状态，而不能产生新的有序结构。

当系统开放时，外界控制参量得以输入系统内，使得系统熵变为：

$$d_s = d_{is} + d_{es} \tag{5-2}$$

式中 d_{es} 可正、可负、可为零，当 d_{es} 为负值且其绝对值又大于 d_{is} 时，说明外界控制参量所产生的负熵流抵消系统内的熵产生，使得式（5－2）变为：

$$d_s = d_{is} + d_{es} \leqslant 0 \tag{5-3}$$

这说明开放系统存在着熵减机制，随着外界物质和能量的输入，系统从无序向有序发展。另外一种情况是，当 $d_s = 0$ 时，此时的回收系统将维持一个低熵的非平衡定态结构。

只有开放的回收物流系统才能不断地与外部环境进行物质、能量与信息的交换，也就是说不同回收物流系统之间通过回收渠道、拆解技术、基金制度、企业及市场的互动与交换，从外界环境中吸收能量，以此抵消系统内产生的能量损耗而避免熵的增加，也就是当 $d_{is} \leqslant d_{es}$ 时，$d_s = d_{is} + d_{es} \leqslant 0$，系统内部的熵值只有小于或等于系统与外界环境相互作用过程中产生的负熵流值，才能促进自组织的产生。由于目标是系统自组织演化模式，因此涉及的系统为开放系统。

（2）熵减机制与控制参量

①熵减机制

系统开放虽是回收物流系统自组织演化的前提条件，但开放的回收物流系统不一定都能形成耗散结构，这是因为回收物流系统从外界得到的能量可能存在着 $d_{es} \geqslant 0$ 的情况。协同学理论认为，系统从无序状态转变为有序状态，除了子系统间的协同作用机制外，还需要外部环境提供适当的控制参量。当控制参量发生变化时，也改变着系统中各子系统之间的相互关系和地位，改变着子系统之间的协同方式和程度。外界环境不提供系统要素之间关联变化的条件，系统无法产生自组织行为，因此，必须有效地利用外界条件。只有当控制参量（外参量）持续不断地输入，并且输入量达到某一特定的阈值，在这样的情况下，才能通过回收物流系统的协同机制产生协同放大效应，序参量才会变到极大值，回收物流系统新的有序结构才能出现。也就是说开放的系统只有通过熵减机制的作用才有可能出现新的有序结构，否则系统将回到原始状态。在回收物流系统的熵减机制发挥作用的过程中，还应该注意能量或物质的平权化输入原则，避免受控反应现象的出现。哈肯在研究经济系统的协同效应时，提出了“管制”的概念。他指出，管制包括种类繁多的措施。以激光为例，我们已经懂得通过变动唯一的环境参量，即输入的电流强度，就能使原子自组织起来发射相干光。这里我们所施加的是一种非特定的管制，所有原子都受到同等作用。也可以借助特殊手段从外界对每个原子施加这样的管制，使它们都按照相同的节奏放射光波。后一种方法效果很好，但无疑能耗巨大，因为我们必须完全有目的地直接管制每一个原子。在循环经济领域与这种情形完全类似，一方面是管制的可能性，另一方面是这种管制对循环经济的影响模型立即可用，说明管制个别过程耗资巨大。

②控制参量

本节结合北京市实际情况，选择北京市 13 家回收试点企业为研究样本，首先进行回收影响因素分析，在此基础上进行控制变量分析。北京市首批开展试点的 13 家企业包括环卫，电器电子产品生产、销售、再生资源回收利用，互联网企业共 5 类，包括北京城市矿产资源开发有限公司、中环创新科技发展（北京）有限公司、北京盛世欣兴格力贸易有限公司、小米通讯技术有限公司、北京节能环保中心、北京市供销合作总社、华新绿源环保股份有限公司、北京思迪环保科技服务有限公司、南京拍拍蓝天信息技术有限公司、深圳市光格网络科技有限公司北京第一分公司、深圳市爱博绿环保科技有限公司、北京有得卖科技发展有限公司、北京奇立软件技术有限公司。现在通过网上公开信息、企业网站信息、政府网站和知网资料、实地调研最新信息中获取影响电子废弃物回收的影响因素变量。然后，沿着扎根理论的思路不断进行探索，如表5-30所示的7个初级类属及其轴心类属，最终归纳出描述电子废弃物回收的影响因素如表5-31所示。

表5-30　初级类属及其轴心类属

初级类属	轴心类属
政府回收政策的完善，制造企业的环保基金征收标准、回收拆解的财政扶持补贴基金，回收社会意识导向、回收鼓励政策，关于回收拆解及排放的法律法规	政府政策
回收市场的开放程度，回收行业获利能力，电子废弃物拥有量与报废量，回收市场的规范程度	回收市场开放与规范程度
地方环保部门的监督与审查，政府回收网络的组织与保障，电子废弃物回收的追踪、记录，回收产业链规范管理	地方规制
不同领域、区域的回收相关企业形成横向联盟，回收产业链上下游企业形成纵向回收协作联盟，消费者、行业协会、回收企业等形成信息资源协作共享	回收组织网络运行模式
回收企业主体的回收网点、渠道的布局规划与建设	回收系统节点与网络
企事业单位、消费者对回收电子废弃物的认同度，对电子废弃物规范回收处理的认知	社会回收意识导向
提升各回收网点的信息交流能力，提高回收处理企业处理电子废弃物的处理效率，提升企业拆解能力	信息平台与回收处理技术

表5-31　回收物流系统影响因素

	核心类属	轴心类属
回收物流系统影响因素	系统内部因素	信息平台与回收处理技术
		回收系统节点与网络
		社会回收意识导向
		回收组织网络运行模式
	系统外部环境	政府政策
		回收市场开放与规范程度
		地方规制

本章用图 5－12 描述电子废弃物回收物流系统影响因素核心类属。

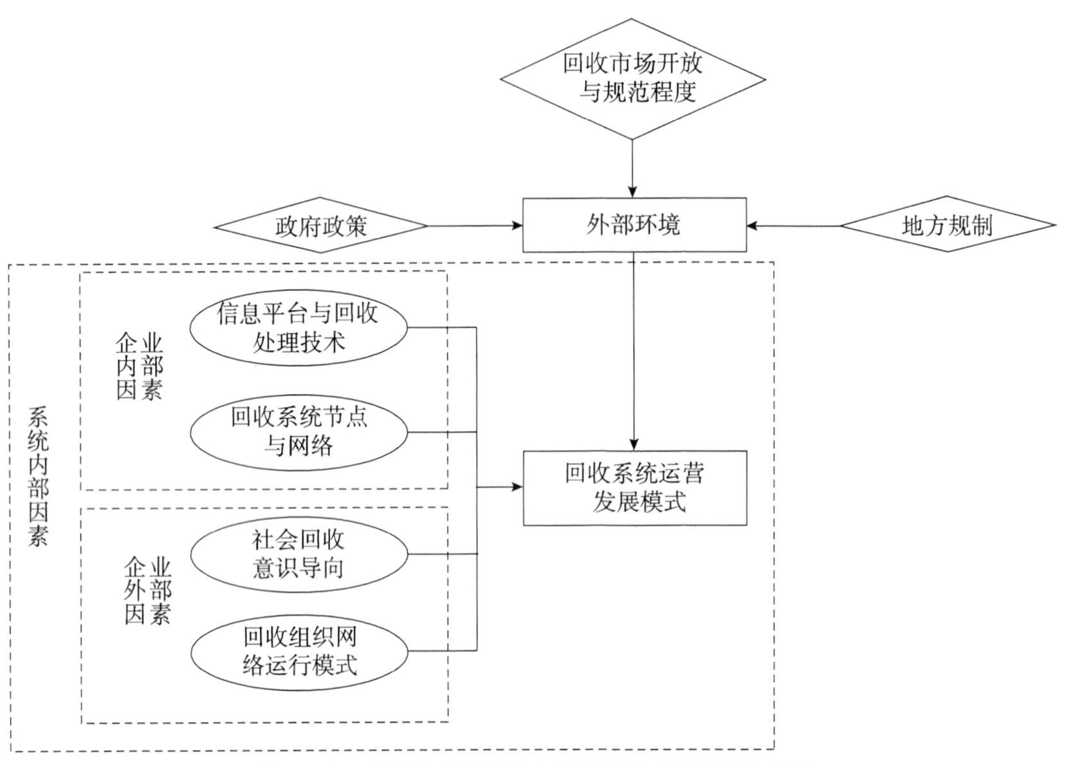

图 5－12　电子废弃物回收物流系统影响因素核心类属

回收物流系统面临的环境因素很多，但从激发动力机制角度讲，那些对回收物流系统演化起间接作用的环境因素，也就是回收物流系统演化的一些外生变量，不应被视为控制参量。这些环境因素有政治环境、法律环境（回收法律法规除外）、社会文化环境、制度环境、技术环境、自然环境等。能够作为控制参量的只有对于回收物流系统演化起到直接推动作用的内生变量，如回收物流政策、回收物流资源和竞争环境等方面的因素。

本章对扎根理论归纳出来的轴心类属再进行归纳整理，将系统内部因素整合为基础设施和基础支撑两部分内容，将系统外部环境整合为组织保障和政策法规两部分内容，图 5－13 列出了系统中几个主要的且有代表性的控制参量。

以上控制参量中，基础设施为整个北京市电子废弃物回收处理系统的正常运转奠定了基础。目前基础设施的建设已经初具规模，主要分为回收节点和回收网络，在回收节点中又分为正规回收节点和私人回收节点。北京市正规回收节点主要是指规模较大、设施较全、技术先进并且企业的各项指标、凭证均符合国家相关法律法规的企业，如华新绿源环保股份有限公司、北京金隅红树林环保技术有限责任公司、伟翔联合环保科技发展（北京）有限公司以及北京市危险废物处置中心等。正规回收节点中的各企业之间信息、资源相互沟通交流即可构成固定的回收网络，正规回收网络相较于非正规回收网络而言更具稳定性和可靠性，工作效率也更高，是基础设施建设的主体部分；而私人回收节点主要是一些个人运营的小作坊，具有数量多、分布广等优势，可以为各个街道乡镇

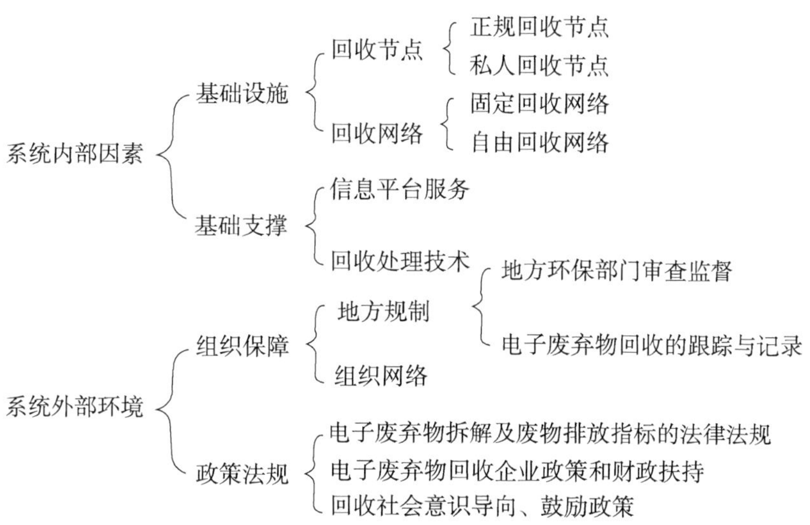

图 5－13　北京市电子废弃物回收系统的控制参量

提供电子废弃物回收服务，但是由于存在技术落后、组织管理不完善等原因，其无法正确处理电子废弃物，往往会因处理不当造成资源的浪费，甚至对环境造成污染。这些分散颇广的私人回收站点构成的网络被称为自由回收网络，往往不具有稳定性，信息的流通也更加迟缓。

基础支撑分为信息平台服务和回收处理技术。信息平台服务主要是为北京市电子废弃物回收节点提供信息交流服务，方便各回收节点之间的信息流通以及传递，及时为需求方提供回收服务，加强各回收节点间回收信息及技术的沟通与交流。譬如，电子废弃物回收拆解技术学习平台不仅可以帮助回收企业提高拆解技术，尤其有利于私人回收点提高电子废弃物拆解技术，而且可以为全国电子废弃物回收节点企业及私人单位提供技术指导，从而促进整个社会拆解技术的发展，提高电子废弃物的利用率。

为了保证整个回收网络健康可持续地运行和发展，政府部门必须加强组织管理，通过政策法规的建立与完善，对回收网络中各节点企业进行审查监督，保证其技术的先进性以及运营的规范性，防止企业及私人单位因盲目追求利润造成环境污染、资源浪费等问题。譬如，北京市固体废物和化学品管理中心以及通州区环境保护局会通过现场检查、远程视频检查等方式对伟翔联合环保科技发展（北京）有限公司的废弃电器电子产品拆解处理过程规范性、企业管理规范性、信息填报规范性等方面进行监督。同时，通过政策法规的建立以及适当的财政补助让人们重视电子废弃物的回收问题，鼓励人们通过正当渠道回收电子废弃物，引导和培养人们电子废弃物的回收意识，养成良好的废弃物回收习惯。譬如，北京市“以旧换新”政策的实施提高了消费者的回收意识；北京市给予电子废弃物回收处理企业政策补贴能提高电子废弃物正规企业的回收积极性。

（3）竞争机制、协同机制与状态参量

按照协同学理论，复杂系统演化内在动力的真正来源是系统内部的竞争与协同的作用，竞争机制与协同机制相辅相成，共同促进了新系统的产生与成长进化。可以说，回收系统内部各子系统状态参量通过竞争机制打破系统的均衡，并最终促使回收系统远离平衡态。在此基础上，通过协同机制与涨落机制促使宏观序参量的产生；序参量一旦产生，就会反过来控制各子系统的行为，支配着回收系统的演化。竞争机制是促进原来回收系统分解而远离平衡态的开始与动因，协同机制则发挥着整合作用而形成新的系统，两者共同促进了回收系统的成长进程。

①竞争机制使回收系统远离平衡态

竞争机制是协同动力机制的基础。突变论创立者托姆认为一切形态的发生都归之于冲突，具体指归之于多个吸引子之间的斗争。这是因为竞争能够使要素或子系统保持个体性的状态和趋势，进而使系统丧失整体性；如果系统只有协同而没有竞争，那么系统内部各要素或子系统之间最终将会趋于完全的相同状态，系统也就会达到“平衡态”，最终必然灭亡。通过竞争机制可以使开放的回收系统远离平衡态（非平衡稳态），以便更好地吸收外部的能量，为系统的协同提供条件，并最终推动系统向有序结构演化。

②协同机制产生非线性协同效应

协同学创始人哈肯认为系统演化的动力以竞争为基础，更重要的动力就是协同。所谓协同是指系统中诸多子系统之间的联合作用与集体行为。协同机制强调的是系统整体性、相关性的内在表现，协同的作用则主要通过协同效应体现出来。协同效应是指在竞争机制的作用下，由协同机制的非线性作用产生的结果，即复杂开放系统中大量子系统之间的相互协同作用产生的整体效应或集体效应。

回收物流系统产生耗散结构的内源动力机制，正是子系统间的非线性协同作用。在临界点处，回收物流子系统状态参量在非线性机制作用下，微涨落放大为巨涨落，热力学分支失稳，产生宏观序参量，并最终产生新的回收物流系统结构。若涨落低于临界水平，对原有系统的扰动和微涨落会逐渐减弱直至消失，而由此微涨落引发原有系统的结构失稳将得到恢复。回收物流系统演化的协同机理如图 5－14 所示。

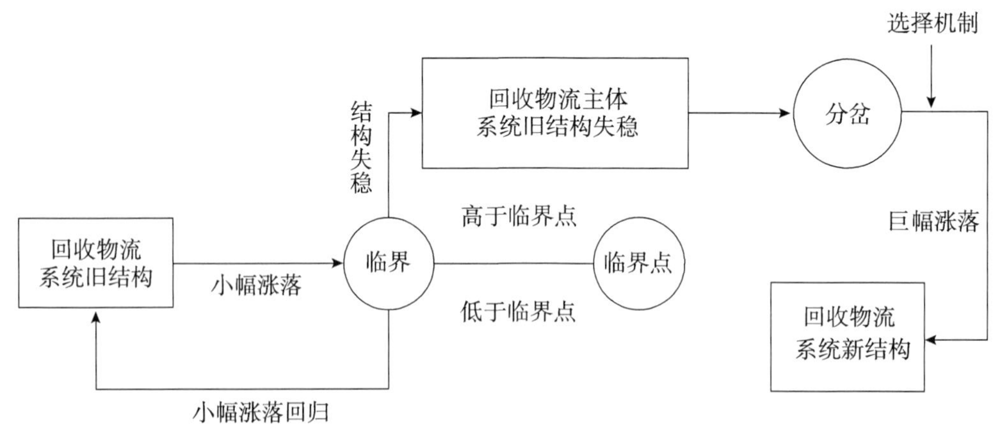

图 5－14　回收物流系统演化的协同机理

系统要发生结构演变首先要满足失稳的条件，但失稳只是系统结构演变的前提，系统的结构演变还需要内外部机制的相互作用，过程如下。

a. 失稳：系统结构达到失稳条件出现不稳定。

系统的稳定性是系统发挥功能的条件，也是人们观察、研究和控制系统的出发点，因此，在某种意义上失去稳定性是人们力图避免的消极因素。稳定性高的系统在受到外界扰动而偏离原状态后，能很快地回复到原状；而稳定性低的系统则回复较慢。如果它不能回复，偏离程度将会越来越大，这就是所谓不稳定或失稳。

任何开放系统结构演变的前提条件都是系统在外界环境或内部作用力达到一定阈值的时候，系统失去稳定性，从而导致系统向另一种结构演变，但不同系统的失稳条件差异很大。

系统不同的稳定状态和失稳条件如下。

系统的稳定性是指系统保持结构平衡状态的恒定性和持久性，按其特点可分为稳定平衡、非稳定平衡、随机平衡和非平衡。图 5 – 15 可以形象地表明各类状态的特点。

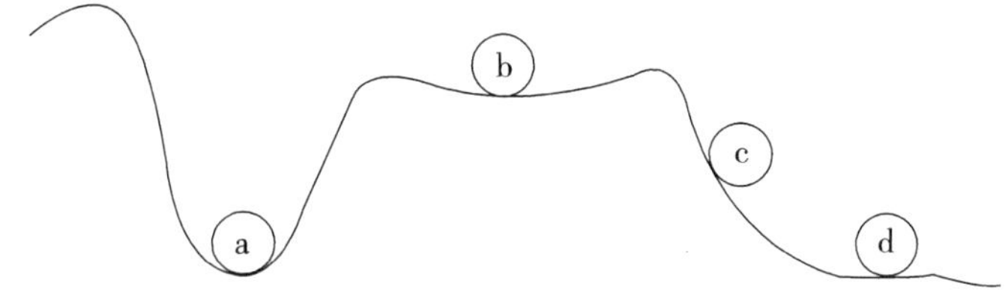

图 5 – 15　系统稳定状态分析

图 5 – 15 中状态 a 是稳定平衡，处在此状态的系统在受到外界干扰影响时偏离平衡位置，但每一次偏离平衡位置后，在平衡位置波动会逐渐减弱，最终又回到原来状态。

回收物流系统运行环境错综复杂，回收物流系统熵与回收物流系统耗散规律交互影响，导致回收物流系统的结构演化呈现出复杂的非稳定现象。在回收物流系统的演化进程中，这两个规律交互发生作用，在不同时期作用力度强弱不同；在特定情况下，其中一种规律将暂时起主导作用。系统效率高低、生命周期长短等正是由回收物流系统熵与回收物流系统耗散在组织发展过程中力量的对比决定的。当回收物流系统耗散起主导作用时，系统由于负熵大于正熵，从外部环境吸收回收物流系统成长所需的一切有用的能量、物质和信息，系统效率递增，如图 5 – 15 中 ab 段所示。

状态 b 是非稳定平衡，当系统无干扰或无其他外力作用时，可以保持在平衡位置上；一旦受到干扰或外力的影响，系统会以越来越快的速度偏离平衡点。

状态 c 是非平衡，非平衡状态是指系统状态没有常态，总是处于变化中。

随着回收物流系统的发展，系统规模膨胀、结构日益复杂，当回收物流系统熵对系统的作用力大于回收物流系统耗散的作用力时，回收物流系统内部的系统熵将逐渐增加，系统效率下降，这时的系统又将从非稳定平衡走向混乱，如图 5 – 15 中 bcd 段所示。如果系统此时还是处于封闭状态，与外部环境之间缺乏必要的物质、能量和信息交换，系统最终将达到回收物流系统熵最大值，系统效率降至零，系统崩溃。而如果积极变革创新，及时从外部环境中摄取大量对系统有用的物质、信息和能量，打破固有的僵化体制，采取必要的制度创新、管理创新和技术创新，当回收物流系统耗散规律取代回收物流系统熵规律在系统的发展中起主导作用时，系统将由于负熵的输入大于内部产生的正熵而使系统效率逐步提高，系统将重新走向稳定和有序。

状态 d 是随机平衡，易受环境的干扰，当干扰消除后，系统随机停留在某一状态，并不一定返回原平衡位置。

可以看出，状态 a、b、d、c 的稳定性依次减弱，状态 a 的稳定性最好，处于该状态的系统很难达到失稳状态，所以系统从此处要向下一结构演变非常困难，这类系统一般都是发展到一定程度，内部结构比较均衡，不易受外界环境的影响；状态 b 有可能经过干扰带来的振荡后仍停留在原处，也有可能在较大干扰的影响下脱离原位，向新的结构演变，这取决于外界干扰的力度；状态 d 与状态 b 相似，唯一的不同是系统受任何外界干扰后不再返回原态，属于不可逆演变过程。

对于一个开放性的回收系统而言，状态 a、b、d 都有可能导致系统的结构发生演变，但演变实现的条件差异很大。状态 b 和状态 d 基本出现在系统结构演变的前期，而状态 a 一般出现在系统结构演变的后期，系统内部功能结构非常完善，外界环境很难对系统产生干扰。

b. 自重组过程是指在高于临界状态、系统失稳出现以后，通过自重组产生一种新的耗散结构，建立新的结构和秩序，具有新的功能，形成新的稳定模式，并继续向更高层次发展，该过程体现了回收物流系统演化的非连续性。

c. 分岔是回收物流系统不同状态之间的联系和转化，且与系统突变密切相关。回收物流系统在其持续发展中由于市场、技术、政策、制度等随机因素变化，系统涨落产生一种不连续的突然变化，导致突变与分岔，形成一种新的稳定的有序结构，即耗散结构发生分岔。分岔为回收物流系统演化路径提供了多种选择，也为后续回收物流多样性发展，物流设施空间布局调整、集聚与扩散、分工与协作，物流产业链拓展等提供了一种新的发展空间。具体可以用非线性微分方程式（5－4）来描述回收物流系统的突变和分岔演进过程。

$$\frac{\partial x}{\partial t}=f(x,\lambda) \tag{5-4}$$

其中，状态参量 $x=(x_1, x_2, \cdots, x_n)$，$\lambda$ 为约束条件，表示系统受控程度及偏离均衡程度。回收物流系统演化分岔过程如图 5－16 所示。

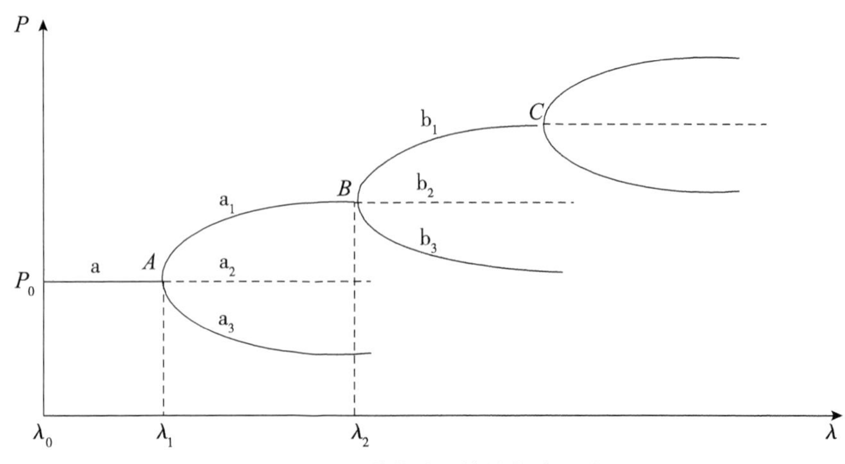

图 5－16　回收物流系统演化分岔过程

当 $\lambda<\lambda_1$ 时，系统的控制参数值较小，回收物流系统产生微涨落（如回收物流市场竞争波动、物流产业结构略不合理、物流环节不协调、物流管理体制不健全等）。虽然这种微涨落不断出现，但是系统不仅能够经受内部涨落的扰动而保持稳定性，而且还能对这些涨落进行同化和吸收，因此，回收物流系统会自组织演变到近平衡的非平衡定态（a 段）。此时，如果控制参量依然小于临界值，则系统继续处于热力学分支状态，即在线段 a 的延续 a_2上，系统将处于熵增大的变化趋势，系统必然混乱且愈演愈烈。

当 $\lambda\geqslant\lambda_1$ 时，即系统控制参数达到某一临界值，回收物流系统内子系统之间的相互关系、地位和协同方式发生了改变，其中一些子系统开始变得不稳定，非线性机制放大，微涨落转变为巨涨落，回收物流系统结构就会失稳。在一定条件下，微涨落在系统内的非线性相互作用下迅速扩大、传递，从而在 A 点发生非平衡相变，产生自组织效应宏观上的巨涨落；同时系统自觉放大有利于自身发展的涨落，增大正反馈，减弱负反馈，进而引发回收物流系统的突变，系统将出现分岔现象。在控制参数越过临界点时，非线性机制对涨落产生抑制作用，使系统稳定到新的结构分支上。系统经临界分岔点 A，从无序状态跃迁到稳定的分岔 a_1和 a_3上，即两个新的稳定分岔被中间的不稳定分岔分开。此时，回收物流系统从无序到有序的转变中会出现岔路，需要进行选择，其分岔的结果可能是系统新的成长进化，也可能走向崩溃或退化。系统究竟向何方发展，将取决于两分岔中的微涨落增长状况。

在临界分岔点，如果能够采取回收物流资源整合、物流规划调整与优化、物流产业结构调整、物流基础设施建设投入、物流技术改革、物流政策制定等各种措施，引入负熵流对回收物流系统进行科学的宏观调控，则可促使系统的正向成长进化，进而形成新的有序的稳定耗散结构 a_1，其实质是对应于系统方程在远离平衡区的一个分岔解。但如果回收物流管理和调控不到位，设施布局仍然不合理，那么正熵流不断增加，将会促使回收物流系统的负向演化，系统无序度增大、情况变得恶化，若熵值增大达到某一阈值，系统将趋向衰减及至崩溃瓦解，即表示为 a_3分岔。如果回收物流系统经过突变演化成耗散结构 a_1后，当系统控制参数达到某一临界值 λ_2 后，系统将出现第二个临界点 B，此时会有 b_1、b_2、b_3三个分岔。这样，回收物流系统的发展演化不是只有一条道路可选择，会遵循这种无限序列的分岔过程进行演化，会产生多种发展的途径和可能，因此存在多种选择，可能演化出更多新的稳定有序结构。在未来的演化过程中，回收物流系统会表现出一定的“路径依赖”的特征，即与当前城市条件、城市经济产业结构以及城市内回收站点分布、回收拆解技术、废弃物处置等要素相关。因此，尽管每次分岔对路径的选择都具有一定的随机性，但是一旦做出了选择，就成了确定的历史，制约着未来的发展方向。但只要管理与调控得当，保持回收物流市场的充分开发，回收物流系统就能通过物流技术、作业方法、管理模式、政策制度等变革和创新打破路径依赖，创造出多条演化路径，并不断进行路径选择和优化，促进回收物流向更加有序的方向演化。

d. 通过涨落达到新的结构。

涨落是系统状态变量对其平均值的偏离，一切真实的系统都存在涨落。涨落是有序形成的原因，它在有序形成的过程中起着极其重要的作用。

通过涨落达到有序是有条件的，一是在远离平衡态的非线性区域的涨落，即微涨落。

二是扩展到整个系统的涨落，即巨涨落，这样的涨落对系统全局的演化具有决定性作用。虽然微涨落总是存在，但只有当系统处于高度不稳定状态的情况下，微涨落在系统失稳的临界点上被放大转化为巨涨落时，原有结构模式才会无法维持，从而诞生新的有序结构。在临界点上涨落的存在为系统结构转换和复杂行为创造了条件，即系统通过涨落实现自组织。

在自组织系统的演化中，“涨落”具有重要的作用。虽然系统涨落是一种内在随机性，这种随机性往往是系统进化到更有序状态的内在诱因，驱动了系统中各子系统在获取物质、能量和信息方面的非平衡过程，可以说是自组织系统演化的随机性动力。

在回收物流系统中，由于内部存在着非线性机制，如果出现源于内部或外部的随机事件，如回收物流联盟中有新的利益相关者加入、新技术和新设备的诞生和使用、某些利益团体退出、行业组织结构发生重组等，可依靠这种非线性机制对该随机事件进行筛选。如果该随机事件有利于整个系统的发展，则被放大并在系统内产生相应的结构和特征。

对回收物流系统而言，由于它所面临的环境不断发生变化，各种不确定性因素随时出现，在包括协同机制在内的非线性机制的作用下，当内部出现的涨落对原有结构的冲击低于临界状态，则涨落回归，强化原有系统结构；当这些涨落超过了临界状态，则系统原有结构便失去稳定形成分岔，出现系统结构的跳跃性。这些跳跃性使得系统的发展出现不确定性，只有通过某些非线性机制的放大作用，形成巨涨落，才能使整个系统发生演进。也就是说在系统处于临界区域附近时，不经意的因素微小变化，会使整个系统迅速地发生巨大变化，从而导致回收物流系统出现结构的演化。

技术的更新与发展是造成系统结构失去稳定的涨落因子。技术的变革与企业利润间有着密不可分的联系，也正是这种紧密联系使得技术相较于其他涨落因子有着更为重要的作用。技术的更新和发展会为整个系统的演进带来巨大的影响和冲击，甚至使系统原有结构失去稳定形成分岔，出现系统状态的跃迁。

③回收物流状态参量

按照协同学的支配原理，处于临界状态的系统变量可分为快变量和慢变量两类，其中快变量是大量的，而慢变量是少量的。快变量与慢变量在系统演化过程中所起的作用是不同的，最终将形成少量慢变量支配大量快变量的情形。在计量经济学中，把这种能够完全描述动态系统时域行为的所含变量个数最少的变量组称为系统的状态变量，并且从内源动力机制角度，认为它们都是随机的和内生的。协同学把这种描述子系统状态的慢变量称为状态参量。从电子废弃物回收物流系统的投入产出角度出发，控制变量可以理解为“投入”“产出”对应的协同学中的状态参量范畴。

结合图 5－13 中的控制参量，分别从时间、空间两个协同角度，甄别出系统状态参量，如图 5－17 所示。

结合投入—产出模型通过严格甄别，可以得出电子废弃物回收物流利润、回收利用率、电子废弃物理论报废量、社会评价四种类型状态参量，在深入研读废弃电器电子产品回收处理相关文献，查阅北京市环境保护局关于北京市电子废弃物回收处理的政策文件以及对电子废弃物回收处理企业深入调查研究的基础上，依据 2015—2017 年北京市电

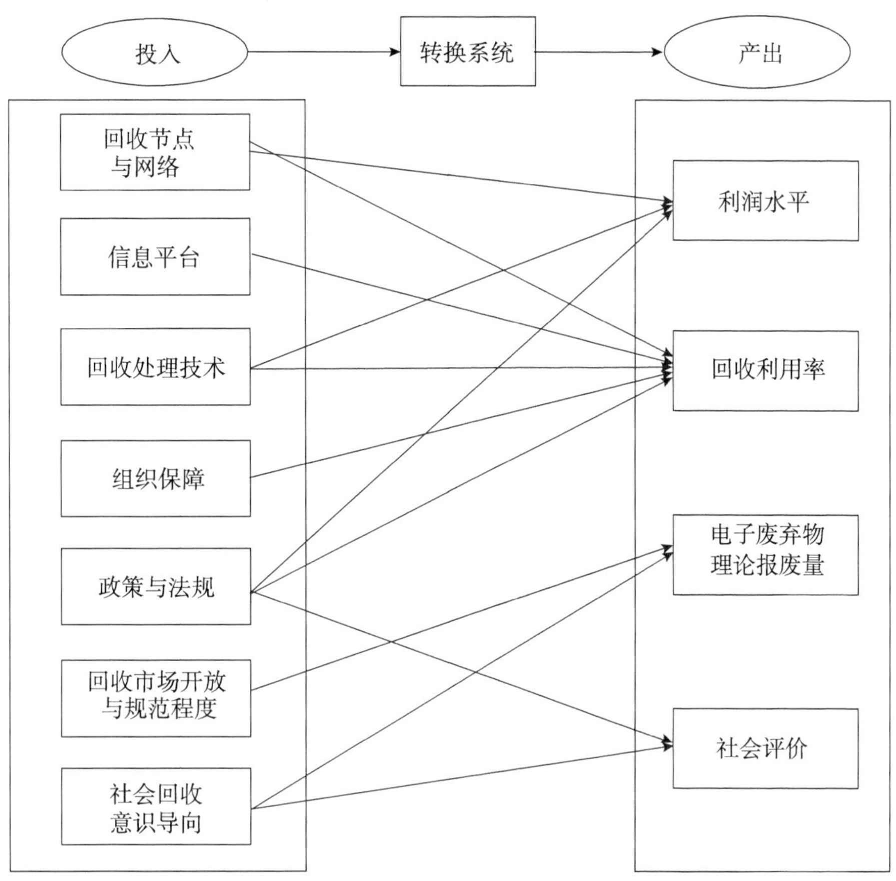

图 5-17　电子废弃物回收处理系统的投入—产出模型

子废弃物回收处理系统的发展情况，坚持实际性与准确性的原则，确定了北京市电子废弃物回收处理系统演化的状态参量及各状态参量的分量指标，如表 5-32 所示。

表 5-32　状态参量指标体系

子系统	状态参量指标	状态参量子指标
经济子系统	利润水平	电子废弃物回收处理成本
		污染处理和环境管理成本
		电子废弃物正规处理企业基金补贴
环境子系统	回收利用率	电子废弃物正规处理企业拆解处理率
		电子废弃物正规处理企业回收率
		电子废弃物正规处理企业年获得再生产品总量
		电子废弃物正规处理企业年节约原材料量
		电子废弃物正规处理企业年减少的污染物排放量
	电子废弃物理论报废量	电子废弃物理论报废量
社会子系统	社会评价	居民回收行为水平

a. 状态参量指标的重要性排序。

熵值法是指用来判断某个指标的离散程度的数学方法，是通过对各指标给管理决策者的信息大小赋以权重，在整个系统指标评价体系中，每个测评指标与同一类别中的其他指标相比，作用、地位及其影响力都有所区别，因此会根据指标重要性程度赋予权重。其计算方法如下。

首先，建立标准规范矩阵，明确评价对象及主要指标，通过指标值建立规范矩阵 $\boldsymbol{X}=(x_{ij})_{m\times n}$，其中 x_{ij}为第 j 个指标下第 i 个被评价对象的值。

其次，对数据进行归一化处理，本节构建的状态参量的子指标的量级和量纲不尽相同，所以不能对数据直接进行比较，由于指标中既有正向指标也有逆向指标，所以本节采用功效系数法对指标数值进行归一化处理，正向指标与逆向指标的归一化公式分别见式（5－5）和式（5－6）。

$$y_{ij}=c+\frac{x_{ij}-\min x_{ij}}{\max x_{ij}-\min x_{ij}}\times d \tag{5－5}$$

$$y_{ij}=c+\frac{\max x_{ij}-x_{ij}}{\max x_{ij}-\min x_{ij}}\times d \tag{5－6}$$

其中，$\max x_{ij}$和 $\min x_{ij}$分别表示矩阵 $\boldsymbol{X}$ 中第 j 列中的最大值和最小值，c 是平移指数，d 是缩放指数，c 和 d 为已知正常数，并且由评价值根据实际需求来确定。归一化后形成的标准化矩阵为 $\boldsymbol{Y}=(y_{ij})_{m\times n}$。

再次，计算 j 指标下，第 i 个评价对象的特征权重 V_{ij}以及第 j 项指标的熵值 e_j 的计算公式分别见式（5－7）和式（5－8）。

$$V_{ij}=\frac{y_{ij}}{\sum_{i=1}^{m}y_{ij}} \tag{5－7}$$

$$e_j=-1/\ln m\sum_{i=1}^{m}V_{ij}\cdot\ln V_{ij} \tag{5－8}$$

最后，计算子指标的熵权，熵权的计算公式见式（5－9）。

$$w_j=\frac{1-e_j}{\sum_{j=1}^{n}(1-e_j)} \tag{5－9}$$

其中 $1-e_j$ 表示第 j 项指标的差异系数，该系数越大，所计算的子指标权重越大。根据熵的可加性性质，可以利用下层结构的子指标权重值之和计算上层结构中的状态参量的权重。

b. 状态参量的权重计算结果与分析。

2015—2017 年状态参量子指标数值如表 5－33 所示，通过熵值法建模计算得出各状态参量及其子指标的权重，结果如表 5－34 所示。

表 5－33　　2015—2017 年状态参量子指标数值

状态参量子指标	2015 年	2016 年	2017 年
电子废弃物回收处理成本（万元）	115256.55	122002.87	125093.98

续 表

状态参量子指标	2015 年	2016 年	2017 年
污染处理和环境管理成本（万元）	40339.793	42701.005	43782.893
电子废弃物正规处理企业基金补贴（元）	97492980	83026785	34640365
电子废弃物正规处理企业拆解处理率（%）	85.03	82.38	84.12
电子废弃物正规处理企业回收率（%）	26.27	27.33	10.81
电子废弃物正规处理企业年获得再生产品总量（吨）	13923.54039	17098.23839	11319.46632
电子废弃物正规处理企业年节约原材料量（吨）	244770.7521	296797.9743	175969.0831
电子废弃物正规处理企业年减少的污染物排放量（吨）	749196.4093	890298.8098	518603.8523
电子废弃物报废总量（万台）	528.6038	550.5763	563.5385
居民回收行为水平	3.19	3.24	3.25

表 5－34　　各状态参量及其子指标的权重

状态参量	综合评价权重	状态参量子指标	权重
利润水平	0.3058	电子废弃物回收处理成本	0.1031
		污染处理和环境管理成本	0.1031
		电子废弃物正规处理企业基金补贴	0.0996
回收利用率	0.4918	电子废弃物正规处理企业拆解处理率	0.0959
		电子废弃物正规处理企业回收率	0.1093
		电子废弃物正规处理企业年获得再生产品总量	0.0965
		电子废弃物正规处理企业年节约原材料量	0.0948
		电子废弃物正规处理企业年减少的污染物排放量	0.0953
电子废弃物理论报废量	0.0997	电子废弃物理论报废量	0.0997
社会评价	0.1027	居民回收行为水平	0.1027

通过熵权法对状态参量的权重进行计算，状态参量的权重越大说明该状态参量提供的信息越多，对北京市电子废弃物回收处理系统的成长进货影响就越大，根据表 5－34 的权重排序可以发现，排名前两名的状态参量是回收利用率（综合评价权重为 0.4918）、利润水平（综合评价权重为 0.3058）。在所有的状态参量子指标中，电子废弃物正规处理企业回收率排名第一（综合评价权重为 0.1093）。近年来，北京市出台了诸多关于电子废弃物回收处理的政策以及促进电子废弃物正规渠道回收的政策，进一步充实和完善了北京市电子废弃物回收体系，有利于提高居民、企事业单位电子废弃物的回收意识，还能促使正规回收企业对电子废弃物进行规范化回收和处理，这正是北京市电子废弃物回收处理的发展趋势，所以正规企业回收率对北京市电子废弃物回收处理系统的成长进化影响较大。哈肯模型认为，参与模型运算的状态参量在系统中的权重越大，模型准确度和预

测精确度就越高，所以经过熵权法的运算，可以初步筛选出两个权重较高的状态参量参与进一步筛选与验证。这些状态参量在熵减机制的激发下，通过协同机制作用，联合起来并产生协同放大效应，形成占据优势地位、支配系统整体成长进化的新序参量，并最终促使回收系统形成新的有序结构（耗散结构）。

四、回收物流协同成长的序参量作用机制

1. 役使原理

在系统自组织的过程中，序参量（慢变量）由众多状态变量通过相互竞争与协作逐步形成，序参量支配、主宰、役使系统的其他变量。序参量与快变量之间的这种役使、服从关系称为役使原理。

役使原理的核心思想是认为系统内部的各种子系统、参量或因素对系统的影响是有差异的、不平衡的，这种影响在不同阶段和不同时间的反映也是不同的。在平衡状态时，这种差异和不平衡受到较强的压抑，未表现出来；远离平衡状态时，这种差异和不平衡有所反映；逼近临界点时，这种差异和不平衡就暴露出来。快变量通常不会左右系统发展的进程；慢变量则主宰着系统成长演化的命运，支配着快变量的行为。系统走向有序，到达临界点或临界态附近时，最终将出现少数慢变量支配多数快变量的情形。这种慢变量役使或支配快变量的情形，是研究和把握有序演化发展过程的重要方法。

役使原理的贡献在于认为尽管系统内部的变量很多，但是变量之间的作用是不尽相同的，往往是少数慢变量支配多数快变量。人们用不着注意所有的变量，只要抓住慢变量役使或支配快变量的情形，逐渐忽略寿命短的变量，就能够一步一步地接近序参量。役使原理将成为人们通过少数变量把握有序演化过程的重要工具。

役使机制为回收系统自组织演化提供路径。子系统状态参量在协同机制的非线性放大作用下，产生宏观序参量，序参量反过来役使各子系统有序运行。

当控制参量越过临界点时，非线性机制对涨落产生抑制作用，系统的涨落减弱，趋于新的非平衡稳态，也就是新的耗散结构。

回收物流系统中存在着大量的变量，变量的属性各不相同，大量的行为或活动性变量属于快变量，其影响系统的作用随时间的变化很快衰退；少量规律性的变量属于慢变量，其不仅主宰着回收物流系统的演化发展，而且还是形成系统序参量的基础，整个回收物流系统的序参量就是由这些少量的慢变量发展而来的，它们推动着系统向更高、更优、更协调的方向演化发展。

2. 涨落与自组织动力的实现

在系统的运行过程中，每一时刻的实际宏观参量并不精确地等于其内部的平均值，而是或多或少地有些偏离，这些偏离就叫涨落。由此可见，涨落实质上是系统局部范围内子系统随机形成的偏离系统既定宏观状态的各种集体运动，例如回收物流系统中回收率的变化，资源子系统中的资源利用率的提高，环境系统中一个破坏环境的微小事件（如果不及时加以引导、调节，会给环境带来非常大的危害，或称为“龙卷风”或“蝴蝶效应”）、一种好的政策的施行（经过一段时间的努力，将会产生轰动效应，或称为“路径依赖”）。回收物流系统由于外部和内部的原因，经常会出现一些随机起伏的涨落，涨

落的存在是必然的，尽管其种类和大小具有很大的偶然性。

当系统处于热力学分岔前，涨落的作用是一种破坏稳定的干扰。但此时系统是稳定的，一般性的涨落不足以导致系统宏观状态的变化，涨落最终趋于衰减，系统经历一个微扰过程后又回到原来的状态，不可能形成新的有序结构；然而当系统处于分岔点附近时，涨落则起到触发器的作用，此时系统处于一种不稳定状态，某些随机微小的涨落可能通过相干效应迅速放大，形成宏观上的巨大涨落，使系统实现由一种不稳定状态到另一种新的稳定状态的转变，即形成新的有序结构。这时的涨落不再是一种干扰作用，涨落触动结构跃迁为新的耗散结构，涨落是形成新的耗散结构的触发器、是耗散结构系统自组织动力的源泉，涨落的作用是复杂大系统自组织演化动力形成的基础，是有序之源、进化之源。

3. 回收物流系统协同成长的序参量识别

协同学对复杂系统的研究摒弃了微观还原方法，而是采用了整体研究方法，即“旨在发现结构赖以形成的普遍规律，探讨的是最终形成的总体模式”。在总体模式形成的过程中，序参量起着最为关键的作用，是打开系统演化规律的一把钥匙。

哈肯曾指出：系统内部各子系统通过协同机制的非线性耦合作用使竞争中的一种或几种趋势优势化，最终形成一种总的趋势。在众多状态参量中，能够指示出新结构的形成，反映新结构的有序程度的状态参量就是序参量。序参量是通过子系统状态参量的相互作用产生的、并且反过来支配子系统行为的状态参量，它既可以描述系统的演化机制，又可以描述系统有序演化程度。

回收系统具有明显的自组织特性，因此在研究回收系统自组织演化规律时，必然要重视序参量在这一过程中发挥的重要作用。回收系统作为一个复杂的非线性系统，在自组织演化过程中可能形成不止一个序参量。这些序参量需要通过竞争机制的进一步筛选，通过协同机制耦合作用，使一个或少数几个序参量胜出，最终取得主导地位。

当回收系统的序参量确定以后，依据序参量的支配原理即可找到进一步研究回收系统自组织演化规律的钥匙，可以说序参量为我们了解、认识、分析回收系统协同成长提供了一种最有效的途径。

由支配原理可知，在系统演化的过程中，只要抓住少数状态参量，就能够逐渐地找到系统的序参量。

序参量是指能对组织系统演化发展起支配作用或主导作用的状态参量。系统中起支配作用和决定作用的序参量，通过控制外部参量的方式创造一种有利于系统向有序方向演化的条件或机会，从而把握整个系统发展的方向。影响系统演化的因素有很多，起决定作用的序参量是哪个呢？首先，需要把握序参量的特点。

（1）序参量是宏观参量，它能描述组织系统的整体行为，而不是个别要素或子系统所体现出的行为。

（2）序参量是系统各子系统协同运动的产物，是合作效应的表征和度量，即序参量的形成不是外部作用强加于系统的，而是来源于系统的内部。

（3）序参量支配组织系统各子系统的行为，主宰组织系统整体演化过程。

序参量的状态描述了回收物流系统在运行过程中的有序程度，回收物流中消费者的回收需求得到满足则系统处于协同有序的状态。如果回收物流需求不能得到满足或回收物流任务完成时，回收物流系统资源关系分散疏松，系统处于序参量的孕育阶段。在序参量的孕育阶段，回收物流资源在物流需求发生变化时引起系统的涨落和局部耦合，各子系统为了竞争资源、各参量为了处于支配地位而进行着激烈的竞争，最终总有一个或多个慢弛豫变量在竞争中获胜而保留下来，并通过吞并和耦合其他变量扩大自己的势力，成为起支配作用的序参量，引起系统突变并支配和役使所有的子系统和参量向更高级系统演化。随着回收物流任务的完成和新需求的产生，物流系统的协同演化会在渐变与突变的交替中周而复始地进行。由此，由需求引发的多供给主体在竞争与合作中演化形成了需求序参量（状态变量中的回收率或回收量），多个需求序参量的竞争与合作形成功能体级的需求序参量，多个功能体级的序参量竞争合作最终形成系统级的序参量，各级别的协同演化层层递进，直到将物流系统整体的运行推向新的更高级的有序结构。

回收物流系统的序参量也并非总是那么绝对，根据回收物流系统的系统特性和运行特征可将回收物流系统的序参量分为两种。一是在回收物流功能可以满足回收物流需求的情况下，回收物流系统的序参量是回收物流供给状态变量（如回收企业利润）；二是在回收物流功能不能满足回收物流需求的情况下，回收物流系统的物流需求（如回收量和回收率）则会处于决定性的主导地位成为序参量。本章研究时以需求大于物流供给为研究前提，需求中回收量和回收率成为序参量，考虑到回收物流系统是可分形的具有多个子系统的系统，决定了存在多个不同层面上的需求序参量，它们之间既存在竞争关系，也存在协作关系，在这竞争与协作共存的过程中，序参量支配子系统其他参量的运动，决定系统的演化方向。

下面从回收企业的行为入手来说明回收物流系统序参量的形成机制。假定有一个企业率先采用某项新技术，该项新技术能够提高经济效益，并使其在市场竞争中处于更加有利的地位，获取更多市场需求份额；其他企业因竞争的存在及获利的需要，也会竞相采用相应的改进措施；而没有改革创新的企业将在竞争中处于不利地位，它们会逐渐失去市场份额，要想生存和发展就必须技术创新，否则就会被竞争所淘汰，这样所有的企业在市场需求导向下就会竞相采用某项新技术。一旦满足市场需求（回收量）决定的所有企业追求的目标，回收量这个序参量就产生了，它一方面是企业间的竞争形成的，另一方面又反过来指导企业的竞争活动。同样，回收物流企业的回收定价、回收率、拆解处理量看似都是随机的企业个体行为，其实不然，它们都会受到价格必须围绕市场价值上下波动的规律的制约。这个规律正是价值规律，价值规律是由企业间的竞争和协同产生，但它又像一只无形的手控制和调节着企业的行为。价值规律实质也就是回收物流经济子系统中的序参量，价值规律的形成机制就是回收经济子系统序参量的形成机制。可见，序参量是其内部许多子系统的序参量的竞争和协同在宏观上的总的反映和体现。

序参量与涨落之间互相依存、互相联系，在一定条件下可以互相转换。在系统达到分岔点附近时，系统内部子系统随机运动而形成的某种或某几种涨落迅速放大到整个系统的宏观状态被稳定下来，使系统出现新的协同作用，协同作用为系统在临界点涨落的放大提供了条件，从而实现系统“无序—有序—更高级有序”的发展状态，涨落在分岔点附近被放大是系统内某些子系统序参量作用的结果，没有系统序参量的作用就不存在系统涨落的放大，离开系统的涨落就不会有系统序参量。序参量与涨落是系统的两个方面，在一定条件下可以互相转化。系统在分支点附近通过系统各种涨落的竞争与合作，某种涨落被放大而成为支配系统新结构运动的序参量的作用，而系统某些局部子系统的序参量的作用则恰恰是系统在该局部的涨落。

4. 简单回收物流系统（单个回收企业）成长动力学模型——逻辑斯蒂（Logistic）单序参量模型

简单系统的自组织动力过程可以用一个非线性动力系统方程式（5－10）来描述。

$$\frac{\mathrm{d}x}{\mathrm{d}t} = r \cdot t\left(1 - \frac{x}{k}\right) \tag{5-10}$$

式（5－10）称为逻辑斯蒂（Logistic）方程，可以用它来描述简单的回收物流系统的协同成长运动过程，Logistic 方程与一般二次非线性方程相同，其中 r 为系统状态变量 x 的增长率（也称内禀增长率），k 为系统的定态值，该值通常取决于环境的容许程度。

Logistic 方程共有两个定态解：$x=0$ 和 $x=k$，一般的 Logistic 模型如图 5－18 所示、模型增长曲线如图 5－19 所示，解 $x=0$ 是不稳定的，因为系统状态稍有变化，x 就会增长；当 $x<k$ 且 x 的变化率 $\mathrm{d}x/\mathrm{d}t>0$ 时，x 保持增长；当 x 趋近于 k，随着时间的增加，x 基本保持不变；同时，随着 r、k 取值方向和大小的不同，系统会产生各种不同的变化，从而形成系统进化的不同图景，系统会表现出不同程度的分形特征。如图 5－20 和图 5－21 所示的增长曲线（模型中：$k=100$，$r=0.2$，$x_0=1$）。一般情况下，k 的取值通常根据实际回收物流系统而定（如华新绿源的最大回收处理能力设计为 260 万台，所以 $k=260$）。

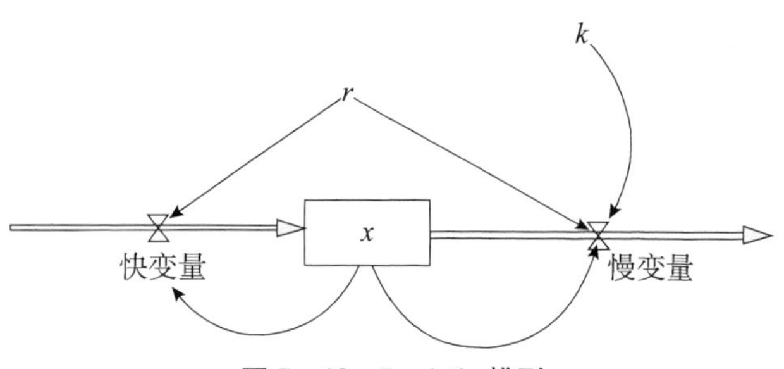

图 5－18　Logistic 模型

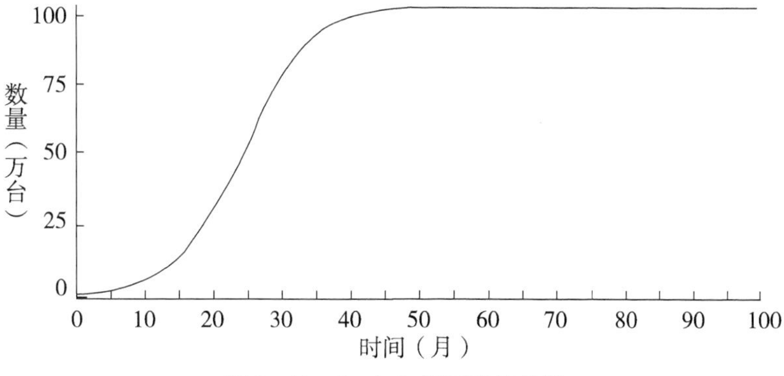

图 5－19　Logistic 模型增长曲线

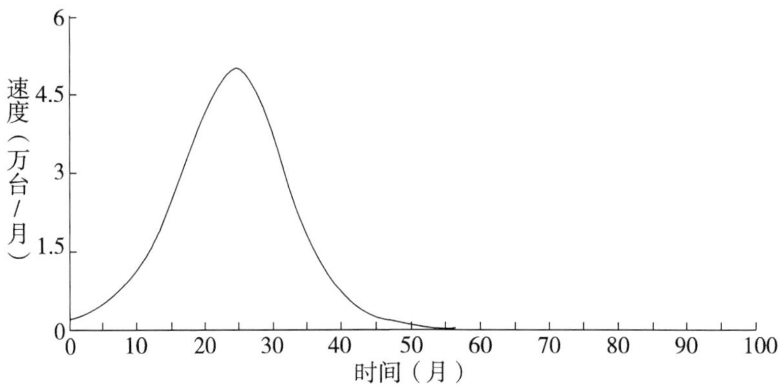

图 5－20 Logistic 系统成长速度曲线

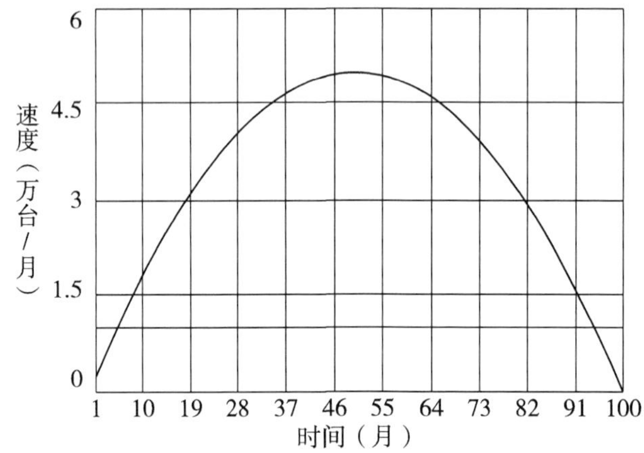

图 5－21 Logistic 成长模型中系统状态与增长速度关系

从图 5－21 中可以看出 Logistic 成长中的两种动力学状态：一方面，系统在环境容量 k 的约束下，力争最大限度地发挥内在潜力 r 的作用，使系统的发展成长速度尽可能保持在 $x=50$ 点处的最大速度，即 $r\times k/4=100\times 0.2=50$；另一方面，系统尽可能远离风险最大的两端 $x=0$ 和 $x=k$，而采取保护性的“半好”对策，把发展拉向以 $x=50$ 点为中心的协同成长区内，使其加速度保持稳定，而在孕育期 $x<20$ 之前尽可能加快加速度。

回收物流在成长的过程中，通过环境子系统内的环保政策调整和科技进步，不断调整内部结构和创造新的外部环境，能动地改造环境，突破制约因子的束缚。在新的起点上，旧的制约因子和利导因子又将被新的制约因子和利导因子所替代，系统会呈现出新的阶梯式的 S 形（见图 5－19）增长。整个回收物流就是在这种组合 S 形增长中不断成长进化的。成长进化是复杂的协同过程，它是由无限多样的 S 形增长形成的超空间过程，在这一过程中，制约因子和利导因子总是呈现出“非协同—协同—更加协同”的系统特性，系统的结构、功能和目标也将发生变化，从而推进回收物流系统按自身规律向更高层次进化，不重复地遍历所有的状态，经过每一个状态点，图景及演化过程如图 5－22和图 5－23 所示。

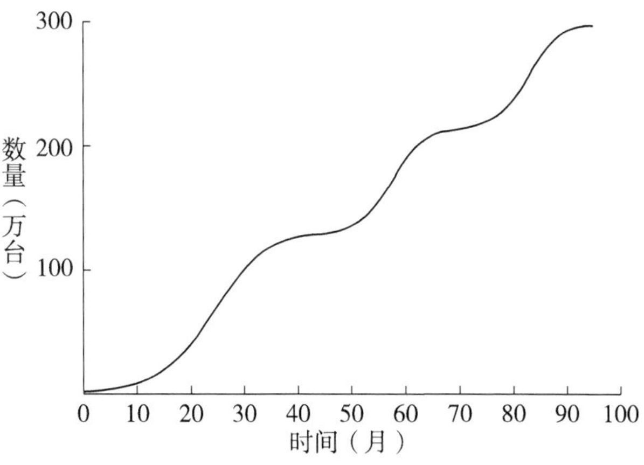

图 5-22　回收物流自组织图景

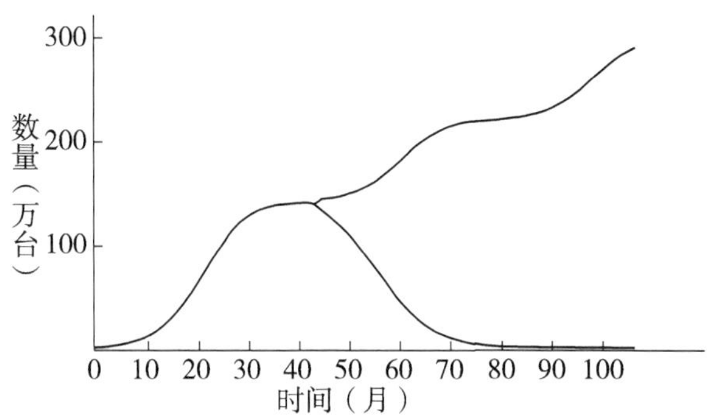

图 5-23　复杂的开放回收物流的自组织演化过程

图 5-23 所示的系统自组织演化过程中，横轴代表系统的控制参量，纵轴代表系统的序参量。当系统处于平衡态时，可得单一的系统热力学水平分支；而当系统变化到临界值 100 时，系统在此后出现两个分支和三个解：等于 100、大于 100、小于 100，其中大于 100 和小于 100 是稳定的，而等于 100 是不稳定的。系统内任何微小的涨落都能使系统离开原不稳定态而进入稳定分支。当控制参量变化到新的临界值时，系统又会出现新的分支。系统就这样不断从无序到有序成长进化。

在回收物流系统内部，当供给水平和需求状态相适应时，物流系统是稳定的。当需求状态达到某一临界值时，旧的供需关系已完全不适应回收物流发展的需要，此时系统是不稳定的，会出现分岔，系统内部的一些涨落的放大会导致系统实现新的有序，使系统出现新的协同作用，从而实现整体回收物流系统的成长进化。

五、回收物流协同成长的自组织演化动力学模型——双序参量模型

由前面分析可知，回收物流系统由需求、供给、目标客户、资源、组织、信息等多个子系统组成，系统内部存在错综复杂的竞争和协同，其相互影响和相互作用。系统自组织过程中不存在以特定方式作用于系统的外力，外部作用力的变化只是一种随机涨落，所以系统从无序到有序、从低级有序到高级有序的演化过程都是一种系统自组织运动的

过程。因此，可以用自组织运动方程式（5－11）来描述回收物流系统各子系统的状态变化和它们之间的相互作用。

$$\begin{cases}\frac{dA}{dt}=-a_1A+b_1(B,C,D,E,F)+f(t)\\\frac{dB}{dt}=-a_2B+b_2(A,C,D,E,F)+f(t)\\\frac{dC}{dt}=-a_3A+b_3(B,A,D,E,F)+f(t)\\\frac{dD}{dt}=-a_4A+b_4(B,C,A,E,F)+f(t)\\\frac{dE}{dt}=-a_5A+b_5(B,C,D,A,F)+f(t)\\\frac{dF}{dt}=-a_6A+b_6(B,C,D,E,A)+f(t)\end{cases} \quad (5-11)$$

式中：A、B、C、D、E、F 分别表示需求、供给、目标客户、资源、组织、信息六个子系统；a_1、a_2、a_3、a_4、a_5、a_6分别表示 A、B、C、D、E、F 的变化率；b_1、b_2、b_3、b_4、b_5、b_6分别表示系统内部各子系统间的相互作用对子系统 A、B、C、D、E、F 变化率影响的大小；f（t）表示随机涨落力；t 表示系统运行时间。

根据伺服原理，当系统从无序走向有序或从低级有序走向高级有序时，会达到一个临界的状态，这时慢弛豫变量支配快弛豫变量，也就是序参量最终决定系统的有序结构。序参量与其他众多快变量既互为存在条件又相互作用，促使新的结构的产生，其发展和演化体现出较强的自组织性。因此，在研究回收物流系统协同演化时，不用对所有状态变量进行深入研究，只需要分析序参量的演化规律，就可以把握系统的成长规律。

1. 回收物流协同的自组织演化模型

协同学是一门横断学科，它的研究对象是不同系统中共同存在的协同现象，它抓住了不同系统的共性，用共同的数学模型研究和描述各学科中的不同现象。本章结合式（5－11）并参考朗之万方程作为主要的研究工具，可用下面的方程来描述回收物流的演化：

$$\frac{dq_i}{dt}=-y_iq_i+g_i(q_i)+f_i(t) \quad (5-12)$$

式中：q_i表示回收物流中相互联系、相互协同的各子系统的状态变量，y_i表示阻尼系数，g_i是协同作用函数，f_i是随机涨落力，$i=1$，…，6。式（5－12）表明了回收物流中的各子系统间存在非线性协同作用。随机涨落力的存在表明，在临界点一个微小的随机涨落力就会使系统发生结构性的变化，出现更加稳定的新结构，呈现一种自组织的现象。

分析时假设（依据状态变量熵权重分析结果）回收物流自组织程度受其协同能力和盈利能力的驱动。这两个序参量通过协同运行作用机制，使回收物流系统各子系统间相互联系、相互耦合产生协同效应，将回收物流系统内原来的有序度低的系统变成有序度高的“自组织”动态系统。回收物流建立的根本目的在于取得竞争优势，协同能力和盈利能力这两个序参量始终是回收物流优化的持续驱动力，主宰着整个回收物流成长的进程和方向。用 q_1表示回收物流的协同能力，q_2表示回收物流的盈利能力，s 表示回收物流的任意一个资源子系统（上述六个子系统之一），根据式（5－12）可得，微分方程式（5－13）描述了回收物流的协同能力和盈利能力两个序参量如何影响子系统（如供给子系统）的自组织演化。对应的动力学模型如图5－24所示。

$$\begin{cases} \frac{dq_1}{dt} = (a - k_1)q_1 - m_1q_1 - b_1q_1q_2 + f(t) \\ \frac{dq_2}{dt} = -k_2q_2 + b_2q_1^2 \\ \frac{ds}{dt} = a_1q_1 + a_2q_2 + \alpha_3s + \alpha_4q_1q_2 \end{cases} \tag{5-13}$$

式中：a 是协同能力增益系数，k_1、k_2是阻尼系数，b_1表示 q_1和 q_2间相互作用力系数，b_2表示协同能力与盈利能力之间的系数；a_1表示序参量协同能力对子系统自组织演化的影响，a_2表示序参量盈利能力对子系统自组织演化的影响，a_3表示子系统的自反馈系数，a_4表示协同能力与盈利能力之间的作用对于子系统自组织演化的影响；$f(t)$ 表示回收物流系统的随机涨落。因此，前两个方程描述了序参量协同能力与盈利能力支配系统自组织的演化，引入最后一个方程是为了考察两个序参量如何具体作用于回收物流某个子系统。

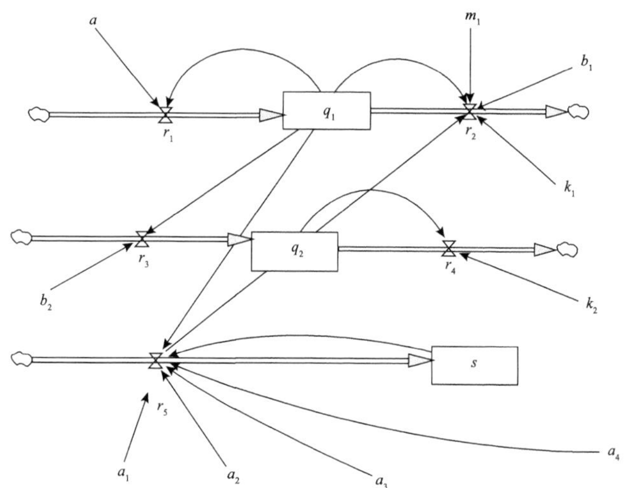

图5－24　回收物流双序参量协同动力学模型

2. 回收物流协同双序参量自组织演化模型的模拟与仿真分析

（1）自组织演化模型求解

在回收物流协同演化的过程中，当子系统内部不发生活动，且序参量也不发生改变的时候，系统处于稳定状态，由式（5－13）可知，此时$\frac{dq_1}{dt}=0$，$\frac{dq_2}{dt}=0$，$\frac{ds}{dt}=0$。在模型的分析过程中，必须找到满足此条件的平衡点（0，0，0），由此研究系统从一种平衡跃迁为另一种平衡的演化过程。根据模型方程式（5－13）求解的结果，三个特征根为：

$$\lambda_1 = a_3,\quad \lambda_2 = (a - k_1),\quad \lambda_3 = -k_2$$

根据微分方程组理论的知识，特征根的正负决定了原方程平衡点的稳定性，只有特征根实部均为负，系统平衡点才是稳定的；如果特征根实部有一个为正，系统平衡点就是不稳定的。由于k_2表示阻尼系数，根据方程的表示形式可知$-k_2$恒为负，即$\lambda_3<0$恒成立，a_3和a的变化分以下几种情况。

①当$a_3<0$，$a<k_1$时，系统在平衡点稳定，任何从0平衡点附近出发的轨线均收敛于0。反映在回收中的含义就是当该系统整体盈利能力还不能使有序度发生突变时，表示整个回收系统处于低级的稳定状态。如各成员企业刚开始合作时，由于合作时间很短，资源的整合还不充分，各成员之间的协同效应还没有完全体现出来，因而整个回收系统的盈利能力还不太强，整个系统还处于一种协同能力很低的状态之中，这反映了回收物流形成协同需要时间的磨合。此时，即使随机涨落力存在，也不能引起解的振幅的波动，平衡点仍然具有“吸引性”。

②当系统参数满足非稳定性条件，即$a_3<0$，$a<k_1$时，小的随机涨落会引起内部极大的活动。此时一个微小的随机涨落力就会使系统发生结构性的变化，出现更加稳定的新结构，呈现出一种自组织的现象。其中$a_3=0$，$a=k_1$时，出现系统分岔点，表示系统处于稳定性改变的临界状态。随着回收物流节点企业之间配合更加默契、资源的整合度逐渐提高，整个系统的盈利能力也随之加大。当$a>k_1$的情况出现，此时在随机涨落力的微小扰动下，系统发生突变，出现新的高级有序。

（2）自组织演化模型仿真分析

以华新绿源的回收物流为例，由模型的解可知系统的稳定态是由a_3、a和k_1决定的，与其他参数无关，模型中其他参数如下。

$a_1=0.59$，$a_2=0.9$，$a_4=1.5$，$b_1=1.3$，$b_2=1$，$k_2=0.5$，$m_1=0.59$

利用SPSS结合华新绿源的相关数据，对式（5-13）进行拟合分析，其中协同能力用废旧电子产品回收率表示、盈利能力用利润表示，对华新绿源的供给子系统进行分析，选取拆解量作为状态变量。假设$f(t)$用一个可变化的参数δ表示。

①当$a_3<0$，$a<k_1$时，$\delta=0$时解的曲线如图5-25所示。

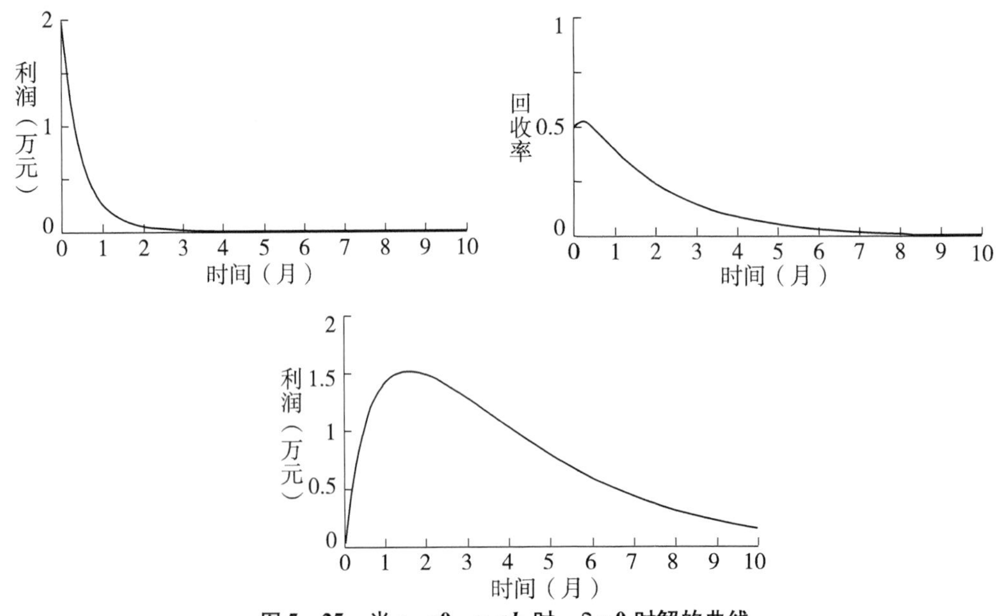

图5-25　当$a_3<0$，$a<k_1$时，$\delta=0$时解的曲线

从图 5－25 可以看出，不管 δ 是否为零，所有从零点附近出发的解曲线都趋近于零，系统平衡点渐近稳定；这说明了即使存在微小的扰动，也不会影响解的渐近趋势。在回收物流协同未达到临界区域时，随机涨落的大小远比宏观量小得多。

②当 $a>k_1$ 时，假设 $a=0.5$，$k_1=0.4$，$\delta=0$ 时解的曲线如图 5－26 所示。

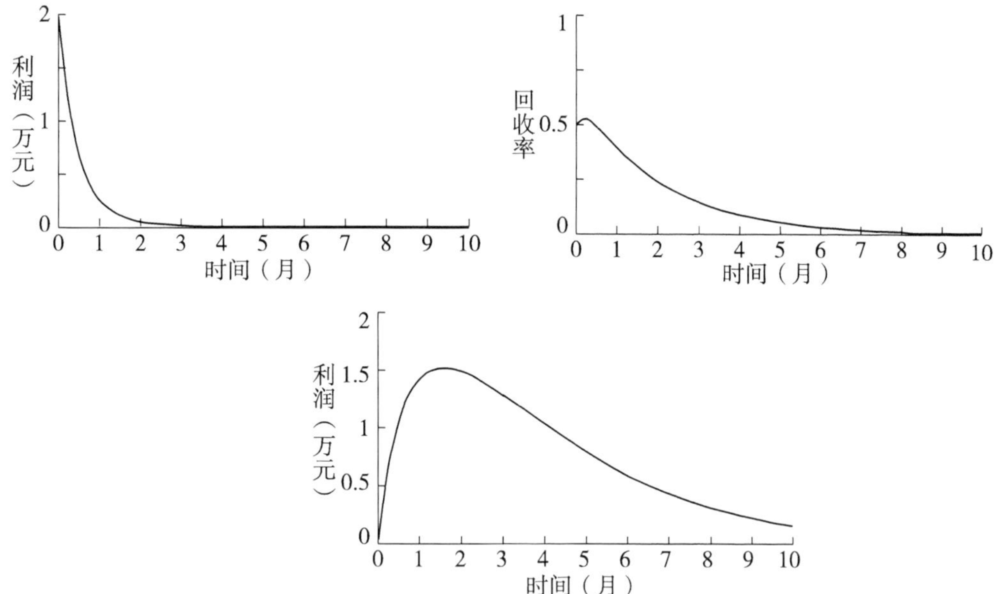

图 5－26　当 $a>k_1$ 时，假设 $a=0.5$，$k_1=0.4$，$\delta=0$ 时解的曲线

此时的解曲线与图 5－25 所表示的变化和趋势基本相同，但此时由于 $a>k_1$，这表明序参量已经在系统内部对于系统结构的演化起到了正向的引导作用，但是由于没有随机涨落的影响，系统的协同状态没有出现突变，系统没有形成一种新的有序结构（见图 5－27）。

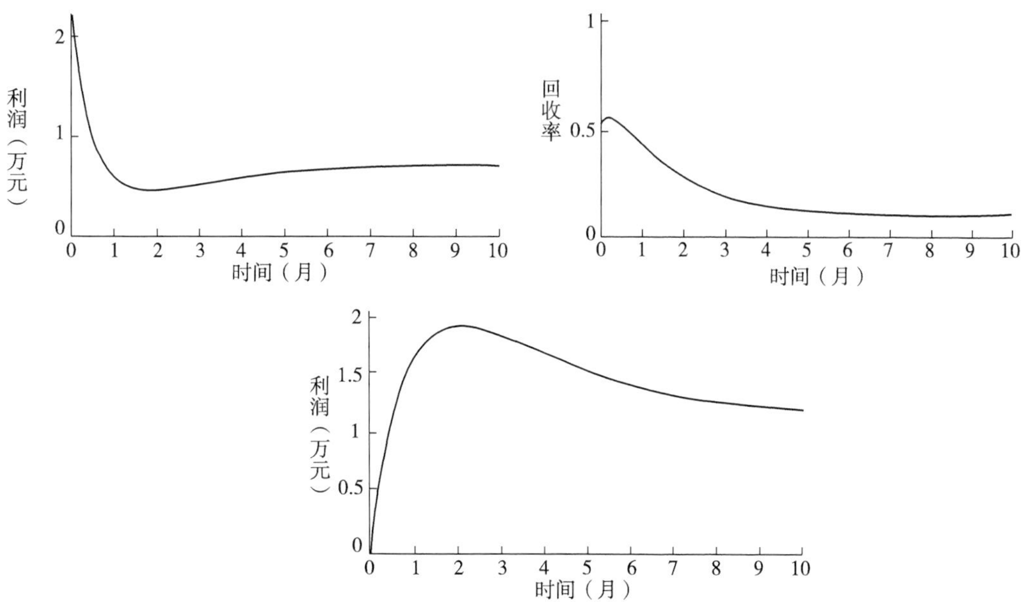

图 5－27　当 $a>k_1$ 时，假设 $a=0.5$，$k_1=0.4$，$\delta=0.3$ 时解的曲线

从图 5-27 可以看出，在 $\delta=0.3$ 时，即存在随机涨落的时候，在随机涨落的作用下，系统内部产生了新活动，带来两个序参量的正向改变，从而引起系统有序状态的改变，系统形成一种新的有序结构。当不断增大 δ 值时，即随机涨落不断增强，序参量正向改变幅度增大，对于系统新秩序形成的引导作用增强，使得系统走向更加高级的有序。这就说明了随机涨落会引起系统的自组织状态的改变。并且随机涨落越大，系统走向高级有序就越快。

③当 $a_3>0$，$\delta=0$ 时、q_1，q_2 的曲线与图 5-25 的形状基本不变，但 s 曲线如图 5-28 所示。

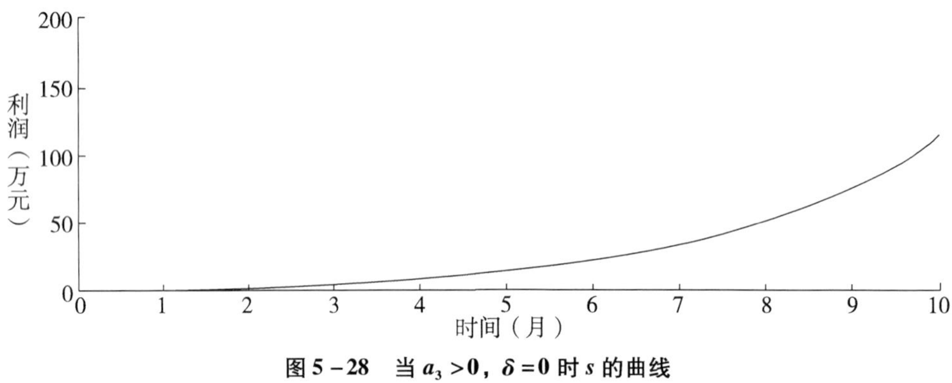

图 5-28　当 $a_3>0$，$\delta=0$ 时 s 的曲线

从图 5-28 可以看出，由于没有随机涨落的影响，此时两个序参量的解曲线仍然是趋近于零的稳定，表明它们没有发生改变。但是由于系统自身反馈作用的存在，带来了系统的无序结构，原有的子系统不能维持在稳定状态，解曲线如图 5-28 所示。那么当随机涨落出现以后，系统是否能够走向新的有序呢？模拟显示 q_1 和 q_2 的曲线与图 5-25 所表示的变化和趋势基本相同。加入随机涨落后，即使两个序参量改变幅度增大，对于系统新秩序形成的引导作用增强，但是系统仍然会处于无序状态，这说明此时序参量对于系统已经丧失了引导作用，系统要想走向新的有序，必须要产生新的序参量，这种序参量的产生也正是在系统内部自反馈作用下才能出现。

六、小结

本节首先根据文献资料和对北京市 13 家回收试点企业的实地调研，结合扎根理论对电子废弃物回收的影响因素进行归纳整理，从回收渠道模式层面分析出电子废弃物回收渠道模式的影响因素，形成电子废弃物回收模式影响因素的两大核心类属、7 个轴心类属影响因素，在此基础上基于投入产出模型解析出控制变量与状态变量，通过应用熵权的概念，对状态变量因素进行熵权的排序，最终识别出序参量。

在此基础上，以协同学为理论工具，首先从内部和外部角度分析了回收物流协同成长的影响因素，对如何形成回收物流协同成长的动力因素——序参量进行详细分析，在此基础上建立了回收物流成长逻辑斯蒂（Logistics）动力模型，通过利用该模型和系统动力学软件 Vensim 对回收物流系统成长过程进行模拟分析，分析结果显示回收物流成长符合“成长的上限”，是一种阶梯式不断上升的成长。然后，结合前面讨论的回收物流系统协同结构，建立了回收物流协同成长的自组织动力学模型，并选取了其中两个序参量构建双序参量的协同动力学模型，基于此模型对回收物流协同成长的供给、需求等子系统的协同动力机制进行详细研究，通过该模型的构建、模拟、仿真分析从根本上揭示了回收物流系统从低级向高级、从无序走向有序到更加优化状态的动力源泉，解析了回收物流系统成长进化的自组织动力问题。

第三节　回收物流协同成长运行机制

回收物流协同成长是回收物流系统自组织演进的方向和目标，也是回收物流的可持续发展形式。回收物流系统协同成长要求其构成主体在运行过程中相互适应、相互协作、相互配合和相互促进，形成同步成长的良性循环，实现回收物流整体效益最大化。

一、回收物流协同成长的目标及运行环境

回收物流系统是一个社会范畴的复杂系统，回收物流协同是多层次、多形式的协同，协同层次方面表现为战略、战术、运作层，协同形式表现在运行结构、运作流程和协同范围等方面，下面从层次和形式两方面分析回收物流系统协同运行机制内容。

1. 回收物流协同运行的目标层次

哈肯将协同学描述为三个层次：微观层次（基于系统的基元性质）、中观层次（基于基元的集合）和宏观层次。

协同的宏观目标是实现系统优化，形成有序的运行结构和功能组织，实现高效率的运作、高水平的服务和整体效益最大化；从中观角度来看，回收物流协同的目标是实现多个回收物流子系统间及不同功能体间的协同运作，使各子系统相互协调合作；从微观层面来看，回收物流系统的协同是以物流系统中各要素为研究主体，对节点企业间协作关系和协调程度的优化，形成对回收物流系统网络资源的整合和优化利用，其目标是以高效、快速、低成本和优质服务来满足废旧产品回收的需求。具体来说可归纳为以下三点。

（1）节点最优是指回收节点企业在为用户提供资源或功能服务时，在充分考虑系统整体目标最优的情况下，尽可能使节点企业的收益最高、成本最小。

（2）联盟最优即回收物流子系统或功能体集聚所需资源配置的最优化，是对整个回收物流所需的资源间合作关系的协同优化。

（3）系统最优指回收物流系统子系统或功能体间的协作和对资源的竞合，协调回收物流系统各功能体间的资源利用，使各功能体在回收物流系统中运作协同。

回收物流协同研究的是系统整体的行为，其研究对象是回收物流系统所有资源，包括以需求、功能、目的、组织、设施和信息为主的所有有形资源和无形资源，以及物流系统运行涉及的所有虚拟组织和实体企业。回收物流系统协同的宏观研究对象是系统整体；中观研究对象是以回收物流系统功能体为主的各级、各类子系统；微观研究对象则是回收物流系统最基本的构成单元，即各分形主体。

2. 回收物流协同成长的形式

回收物流系统作为城市物流体系的重要组成部分，其变化受以下三方面外部因素变

动的影响。①经济环境包括城市经济发展、居民生活方式及环保意识变化、经济结构和物流设施布局变动、城市空间演变等；②制度环境主要包括环境保护制度的完善、回收物流政策的调整、政府在回收物流发展中的角色等；③技术环境包括回收物流技术的更新、物流信息的共享和回收物流系统的完善。

（1）经济环境

回收物流活动是从属于生产、生活的派生性活动，社会经济活动和居民生活的改善是回收物流系统存在和演变的前提条件，是产生回收物流活动的根本原因。社会经济结构及其变动趋势，如经济结构的软化、居民消费趋势的改变、产业布局的变化等，对回收物流系统中的回收物流节点的布局、服务范围、类别、水平等有着直接的影响。如北京市中关村的电子产业向外转移、海龙电子城的关闭将直接导致相关产业的制造企业、商贸业的外移和扩散以及经营人口的向外扩散和快速外移，这些变化使中关村在废旧电子产品回收物流中的重要地位和作用也将发生变化，必将直接影响北京市废旧电子产品回收物流需求结构和空间布局结构，回收物流系统为适应这种变化必将在内部结构和空间表现方面作出相应的调整和改变。

（2）制度环境

回收物流系统除了受经济环境影响外，回收物流政策、法律、制度、条例的影响也不容忽视。毫无疑问，回收物流的发展不可能孤立于制度环境独立运行，它受市场规则和行业制度的激励和约束。在回收物流系统的演变过程中，制度至少具有三个功能：创造回收物流协作条件的功能、激励功能和降低交易成本的功能。在废旧电子产品回收过程中，就是通过各种回收管理制度和法律协调消费者及回收各方的行为、规范回收作业活动、完善回收市场规则。一方面，废旧电子产品回收物流涉及不同领域，回收物流在运作过程中受各领域不同规则的影响；另一方面，废旧电子产品回收物流系统是由具有不同物流功能的子系统协同整合而成，而这些功能都受到各自行业相关制度的规范和约束，导致回收物流每一个环节都受不同制度、不同部门管理。以上两个方面制度因素及环境保护相关法律共同构成回收制度环境，它是回收物流业发展的基础，这些制度和体制的变化直接影响回收物流系统的演变和发展。

（3）技术环境

回收物流技术的改进和创新，是推动回收物流发展的根本动力和源泉。物流技术的进步深刻影响着回收物流系统的发展，技术创新不仅使回收物流呈现出发展快和效率高的特征，而且扩大了回收物流系统的服务范围，影响回收物流系统的持续成长与不断发展。可以说，物流技术的创新和发展为回收物流的发展成长带来了新的活力。

二、回收物流系统协同成长阶段及运行结构

回收物流系统总是处于不断演化之中，经历着一种由不发达状态逐渐向发达状态的过渡、由不成熟逐渐向成熟方向演进的过程。回收物流系统结构经历了低水平无序发展阶段、以“以旧换新”为突破的集聚式发展阶段、ERP 制度下回收物流迅速扩展发展阶段、新型回收试点下的全方位发展四个成长阶段。回收物流系统空间结构形态有点状、线状、简单系统状、复杂系统状、网络协同状五种结构。

1. 回收物流成长阶段及系统结构

回收物流系统演进过程大致划分为以下四个阶段。

（1）低水平无序发展阶段

该阶段北京市回收物流发展呈现低水平无序发展状态，回收渠道仍以个体回收者为主，个体回收者的回收渠道占比达到了85.86%。但是个体回收者只能掌握落后的拆解处理技术，电子废弃物不能完全拆解和充分利用，致使再生资源回收利用率低下。该阶段电子废弃物回收市场混乱，不具规模，没有形成较为完善的回收体系，与回收资源环保处理、循环再利用脱节。在用地性质上，电子废弃物的收集、仓储、二手交易、拆解处理中心用地与商业功能用地混为一体。

（2）以“以旧换新”为突破的集聚式发展阶段

以旧换新政策采用补贴消费者、回收机构、处理企业的方式，促进消费者购买家电并交投废旧家电，促进家电行业发展、拉动内需，也促进了电子废弃物正规处理企业的发展。在此阶段，回收机构与处理企业开始展开竞合，电子废弃物的回收量不断增长，消费者往正规渠道投放电子废弃物的意识逐渐显现，回收物流系统在空间上表现为集聚发展，可以看作回收物流系统发展的起步阶段。但是在该阶段，回收物流体系不完善，回收物流空间布局散落分布在城市的中心商业区内，大节点有限，小节点联系也较弱，回收物流整体空间布局上呈现非均衡发展。

（3）ERP制度下回收物流迅速扩展发展阶段

在此阶段，电子废弃物回收模式不断创新，回收物流体系进一步完善，回收规模不断扩大，电子废弃物的回收能力不断提高，电器电子产品生产商、经销商以及电子废弃物回收企业、处理企业竞合关系明显，回收物流资源流动顺畅，初步形成电子废弃物回收处理企业联盟。

ERP制度推进下的创新回收模式包括：互联网+回收、两网融合发展、新型交易平台、智能回收模式等。大量创新回收公司涌现，利用“互联网+”、大数据等现代信息手段，推动再生资源回收模式创新，完善废弃电器电子产品回收体系。工业和信息化部通过生产者责任延伸试点构建绿色供应链企业示范，推动生产者为主导的EPR回收模式，在《废弃电器电子产品回收处理管理条例》和基金制度下，明确规定了与电器电子产品相关的生产者、销售者、消费者等各方主体的回收责任，通过向家电生产商、进口商征收处理费用并补贴处理企业，以此推进电子废弃物处理行业的发展。

（4）新型回收试点下的全方位发展阶段

此阶段，回收物流已经形成规模，回收物流经济效益明显提高，在回收物流系统内部已经形成合理的回收物流分工合作体系和成熟完备的层次回收物流体系，回收物流系统运行稳定、高效而有序。2017年，北京发展和改革委员会启动废弃电器电子产品新型回收利用体系建设试点工作，首批13家试点企业分为5种回收模式：环卫企业依托生活垃圾分类收集网络回收、生产企业依托销售网络回收、销售企业“以旧换新”回收、再生资源回收利用企业拓展服务范围回收以及互联网企业“互联网+”回收。北京的试点对全国回收行业具有很好的示范和带动作用。

2. 回收物流系统运行的点、线、网结构

根据回收物流系统组成元素相互连接方式的不同，可将回收物流系统结构分为以下五种，如图 5－29 所示。

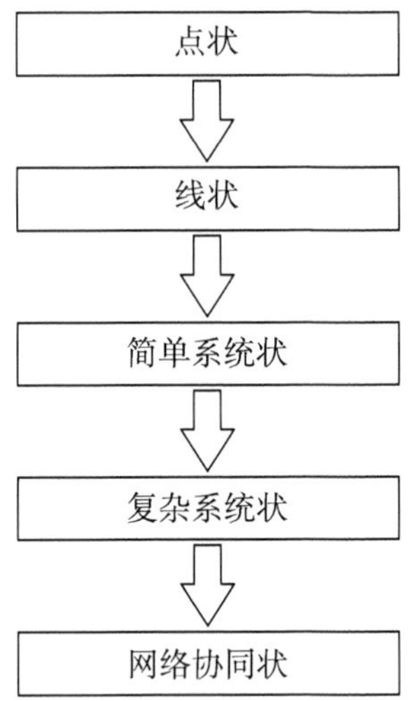

图 5－29　回收物流系统结构演化

（1）回收物流系统的点状结构

点状结构中回收物流节点企业彼此独立，信息不共享，资源不共用，企业间往来较少。这种结构在回收物流系统演化的初期才出现，是特定的经济、地理环境下的产物，现实中已经不多见。

当回收物流由低水平无序阶段向聚集阶段发展时，某些地点具备能力、区位等优势而成为增长极，“极化”效应促使回收物流资源空间聚集发展成回收物流节点，此时回收物流系统呈点状结构。

（2）回收物流系统的线状结构

线状结构是指物流节点由简单物流线路连接成线，节点之间还没有形成网。回收物流发展到第二阶段后，区域内主要回收物流节点间会有线状连接，但是连接方式简单。

回收物流线状发展阶段，空间结构的初级化集聚阶段向 ERP 制度下回收物流迅速扩展的发展阶段发展，是在回收物流点状聚集的基础上，逐步形成不同等级的回收、拆解、处理节点，通过物流连线连接区域内主要回收节点并形成回收物流产业链。各种回收节点围绕回收拆解处理中心及其物流产业链形成循环回收经济体，这是回收物流节点聚集与扩散活动的升级。

（3）回收物流系统的简单系统状结构

这个时期的回收物流节点基本都彼此相互连接，从而形成简单的系统状结构。系统中各主要回收物流节点与其邻近的节点基本实现了点到点的连接，但由于回收物流的节点、线路、系统多极化发展，形成不同等级体系，这时回收物流系统会发展成初级的多中心（处理中心、拆解中心、转运中心）、多层级的系统结构。

回收物流系统状发展阶段，处于 ERP 制度下回收物流迅速扩展的发展阶段与新型试点下的全方位发展的初级阶段，回收物流由不平衡阶段逐步向平衡阶段发展。回收物流经济呈现动态变化，并表现为区域内物流资源通过点线之间的连接成为一体，最终形成体系。这种体系能确保区域内的回收物流资源流动顺畅，方便回收物流资源的吸引、聚集和辐射，进而促进回收物流经济的平衡发展。

（4）回收物流系统的复杂系统状结构

复杂系统状结构是指各物流节点和线路以同质化的方式连接成网，其节点和线路不断演化而分化成不同层次结构和层级范围，不同层次结构和层级范围的回收物流系统逐渐形成内部同质化的物流圈和物流域面。系统中各物流节点间大部分都有物流线路，实现点到点的连接，中心节点间的物流频繁。这种系统运行可靠性高，一个或几个物流节点或线路的增减不会影响整个物流系统的运作。

这种复杂的复合型物流系统结构，有利于促进区域回收物流系统协作的进一步优化。在合理配置地区回收物流资源、协调回收物流平衡发展方面发挥着特别重要的作用，是地区回收物流发展到成熟阶段的一种最佳形式。

回收物流复杂系统状结构处于新型试点下的全方位发展阶段，此时回收物流系统发展具有系统化、均衡化、多中心、多域面、多层次等特征，回收物流点状聚集和线性集聚扩散程度加深，回收物流经济要素运动趋向多方向系统性扩散与辐射，达到全方位发展阶段。整个回收物流系统可视为一个复杂系统，不同层次、不同类型的物流“点—线—网”有机结合、相互促进，使回收物流向高级化、一体化方向发展。同时，区域内的回收物流系统与区域外的回收物流系统的结合，形成更大范围的区域回收物流系统。

（5）回收物流系统的网络协同状结构

从回收物流系统协同的研究角度来看，回收物流系统的协同同时包含着以下几种状态：系统要素资源之间的点点协作是微观层次的协同研究，功能体之间线线协调是中观层次的协同体现，物流系统的协同是宏观协同的展现。

回收物流系统自组织演化过程中，系统结构意味着系统中要素间竞争、合作与协同的关联方式。协同表明的是系统的统一性，任何系统的合作与协同都是基于竞争基础的，竞争与协同是相互依赖的，所以回收物流系统的协同结构体系是在回收物流需求对资源的竞争的基础上形成的结构，是回收物流系统对外功能展现的活力和动力。

回收物流系统的协同是由横向物流协同和纵向物流协同交叉而成的动态复杂协同（见图5－30），是多个子系统通过相互协作协调使其所属子系统的协同有序运行的结果，它伴随着回收物流系统结构空间拓展的变化不断发展变化。

三、回收物流系统协同成长运作模式

由回收物流系统的协同结构体系图（见图5－30）可知，回收物流系统的协同可分为信息、组织、基础设施、需求、功能、目标客户这六个子系统内部资源的协同及子系统间的协同，子系统之间的协同包括横向物流子系统间的协同和纵向物流子系统间的协同以及这六个子系统相互间的协同。

1. 回收物流系统横向协同与纵向协同

图5－30中将回收物流系统同类实体间的协同称为横向协同，把异类实体间的协同称为纵向协同。横向协同实现的是系统资源的聚集、功能的拓展与能力的增强，主要体现为资源互补性协同。纵向协同实现的是系统整体协同运动的功能涌现。各子系统内部及

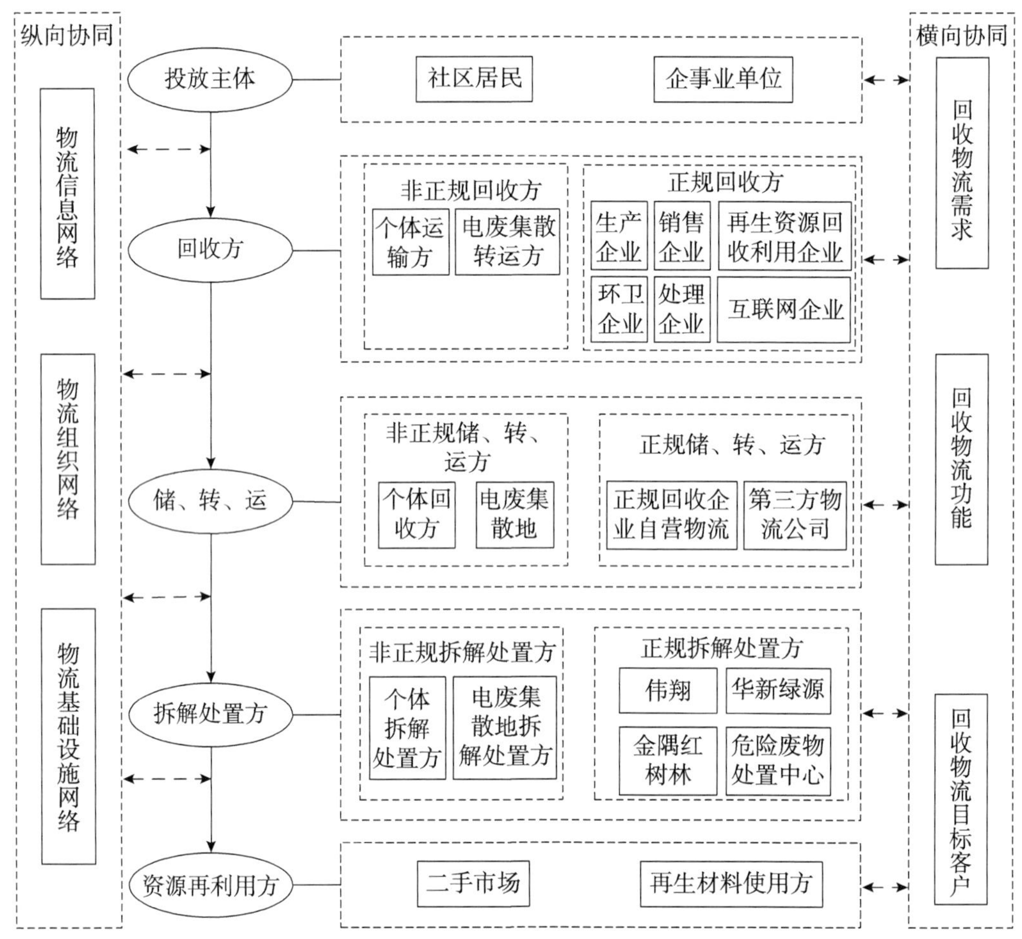

图 5－30　回收物流系统协同结构体系

相互间的协同关系有需求竞争、功能体联盟、目标竞争协同。

从横向看，回收物流系统提供良好的系统功能、满足物流需求、实现目标客户服务；从纵向看，回收物流系统据此形成基础设施、信息和组织管理的协同运动。只有横向回收物流系统和纵向回收物流系统相互之间进行有效的交叉协同合作，才能形成整个回收物流系统的协同，达到回收物流系统整体有序运行的目的。因此，回收物流系统整体的协同是横向回收物流协同与纵向回收物流协同的一体化协同。

回收物流系统横向协同突破企业界限，通过信息交互和资源共享实现子系统内部各实体间的相互竞争协同，是同类资源的扩大、资源整合的统一。回收物流系统纵向协同是在回收物流需求的作用下，不同子系统实体间的相互协同合作，通过联盟形式使得组织在回收需求的驱动下，实现对信息、资源的整合，形成以需求为序参量、以功能体为主要组织对象的协同运动，形成的是异类实体间的协同合作，协同的目标是完成回收物流的目标任务。

2. 回收物流系统六个子系统的内部协同——系统资源的点点协同

回收物流系统各子系统是由多个实体构成的，各子系统内部的协同即为同类实体间的协同，是具有相同功能的企业、设施等资源自身的协同；各子系统间的协同则为异类实体间的协同，是回收物流运作过程中不同类型资源间的协同整合。

微观层次上研究回收物流系统的主要着眼点便是回收物流系统功能体各资源分形主体的相互作用，回收物流系统资源的点点协同是各分形主体在资源整合的基础上以回收物流需求为核心进行的相互协作，即同类间或异类间的信息、组织、基础设施、需求、功能、目标客户相互协作。根据协同学的支配原理，决定系统结构行为的只有少数的序参量，在系统资源供不应求的情况下，需求是功能体系统的序参量，它引导和支配着其他各类分形主体尤其是功能体的组织结构和行为。

信息的协同是指回收物流信息系统中各主体间的信息共享，使得回收物流系统各主体间能够进行实时信息交互，并根据周围环境与需求目标及时调整自己的运行状态，保持与系统的总体目标协调一致。

组织协同是指回收物流组织系统中各主体间保持对资源组织管理的协调与同步。

基础设施协同则指回收物流系统中各主体的基础设施间的互补性合作，共同实现系统目标。

需求协同是回收物流需求系统中各主体通过竞争与协同，使回收物流需求整合并分形为不同层次的需求，引导整个回收系统有序运行。

功能协同是指回收物流功能系统中各主体根据物流需求进行的竞争、协调与合作，供给主体所掌握的基础设施、物流能力、技术等是回收物流功能系统中的核心资源，只有供给主体协同运行，才能有效形成系统整体的协同。

目标客户协同是指提高功能体间对目标客户的共享与竞争，建立功能体间的协同关联，有效提高回收系统储存、转运的工作效率，减少不必要的物流资源浪费。

3. 回收物流系统功能体间的协同——线线协同

复杂庞大的回收物流系统包含多种不同的物流功能体，在功能体内部资源协同运作的同时，功能体之间并不是彼此独立的，而是相互联系的，这些联系是通过对某些资源进行竞争和协作体现的，因此这就需要各功能体在满足各自物流需求的同时，还要兼顾与其他功能体保持协同运作状态，以便使整体资源得到充分利用。多个功能体线线协同表现为中观层面的协同，多个功能体的回收物流需求的分形元需求便是该层面的序参量，序参量之间通过竞争协同，并对所涉及的系统资源进行协调利用，形成在该范围内的物流系统功能体间的协同，线线协同有两种形态。一种是物流需求序参量与其他参量（如功能序参量、资源序参量等）之间的协作；另一种是多个物流需求序参量之间的协调或联合及由其引导的各子系统之间的协调或联合。

4. 回收物流系统整体的系统级协同

回收物流系统整个立体结构的协同运作是指在物流系统需求序参量的支配和役使下，回收物流系统资源的协同运动，是在点点协同、线线协同基础之上的物流系统整体资源协同。因此，协同级别上升到以回收物流需求为序参量，以物流资源、信息、功能、组织为参量的系统整体协同运作。回收物流系统是由多个子系统构成的，对于每个子系统都会有至少一个序参量支配其运行，所以序参量支配下的每个子系统都对应着物流系统宏观整体结构中的一个微观组态。当多个子系统的序参量共存于系统时，便会形成强势吞并弱势、均势相互竞争的多序参量合作态势，共同控制整个系统的演化进程；但随着控制参量的变化，共存的序参量的竞争日渐激烈，当控制参量达到某个阈值时，最终会由一个或几个胜出的序参量支配系统，形成系统整体协同的宏观有序结构。

四、回收物流系统协同运行机制

1. 回收物流横向协同运行机制

对于横向协同模式，协同机制就是要协调各主体的目标、策略和行为，为实现回收物流需求的目标而进行的协作。

（1）战略层——目标协同

回收物流系统的协同有序发展是系统整体的发展目标，回收物流系统中各企业及子系统都应以此为目标进行战略目标的协同，在围绕实现回收物流需求的合作过程中，应及时调整各自的目标，使之与系统整体需求目标保持协调。

（2）协调层——策略协同

回收物流系统策略协同指各功能体或子系统的信息与资源实时共享，才能保证系统效能的发挥最大，根据回收物流需求的变化实时调整各功能体在回收物流任务中的关系并做出最优协调决策。

（3）运作层——行为协同

运作层是指回收物流系统节点企业资源在实际操作的过程中，根据战略层目标和协调层方案形成系统资源的优化合作，使节点企业高效、低耗地满足回收物流需求的要求。

回收物流系统战略层决定着回收物流系统协调层的协调决策，协调决策对运作层的运行方案起优化作用，回收物流系统协同运行关系如图 5－31 所示。

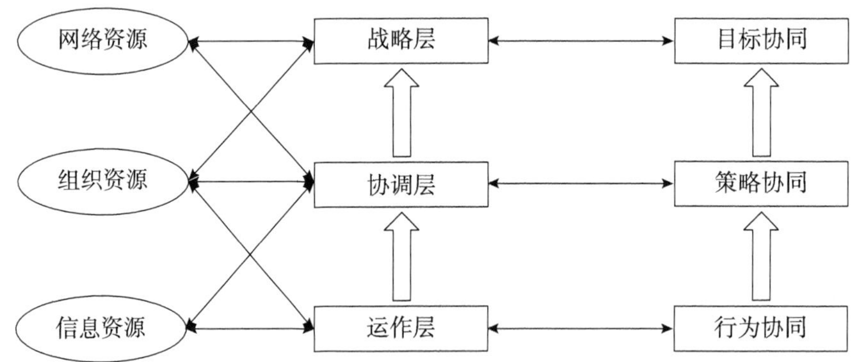

图 5－31　回收物流系统协同运行关系

2. 回收物流纵向协同运行机制

对于纵向协同模式，协同机制是要进行任务的描述、分解、调度与管理等，而回收物流系统的资源整合与回收物流联盟正是针对上述问题而构建的回收物流系统协同运行机制。

回收物流系统针对任务设计的运作流程的协同机制，是指资源整合阶段的系统资源协作与回收物流产业联盟阶段的功能体资源协调及整个物流系统运作过程的协同管理与优化。纵向协同运行机制依据回收物流目标任务的要求进行的一系列资源的整合、产业联盟、协同管理与协同优化，使系统资源协同有序，最终完成回收物流任务。回收物流纵向协同运作流程如图 5 – 32 所示。

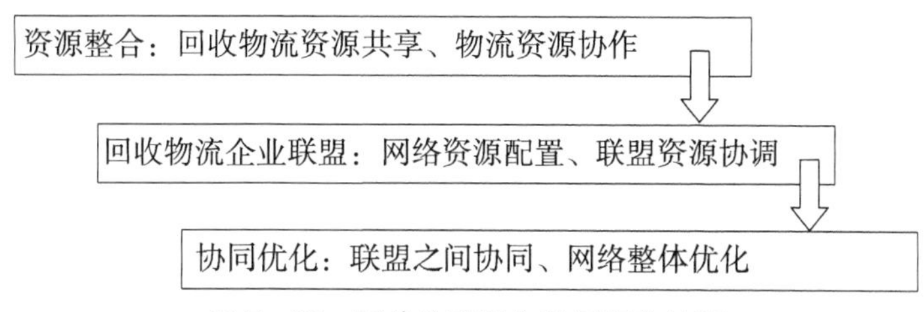

图 5 – 32　回收物流纵向协同运作流程

（1）回收物流系统资源整合阶段的协作

回收物流系统资源整合是有目标的系统资源共享，是以回收物流需求为目标的各物流子系统内部或相关企业间的横向及纵向协作，通过回收物流系统资源整合，形成信息、组织、基础设施、需求、功能、目标客户这六个子系统有序协作，以实现回收物流需求为共同服务目标。

（2）回收物流产业链中的中小企业联盟协同

协同是指通过对不同个体或资源的协调，使这些个体或资源能够协调一致、均衡有序地共同完成既定目标。联盟协同是通过产业链中不同层级的中小回收物流节点企业围绕同一物流目标任务组建形成，按照统一操作规范和目标规划，相互合作有序完成回收物流目标。

回收物流系统中竞争和协同是相互依存和促进的关系，竞争体现了节点之间通过建立竞争合作关系获得各节点能力的提升；而协同则是实现节点能力尤其是系统能力提升和资源优化配置的重要途径。中小回收物流企业联盟协同的内涵，是指各中小物流功能体企业通过联盟形成的基础设施、组织、信息系统子系统内部及相互间进行要素整合和协调配合，使联盟体及各子系统内的要素有效流动并且优化配置。在实现各成员企业战略目的、保障成员企业利益的前提下，促进成员系统化、跨域跨组织运作，最终实现协同，达到整体效能最优和综合收益最大化的目的。

①中小回收物流企业联盟协同过程

中小回收物流企业联盟协同运行机制是以基础设施、组织体系、信息网络等联盟资源为基础，引导和制约联盟中成员企业的协同活动、行为方式和运作方式。联盟协同分为基础层、组织层、信息层三个层面，各层面中不同要素相互联系又各成体系，每个层面都有其特定的运行机制，通过这三个层面内部及相互间的有机结合，使联盟建立有序的时间、空间或功能结构，形成联盟的有序运作，最终实现联盟协同效应和价值增值，具体如图 5 – 33 所示。

a. 基础层

基础层是中小回收物流企业联盟协同的基础保障，它以回收基础设施要素为基础，包括了中小回收物流企业联盟中各成员企业及联盟体所拥有的有形资产。它是满足回收物流联盟组织管理需要的、具有综合功能或单一功能的基础设施，包括循环物流园区、物品集散中心、转运中心、货运场站、回收网点、拆解设施、仓储设施、公共信息平台、专业运输车辆等。

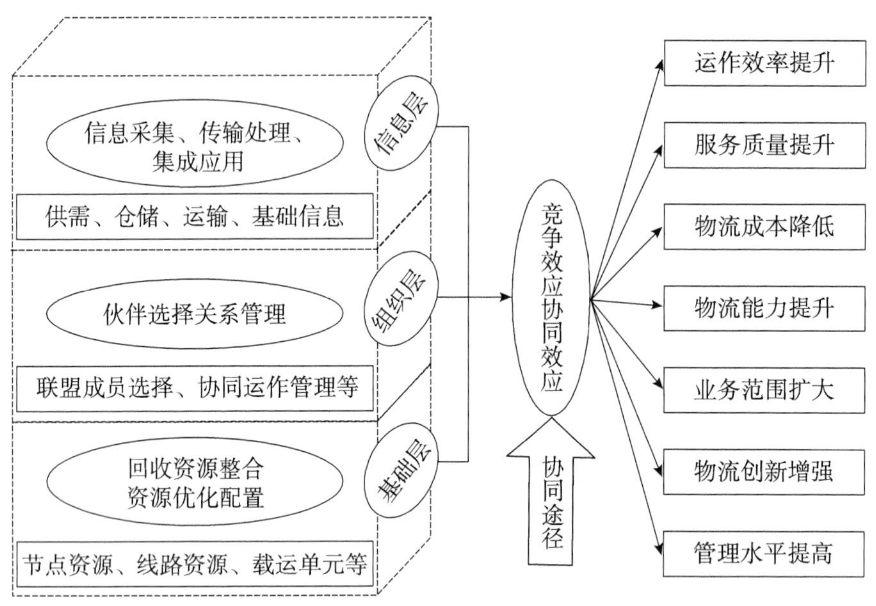

图5－33　中小回收物流企业联盟协同途径选择与价值实现

中小回收物流企业联盟基础层协同的功能及意义就是要改变中小回收物流企业及联盟中客观存在的节点、线路和设施设备资源利用率低下，没有形成资源共享和协同运作的现状。基础层的建设和管理要从整体的角度出发，在充分考虑个体利益的基础上，对回收物流基础设施等有形资源在空间分布、运作机制等方面进行整合优化，实现资源整合和信息共享，从而降低单个企业的投入和风险，提高回收设施设备的利用率，为实现更高层面协同提供基础保障。

b. 组织层

从交易费用经济学的角度来看，当回收节点企业（回收商、处理商）结成战略联盟后，各企业专注于核心业务，既相互独立又相互依存，彼此间开展战略协同合作，能够降低交易费用，提高各节点企业与整个回收物流系统的抗风险能力。另外，资产的专用性使得节点企业退出合作联盟要付出较高成本，相应限制了机会主义行为的发生。

组织层是中小回收物流企业联盟协同的组织保障，它是在基础层之上建立的，其协同机制包括联盟成员的选择及构成、联盟组织模式和运行架构。

组织层协同将分散的独立经营主体，按照特定的联盟战略目标，整合联盟内的组织资源，按照最优的联盟方式形成联盟组织架构及模式，成为组织层面的协同保障。

组织管理协同对联盟运行中可能出现的管理问题进行协同，包括中小回收物流企业联盟的关系管理、风险管理、冲突管理以及利益分配等诸多方面，其中联盟的利益分配机制设置是其核心，是基础层和组织层协同的结果，体现了对成员间关系的定位、对风险的控制和回收物流任务完成过程中出现问题时的解决对策。通过组织管理协同促使联盟能够协同应对市场竞争，保障各成员企业同步发展，不断提高回收物流服务质量的同时降低成本，挖掘和推广新的物流技术，保障回收物流活动在联盟内顺利进行和联盟的协同扩展，形成一体化的回收协同格局。

c. 信息层

信息层是中小回收物流企业联盟协同的技术保障，是联盟协同体系框架中的重要组成部分和中枢神经，它以中小回收物流企业联盟信息平台为基础，包括路网节点等基础设施信息、成员企业资源信息和废旧物品信息、组织调度信息、供需信息、费用结算信息以及相关信息技术等。通过信息协同可使成员企业间的信息资源快速、准确和动态流动，使联盟任务调度得到最恰当的资源配置，实现任务协同运作的无缝衔接，保障物流任务得以顺利完成，使基础层、组织层能够实现有效衔接和整体层次协同。

信息层协同将联盟成员的信息和信息系统、信息技术进行集成，形成统一的协同信息平台，实现回收联盟物流信息的整合共享，在此基础上将物流任务分配组织、交换对接和共享开放，对联盟资源进行有效配置，打破企业间信息资源流通障碍和边界。信息层的构建与运行充分体现联盟协同的柔性化、开放式、兼容性、模块化和及时性等特点，向下兼容各方已有的信息系统和信息技术，形成信息无缝对接。

以上三个层面共同组成和支撑了中小回收物流企业联盟协同，三个协同层面之间相互依存、共同协作、彼此影响，对于提升中小回收物流企业联盟协同质量和联盟价值起着关键性的作用。

中小回收物流企业联盟协同能够实现系统协同效应，提高中小回收物流企业联盟的整体价值。协同效应包括协同竞争效应和协同互补效应，协同竞争效应体现在通过中小回收物流企业的协同运作，有利于提升相互市场的开放程度、扩大成员企业的市场竞争范围、提高成员企业服务效率、降低运营成本、提升服务创新能力等，促使联盟成员企业获得依靠自身能力和原先覆盖的市场范围所无法实现的价值；协同互补效应体现在通过联盟内资源的开放、整合与共享，有利于促进中西回收物流企业扩大业务范围、提升服务能力、实现专业化分工，提高企业经营管理能力及回收物流新技术和新设备的开发利用能力，基于联盟成员资源的互补性，使各企业可以获得额外的价值溢出。

②中小回收物流企业联盟协同的具体形式

中小回收物流企业联盟协同在实践中主要是围绕核心业务开展合作，通过基础层、组织层和信息层的整合优化，使成员企业资源得到优化利用，联盟整体实现效益和价值提升，在回收物流运行过程中具体形式表现为系统集成、场站（仓储）协作、信息平台主导、供应链整合及联合回收组织优化等形式。

a. 系统集成型

系统集成型是以回收物流实体资源为核心的协同形式。通过企业间跨区域合作和对回收物流任务协同执行，使分散的回收资源得到集成；各成员企业通过发挥其自身的核心业务能力，使整个联盟服务能力得到提升，联盟系统的广度和深度不断拓展。

b. 场站（仓储）协作型

场站协作型是以场站资源为核心的协同形式。通过整合各种分布于不同区域的储存与加收物流资源，实现收集、储运、处理的有效衔接和协同运作，提供高效的储存、转运、处理一体化服务，满足不同客户分散化、个性化、多样化的回收物流需求。

场站协作型以联盟企业自有的处理中心、仓储、转运中心、集散中心为重要资源组建联盟，以物流系统化运作模式为基本特征，由多家中小型物流企业以自身的发展需求和各方的共同利益为基础，通过建立场站间的合作交流机制，使资源在联盟内实现开放和共享，使联盟能够从整体视角对分布式的资源进行集中式统一管理，实现仓储、转运、处理系统的快速反应和协同运作，促使成员企业的资源得到充分利用，压缩存量资本和减少设施投入，形成分布式的云场站平台和快速收、储、转系统。

c. 信息平台主导型

信息平台（如："互联网＋WEEE"回收平台）主导型是以信息平台为核心的协同形式。依托信息平台全面整合分散的回收物流供需资源，利用信息技术和物流管理技术统筹调配物流资源、优化业务流程，为需求方提供增值服务。

通过信息平台将消费者资源和成员企业资源进行集成，对于消费者来说可以通过信息平台提交废旧电子产品投放请求，信息平台汇集所有消费者投放请求，统一接单。合作过程中涉及的数据信息资源对成员企业开放共享。根据联盟协同机制和运作规则，信息平台将根据废旧电子产品投放情况向成员企业分配物流任务，统一对设施设备资源进行调配，进行系统化的协同运作，共同完成物流任务。

d. 供应链整合型

供应链整合型是以拆解处理企业为核心的协同形式。通过对回收供应链中涉及的收集、仓储、运输、包装、加工、分拣等环节的回收企业资源进行整合，实现回收物流供应链服务的整体优化，满足拆解处理企业从废旧物品收集到再生资源销售、转运、集散全过程的一体化物流服务需求。

③中小回收物流企业联盟协同成长运行机制

在一定的协同阶段，中小回收物流企业联盟中的各个成员协同决策，通过管理协同机制对各成员企业的资源，按协同模式进行整合、优化，达成一定的资源协同共识；而后协定采用一个有效的、各方都满意的利益分配和风险分担方法达到协同。随着协同程度的不断深化，中小回收物流企业联盟内部资源配置得以不断优化，协同效应逐渐体现出来，与此同时，回收物流系统结构开始跃迁到更高级的有序状态，从而带来更大的协同效应；当这种协同效应反馈到中小回收物流企业联盟内部成员时，又会带来新一轮的协同决策。图5－34给出了中小回收物流企业联盟协同成长运行机制。联盟协同成长运行机制主要由协同决策、利益分配与风险分担、进化机制、反馈机制、循环机制组成。

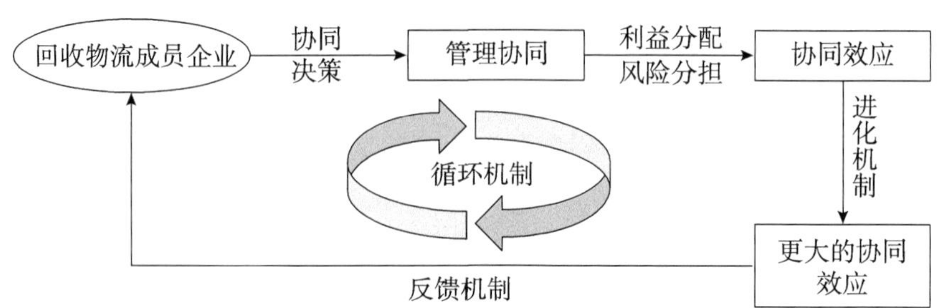

图5－34　中小回收物流企业联盟协同成长运行机制

a. 协同决策

中小回收物流企业联盟为了达到协同，进行协同决策是必经阶段。协同决策是联盟内部各成员企业就运作计划、协同规则等达成一致，以互利互惠为原则相互协作，进行的相关决策。在协同决策的时候，利益分配与风险分担的方法一般已经达成，协同决策作为系统不断进化的原动力，促进着系统由无序到有序的不断进化。协同决策在自组织中类似序参量的角色。

b. 利益分配与风险分担

利益分配与风险分担是实现协调的常用策略，联盟协同的根本动力是获得“1+1>2”的协同效应，成员企业彼此能够获得更优的长远利益，因此利益分配与风险分担是实现联盟协同的关键问题，联盟的最终协调必须以公平合理的利益分配与风险分担原则为基础。利益分配一般遵从以下三个原则：利益与投入成正比、利益与风险成正比、利益与贡献成正比。利益分配与风险分担类似自组织理论中的控制参量。

c. 进化机制

联盟具备耗散结构，具有自组织理论中的协同效应，因此联盟具备主动进化功能。经过进化，联盟结构不断完善，联盟开始跃迁到更加高级的有序状态，促进联盟向更高级协同演化。

d. 反馈机制

反馈的过程实际上是一个信息的收集和传递的过程，反馈机制实质是一种信息沟通机制。反馈机制使系统整个运行机制得到不断完善，为后续向更高级的有序状态进化提供保障。

e. 循环机制

通过信息流、物流和资金流的流转来推动回收物流系统循环持续成长，循环机制是整个回收系统运行机制的中枢神经。

3. 回收物流系统管理协同机制

（1）废旧电子产品回收物流管理协同机制构建

管理协同机制（见图5-35）构建的目标是通过对政府、回收平台、处理企业、消费者、物流公司等主体的资源按协同方式进行整合、优化，实现对参与废旧电子产品的回收主体全过程和多方位的集成管理，科学合理地高效回收利用废旧电子产品，达到废旧电子产品减量化、资源化和无害化，促进循环经济发展。

①各主体协同

废旧电子产品回收管理需要对整个回收系统中的所有参与主体实施全面管理，协同机制能够将针对单个主体的行为管理转化为针对全部主体行为的综合科学管理。

②全过程协同

废旧电子产品的回收过程管理包括源头减量管理、分类收集、储存管理、转运管理、处理处置管理各独立环节，通过协同机制，将各独立环节整合为整体的、连贯的循环物流体系。

③多方位协同

通过各层次和多学科的沟通与融合，将主体各种分散信息实现关联与共享、分散的资源进行整合和调配，实现协同运作。

（2）过程管理协同运行机制

废旧电子产品规范管理协同是以循环利用废旧电子产品中的有价值产品为导向，在

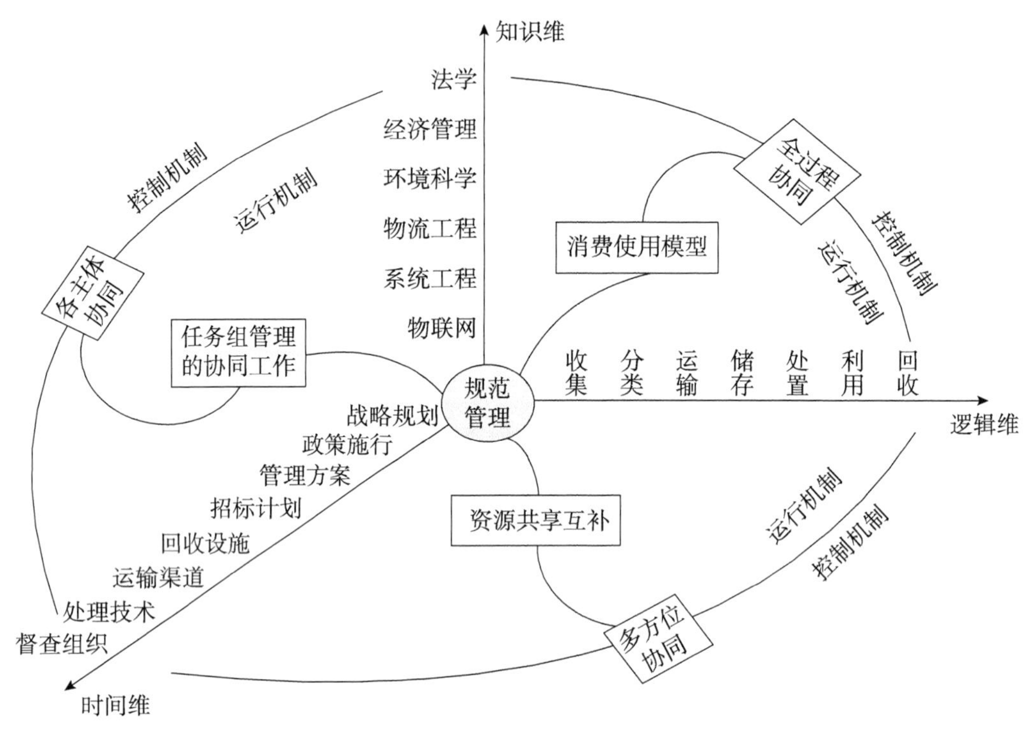

图 5－35　废旧电子产品规范管理协同机制

国家宏观政策指导下，联合生产商、经销商、回收机构、物流公司、处理企业等组织，会同地方政府、行业协会、科研院所等支撑机构，共同构建管理协同平台，共享信息、知识、技术等资源，并与消费群体深入互动，实现协同效应，提高经济与社会效益。一个规范的废旧电子产品回收协同过程应该包括回收点、中转站、处理中心、处置场等设施主体以及再销售、再制造、再循环和废弃处置四种处理方式。其中，回收点将收集来的废旧电子产品经检测分类后，功能完好、没达到废弃年限且整机经翻新测试后能达到旧电子安全标准和性能标准的旧电子产品投入二手市场再销售，其余的经由拆解处理中心进行梯级处理。对进行拆解过后经检测可回收再用/再制造的零部件，将对其进行简单修理或升级处理后用于同种或同类产品的生产，对于不能再用的零部件经粉碎、分类、清洗后，经化学方式提取原材料用于再生产，最后将处理过程中产生的废弃物交由废弃处置厂进行无害化处理（见图 5－36）。

（3）协同控制机制

协同控制机制贯穿于整个管理协同过程中，为实现管理协同效应，对各种干扰带来的不协调行为进行适当的控制协调，维持协同平台顺畅运转。管理协同控制机制主要通过激励、扶持政策与多部门协同工作来实现废旧电子产品回收处理全过程的管理。《“十二五”危险废物污染防治规划》《中华人民共和国固体废物污染环境防治法》《国家危险废物名录》等的发布，为废旧电子产品管理指明了方向，创造了良好的法治环境，使废旧电子产品管理有法可依、有章可循。《废弃电器电子产品处理基金征收使用管理办法》、家电以旧换新等政策的施行，激励企业、科研机构等积极投身到废旧电子产品回收处理体系中。

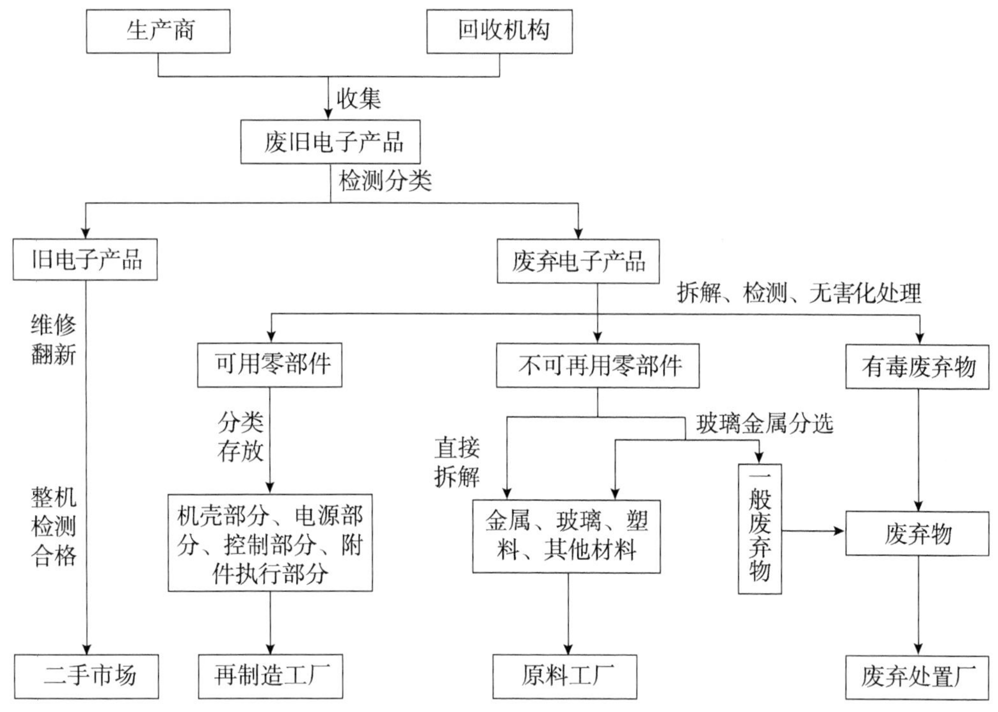

图 5-36　废旧电子产品回收处理流程

2011 年 1 月 1 日起施行的《废弃电器电子产品回收处理管理条例》规定，由经济和信息化委员会主管废旧电子产品回收的管理工作，环保部门主管废旧电子产品回收和协调工作、废旧电子产品处理的监督工作、废旧电子产品处理企业资格的审批工作。另外，废旧电子产品回收处理还涉及发展和改革委员会、海关和财政等多个部门，在协同控制机制中，废旧电子产品的管理按照“统一部署、分级实施、层层负责”的原则，成立监察领导小组，实现多部门协同监督、全过程管控。

（4）废旧电子产品规范管理协同机理分析

①消费使用模型

要实现废旧电子产品规范管理，必须建立高效的回收处理系统，电子产品的理论报废量预测是建立该系统的基础和前提条件。

由于电子产品的实际废弃年龄、新旧程度以及消费者的消费习惯和消费水平等多种因素，电子产品到达平均寿命后实际上并没有 100% 废弃。1991 年 IMS（废弃电子调查）的研究报告表明，产品的寿命期围绕平均寿命呈正态分布，更加贴近实际情况。本章对北京市废旧电子产品理论报废量的预测采用消费使用模型，即通过电子产品社会保有量和产品寿命分布比例对电子产品理论报废量进行预测。该模型涉及的参数比较容易获得，主要的参数有电子产品社会保有量、平均寿命、平均重量以及寿命分布比例。采用消费使用模型，既能反映北京市废旧电子产品产生量的发展趋势，也基本上能准确地预测废弃物产生量。以预测量为基础再结合北京实际情况，拟定废旧电子产品回收处理过程中各设施的数目、位置和空间布局。

②任务协同机理

废旧电子产品各管理主体根据工作内容的不同被划分到各个任务组中，其中北京地方各级人民政府、社会群体为系统管理组，负责北京市废旧电子产品管理战略规划、政策制定、结果评估等子任务；北京市城市管理委员会、北京市环境保护局以及科研机构等为任务管理组，负责政策施行、过程监督、技术研发等子任务；电器电子产品的消费者、持牌回收处理单位为任务执行组，执行北京废旧电子产品的回收、存储、运输、处理等子任务。在废旧电子产品回收处理体系中，面对海量复杂信息，各任务组借用“互联网＋”和云计算、大数据处理技术对废旧电子产品数据进行操作、处理和层层传递，实现交互协同（见图5－37）。

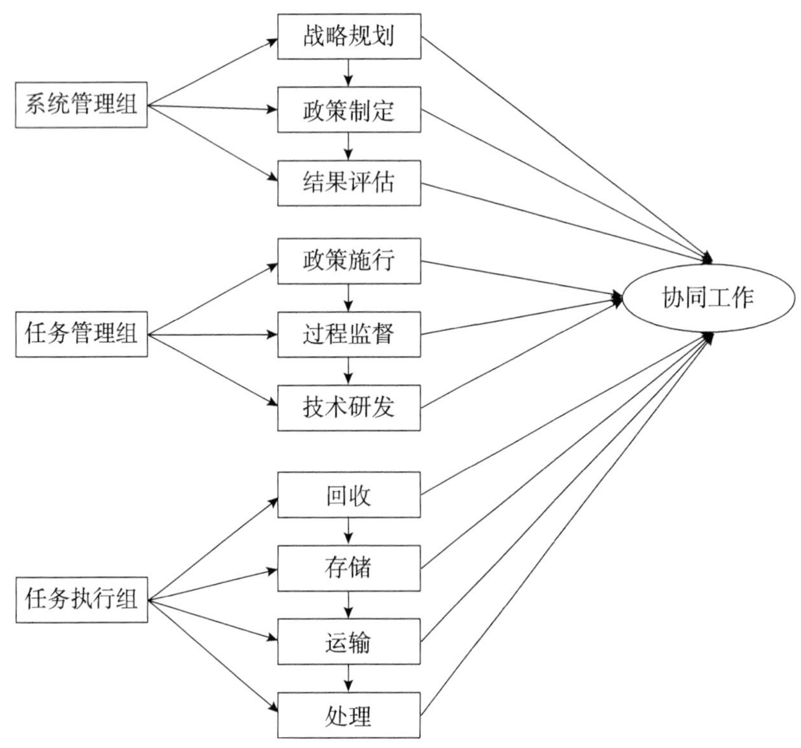

图5－37　基于任务组管理的协同工作模型

五、小结

本节从宏观、中观、微观三个协同层次入手，从不同角度对影响协同运行的内外环境分析，探讨了回收物流系统经历的几个运行阶段及对应的点、线、网结构特点，在回收物流协同结构的基础上，提出了横向及纵向协同的运作模式。

基于横向协同模式，提出了协调各主体的战略目标、协调策略和运作行为的协同机制，目的是完成回收物流需求目标；而对于纵向协同模式，提出了进行回收任务描述、分解、调度与管理的协同机制，针对纵向协同模式构建了基于基础层、组织层和信息层三个层面的中小物流企业联盟协同运行框架机制，并对中小物流企业联盟协同模式、路径选择、运行机制及管理协同进行了详细的分析。

第四节　北京市废旧电子产品回收物流协同成长对策及建议

回收物流协同成长受到来自系统内外的错综复杂的因素影响，成长过程不会一帆风顺，回收物流协同成长运行需要回收相关各方相互协作、相互配合，采取行之有效的协同措施，加强回收物流子系统内部及不同子系统之间的联系，促进系统整体协同成长。协同成长的研究是一个长期的、复杂的、艰巨的系统工程。下面分别结合北京废旧电子产品回收中存在的问题从回收物流体系、政府、企业、消费者四个角度来讨论协同成长对策及建议。

一、完善 WEEE 回收物流体系，促进多主体协同合作

废旧电子产品回收处理过程中涉及众多的回收主体，包括电器电子生产商、零售商、分销商，企事业单位，二手商贩，网络回收平台；形式多样的仓储和运输组织，包括传统的仓储、运输企业，第三方物流企业，回收个体户，正规回收企业自营物流；形式多样的拆解处理组织，包括个体拆解处置组织，电子废弃物集散地拆解处置组织，正规拆解处理中心；零乱繁杂、水平参差不齐的二手市场。回收物流协同成长要求进一步完善回收体系，进一步规范并拓展回收渠道，规范电子废弃物回收网络多方主体的协同合作。

1. 规范并拓展 WEEE 回收渠道，建立多元化的回收网络

回收渠道畅通是决定废旧电子产品循环利用的关键。以“多渠道回收、集中处理处置”为原则，完善废弃电器电子产品回收基础设施，充分利用社区快递网点、邮政网点、垃圾回收箱等现有的基础服务设施，将社区已有的回收营业网点、家电维修点纳入废弃电器电子产品回收体系中进行管理。拓展回收物流服务体系，WEEE 网络回收平台与快递企业进行合作，快递员在社区、农村等上门配送产品时根据消费者的需求回收相应的废弃电器电子产品。在逐步规范现有回收商贩、维修点及二手市场的基础上，建立多元化的回收网络，让生产商、销售商及个体回收者共同承担起回收废旧电子产品的责任。

北京市政府继续推行再生资源回收体系试点工作，开展以回收站点、分拣中心和三级市场建设为核心的三位一体的回收体系建设，解决回收行业“小、散、差”的现象，通过指导试点企业制订实施方案，组织评估验收和指导，推动北京市向网点布局合理、管理规范和回收方式多元的方向发展。

2. 规范发展中小回收物流企业，强化企业协同合作

中小回收物流企业协同合作可以整合分散的回收物流资源，实现资源优化配置，并且通过协同合作，有利于回收物流标准的统一制定与推广应用，有利于打破不同部门、不同领域的条块分割，有助于促进回收物流一体化发展。中小回收物流企业间协同可以采用相互兼并、组建战略联盟、企业合营、组成回收物流企业集团等形式进行协作。

3. 加快发展第三方回收物流，提高回收物流市场反应能力

回收物流业专业性和规模经济的行业特点决定了制造业自营回收物流并不是行业发展趋势，而第三方回收物流才是发展方向之一。要鼓励大型电器电子制造企业和商贸企业整体剥离回收物流业务或组建第三方回收物流企业。

回收物流不是制造企业的战略重点，企业自营回收物流达不到降低成本的目的，基于社会分工和共赢的要求，寻求把回收物流作为战略发展重点的第三方物流企业一起通过循环供应链的整合来增强回收物流服务反应速度和服务柔性，以此降低回收物流运作成本。循环供应链协同战略给第三方回收物流的发展带来巨大的机遇，也给第三方回收物流的运作提出了更高的要求，第三方回收物流企业不仅要具备完备的专业回收物流设备，还需能对废弃电器电子产品的回收流程进行优化，针对不同电器电子产品的特点及其结构特征制订不同的回收方案，这样才能增强回收物流服务的柔性，提高回收物流反应能力，达到以更为合理的时间安排、更少的成本、更优的回收物流服务完成废弃电器电子产品循环供应链整体价值的增值和利益最大化，提升循环供应链整体协同性。

4. 搭建回收物流一体化合作平台，突破条块分割的管理体制

首先，政府部门、行业协会和回收企业加强合作。政府部门应充分了解回收物流企业发展的需求，制定回收政策，合理调整政策性回收补贴，加大回收物流基础设施的财政投资，加强回收物流收、转、运相关的物流通道和回收物流中心节点的建设，如中转站、循环物流园等；优化回收物流设施布局，整顿回收物流市场秩序，为回收物流企业发展创造公平的市场环境；政府部门应联合行业协会，共同推进回收物流标准化的制定与实施，协助回收企业实现物流信息共享，提高回收运作效率，推进回收物流收集共同化和拆解处置整合化发展；回收企业则以创造高效的企业回收物流系统为导引，主动接受政府、行业协会的规划、政策指导，注重企业回收物流与社会物流系统的衔接，发挥企业自身优势，提升企业的经营管理水平，融入社会回收物流网络体系。

其次，企业之间加强合作。在回收物流运营过程中，各种类型的回收物流企业通过建立各种形式的物流协作关系，充分利用自身资源，发挥各自在回收物流协同运作中的优势，加强回收物流业务间衔接，促进回收物流网络一体化发展。

最后，回收物流一体化发展有赖于建立一体化的网络回收平台，建立由城市管理委员会统一指挥和协调的打破行政区划条块界限的一体化的网络平台。建立包括政商学界人员参加的专门机构（如建立废旧电子回收协会），配置专门人员，按照回收物流业发展的客观规律，统筹规划回收物流基础设施建设与对接，促进回收物流主体协调合作，引导回收物流资源的跨区县整合，实现回收物流服务标准化、业务规范化、经营集约化，提升回收物流整体协同效率，保障回收物流相关主体的利益，从而实现回收物流可持续发展。

二、政府完善 WEEE 回收服务基础建设

北京市固体废弃物的污染防治管理活动中，政府一直处于管理者的角色，制定法律法规、建立公共环卫系统、建构回收体系以及运营处置中心等。政府目前在电子废弃物回收领域中，主要承担的职责有四个方面：制定法律法规的责任、监督的责任、财政支持的责任、宣传教育的责任。作为电子废弃物回收模式的推动者，北京市政府需要根据北京市电子废弃物发展情况制定未来的发展目标以及方向，通过媒体宣传教育消费者提高电子废弃物的回收意识，针对电子废弃物回收处理企业的实际发展情况制定相关的法律法规规范、监管回收处理企业的回收行为，维持电子废弃物回收市场的稳定有序。

1. 提高信息化基础建设，提高 WEEE 网络平台回收能力

随着互联网的快速发展，北京市使用互联网的人数逐年增多，城镇以及农村网络用户也在逐年增多，农村市场还存有较大的开拓空间，2013—2016 年北京市互联网用户统计如表 5 - 35 所示。政府部门应当加快北京市城镇和农村信息网络基础建设，推广网络回收平台的应用，加快回收物流、信息流在偏远地区的传输效率。

表 5 - 35　2013—2016 年北京市互联网用户统计　（单位：万人）

年份	2013	2014	2015	2016
互联网用户	1556	1593	1647	1690

数据来源：《北京统计年鉴》。

政府应当鼓励回收物流企业、社会公众加入 C2B 网络平台回收行业。一是有利于帮助回收企业稳定并提高用户流量，满足回收企业正常运营所需的回收需求。二是有利于帮助企业降低回收成本，简化回收流程，提高回收管理效率，在未来，回收企业的核心优势将与 C2B 网络平台密切地联系在一起。

2. 完善 WEEE 回收法制建设，净化 WEEE 回收行业环境

（1）经济激励制度

目前，北京市废弃电器电子产品处理基金已开始征收，基金缴纳义务人销售或受托加工生产相关产品时，按照以量定额的办法计算应缴纳基金，应缴纳基金的计算公式为：应缴纳基金 = 销售数量（受托加工数量）×征收标准。

很多学者认为该标准缺乏一定的灵活性，对于生产企业来说不能起到很好的经济激励作用，关键问题在于电子废弃物的回收成本与销售数量不是呈严格的正相关关系，原因在于两点：一是电子废弃物回收的物流成本稳定且属于可预期的范围；二是电子废弃物的产生与产品的销售数量由于产品报废的年限影响，直接联系不是非常紧密。

目前的北京市废弃电器电子产品处理基金征收的计算方式无法起到激励的作用，有时反而会导致生产者压力过大，使企业在原本竞争激烈的市场中生存更困难。因此，应当以生产年度为周期设置征收费用的上限，这个上限的确定可以通过回收物流模型的测算，按照电子废弃物回收的需要来确定，当生产者缴纳至足额的费用时，后续的生产量（销量）则不必计入当年的征收范围。这样，生产者的积极性不会受到影响，能够将剩余的精力与财力投入产品技术革新与提升市场竞争力当中，并形成良性的循环。

在之前的以旧换新政策实施期间，消费者热情高涨，对该政策评价较好。毕竟该政策作为一项“刺激消费”，鼓励“经济增长点”的临时性政策对家电回收也是非常有效且影响广泛的。本章更多的是考虑该政策给电子废弃物回收领域带来的影响以及能够借鉴的经验。其一，在《家电以旧换新实施办法》中规定了单纯的回收企业（即不参与废旧家电的处理活动的企业），可以按照运输的距离、回收产品的种类以及规格等标准，获得相应的运费补贴；其二，该政策对于电子废弃物的回收带来的影响还在于公众以及企业的认知层面上，通过该政策的推行，一批新的以旧换新或是新型的回收经营企业雨后春笋般出现。这些单纯的回收经营企业的出现带来的是电子废弃物的回收渠道从线下转移到线上的转变，也带来了其与传统的回收个体经营者之间的竞争。在回收流向方面，通过这些新型回收经营企业再加上政府设定清晰的废旧家电销售商回收渠道，至少在一定时间内，北京市废旧家电的回收流向趋于流向正规渠道。北京市电子废弃物专项处理基金作为家电以旧换新政策的衔接性制度，应当充分利用该政策给公众带来的积极影响，在基金的分配中考虑到回收经营者的份额，通过经济激励，让回收经营者能够提升回收积极性，引导废旧家电回收流向正规的回收处理企业。

（2）信息披露制度

首先，建立健全环境标志制度。生产者责任延伸的要求是生产者、销售者对消费者进行产品相关信息的公开。目前情况下实行环境标志制度，可以说是生产者进行信息公开的一个有效手段。北京市建立该制度的实质，就是由北京市相关环保部门根据有关的环境标准和要求确定认证机构，对生产者进行认证并颁发环境标志和证书，由此证明产品符合环保设计要求。

其次，健全完善消费者产品说明书。生产者在产品说明书中，应该把产品的相关信息详细地提供给消费者，包括产品中对环境有影响的物质、产品有无放射性元素、是否含有重金属等各方面的信息，尤其是产品的安全使用方法，必须做出详细的说明。

最后，提供产品废弃后的回收处理方式说明。生产者应对消费者或者回收处理企业提供该产品的回收、处理方式的说明情况。对于消费者而言，生产者应当告知其产品报废或淘汰后可供回收服务的回收站点、回收方式以及处理方式等；对于回收处理企业来说，产品的相关情况说明能够保证电子废弃物在回收、拆解、处置的过程中得到妥善的安排。

（3）监督惩罚制度

①监督制度

对于电器电子产品的生产制造商，从国际经验来看，电子废弃物回收的监督主要来自三个方面：政府、企业内部以及公众。政府对生产者的电子废弃物回收状况进行监督，该监督的作用对于生产者影响最大。一方面，政府要协调生产者、行业协会组织、回收者、消费者等产品生命周期中各环节参与者之间的关系，通过监督制度的施行情况，及时对不良的影响做出反应；另一方面，政府还要配合行业协会组织和回收者，负责防范搭便车的情况出现，还应对破产企业的“孤儿产品”及时处理做出监管。行业协会组织作为生产者的代表，最能够对行业内部起到监管作用。同行业者熟知本行业的情况，作为利益相关者，能够保证监督的及时性、有效性。政府可以通过帮助行业协会组织建立内部的管理和监督机制，以此实现对生产者的内控。公众的监督属于外部监督，主要的方式是利用媒体进行舆论监督，还可以通过诉讼、举报等实现监督。目前，建立健全环境公益诉讼制度非常必要，尤其是诉讼资格的放宽，能够提高公众参与的积极性和环保信心。

在电子废弃物回收处理中，行业协会组织作为非政府组织，在政府与企业之间起到一种桥梁和纽带作用，赋予行业协会适当的管理权力，并用法律制度保障其运行，必将弥补政府管理的不足，具有可行性和必要性。废弃电器电子产品回收处理及综合利用相关法律、法规的制定都得到了相关行业协会的大力支持（见表5－36）。行业协会与主管部门、协会与企业、企业与企业间建立良好的沟通机制，行业协会对于行业的发展、企业的呼声、政策的调整都起到了积极推动作用。

表 5－36　　废弃电器电子产品回收处理行业相关协会

序号	协会名称	主管部门	分会名称
1	中国循环经济协会	国家发展改革委	废弃电子电器专委会
2	中国再生资源回收利用协会	中华全国供销总社	电子废弃物回收处理分会
3	中国家用电器协会	国务院国资委	废旧电子电器利用分会
4	中国物资再生协会	国务院国资委	废旧电子电器分会
5	中国家用电器研究院	—	电器循环技术研究所
6	中国家用电器服务维修协会	—	废旧电子电器再生利用分会

首先，行业协会组织的成员一般是各电子废弃物回收处理企业的代表，具有整个行业的代表性，可以与政府建立有效的沟通和利益诉求渠道。

其次，可以让行业协会组织参与电子废弃物回收网络的构建，如果让生产商和处理企业单独建设电子废弃物回收网络，很多企业是无能为力的，并且还会重复建设浪费资源，不利于电子废弃物回收处理产业化的形成和发展。这一点在我国废旧家电回收处理试点中就已经暴露，许多企业由于回收不到足够的电子废弃物被迫待工。

再次，还可以赋予行业协会一定的监管职权，对电子废弃物处置企业进行监督，确保电子废弃物的无害化处理。

最后，政府可以委托行业协会组织在法律许可的范围内行使部分行政职能，如委托行业协会组织制定和自我修改行业规则和行业标准，要求其成员自我约束和自我管理，从而引导整个行业规范、有序发展。

②惩罚制度

对于生产者不履行或者不完全履行其延伸责任的，有必要对生产者的行为进行强制的法律手段。北京市电子废弃物的回收领域可能出现的违法行为主要有：使用国家明令禁止的原材料、采用国家明令淘汰的工艺设备、生产国家明令禁止生产的产品、拒绝披露法律要求生产者披露的产品相关信息、拒绝回收废弃产品、回收废弃产品未达标、完成回收目标后随意处置回收电子废弃物等。

对于上述的违法行为，主要的制裁方式是行政处罚，如罚款、责令停产停业，如果造成损失还必须依法赔偿。对于有关的责任人员在必要的情况下应当给予行政处罚甚至是刑事制裁。在电子废弃物回收领域内，目前政府推行的资格许可制度也可以作为惩罚手段的一种，对于不履行或者不完全履行延伸责任的生产者、回收处理企业以及回收经营者，可以通过实际履行信用评级下降、资格取消与征收补贴费用或补贴费用的增加或减少等方式进行惩罚。

③WEEE 二手市场监督与惩罚制度并行

二手市场的存在应符合循环经济的“3R”原则，考虑到二手市场存在的重要性以及存在的问题，政府有必要把二手市场纳入和废旧电子产品相统一的监管体系中，提高二手市场回收企业的准入制度，根据废旧电子产品回收企业发展的实际情况，建立完善的审查、登记制度，实行二手电子产品登记、标识制度，将收集到的二手电子产品经检测合格后贴上“旧货”“再利用产品”标识，才能够在市场进行销售。相关部门严格审查并抽检二手市场回收处理企业维修翻新后再销售的产品，对销售未达到国家相关标准的产品的企业进行处罚。政府各部门在加强对企业进行抽查、监督的同时，也鼓励社会各界对销售、回收、拆解企业的各种违规违法行为进行举报。将回收的废旧电子产品流入二手市场销售，以次充好、虚假标价、骗取财政补贴等不法行为一旦接到举报并核实后，政府将对其进行处罚，并通过媒体曝光。

三、WEEE 回收企业构筑以用户为导向的回收网络平台

1. 搭载 SNS 平台，构筑社会化回收平台

WEEE 回收平台的核心是通过聚合分散、分布、数量庞大的消费者形成消费者主导的 C2B 回收网络，通过平台同回收商协商，达到提高回收率、活跃交投、降低成本的目的。回收企业与 SNS（社交网络服务）网站合作共同搭建 SNS 平台，SNS 网站的消费者通过网络可以了解其他消费者的动态，能够在短时间内将具有共同交投意向的消费者聚集起来；SNS 也可以用于拓展关系网，建立与陌生人之间的联系。SNS 平台可以向 C2B WEEE 回收平台整合用户关于激励回收、回收服务等一致性的需求，根据消费者反馈的信息，进一步优化某类电子产品的网络回收流程，提高回收物流服务水平，C2B WEEE 回收平台要建立以消费者需求为中心的激励机制，实现社会化电子商务回收平台的构建，C2B 回收网络平台为 SNS 提供商业出口、SNS 为 C2B 回收网络平台带来消费者流量。WEEE 社会化电子商务回收平台的构建如图 5 – 38 所示。

2. 深度数据挖掘，洞察消费者需求

电子商务 C2B 模式可以使得处理商按照用户提交的回收信息组织安排电子废弃物的回收检验、物流运输、仓储、处理、付费结算，为了保证回收处理的顺利进行，处理商若不能准确预测消费者的投放数量，会出现运输车辆调度混乱、库存积压或空置、废旧电子产品处理停顿的现象，因而回收处理企业应关注消费者的投放信息的变化，利用数据挖掘技术从模糊、随机的数据信息中获取潜在有用的信息和知识，并将其转变为可实现的废旧电子产品和回收服务，为回收企业提供回收信息帮助。

废旧电子产品回收处理企业根据消费者在各类回收平台上的浏览记录、收藏情况、投放记录等，利用数据挖掘技术分析消费者的偏好和消费能力，预测消费者投放偏好以及交投规律，在用户准备进行下次交投前，向消费者推荐有价值的交投信息，并建立相应的数据机制，具体如图 5 – 39 所示。

四、WEEE 回收主体宣传并正确引导消费者回收行为

回收主体要通过一切可能的载体宣传绿色环保回收。如通过广播电视等传统媒体，积极组织开展形式多样的宣传活动，倡导绿色环保回收；宣传典型案例，推广示范经验，营造全社会重视、关心和支持 WEEE 回收利用的良好氛围；通过微信等自媒体倡导“从现在做起，从身边做起，关注环保，支持绿色回收，正确处理身边的 WEEE”。

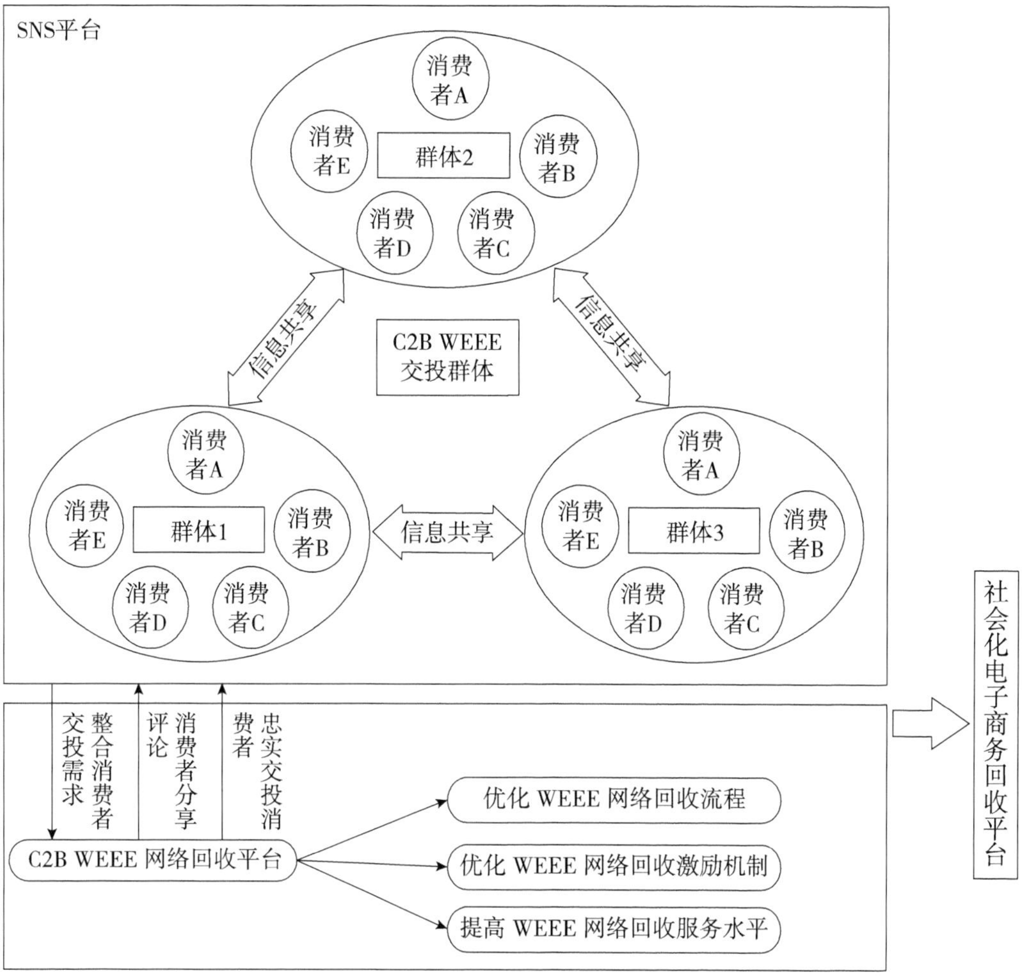

SNS平台

群体2：消费者A 消费者B 消费者C 消费者D 消费者E

群体1：消费者A 消费者B 消费者C 消费者D 消费者E

群体3：消费者A 消费者B 消费者C 消费者D 消费者E

信息共享

C2B WEEE 交投群体

整合消费者交投需求

消费者分享评论

忠实交投消费者

C2B WEEE 网络回收平台

优化 WEEE 网络回收流程

优化 WEEE 网络回收激励机制

提高 WEEE 网络回收服务水平

社会化电子商务回收平台

图 5－38 WEEE 社会化电子商务回收平台构建

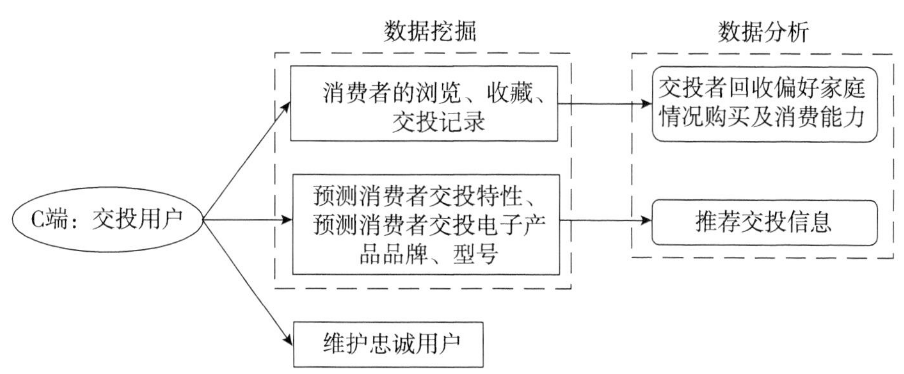

图 5－39 消费者网络废旧电子产品交投数据挖掘

鼓励企事业单位、学校和社区等积极开展各种形式的绿色回收创意活动，培育绿色文化；开展节约资源的志愿服务活动，积极创建循环型社区；逐步把环保回收和绿色回收理念和知识纳入基础、职业、高等教育的相关课程；在高等学校、职业学校设置相关专业，构建多层次的交叉学科人才培养体系。

宣传可以提高消费者在对电子废弃物的回收处理问题上的注意力，作为消费者一员，笔者认为选择将电子废弃物交给谁，在北京市现阶段电子废弃物回收领域中非常的重要。消费者作为回收体系的开端，虽然不能直接参与回收物流渠道，但是如果选择了正规的回收渠道，可以影响到北京市电子废弃物回收流向，表现为消费者将电子废弃物交付给“靠谱的”回收经营者或者回收处理企业。政府在提高消费者环保意识的同时，也要通过媒体的形式向消费者宣传专业的、正规的电子废弃物回收处理企业，重点介绍各回收企业废弃电器电子产品的回收渠道与回收流程，正确引导消费者投放废弃电器电子产品。

五、小结

本章针对回收物流协同成长中存在的问题，从政府、企业、消费者多主体协同的角度，从提升回收物流运作的协同效率、加强回收物流合作、促进回收物流各方协调对接、发挥政府等相关部门在回收物流协同发展中的保障作用、推进回收物流一体化进程等方面，提出了促进回收物流协同成长的一系列对策，为促进回收物流协同、加快回收物流成长提出了合理的建议。

第六章

北京市食品冷链物流网络可靠性研究

第一节　北京市冷链物流现状分析

北京市冷链行业在“十二五”期间取得较大发展，但仍旧存在可以改善和提升的空间。同时，《北京市“十三五”时期物流业发展规划》也对北京市冷链行业提出了更多、更高、更加严格的要求，并伴随着“疏解非首都功能”“京津冀一体化”“减量发展”等重要政策方向以及北京市发展特征的指引，未来，北京市冷链行业机遇与挑战并存。

一、北京市冷链仓储现状分析

据中关村绿色冷链物流产业联盟统计数据显示，2017 年北京市冷库容量为 1401464 万吨，且能够排名全国前十。另外，受“疏解非首都功能”政策方向的影响，2017 年，共拆迁 14 家冷库企业的 25.5 万吨库容，因此，北京市也就跌出了全国冷库容量排名前十的行列，位列全国第 11 位。

从“人均库容”指标来看，北京市人均库容能够排进全国前三，起到了重要的示范和引领作用，80% 的冷库分布集中在大兴、顺义、通州、朝阳这四个区域。北京市面积较大的冷库有：北京三汇能环科技发展有限公司的冷库面积为 2 万平方米；张家湾的冷库面积为 1.7 万平方米，主要为储存库；北京招商美冷的冷库面积为 1.5 万平方米；北京亚冷仓储有限公司的冷库面积为 1.5 万平方米；企业冷库面积为 1 万平方米左右；蒙牛集团的冷库面积为 1 万平方米，但有 5000 平方米的空置；北京医药冷库面积为 1 万平方米左右，有五层楼；本来生活的冷库面积为 1 万平方米；美菜网的冷库面积为 7000 平方米。

北京突出的冷链企业主要有招商美冷、北京快行线冷链物流有限公司、北京二商集团及首农集团旗下的五元物流和三元双日。除此之外还有一些新开展冷链业务的企业，如黑狗冷链、顺丰冷运、京东生鲜、海航冷鲜等。黑狗冷链、顺丰冷运和京东生鲜的冷库面积很小，主要是以冷链配送车为主。

二、北京市冷链运输现状分析

据中关村绿色冷链物流产业联盟了解，2017 年北京市冷藏车数总量为 6835 辆。另外，从自有车辆与社会车辆结构来看，两者之比约为 0.9∶1，说明差距不大、互为补充。除此之外，社会车辆略高于自有车辆，预示着社会物流整合正在加速推进。

三、北京市冷链物流政策环境分析

《环首都 1 小时鲜活农产品流通圈规划》（以下简称《规划》）于 2017 年正式发布，《规划》提出，将建设“一核双层、五通道、多中心”环首都鲜活农产品流通网络。另外预计到 2020 年，津冀供京蔬菜数量比重由 2015 年的 20% 提高到 25%；北京农产品批发市场鲜活农产品过境物流比例下降 90% 以上；津冀环京地区年产地预冷、冷藏鲜活农产品数量超过 300 万吨。《规划》的提出，标志着京津冀将在冷链行业规划、政策、标准、项目、产业等方面加强协同，努力为市民的菜篮子做好服务。

另外，天津市也在编制《天津市冷链物流发展规划（2018—2025 年）》，将根据天津市冷链行业的现有基础及区位优势，综合考虑未来京津冀市场的发展潜力，进一步优化冷链行业的空间布局，并与《规划》衔接，力争通过 8 年努力，建立“全程温控、标准健全、绿色安全、应用广泛”且服务京津冀的冷链行业服务体系。在标准方面，加快推动京津冀八项冷链物流区域标准贯彻落实；在政策方面，将打破区域界限，在物流供应链试点中支持跨区域联动项目。

京津冀冷链物流政策协调力度逐步加大。京津冀重点物流设施地图服务平台和京津冀物流信息服务平台已搭建完成，正在进行联通对接。河北省商务厅将从五个方面加大工作投入，一是将深入挖掘石家庄、唐山试点的典型案例，总结成功经验，做好宣传推广；对邯郸、承德试点加强督导检查，加快项目建设进度，确保按期完成建设任务。二是成立京津冀物流标准化联盟运营基地，推动京津冀地区托盘循环共赢。三是完成京津冀商贸物流信息服务平台的连通对接，实现京津冀物流信息互通互联、信息共享。四是冷链行业储运销区域标准发布后，加强对京津冀区域冷链行业储运销的监管，督促冷链企业按照标准储存、运输与销售。五是贯彻落实《规划》，提高鲜活农产品流通效率，推进京津冀协调发展。

第二节　北京市食品冷链物流网络可靠性影响因素分析

对食品冷链物流网络的深入分析是研究食品冷链物流网络可靠性的基础，首先需要知道网络的构成要素与结构，才能进一步分析影响可靠性的因素，从而建立相应的评价指标。因此，本节首先界定了本章研究的关于食品冷链物流网络可靠性的含义；其次对食品冷链物流网络结构进行分析，了解食品冷链物流网络的构成要素、特性及类型；最后对食品冷链物流网络故障原因进行分析。

一、食品冷链物流网络可靠性的含义

可靠性的研究已有很长的时间，不同的学者在不同的研究领域中对可靠性的定义也不同。因此本节将在总结其他学者对于可靠性定义的基础上，提出本章所研究的食品冷链物流网络可靠性的定义。

1. 网络可靠性的含义

网络可靠性是指网络在规定条件下和规定时间内完成规定功能的概率，反映了基础网络的拓扑结构支持网络正常运行的能力。上述定义是对网络可靠性广泛意义上的定义，不针对特定的网络，以下是关于四个特定网络可靠性的定义。

（1）路网可靠性：在外界因素的干扰下，道路网在规定时间和条件下，所能提供的满足交通的能力。

（2）公交网络可靠性：在规定的时间内和现有的正常营运条件下，在居民出行费用可接受的基础上，公交网络能够将每位乘客安全送往目的地的概率。

（3）应急物流网络可靠性：当自然灾害或突发因素导致系统中某些线路受损时，网络依旧保持连通状态并仍能持续满足救援物资需求的概率。

（4）复杂网络可靠性：复杂网络在自然或人为破坏的作用下，自身仍然保持其原有网络功能的能力。

2. 食品冷链物流网络可靠性的定义

由以上定义我们可以看出，对于特定的网络系统，网络可靠性的定义需要根据该网络系统的特性来界定，但定义的本质其实是相同的。

对于食品冷链物流网络而言，其功能就是保证食品在网络中节点和链路上的流通，使得食品准时、准量、准品类、准确送达且保证质量地从网络的起点到达网络的终点。由于生鲜食品本身的特性、多种物流模式共存以及生产与消费的地域性矛盾，使得食品冷链物流网络的拓扑结构比较复杂。与此同时，生鲜食品若要保证质量，需要专用的冷链物流设施和设备，物流技术复杂，对物流信息的要求也很高。从需求层次的角度来看，食品的数量和品类准确无误属于基本的要求，物流时间和食品品质的保证是更高层次的要求。

基于上述分析，本章所研究的食品冷链物流网络可靠性的定义为：食品冷链物流网络在研究的条件下，其网络功能满足客户需求的概率。也就是说，本章所研究的“规定功能”指的是食品准时、准量、准品类、准确送达且保证质量地到达消费者手中。

二、食品冷链物流网络结构分析

食品冷链物流网络是具有特定对象的冷链物流网络，其网络的结构要素、所具有的特性以及结构类型都与其他的网络有一定的差别，因此本节将从这三个方面分析食品冷链物流网络。

（一）食品冷链物流网络的结构要素

不同的食品冷链物流网络，其构成要素也是不同的。但从网络运营构建的角度来看，网络均是由节点和链路构成的，基于此，本节也将从冷链物流节点和冷链物流配送路线两方面来划分食品冷链物流网络的构成要素，具体如图 6－1 所示。

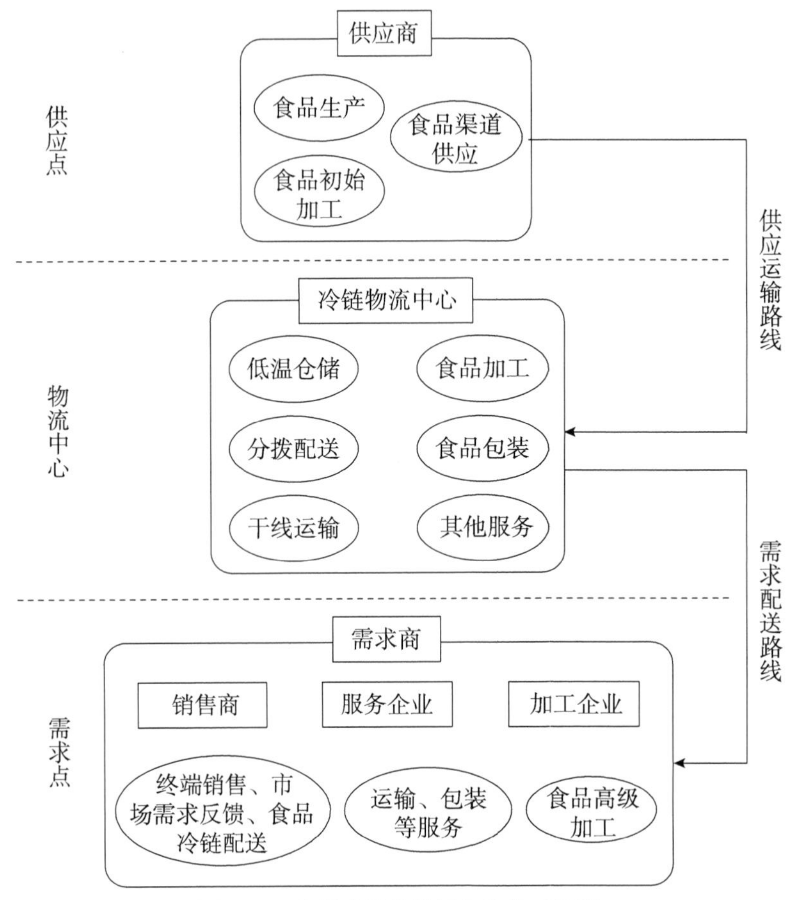

图6－1　食品冷链物流网络的构成要素

1. 冷链物流节点

节点是网络构成的最基本的要素，在食品冷链物流网络中，节点指的是食品在从产地到达消费者的流通过程中所经过的企业或者专业的功能场所。通过对生鲜食品供应流程的了解，本节把食品冷链物流网络的节点归为三个：食品供应商、冷链物流中心以及食品销售商。

（1）食品供应商

食品供应商即提供食品的节点企业，在一个比较完整的网络中，食品的供应商一般位于网络的起点位置。供应商是一个统称，可以代表现实运作中的食品生产商、食品初加工企业及食品渠道供应。供应商的下一层节点是冷链物流中心，食品由供应商节点到达冷链物流中心节点，然后到达销售商节点。由于供应商是食品运输的起点，因此食品在该节点的质量把控必须严格执行，才能使食品的质量有所保证。

（2）冷链物流中心

冷链物流中心主要进行的是食品的加工、包装、配送等活动，具体的功能因网络构成而异。在冷链物流网络中，冷链物流中心一般位于网络的中心位置，是食品供应商与销售商之间的桥梁，同时冷链物流中心运营效率的提高将会大大提高整个网络的运作效率。

（3）食品销售商

食品销售商在网络中靠近消费者，可以直接接触到需求信息，代表企业有超市、零售市场等。在实际运营中，食品供应商通过冷链物流等中间节点将完成与销售商的食品供给，销售商通过专有渠道销售给消费者，至此，食品在网络中的流通结束。

2. 冷链配送路线

食品冷链物流网络中各节点间的运输路线均可称为冷链配送路线，对整个网络的运行起着关键性的作用。食品需要经过各路线才能在网络节点间进行转运，本章以冷链物流中心为分界点，把从食品供应商到达冷链物流中心的路线称为供应运输路线，把从冷链物流中心到食品销售商的路线称为需求配送路线。

（二）食品冷链物流网络的特性

食品冷链物流网络相比于一般物流网络来说，在服务性、专业性、领先性、开放性及外部性和规模效益方面比一般物流网络更加突出。

（1）服务性

服务性指的是生鲜食品对于时间的要求以及质量的保证都有较高的标准，使得食品冷链物流网络在满足一般要求外，在按需送达、无间歇传送、响应及时等方面不断改进和完善，使得网络的服务水平满足客户的要求。

（2）专业性

专业性指的是食品冷链物流网络对于其网络基础设施设备要求的专业化，要求食品在整个网络的流通过程中必须使用专业的冷藏车运输并且储存在专业的冷库中，对于一些特殊的商品，在这方面的要求可能更高。

（3）领先性

领先性指的是网络信息技术的应用要具有领先性，信息传递畅通会引导和整合网络中活动的进行。网络信息技术要使得食品的物流信息在具体业务操作之前就到达相关节点，从而可以使节点提前做好准备，避免排队等候的现象发生。

（4）开放性

开放性指的是食品冷链物流网络中的每个节点基于信息的交互机制都可与其他节点实现业务信息共享，网络中每一层上的节点企业都可以通过信息共享来协同节点间的业务运作方式。

（5）外部性和规模效益

一旦食品冷链物流网络具备专业的冷链设施设备、高效的信息系统以及协同运作方式之后，网络就可以扩大覆盖范围，一些与此相关的节点企业会不断地加入该网络，网络的规模经济效益必将伴随着业务量的增加而产生。

（三）食品冷链物流网络结构类型

我国食品冷链物流网络结构类型主要有三种：两层节点网络类型、三层节点网络类型和四层节点网络类型。

1. 两层节点网络类型

两层节点的食品冷链物流网络布局结构是将食品直接从供应商配送到需求商，即直线供应模式。该模式的特点是快速直达，不经过中间环节，食品直接由供应商到达销售终端，中转作业环节的减少，使得食品在整个网络中的损耗很低。但是这种模式适用于大型城市的成熟社区与该城市郊区的农场间或者是大型酒店与一些蔬菜生产基地间的合作，其结构如图 6－2 所示。

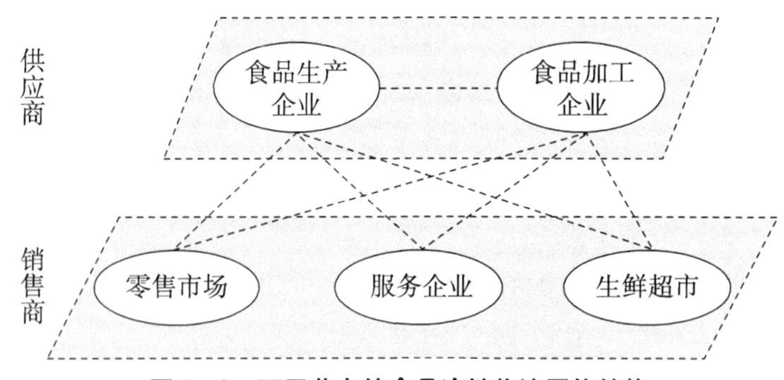

图 6－2　两层节点的食品冷链物流网络结构

2. 三层节点网络类型

三层节点网络结构如图 6－3 所示，与两层节点结构相比，增加了一层节点即冷链配送中心节点。冷链配送中心节点的作用是对食品进行集货和配货，由于客户订单具有小批量、多批次的特点，目前大多数企业配送时采用这种网络类型。供应商首先将大量的订单运往冷链配送中心，订单到达冷链配送中心后再进行小批量分配，既而运送到销售终端。这样既避免了销售终端货物的堆积，也可以降低供应商的运输配送成本，使得整个网络的运作效率提升。

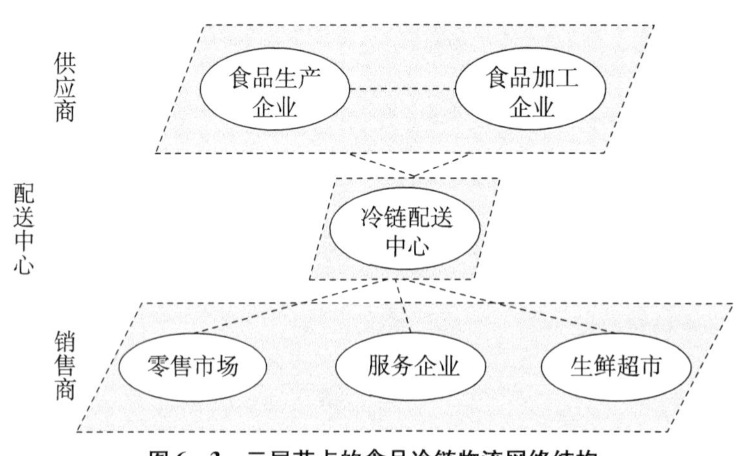

图 6－3　三层节点的食品冷链物流网络结构

3. 四层节点网络类型

在四层网络节点结构中，存在一级冷链物流中心和二级冷链配送中心两层节点，如图 6－4 所示。这种结构一般是跨区域的网络结构，适用于食品生产地与消费地距离较远的模式，网络的覆盖范围较大。如果只建立一层冷链物流中心，食品由生产地到达物流中心的路线过长，再加上配送次数多，使得网络的运输成本较高、效率较低。因此，通过建立二级冷链配送中心，就可以很好地解决客户订单小批量、多批次的问题。

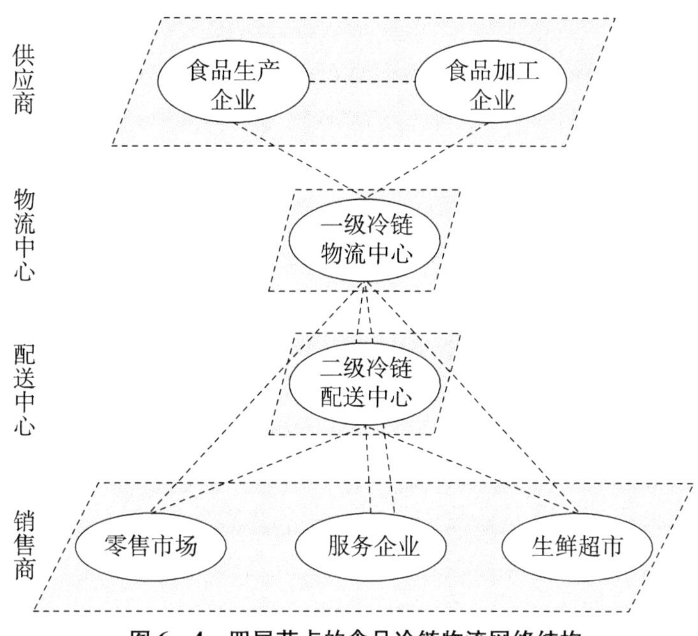

图6－4　四层节点的食品冷链物流网络结构

三、食品冷链物流网络故障原因分析

每一种网络都有其固有的功能和特性，因而对于不同应用领域中的网络，导致网络故障的原因必定存在差异，所形成的故障模式也截然不同，因此要想得到全面的影响网络可靠性因素，必须先要分析某种特定网络可靠性故障的原因，对于食品冷链物流网络可靠性研究也是如此。因此本章从食品冷链物流网络的构成要素中探究其故障产生的原因，通过研究各节点和链路所发生的故障及导致这些故障的原因并对故障进行分类汇总，找出造成故障的共性原因，然后结合网络本身的拓扑结构归纳影响食品冷链物流网络可靠性的因素。

在可靠性工程中，“故障”一词是用来描述网络或单元丧失功能的状态，即指的是某一网络或者单元无法正常完成其功能的状态。按照此定义，我们可以推论出食品冷链物流网络故障的定义。食品冷链物流网络的功能就是满足客户对于食品质量、送达时间、数量、品类以及地点的要求，因此，故障就是不能满足客户上述需求的状态。物流服务需求指的是人们对生鲜食品的品质、送达时间、品类、数量、地点等的要求，对应地我们可以得到食品冷链物流网络服务故障的5种表现形式，分别为：货物变质（食品品质不符合客户要求）、送货延迟、货物品类不正确、货物数量不正确及地点不正确。

在上述5种故障模式中，货物变质和送货延迟的影响最为严重，这两种故障模式在一定程度上也是互相影响的。对于生鲜食品而言，时间上的推迟就意味着食品的新鲜度下降；相对而言，货物品类不正确、货物数量不正确及地点不正确这三类故障模式的严重程度一般，且补救措施基本相同。针对这5种故障模式的补救措施和严重程度在后面章节将会详细描述。

为了全面分析影响食品冷链物流网络可靠性的因素，在分析之前首先对食品冷链物流网络故障进行分析，考察故障产生的原因。由于节点和链路是网络的构成要素，因此网络故障的分析可以细分为节点故障分析和链路故障分析，所以本节从食品冷链物流网络的节点和链路出发，分别分析它们造成的故障模式及故障原因。

1. 食品冷链物流网络节点故障分析

（1）供应节点故障分析

供应节点可以看作食品冷链物流网络的起点，是食品的供应源头。网络中的供应节点可以有很多，不同的网络对应的食品供应源头不同，供应源头既可以是食品的生产商，也可以是食品的批发商。本节在目前我国食品冷链物流现状研究的基础上，将供应节点归为两个：一是农场，二是初加工企业。以下是对这两个节点故障产生原因的详细分析。

①农场

在本节中，农场是实际网络运营中一些节点企业的统称，即把实际活动中所谓的农业生产单位、生产组织或生产企业归为一类，称之为农场。一般来说，这些节点的主要活动是对食品进行预冷处理、适当的分拣、合适的配套储存、快速的订单处理以及及时配送到冷链物流中心节点等。以果蔬类食品为例，一般情况下，农户把采摘后的果蔬直接在农场进行分级包装，按照商品销售的规格进行包装，然后放入仓库进行预冷处理，处理过后直接运往冷链物流中心，不会在此节点进行存储或只进行短暂的存储，一般认为此时的果蔬是最新鲜的。

由于农场是食品冷链物流网络中的源头，因此在节点故障中不考虑信息处理失误所带来的网络延迟，着重考虑农场的处理能力、配套冷藏设施故障率以及使用率对节点可靠性的影响。如果蔬采摘后若因预冷设施数量不足或处理能力不足导致未及时进行预冷处理，直接进入冷藏车运输至物流中心，由于车厢内外温度之间温差较大使得水果和蔬菜的蒸腾反应加剧，增加了车厢内的湿度，因此在运输的过程中，更容易致使货物腐烂，从而导致运往冷链物流中心节点的生鲜食品的质量无法保证。由于生鲜食品在源头时质量产生不可逆的下降，在之后的各物流节点无论如何加强保证措施，都无法挽回，因此，在供应源头保证食品品质是很重要的。

②初加工企业

初加工企业又称为产后加工企业，在我国食品产销格局中占有很大的比重，生鲜食品初加工后主要面向批发市场、超市、酒店、餐馆及区域冷链物流中心进行供应配送服务与销售，因此主要经营的活动有配套储存、分拣、及时配送、加工以及订单处理等。初加工企业故障的原因与农场类似，所以在此主要考虑此节点的加工活动，如果蔬冷链加工活动有分选加工、分装加工两种形式。加工过程中的质量把关、温湿度控制、包装材料的选择等均会影响食品的质量。

需要注意的是，本章中供应节点故障由于产生自食品的供应源头，且食品的品质在网络中是不可逆的，因此着重考虑对食品品质的影响，但是并不否认供应节点的效率低下也有可能导致食品送达的延迟。

（2）冷链物流中心故障分析

食品冷链物流中心位于整个物流网络的中心位置，它与网络中食品的供应商（即供应节点）、食品渠道商和第三方冷链物流服务提供商等供应方，以及零售终端、食品分销商等需求方，都有着直接或者间接的联系。食品冷链物流中心具备冷链食品加工、包装、存储、配送等多种功能，是食品冷链物流网络中的核心节点。本节结合食品冷链物流网络的构成与供应点情况，着重分析物流中心节点的故障。

在上文描述的三层食品冷链物流网络结构中，冷链物流中心对于整个网络而言所起到的作用就是对食品进行加工、在库管理、分拣等活动。生鲜食品在冷链物流中心的存储需要在专业的冷库中进行，才能较为完好地保持食品的质量，否则食品的质量将会下降，无法满足客户的需要，此时物流中心设施设备的温度是否达标是影响食品品质保证的关键。此外，当大量需求产生时，物流中心必须快速给出反应，否则就会造成送货延迟，此时物流中心的处理能力、信息化水平将会是影响整个网络可靠性的关键因素。综上所述，冷链物流中心节点的处理能力不足、超出运输能力限制、信息化水平低、冷藏设施设备的温度不达标以及高故障率等是冷链物流中心产生故障的原因。

在四层食品冷链物流网络中，存在两层冷链物流中心，即一级冷链物流中心和二级冷链配送中心，一级冷链物流中心可能发生的故障与上述三层网络中的相似，在这里不再赘述。而二级冷链配送中心相比一级冷链物流中心而言更接近需求端，在该节点主要是对食品进行储存、分拣、配送及与上下节点间的信息交换。对于二级冷链配送中心而言，除会发生上述的故障之外，这里重点介绍配送中心的配送服务产生的故障，在需求点众多、分布广泛的情况下，冷链配送中心的信息系统需要具有高效的处理效率才能满足现实运作需要。由于信息系统的失误和人员操作不当等可能会出现订单审核、处理失误，造成到达客户的食品种类或数量有误，此外也会发生二级冷链配送中心的配送处理能力不足的情况，即需求量过大时，由于车辆不足、存储空间不足以及其他因素导致无法满足客户需求，致使某些客户的订单延迟处理或食品在节点存储时间过长，造成食品质量下降。总而言之，二级冷链配送中心节点的处理能力（信息和运输）、信息化水平、冷藏设施设备的利用率以及故障率等是影响其可靠性的原因。

（3）需求节点故障分析

尽管需求节点是食品冷链物流网络的终点，与消费者直接联系，但是需求节点的故障同样会对整个网络的最终服务质量产生很大的影响。为研究的需要，本章将网络中的需求节点定为食品交易市场、超市等。

①食品交易市场

目前，生鲜食品批发市场和区域内农场为食品交易市场的主要进货渠道，生鲜食品配送中心大多数直接配送给食品交易市场，然后再销售给消费者。以果蔬类产品为例，某特定的果蔬类产地批发市场大部分都位于该产品的产区的中心位置，这样批发市场才能起到集聚货物和向外散货的作用。果蔬到达产地批发市场，要预冷达到一定的温度后，才能放入冷库短暂储存。此外，在该节点会有适当的装卸搬运活动，实际情况是果蔬会在常温下进行装卸和搬运，有时由于装卸数量过多，会出现排队等候的状况，延长了装卸的时间，从而使得产品新鲜度下降。因此，该节点故障的原因有预冷不达标、冷库制冷设备故障、装卸搬运等待时间较长等。果蔬商品的销地批发市场一般位于销售城市的近郊或市区，距离消费者较近，其主要功能是“散”，即把各地运抵的果蔬迅速地批销出去。食品在产、销地批发市场所进行的活动类似，因此，本章认为这两个节点发生故障的原因也相同。

②超市

超市的冷冻销售承担食品在终端销售场所未被消费者购买之前的暂时性储存，若冷库设备出现故障则会导致食品无法保持其新鲜度。此外，由于超市都是小批量、多批次的订购产品，门前经常出现因送货拥堵排队的情况，这就使得食品在运载车辆内存储时间延长，导致食品质量的下降。鉴于我国超市送货的现状，多数超市不实行预约收货制度，货物只是按照到达超市的先后顺序进行排队。当碰到收货高峰期时，收货甚至要等待2~3小时。因此，此节点的故障原因有装卸搬运效率低、收货效率低、冷库设备故障等。

以上是对食品冷链物流网络节点故障的分析，我们可以看出，各节点在食品流通中所承担的主要功能不同，但是在各节点所进行的作业活动可能类似，因此，在后面进行总结的时候，为避免重复描述，将依照食品在节点的作业活动的时间长短来确定具体的节点故障的原因。

2. 食品冷链物流网络链路故障分析

在实际的冷链物流网络运营中，冷藏运输时间占总的冷链物流时间比例很大，运输活动主要是在链路上进行，无论是供应运输路线还是需求配送路线，主要进行的都是食品的冷藏运输活动，功能包括保证食品在规定的温度范围内和保证食品准时畅通地在节点间运输，是网络中至关重要的环节。因为运输时间不仅影响食品的质量，同样会影响货物是否准时到达客户手中。因此，除运载车辆故障（制冷设备故障）、运输能力不足导致食品无法按时到达客户手中之外，还会受到外在因素的影响，如天气恶劣、运输线路堵塞、运输通道车流承载率不足等，这些均会导致冷链物流网络链路的故障发生。

通过以上对食品冷链物流网络节点及链路故障的分析，总结如表6-1所示。

表6-1　食品冷链物流网络节点及链路故障原因

节点/链路	故障原因	故障模式
供应节点（农场、初加工企业）	供应节点处理能力不足（作业效率低），配套冷藏设施不可靠，冷藏设备应用率低；加工过程中温度控制不当，包装不良，装卸搬运不当等	品质不达标
物流中心节点（一级冷链物流中心、二级冷链配送中心）	物流中心处理能力不足，信息系统故障（导致订单错误），运输车辆故障，冷库故障，交通堵塞，天气恶劣等	送货延迟、数量种类有误、品质不达标

续 表

节点/链路	故障原因	故障模式
需求节点（交易市场、超市等）	需求节点冷库的制冷设备故障，电力故障（供电故障及备用电源故障），装卸搬运效率低下，收货能力不足（等待时间较长）	品质不达标
链路（运输路线和配送路线）	运载车辆故障（制冷设备故障），运输能力不足，运输线路的堵塞，通道车流承载率不足，天气恶劣等	送货延迟、品质不达标

根据本章第一节可知，生鲜食品冷链物流网络的基本功能就是提供满足客户需求的物流服务，这些需求包括对生鲜食品的物流时间、地点、数量、品类以及品质的需求。生鲜食品冷链物流网络服务故障模式中，送货延迟和货物变质是最常见且较为严重的故障，表6－2是对各故障模式的分析。

表6－2　　食品冷链物流网络故障分析

故障模式	故障原因	故障影响	严重程度	措施
送货延迟	运输网络故障（如线路堵塞）、运载工具故障、物流网络节点的处理能力不足，天气条件、人为破坏等	食品品质下降、经济损失、客户抱怨	非常严重	根据具体情况给付赔偿
货物数量不正确	订单处理错误、人员操作失误、信息系统故障等	一定的经济损失、时间延误、客户抱怨	一般	在时间允许的情况下重新配送
货物品类不正确	订单处理错误、人员操作失误、信息系统故障等	一定的经济损失、时间延误、客户抱怨	一般	在时间允许的情况下重新配送
货物变质	物流设施设备的故障（如物流中心节点装卸设备、车辆、冷藏仓库、供电供水系统故障等）、包装的破损、人员操作的失误、送货延迟导致的新鲜度的下降等	经济损失，客户抱怨	非常严重	换货、退货或经济补偿
地点不正确	订单处理错误、人员操作失误、信息系统故障等	一定的经济损失、时间延误、客户抱怨	一般	在时间允许的情况下重新配送

四、食品冷链物流网络可靠性影响因素

要建立全面的食品冷链物流网络可靠性评价指标，就要对食品冷链物流网络可靠性的影响因素进行全面分析，为建立可靠的指标提供依据。但是需要注意的是，在总结影响食品冷链物流网络可靠性因素时，不能仅仅单纯地考虑节点和链路的故障，还应加上对网络节点间关系的考虑。

总而言之，节点方面主要考虑节点的处理能力不足、处理操作失误、节点设施设备可靠度、冷藏专业设施设备温度达标率、节点信息化水平、节点间流程衔接程度等；链路方面主要考虑运输能力、运输车辆故障、运输承载能力、运输环境（堵塞及天气恶劣）等。但是影响食品冷链物流网络可靠性的因素除网络节点和链路故障因素外，还应包括网络本身的拓扑结构以及网络所处的外界环境的影响因素。综合考虑这些影响因素，将影响因素分为内部因素和外部因素。

1. 内部因素

影响食品冷链物流网络可靠性的内部因素包括网络的拓扑结构和技术水平，其中网络拓扑结构可以通过选择不同的节点发生改变，即重新调整网络的布局来改变网络的拓扑结构，是从网络结构层面对网络可靠性的考察，具体的表征可以用网络联通系数、网络效能表示；技术水平主要是从物理层面和业务层面考察网络的可靠性，以此体现节点的处理能力、处理操作失误次数、节点设施设备可靠度、冷藏专业设施设备温度达标率、节点信息化水平、节点间流程衔接程度等。

（1）网络拓扑结构

上文已经对食品冷链物流的两层、三层、四层节点网络结构进行了详细的介绍，每一种网络结构的拓扑结构都不同，都会对食品冷链物流网络的可靠性产生影响。拓扑结构在某种程度上可以理解为网络的联通性，拓扑结构合理时，保持联通的概率也会高，即网络的固有联通可靠度也会高。

两层节点网络结构简单，食品直接从供应地到需求地，食品经过的中间环节也较少，相应地减少了在中间各节点发生故障的不确定性，因此网络相对来说可靠性较高。但是由于节点和链路数目较少，各节点和链路对网络可靠性的影响程度会变大，因此一旦某个节点或链路失效，就使得整个网络瘫痪，无法执行服务。三层与四层节点网络结构虽然增加了食品加工和转运环节，减少各节点对网络可靠性的影响程度，但是由于节点数目多，增加了总体故障产生的可能性。网络具体发生故障的原因需要对各节点进行详细分析之后才能知道。

（2）技术水平

技术分为基础设施和信息技术。根据上文对食品冷链物流网络中节点和链路故障的分析，基础设施主要指的是节点冷藏设备和运输设备等，例如冷库、冷藏车等，这些设施设备在整个网络正常运营中起着最基础的作用。食品冷链物流对食品存储、运输的环境具有较高的要求，食品只有在规定的温度范围内才能保持质量，先进可靠的冷藏设备是冷链物流网络高效、优质运行的保证。离开这些冷藏设备，食品冷链物流网络运行效率就会极其低下，甚至无法运行。

此外，信息的畅通与准确也是保证食品冷链物流网络畅通的基础条件，食品的流动必然伴随信息的流动，物流信息的收集、传输、存储、处理、输出是网络高效运作的前提。网络中各节点要素间的信息的整合、协调，指导配送路线的选择等，都要依靠信息才能完成。物流信息对整个食品冷链物流网络的作用至关重要，例如，当需求产生时，食品冷链物流网络上的各节点企业，如农场、初加工企业、一级冷链物流中心、二级冷链配送中心、交易市场、超市等都要依据该信息做出相应的反馈，使网络服务圆满完成。

2. 外部因素

外部因素主要考虑需求和环境两方面对网络可靠性的影响，需求指的是网络最终服务对象的需求，需求量的不确定性造成网络无法正常满足要求；环境因素主要包括社会环境和自然环境。

（1）需求因素

需求因素既包括食品资源供应的不确定性，又包括食品需求的不确定性。

其一，食品资源供应是不确定的，以果蔬为例，果蔬的产出是不确定的，其产量不仅受到农资投入、种子质量、培养方法的影响，又在很大程度上受到自然环境的影响；其二，消费者对食品的需求具有不确定性也是普遍现象，会给企业造成产品积压或短缺等问题，消费者对生鲜食品的需求，不仅会受到产品价格、产品质量的影响，同样会受到超市等零售商的促销活动、消费者购买心情以及其他不确定因素的影响，需求的不确定性对网络的可靠性具有较高的要求，网络必须在有限的时间内对客户的需求做出最快的反应，才能保证客户的满意度。

（2）环境因素

影响食品冷链物流网络可靠性的外部因素除上述的需求因素外，还包括网络所处的环境因素。环境因素一方面是指食品冷链物流网络置身于社会环境中，在运输的过程中就会受到交通堵塞、道路施工的影响，从而影响运输的时间；另一方面是指食品冷链网络置于自然环境下，就必然可能受到地震、台风、降水等因素的影响，从而影响运输任务的完成。

食品冷链物流网络的故障模式有五种：货物变质（食品品质不符合客户要求）、送货延迟、货物数量不正确、货物品类不正确及地点不正确。本节在定义食品冷链物流网络故障的基础上，从网络的构成要素出发，分别分析食品冷链物流网络节点和链路中造成网络故障的原因，并对故障模式和相应的故障原因、故障影响、严重程度、措施进行汇总，最后总结出影响食品冷链物流网络可靠性的因素，为评价指标体系的建立做参考。

第三节　食品冷链物流网络可靠性评价指标体系的构建

在分析影响食品冷链物流网络可靠性因素的基础上，本节首先对评价指标体系建立的思路做出介绍，然后阐述本章在选择评价指标选择时所遵循的原则和方法，在查阅文献、收集企业相关指标的基础上，确定了食品冷链物流网络可靠性的评价指标体系，并对各指标的量化做了详细的介绍。

一、食品冷链物流网络可靠性评价指标体系的建立思路

为了制定科学系统的指标体系，首先在对影响食品冷链物流网络可靠性因素分析的基础上，对冷链物流网络可靠性因素进行分层；其次依照指标选取的原则初步选取制定指标，结合其他领域网络可靠性评价的文献对初步选取的指标进行筛选；最后确定评价指标体系。评价指标体系构建思路如图 6 –5 所示。

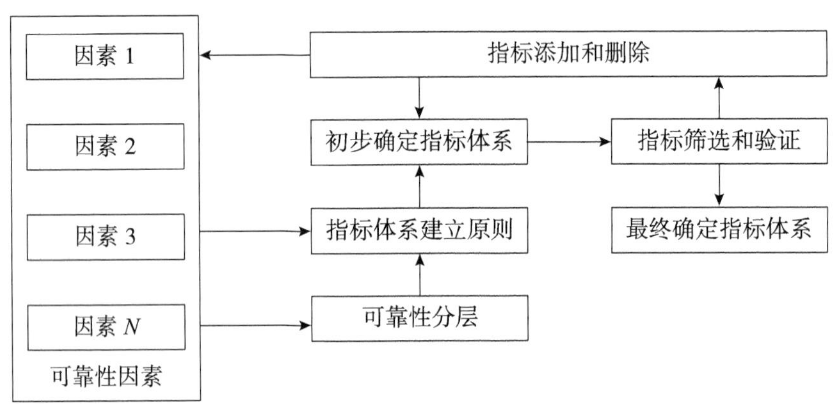

图 6 –5　评价指标体系构建思路

首先，由上文的分析，可以知道影响食品冷链物流网络可靠性的因素有内部因素和外部因素，内部因素主要分为网络的拓扑结构和技术水平，其中拓扑结构指的是网络布局结构，技术水平指的是网络的基础设施和信息技术；外部因素包括需求因素和环境因素，需求因素主要是指网络中节点需求的不确定性，环境因素包括交通运输状况和自然环境状况。

其次，在上述影响因素的基础上，可靠性进行分层，属于同一层次的可靠性因素归为一类，如影响因素中的冷藏车、冷库的故障和温度达标率等属于一个层次。

可靠性分层完成后，就要根据指标体系建立的原则初步确定指标。对于初步建立的指标，由于可靠性影响因素分析可能不全面，会在此基础上添加或者删除一些指标，从而确定最终的指标体系。

二、食品冷链物流网络可靠性评价指标体系的建立原则

可靠性评价指标是可靠性评价最为重要的部分，指标的选取不当意味着评价的失败，之后无论采用什么评价方法都无法弥补。各评价指标所表征的含义不同，代表网络可靠性的不同方面，在指标选取时要遵循一定的原则，才能使最终选取的指标合理。本节选取指标遵循以下六个原则。

1. 可测性

可测性指的是指标可以定量化，可以通过数学公式、测试仪器或试验等方法获取，且指标可较容易地通过现实渠道获得，可以是由已收集的数据处理后得到，也可以直接使用收集的数据，总而言之具有一定的可操作性。倘若指标大部分为定性指标，本身的

指标值就需要专家打分获得，那么不管采用多么科学的评价方法，评价结果都含有较大的主观性。

2. 完备性

完备性是指所选取的食品冷链物流网络可靠性评价指标要涵盖可靠性的各方面，最后形成的指标体系要具有广泛性。尽管有些指标仅仅体现了可靠性的某一方面的特征，但只要是反映可靠性的指标，都要纳入指标集。可靠性的每一个方面都可以用多个指标表示，我们首先要对这些指标统一收集，再进行细致的筛选，这样就不会造成指标不全的问题。

3. 指标组合的不唯一性

反映可靠性不同方面的指标之间可能会存在重叠，同一指标可以被用来反映可靠性多个方面的特性，这也就意味着指标组合的不唯一性。面对这个问题，首先要确定该指标的量化方式，通过它的量化来进一步判断指标可以更好地体现可靠性的哪个方面，据此进行选择。因此，在研究中应通过不断总结筛选出符合食品冷链物流网络可靠性的指标。

4. 客观性

客观性指的是指标可以真实且准确地反映出食品冷链物流网络可靠性的某一方面，这就要求我们对于食品冷链物流网络实际的运作有着较深的理解，这样选取的指标不仅便于从现实的运作数据中提取，还能很好地反映网络运作的真实情况。在这一原则中，我们可以参考其他领域可靠性的研究文献，借鉴其中被学者认可且也符合冷链物流的指标。

5. 灵敏性

在利用指标对食品冷链物流网络的可靠性进行研究时，指标要具有良好的灵敏性，在我们进行灵敏度分析时，当网络发生变化，相应的可靠性评价指标就应该有所变化，我们可以从中清晰地观测到哪些指标对于网络可靠性的反映较为强烈，从而为可靠性的研究提供定量和定性的科学依据。

6. 一致性

一致性指的是各指标的含义不应是相互矛盾的，指标之间可能存在某种联系，但是不应是相违背的。如果指标之间存在相反的关系，那么在衡量同一可靠性的不同方面时是相互矛盾的，之后在进行数据处理时，获得的结果可能会出现偏差，因此，指标之间要具有一致性。

二、食品冷链物流网络可靠性评价指标体系的确定

1. 网络连通可靠性指标

食品冷链物流网络连通可靠性指标可以从五个方面进行理解：一是食品冷链物流网络本身的拓扑结构对网络连通可靠性的影响，指标有网络连通系数、网络效能；二是出入库作业效率对网络连通的影响，指标有平均收发货时间；三是网络节点间信息沟通的效率对网络连通可靠性的影响，指标有信息化水平；四是由于订单处理失误引起的网络连通故障，指标有订单处理失误率；五是从客户发出订单到收到货物的时间，指标有订

货提前期。这五个方面的指标可以全面体现食品冷链物流网络连通可靠性的特性，以下对各指标的量化做详细介绍。

（1）网络连通系数

网络连通系数代表的是网络中各线路之间的连通性，由于节点间的距离与网络可靠性之间是反比的关系，为了使指标的趋势统一，用节点间相连线路的最短距离的加权平均值与线路数量乘积的倒数来表示。具体表示见式（6－1）。式中 m 代表网络中连通线路的数目，N_i 代表第 i 个连通线路中包含的节点数目，N 代表网络中节点的总数目，L_i 表示第 i 个连通线路的平均最短距离。

$$I(G) = \frac{1}{m\sum_{i=1}^{m}\frac{N_i}{N}L_i} \tag{6-1}$$

从式（6－1）可以看出，网络连通系数的本质是各连通线路平均最短距离加权平均值与连通线路数目乘积的倒数。连通线路越少，各连通线路的平均最短距离越小，网络的连通性越好，连通系数就越大，当全网连通时，连通系数最大值取 1。

（2）网络效能

网络连通系数与链路的长度有关，但是运输线路的长度与时间并不总是正相关，在某些特殊的情况下，反而线路长的运输时间短。为了弥补这一误差，增加网络效能这一指标，网络效能是用时间来衡量的，计算方法如式（6－2）所示。式中 t_{ij} 表示食品在节点 i 和节点 j 之间的线路上运输所用的时间，N 表示网络中节点的总数目，同样是为了指标的趋势统一，采用倒数的形式使得指标与可靠性呈正相关。

$$E(G) = \frac{\sum_{i\neq j\in G}\omega_{ij}}{N(N-1)} = \frac{1}{N(N-1)}\sum_{i\neq j\in G}\frac{1}{t_{ij}} \tag{6-2}$$

从式（6－2）可以看出，网络效能的本质与网络连通系数类似，当网络的节点间的运输时间越短，网络节点的数目越少，网络效能就越大，最大值取 1。

（3）平均收发货时间

平均收发货时间指标可以从两个方面来理解：一是生鲜食品收发货作业所处的环境与冷库相对稳定的温度环境相比，出入库温度容易出现波动，出入库时间越短出现质量下降的风险也就越小；二是冷链物流仓储中心接收到新的订单后，从订单处理开始直到出入库作业完成所需的时间越短，不仅可以在一定的时间内收发更多的货物，而且也可以使得货物较快进入加工、配送等作业环节。平均收发货时间可以用收发货时间总数与收发货总单数的比值表示，如式（6－3）所示。

$$\text{平均收发货时间} = \frac{\text{收发货时间总数}}{\text{收发货总单数}} \tag{6-3}$$

（4）信息化水平

食品冷链物流网络整体的信息化水平是网络整体运作效率的一个重要指标，网络各节点能否有效顺畅地进行信息共享是影响网络连通可靠性的重要因素。食品从网络的起点到终点的时间大部分是运输时间，链路上的运输环节是信息化要求最高的一个环节，信息化程度较高，可以很好地对冷藏车的位置、温度进行查询和控制。此外，节点间的信息交流同样也需要信息技术的支持。但是信息化水平属于定性指标，在量化时，可以通过对企业领导层和工作人员进行调查问卷的形式获得。

（5）订单处理失误率

订单处理失误指的是客户需求的订单在食品冷链物流网络节点由于人为原因或是信息系统原因使得订单信息出现错误的现象，如果在订单送达客户手中之前发现订单信息错误，那么需要重新处理订单，此时食品在网络中流通的时间将会加长，使得送达的时间超出客户的要求，不仅会引起客户的不满，同时会增加相应的运输及其他费用，使得网络连通可靠性变差。订单处理失误率常用订单处理失误的次数除以总的订单处理次数得到，式（6－4）为订单处理失误率的表达式。

$$\text{订单处理失误率} = \frac{\text{订单处理失误的次数}}{\text{总的订单处理次数}} \times 100\% \tag{6-4}$$

（6）订货提前期

订货提前期指的是网络末端的需求节点从发出订单需求到收到订单之间的时间差，显而易见，订货提前期越短，说明网络的连通可靠性越强。订货提前期不仅是网络节点间有效衔接的象征，同样可以充分说明网络的运行效率。由于网络中存在多个需求节点，因此实际的数据可通过网络中需求节点的订货提前期的算术平均值来表示，具体的数值需要相关的企业来提供。

2. 网络容量可靠性指标

食品冷链物流网络容量可靠性指标可以从四个方面进行分析：一是网络中硬件设施设备的可靠度，冷链物流网络中重要的设施有冷库、冷藏车等，因此冷库和冷藏车设备的正常运行是网络容量可靠的保证，该指标也称为设备完好工作率；二是对网络中设备管理的角度提出的指标，如设备温度达标率；三是反映食品冷链物流网络响应能力的指标，包括网络运输柔性和网络库存柔性；四是从网络运输能力的角度提出的指标，如运能满足率。以下对各指标作详细介绍。

（1）设备完好工作率

出于数据收集难度的考虑，本节中的设备指的是网络中的运输设备和存储设备，即冷藏车和冷库，其他的设施设备如装卸搬运工具则不考虑。冷藏车、冷库如果出现故障的频率较高，那么当需求订单出现时，就可能无法按时安排运输车辆或者存储的空间，不仅订单无法及时完成，还会使得食品的质量无法保证。设备完好工作率指标是设备完好工作时间与设备总运营时间的比值，如式（6－5）所示。对于冷藏车和冷库两种设施设备，在具体的计算中可以进行加权求和得到最终的设备完好工作率。

$$\text{设备完好工作率} = \frac{\text{设备完好工作时间}}{\text{设备总运营时间}} \times 100\% \tag{6-5}$$

（2）设备温度达标率

设备温度达标率指的是食品在冷库中储存和冷藏车运输时的温度达到客户要求温度的概率，温度的控制对于冷链食品的质量保证起着重要的作用，但是就实际运行情况来看，设备温度越低并不代表越好，温度的降低会使成本非线性增加，因此只要达到食品所要求的温度即可，不用追求越低越好。设备温度达标率与设备完好工作率类似，在实际数据处理时，可以运用冷藏车和冷库的加权相加值作为最终值，设备温度达标率指标的表达式如式（6-6）所示。

$$\text{设备温度达标率} = \frac{\text{设备温度达到要求的时间}}{\text{库存及运输设备总时间}} \times 100\% \tag{6-6}$$

（3）网络运输柔性

网络运输柔性是一个衡量食品冷链物流网络适应需求变动能力的指标。在竞争激烈的环境下，市场的信息瞬息万变，食品冷链物流网络只有快速响应市场信息的变化才能为网络中的节点企业谋得更多的利益。在无事先计划运输量增加的情况下，运输车辆的协调调度、运输计划的重新组织，以及在无事先计划运输量减少的情况下，运输车辆的闲置都会带来成本的增加。成本增加越少代表该冷链物流网络运输柔性越强，适应需求变化的能力也就越强。网络运输柔性用无事先计划下运输量变动20%的成本增长率来表示，如式（6-7）所示。

$$\text{网络运输柔性} = \frac{\text{运输量} \pm 20\% \text{ 的成本变化值}}{\text{既定的运输成本}} \times 100\% \tag{6-7}$$

（4）网络库存柔性

网络库存柔性指标与网络运输柔性指标类似，共同体现了网络容量的柔性特征，其计算方法与网络运输柔性也类似，网络库存柔性用无事先计划下库存量变动20%的成本增长率来表示，如式（6-8）所示。

$$\text{网络库存柔性} = \frac{\text{库存量} \pm 20\% \text{ 的成本变化值}}{\text{既定的库存成本}} \times 100\% \tag{6-8}$$

（5）运能满足率

运能满足率指的是食品冷链物流网络所具有的运力满足客户需求的程度，运能满足率指标并不是越大越好，食品冷链物流网络的运力要适应需求的变化，既要存在适当的余量应对突发需求增加的情况，也要对运能进行控制避免过剩导致成本增加。运能满足率的表达式见式（6-9）。

$$\text{运能满足率} = \frac{\text{实际的运能}}{\text{客户要求的运输配送数量}} \times 100\% \tag{6-9}$$

3. 网络性能可靠性指标

食品冷链物流网络的性能可靠性指标分为三类：一是从订单履行的情况来评价网络服务性能可靠性，指标有订单及时交货率、订单满足率；二是从客户服务的角度提出的指标，有客户满意率和客户意见处理率；三是基于网络可靠性的高低始终要受到成本约束的角度来考量的，用单位食品的损耗成本率来表示。

（1）订单及时交货率

订单及时交货率是从网络性能的角度对食品冷链网络的考察，也是网络功能的综合表现。交货是否准时不仅与网络中节点的处理能力有关，与运输条件也有密切的联系。食品在网络中运输时间的长短不仅影响食品质量的高低，同时也直接关系着消费者或客户的满意程度。生鲜食品的保质期限一般较短，时间的延长很大可能会导致食品品质出现问题。在消费者看来，食品冷链物流网络服务的状态是准时或不准时，即准时率是100%或0%，没有中间状态。订单及时交货率的表达式如式（6-10）所示。

$$订单及时交货率 = \frac{及时完成的订单数量}{订单总数量} \times 100\% \tag{6-10}$$

（2）订单满足率

订单满足率指的是网络中客户的需求是否得到充分满足的状况，是食品冷链物流网络最终服务状态的体现，表现了食品冷链物流网络满足需求量的能力。订单满足率通常用实际向客户交付的数量除以客户的订货数量来表示，在实际计算网络中需求节点的订单满足率时，与订单及时交货率指标类似，可以通过算术平均值得出，计算公式如式（6－11）所示。

$$订单满足率 = \frac{实际向客户交付的数量}{客户的订货数量} \times 100\% \tag{6-11}$$

（3）食品损耗成本率

由于生鲜食品对存储、运输的要求比较高，需要专业的存储和运输设备，还要保持在要求的温度范围内才能保持好的质量。因此，一旦冷库或者冷藏车的温湿度控制不当，就会造成食品的损耗。除此之外，当网络对于客户需求的预测不准确时，同样会造成食品的大量损失。食品的损耗成本占冷链物流成本比重很大，因此在量化指标时，采用以销售价格为准的损耗成本与食品总价值的比重来衡量食品的损耗程度，如式（6－12）所示。该指标不仅可以表示网络对于需求的反应能力，也是对网络成本的衡量。

$$食品损耗成本率 = \frac{以销售价格为准的损耗成本}{食品的总价值} \times 100\% \tag{6-12}$$

（4）客户意见处理率

客户意见处理率指的是食品冷链物流网络服务无法让客户满意的情况下，网络对客户投诉的处理反应能力。食品冷链物流网络在运营中会有很多不确定的情况发生，可能会导致网络最终提供的服务无法达到客户的需求，因此需要对客户做出补偿，即对客户的投诉和抱怨提供相应的改善措施。该指标不仅能反映食品冷链物流网络性能的柔性特点，也能充分体现出网络的性能可靠性。客户意见处理率的表达式如式（6－13）所示。

$$客户意见处理率 = \frac{得到满意处理的意见数量}{客户总意见数量} \times 100\% \tag{6-13}$$

（5）客户满意率

客户满意率是从食品冷链物流网络客户服务性能的角度提出的指标，反映了食品冷链物流网络中的综合性能，客户满意的订单数量侧重于对网络服务质量的考察，针对生鲜食品而言，食品的质量是客户最为看重的因素，食品冷链物流网络在订单数量满足的情况下，并不代表所有完成的订单都会令客户满意，因此客户满意率是对订单满足率指标的补充，客户满意率的表达式如式（6－14）所示。

$$客户满意率 = \frac{客户满意的订单数量}{总订单数量} \times 100\% \tag{6-14}$$

综合以上对于食品冷链物流网络连通可靠性、容量可靠性和性能可靠性的评价指标的描述，总结出食品冷链物流网络可靠性评价指标体系。食品冷链物流网络可靠性评价指标体系如表 6－3 所示。

表 6－3　　食品冷链物流网络可靠性评价指标体系

<table>
<tr><th>目标层</th><th>一级指标</th><th>二级指标</th><th>计算方法</th></tr>
<tr><td rowspan="16">食品冷链物流网络可靠性评价</td><td rowspan="6">网络连通可靠性</td><td>网络连通系数</td><td>节点间相连线路的最短距离的加权平均与线路数量乘积的倒数</td></tr>
<tr><td>网络效能</td><td>网络中任意两点间通路所用的最短时间的倒数与网络中节点间所有通路的比值</td></tr>
<tr><td>平均收发货时间</td><td>收发货（出入库）所用的平均时间</td></tr>
<tr><td>信息化水平</td><td>按优秀、良好、一般、较差、很差划分等级</td></tr>
<tr><td>订单处理失误率</td><td>订单处理失误的次数/总的订单处理次数</td></tr>
<tr><td>订货提前期</td><td>网络中需求节点从发出订单到收到货物所经历的时间</td></tr>
<tr><td rowspan="5">网络容量可靠性</td><td>设备完好工作率</td><td>设备完好工作时间/设备总运营时间 ×100%</td></tr>
<tr><td>设备温度达标率</td><td>设备温度达到要求的时间/库存及运输设备总时间 ×100%</td></tr>
<tr><td>网络运输柔性</td><td>无事先计划下运输量变动 20% 的成本增长率</td></tr>
<tr><td>网络库存柔性</td><td>无事先计划下库存量变动 20% 的成本增长率</td></tr>
<tr><td>运能满足率</td><td>实际的运能/客户需求的运输配送数量 ×100%</td></tr>
<tr><td rowspan="5">网络性能可靠性</td><td>订单及时交货率</td><td>及时完成的订单数量/订单总数量 ×100%</td></tr>
<tr><td>订单满足率</td><td>实际向客户交付的数量/客户的订货数量 ×100%</td></tr>
<tr><td>食品损耗成本率</td><td>以销售价格为准的损耗成本/食品的总价值 ×100%</td></tr>
<tr><td>客户意见处理率</td><td>得到满意处理的意见数量/客户总意见数量 ×100%</td></tr>
<tr><td>客户满意率</td><td>客户满意的订单数量/总订单数量 ×100%</td></tr>
</table>

第四节　食品冷链物流网络可靠性评价实证分析

评价指标体系的建立是进行评价的前提，后续还需要可靠的评价方法才能实现评价的目的。本节以北京某冷链物流企业为例，将指标体系运用到企业实际的食品冷链物流网络中，结合 AHP（层次分析法）—熵权法和 TOPSIS 法进行评价，通过对结果的分析进而提出网络可靠性改进的措施。

一、某冷链企业背景

某冷链企业于 2008 年建立，作为垂直生鲜电商平台，其整合了新鲜食品生产、加工、网络销售及冷链日配送等各相关环节，成为目前国内有名的生鲜电商企业之一，满足了北京、上海等一线城市的中高端消费者对安全食品的需求。某冷链企业主攻 16 个品类，拥有大概 3000 多种产品，包括有机水果、蔬菜、海鲜、零食、饮料、鲜肉等。截至 2015 年，某冷链企业有超过 100 万名注册用户，且主要集中在北京地区，该地区市场销售比重也占到全部销售额的 80%。

某冷链企业由直营农场和联合农场统一提供货源，直营的有机农场位于北京市东北部平谷区马昌营镇，总占地 1050 亩，是集有机种植、林下养殖、观光休闲、农耕体验、蔬菜宅配、科普教育、餐饮于一体的“放心食品的前端农场”。除了北京平谷的直营农场外，在全国还有 8 个联合农场。某冷链企业的物流中心位于北京市顺义区赵全营镇联庄村村南，京承高速白马路出口附近，占地面积为 6000 多平方米，物流中心内的货品存储有多个温区，分为常温（25℃）、恒温（10～18℃）、冷藏（0～4℃）和冷冻（－23～－18℃）。除存储仓库外，物流中心还设有低温加工车间，主要是对货品进行简单的加工处理。此外，物流中心下设有 3 个分拨中心，位置处于五环周边，分拨中心下又设有 30 个配送站点。

目前，某冷链企业的冷链物流采用自营物流和第三方物流相结合的方式。为保证生鲜食品的品质，企业自建了很多物流设施设备，其中仓储、加工、发货库房面积共计 5500 平方米，分拨中心 2500 平方米，总计 8000 平方米；车辆总数为 18 辆（冷藏卡车 4 辆，依维柯 12 辆，金杯 2 辆），物流人员达到 538 人。外包给第三方物流的订单量为 1 万～1.5 万单/月，租赁第三方公司车辆 10 辆，仓储费用 110 万元/年，分拨中心租赁费用 58 万元/年，总计 168 万元/年，物流投入很大。某冷链企业在北京区域内的冷链配送范围和运费如表 6－4 所示。

表 6－4　某冷链企业在北京区域内的冷链配送范围和运费

配送范围	运费	运费优惠	配送公司
六环内	订单金额小于 158 元，运费 20 元	单笔订单满 158 元免运费	黑狗速递
六环外	订单金额小于 150 元，重量小于等于 1kg，运费 13 元，续重 2 元/kg	单笔订单满 150 元，重量≤3kg，免运费； 单笔订单满 300 元，重量≤6kg，免运费； 以此类推； 单笔订单超过 1500 元，免 30kg 运费，不再递增	顺丰速运

某冷链企业打造了全程冷链产业体系，生鲜食品从农场采摘之后，运往顺义物流中心进行多温区存储、加工和订单分拨，所有的过程均采用专业的冷链设备，确保食品始终处于低温状态。某冷链企业的供应链运作流程如图 6－6 所示。

生鲜食品到达顺义物流中心后，工作人员会对其进行严格的验收，之后才能存入库区。库区外的温度为 0～4℃，可以对食品进行加工、分拣和包装。客户在网上下单以后，信息系统可以自动将订单拆分为 3 个温区的订单，随后工作人员进入相应温区的车间拣选、配货、打包、扫描等。在这个过程中，将全程开启库区的温度监控，随时查看各个库区的温度，并且每个环节都设有品控抽检，全程控制食品的品质。

每个温区都有相应的中转冷藏车，温区的订单拣选完毕后，由中转冷藏车运往分拨

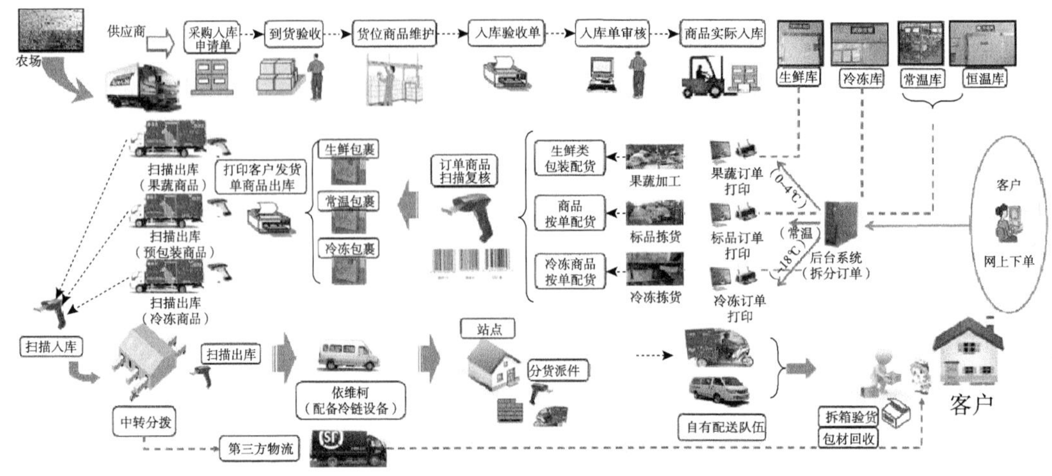

图6－6　某冷链企业的供应链运作流程

中心，既而运到配送站点。在每个配送站点内均进行室内作业，站点内配有专业的冷藏设备。最后由冷链宅配将食品配送到客户手中，宅配的电动三轮车内部经过改装，可以很好地达到保温的效果。我们可以看出，在整个冷链物流过程中，商品的温度始终都处于要求之内，因此保证了商品的品质和安全。

二、基于改进的TOPSIS法冷链物流网络可靠性评价实证研究

1. 评价指标原始数据

本节按照之前建立的评价指标体系，运用AHP－熵权法和TOPSIS法相结合，针对食品冷链物流网络可靠性进行评价。由于食品冷链物流网络涉及的不仅仅是一个企业，因此只能对某核心企业进行实证研究，其他数据来自核心企业的合作伙伴。本章进行实证分析的数据是通过调研某冷链企业公司，实地参观生产基地、配送中心以及和公司各层交谈，收集了企业内部数据，结合公司领导层意见确定的如表6－5所示的原始数据。

表6－5　评价指标原始数据

一级指标	二级指标	年份		
		2011	2013	2015
连通可靠性	网络连通系数	0.412	0.578	0.637
	网络效能	0.25	0.36	0.42
	平均收发货时间（小时）	13	9	5
	信息化水平	0.7	0.8	0.9
	订单处理失误率（%）	0.41	0.29	0.13
	订货提前期（小时）	30	20	14

续 表

一级指标	二级指标	年份		
		2011	2013	2015
容量可靠性	设备完好工作率（%）	90.0	95.9	98.5
	设备温度达标率（%）	91.6	94.7	96.8
	网络运输柔性（%）	10	6	5
	网络库存柔性（%）	0.91	0.66	0.56
	运能满足率（%）	91	93	97
性能可靠性	订单及时交货率（%）	90.0	92.8	98.4
	订单满足率（%）	93	95	98
	食品损耗成本率（%）	8.2	5.6	3.8
	客户意见处理率（%）	91	94	98
	客户满意率（%）	84.3	89.1	92.7

2. 评价指标的权重计算

指标权重的确定对于最终的评价结果有着很大的影响，因此权重的确定方法既要包含一定的主观经验，也要包含数据自身的客观权重。本节结合运用 AHP－熵权法来确定指标的权重。

（1）基于 AHP－熵权法的主观权重的计算

①AHP 权重的计算

AHP 的原理是通过确定指标间隶属关系，从而确定指标间相对重要性，通过打分的方式将指标间的重要性比较进行量化，引入“1—9”比例标度法（见表 6－6）。在打分之后，对所生成的判断矩阵采用规范列平均法，求出判断矩阵的最大特征值和特征向量，再对各个指标进行归一化处理，还要对指标的权重进行一致性检验。一般来讲，AHP 常用的一致性指标如表 6－7 所示。AHP 权重的计算可以通过 MATLAB 软件得到，因此在这里不再详细描述 AHP 的计算步骤。

表 6－6　AHP 1—9 比例标度法取值及含义

标度	含义
1	表示两个元素相比，具有同等的重要性
3	表示两个元素相比，前者比后者稍微重要
5	表示两个元素相比，前者比后者明显重要
7	表示两个元素相比，前者比后者强烈重要
9	表示两个元素相比，前者比后者极端重要
2、4、6、8	表示两个元素影响相比介于上述相邻等级之间
倒数	若元素 i 与元素 j 的重要性之比为 C_{ij}， 那么元素 j 与元素 i 的重要性之比为 $C_{ji}=1/C_{ij}$

表 6－7　1—9 常用随机一致性指标

阶数	1	2	3	4	5	6	7	8	9
RI	0.00	0.00	0.58	0.90	1.12	1.24	1.32	1.41	1.45

现征询相关领域7名专家意见，得出食品冷链物流网络可靠性的各级评价指标的权重。专家中有3名是对食品冷链物流研究有很深造诣的教授学者，4名是长期从事生鲜食品冷链物流管理的专业人员或相关领域的高级经理。结合专家理论和实践方面的知识，对各级指标进行打分。通过 MATLAB 获得的结果如表6－8至表6－11所示。

表 6－8　一级指标的 AHP 权重

	U_1	U_2	U_3	*CR*
专家1	0.2434	0.2970	0.4596	0.0079 <0.1
专家2	0.2701	0.2702	0.4597	0.0158 <0.1
专家3	0.2583	0.2500	0.4917	0.0332 <0.1
专家4	0.2597	0.2520	0.4883	0.0032 <0.1
专家5	0.2498	0.2704	0.4798	0.0158 <0.1
专家6	0.2220	0.3196	0.4584	0.0158 <0.1
专家7	0.2699	0.2468	0.4833	0.0212 <0.1

表 6－9　二级指标“连通可靠性”的 AHP 权重

	U_{11}	U_{12}	U_{13}	U_{14}	U_{15}	U_{16}	*CR*
专家1	0.0659	0.1190	0.0750	0.2726	0.1951	0.2724	0.0152 <0.1
专家2	0.0597	0.1061	0.0797	0.2225	0.1507	0.3812	0.0374 <0.1
专家3	0.0693	0.1278	0.0809	0.2374	0.1028	0.3819	0.0123 <0.1
专家4	0.0689	0.1546	0.0799	0.3022	0.0799	0.3144	0.0118 <0.1
专家5	0.0702	0.1887	0.0816	0.2541	0.0816	0.3239	0.0077 <0.1
专家6	0.0643	0.1120	0.0744	0.2637	0.1701	0.3155	0.0252 <0.1
专家7	0.0814	0.1476	0.0463	0.2740	0.1553	0.2952	0.0040 <0.1

表 6－10　二级指标“容量可靠性”的 AHP 权重

	U_{21}	U_{22}	U_{23}	U_{24}	U_{25}	*CR*
专家1	0.0636	0.1701	0.3016	0.1961	0.2686	0.0363 <0.1
专家2	0.0596	0.1159	0.2561	0.2686	0.2997	0.0482 <0.1
专家3	0.0617	0.1180	0.3253	0.2253	0.2697	0.0137 <0.1

续 表

	U_{21}	U_{22}	U_{23}	U_{24}	U_{25}	CR
专家4	0.0557	0.1033	0.3339	0.2880	0.2190	0.0321 <0.1
专家5	0.0584	0.0769	0.2534	0.3228	0.2884	0.0316 <0.1
专家6	0.0541	0.0725	0.3285	0.2937	0.2511	0.0288 <0.1
专家7	0.0602	0.1195	0.2198	0.3574	0.2432	0.0228 <0.1

表6-11　　二级指标“性能可靠性”的AHP权重

	U_{31}	U_{32}	U_{33}	U_{34}	U_{35}	CR
专家1	0.0980	0.0445	0.3181	0.2195	0.3199	0.0021 <0.1
专家2	0.0999	0.0663	0.2058	0.2002	0.4278	0.0195 <0.1
专家3	0.0936	0.0997	0.2953	0.1772	0.3343	0.0095 <0.1
专家4	0.0660	0.0435	0.2912	0.1841	0.4152	0.0348 <0.1
专家5	0.0733	0.0879	0.1800	0.3134	0.3454	0.0064 <0.1
专家6	0.0909	0.0506	0.2337	0.2056	0.4192	0.0054 <0.1
专家7	0.1156	0.0484	0.2217	0.2483	0.3660	0.0175 <0.1

②专家自身权重的计算

在专家打分权重计算完成后，根据各位专家的打分结果来确定专家的自身权重，主要是运用熵权法，熵权法的原理如下。

设 S_1，S_2，…，S_m 为 m 个专家，其构成评价群组 G。被评价目标为 B_1，B_2，…，B_n；x_{ij}（$i=1$，2，…，m；$j=1$，2，…，n）为第 i 个专家对第 j 个指标的评分值。

记 S^* 为最优专家，取其专家群体中有最高一致性的专家，其评分向量为 $x^*=(x_1^*,x_2^*,\cdots,x_n^*)^{\mathrm{T}}\in E^n$。

用各专家的评分结果与 S^* 的差异大小度量所选专家的优劣，专家评价的水平向量为：

$$\boldsymbol{E}_i=(e_{i1},e_{i2},\cdots,e_{in})$$

其中 e_{ik} 反映了专家 S_i 对被评价目标 B_1，B_2，…，B_n 的评价结论水平，其计算公式如式（6-15）所示。

$$e_{ik}=1-\left|x_{ik}-\overline{x_{ik}}\right|/\max x_{ik},(i=1,2,\cdots,m;k=1,2,\cdots,j) \tag{6-15}$$

令 h_k 为状态 l 发生时信息 A 的熵值，$H(A)=\sum_{k=1}^{n}h_k$ 为信息 A 的传递熵。传递熵表明了给定信息 A 的不确定度。

其中，$h_k=\begin{cases}-e_k\ln e_k & (1/e\leqslant e_k\leqslant 1)\\ 2/e-e_k\left|\ln e_k\right| & (-1n-1\leqslant e_k\leqslant 1/e)\end{cases}$

基于上述的介绍，就可以得到各个专家的评定结果计算方法，如式（6-16）所示：

$$H_i = \sum_{j=1}^{n} h_{ij} \tag{6-16}$$

H_i代表的是专家对于各个指标评价结果的不确定性的程度，H_i 的值越小，就代表专家的评定结果的准确性越高，评价越科学。可以采用式（6－17）来计算各个专家的评分所占的权重。

$$s_i = \frac{1/H_i}{\sum 1/H_i}, i = 1,2,\cdots,m \tag{6-17}$$

通过以上分析，可以知道 s_i的值越小，专家 i 在评分中所占的比重越小。根据以上计算方法，求得的一级指标的专家自身权重如表 6－12 所示。

表 6－12　一级指标的专家自身权重

专家	专家水平向量 $E=(e_1, e_2, e_3)$	熵值 H	权重 S	排序
专家 1	(0.9633, 0.9227, 0.9699)	0.1399	0.0910	5
专家 2	(0.9379, 0.9935, 0.9701)	0.0961	0.1325	2
专家 3	(0.9815, 0.9303, 0.9648)	0.1201	0.1061	4
专家 4	(0.9764, 0.9365, 0.9717)	0.1126	0.1131	3
专家 5	(0.9870, 0.9941, 0.9890)	0.0297	0.4285	1
专家 6	(0.8841, 0.8520, 0.9675)	0.2774	0.0459	7
专家 7	(0.9386, 0.9203, 0.9819)	0.1539	0.0828	6

由表 6－12 可知，专家 6 的熵值 H 最大，与其他专家的意见最为不同，因此专家 6 的准确度最差，在计算最终权重的时候占比最小；而相比而言，专家 5 的熵值 H 最小，与其他专家的意见相似度最高，所以在计算权重的时候专家 5 的比重最大；专家 2 和专家 4 的熵值接近，代表专家 2 和专家 4 的意见比较类似，因此在计算权重时比重也接近。以上的结果分析，可以充分证明出熵值法的合理性。

依照上述的方法，依次得到二级指标“连通可靠性”“容量可靠性”“性能可靠性”的专家权重，如表 6－13 至表 6－15 所示。

表 6－13　二级指标“连通可靠性”的专家权重

专家	专家水平向量 $E=(e_1, e_2, e_3, e_4, e_5, e_6)$	熵值 H	权重 S	排序
专家 1	(0.9677, 0.9070, 0.9874, 0.9614, 0.6850, 0.8587)	0.5606	0.1386	4
专家 2	(0.8915, 0.8387, 0.9298, 0.8728, 0.9126, 0.8564)	0.6525	0.1191	6
专家 3	(0.9905, 0.9537, 0.9151, 0.9221, 0.8419, 0.8546)	0.4898	0.1587	2
专家 4	(0.9954, 0.9043, 0.9273, 0.8634, 0.7245, 0.9687)	0.5565	0.1397	3
专家 5	(0.9795, 0.7236, 0.9065, 0.9774, 0.7333, 0.9936)	0.5997	0.1296	5
专家 6	(0.9481, 0.8699, 0.9947, 0.9908, 0.8131, 0.9716)	0.3824	0.2033	1
专家 7	(0.8419, 0.9414, 0.6609, 0.9567, 0.8890, 0.9184)	0.7005	0.1110	7

表 6-14　　二级指标“容量可靠性”的专家权重

专家	专家水平向量 $E=(e_1, e_2, e_3, e_4, e_5)$	熵值 H	权重 S	排序
专家 1	(0.9283, 0.6519, 0.9604, 0.7685, 0.9807)	0.6083	0.0967	7
专家 2	(0.9912, 0.9705, 0.9034, 0.9713, 0.8769)	0.2730	0.2154	1
专家 3	(0.9582, 0.9582, 0.8894, 0.8502, 0.9770)	0.3468	0.1696	2
专家 4	(0.9474, 0.9554, 0.8636, 0.9744, 0.8538)	0.3816	0.1541	3
专家 5	(0.9899, 0.8002, 0.8953, 0.8770, 0.9146)	0.4842	0.1215	5
专家 6	(0.9223, 0.7743, 0.8798, 0.9584, 0.9609)	0.4643	0.1267	4
专家 7	(0.9818, 0.9494, 0.7946, 0.7802, 0.9346)	0.5069	0.1160	6

表 6-15　　二级指标“性能可靠性”的专家权重

专家	专家水平向量 $E=(e_1, e_2, e_3, e_4, e_5)$	熵值 H	权重 S	排序
专家 1	(0.9398, 0.8146, 0.7840, 0.9946, 0.8703)	0.5424	0.1360	4
专家 2	(0.9234, 0.9668, 0.8629, 0.9330, 0.8775)	0.4128	0.1787	2
专家 3	(0.9779, 0.6318, 0.8557, 0.8596, 0.9039)	0.6667	0.1107	5
专家 4	(0.7834, 0.8046, 0.8686, 0.8817, 0.9070)	0.6882	0.1072	6
专家 5	(0.8465, 0.7501, 0.7818, 0.7058, 0.9299)	0.8627	0.0855	7
专家 6	(0.9988, 0.8758, 0.9506, 0.9503, 0.8976)	0.3110	0.2373	1
专家 7	(0.7876, 0.8537, 0.9129, 0.9135, 0.9780)	0.5107	0.1445	3

③基于 AHP-熵权法的主观权重的计算

延续上述方法中的数目，假定指标的个数为 n，专家数为 m，$A_j=(A_{j1}, A_{j2}, \cdots, A_{jn})^T$ 为运用 AHP 法算出的第 j 个专家对于各个指标的主观评分，$S=(S_1, S_2, \cdots, S_m)^T$ 为 m 个专家的自身权重，令 $\partial=(\partial_1, \partial_2, \cdots, \partial_n)^T$ 为融合权重，且满足 $0<\partial_i<1$，$\sum_{i=1}^{n}\partial_i=1, i=1,2,3,\cdots,n$。则 $\partial=\sum_{j=1}^{m}A_jS, j=1,2,3,\cdots,m$。

总结上述计算出的各个指标的权重，则各评价指标的主观权重 ∂_j 如表 6-16 所示。

表 6-16　　评价指标的主观权重 ∂_j

一级指标	相对权重	二级指标	相对权重	最终权重 (∂_j)
连通可靠性	0.2543	网络连通系数	0.0680	0.0173
		网络效能	0.1346	0.0342
		平均收发货时间	0.0747	0.0190
		信息化水平	0.2611	0.0664
		订单处理失误率	0.1349	0.0343
		订货提前期	0.3266	0.0831

续　表

一级指标	相对权重	二级指标	相对权重	最终权重（∂_j）
容量可靠性	0.2689	设备完好工作率	0.059	0.0159
		设备温度达标率	0.1097	0.0295
		网络运输柔性	0.2889	0.0777
		网络库存柔性	0.2773	0.0746
		运能满足率	0.2651	0.0713
性能可靠性	0.4768	订单及时交货率	0.0932	0.0444
		订单满足率	0.0601	0.0287
		食品损耗成本率	0.2468	0.1177
		客户意见处理率	0.2164	0.1032
		客户满意率	0.3833	0.1828

（2）基于熵权法的数据客观权重的计算

这里的熵权法与计算专家权重的熵权法的原理是一致的，只是在具体的计算过程中有很小的差别，因此下面简要介绍计算过程。首先要分别计算每个指标的熵值，在式（6－18）中，b_{ij}代表的是各个指标的原始数据，e_j指的是每个指标的熵值。

$$e_j = \sum_{i=1}^{n}(b_{ij}/\sum_{j=1}^{m}b_{ij})\cdot\log(b_{ij}/\sum_{j=1}^{m}b_{ij})(j=1,2,\cdots,m) \tag{6－18}$$

其次在对指标熵值归一化的基础下，求得各个指标相对重要度的熵 E_j，如式（6－19）所示。

$$E_j = \frac{1}{\log n}e_j(j=1,2,\cdots,m) \tag{6－19}$$

最后各评价指标的权重可由式（6－20）计算得出：

$$\chi_j = \frac{1/E_j}{\sum_{j=1}^{m}1/E_j} \tag{6－20}$$

根据以上介绍的方法，我们再对表 6－5 的数据做归一化处理之后，运用 MATLAB 计算每个指标的 e_j、E_j值，具体结果如表 6－17 所示。

表 6－17　　评价指标数据的客观权重 χ_j

指标	e_j	E_j	$1/E_j$	χ_j
网络连通系数	0.1107	0.0919	10.8789	0.0820
网络效能	0.1012	0.0841	11.8939	0.0897
平均收发货时间	0.1485	0.1234	8.1059	0.0611
信息化水平	0.1515	0.1258	7.9506	0.0599
订单处理失误率	0.1442	0.1198	8.3490	0.0629

续 表

指标	e_j	E_j	$1/E_j$	χ_j
订货提前期	0.1628	0.1352	7.3972	0.0558
设备完好工作率	0.1684	0.1399	7.1491	0.0539
设备温度达标率	0.1603	0.1331	7.5117	0.0566
网络运输柔性	0.1764	0.1465	6.8278	0.0515
网络库存柔性	0.1700	0.1412	7.0829	0.0534
运能满足率	0.1412	0.1172	8.5306	0.0643
订单及时交货率	0.1335	0.1109	9.0174	0.0680
订单满足率	0.1395	0.1158	8.6346	0.0651
食品损耗成本率	0.1598	0.1327	7.5333	0.0568
客户意见处理率	0.1476	0.1226	8.1561	0.0615
客户满意率	0.1581	0.1313	7.6156	0.0574

(3) 指标融合权重的计算

基于 AHP－熵权法确定的主观权重 ∂_i 表示了一定的主观经验对指标重要程度的考量，基于熵权法确定的数据客观权重 χ_j 表示了依据客观数据确定的指标的重要程度。最后的评价权重 W_j 的表达式如式 6－21 所示。

$$W_j = \frac{\partial_j \chi_j}{\sum_{j=1}^{m} \partial_j \chi_j} \tag{6-21}$$

其中，W_j 满足：$0 \leqslant W_j \leqslant 1$；$\sum_{j=1}^{m} \partial_j \chi_j = 1$

结合上述指标的专家打分权重表 6－16 和数据的自身权重表 6－17，可以得出指标的最终的融合权重如表 6－18 所示。

表 6－18　指标的最终融合权重

指标	专家打分权重 ∂_j	数据自身权重 χ_j	融合权重 W_j
网络连通系数	0.0173	0.0820	0.0237
网络效能	0.0342	0.0897	0.0512
平均收发货时间	0.0190	0.0611	0.0194
信息化水平	0.0664	0.0599	0.0664
订单处理失误率	0.0343	0.0629	0.0360
订货提前期	0.0831	0.0558	0.0773
设备完好工作率	0.0159	0.0539	0.0143
设备温度达标率	0.0295	0.0566	0.0279
网络运输柔性	0.0777	0.0515	0.0667

续　表

指标	专家打分权重 ∂_j	数据自身权重 χ_j	融合权重 W_j
网络库存柔性	0.0746	0.0534	0.0665
运能满足率	0.0713	0.0643	0.0765
订单及时交货率	0.0444	0.0680	0.0504
订单满足率	0.0287	0.0651	0.0312
食品损耗成本率	0.1177	0.0568	0.1115
客户意见处理率	0.1032	0.0615	0.1059
客户满意率	0.1828	0.0574	0.1751

3. 某冷链企业冷链物流网络可靠性评价

TOPSIS 的全称是逼近理想解的排序法（Technique for Order Preference by Similarity to Ideal Solution），它的基本原理是先计算各被评价的对象与正理想解和负理想解之间的差距，通过比较差距的大小来对各个被评价对象进行排序。TOPSIS 中的正理想解指的是各个被评价对象的指标中的最优值；相反，负理想解指的是各被评价对象的指标中的最差值。该方法以接近最优值和远离最差值的被评价对象第一，随后依次排序。

（1）数据的同趋势化和归一化处理

TOPSIS 的第一步是对评价的原始数据进行同趋势化和归一化处理，同趋势化处理通常用的是取倒数的方式，将与评价目标负相关的指标转换成正相关的指标；归一化处理通常用的是如式（6－22）所示的方法，将同趋势化处理后的数据转化为 0～1 的数据。

$$z_{ij} = \frac{x_{ij}}{\sqrt{\sum_{i=1}^{n} x_{ij}^{2}}}, i = 1,2,\cdots,n;\quad j = 1,2,\cdots,p \tag{6-22}$$

在所建立的评价指标体系中，平均收发货时间、订单处理失误率、订货提前期、网络运输柔性、网络库存柔性、食品损耗成本率是属于与评价目标成反相关的指标，需要采用倒数的形式转化成同一趋势的指标，其后再按照式（6－22）进行归一化处理，最后得到的结果如表 6－19 所示。

表 6－19　　指标原始数据处理结果

一级指标	二级指标	年份		
		2011	2013	2015
连通可靠性	网络连通系数	0.4320	0.6060	0.6679
	网络效能	0.4109	0.5917	0.6936
	平均收发货时间（小时）	0.2958	0.4272	0.8544
	信息化水平	0.5026	0.5744	0.6462
	订单处理失误率（%）	0.2779	0.3929	0.8766
	订货提前期（小时）	0.3571	0.5357	0.7652

续 表

一级指标	二级指标	年份		
		2011	2013	2015
容量可靠性	设备完好工作率（%）	0.5477	0.5836	0.5995
	设备温度达标率（%）	0.5603	0.5792	0.5921
	网络运输柔性（%）	0.3586	0.5976	0.7171
	网络库存柔性（%）	0.4248	0.5857	0.6903
	运能满足率（%）	0.5599	0.5747	0.5968
性能可靠性	订单及时交货率（%）	0.5540	0.5712	0.6057
	订单满足率（%）	0.5627	0.5748	0.5941
	食品损耗成本率（%）	0.3580	0.5243	0.7726
	客户意见处理率（%）	0.5577	0.5761	0.5975
	客户满意率（%）	0.5483	0.5795	0.6029

（2）建立最优向量和最差向量

在表6－19中，可以找到各指标的最优值，从而得到指标的正理想解 Z^+，同样可以获得各个指标的最差值得到指标的负理想解 Z^-，结果如下所示。

$$Z^+ = (0.6679,\ 0.6936,\ \cdots,\ 0.7652,\ 0.5995,\ \cdots,\ 0.5975,\ 0.6029)^T$$

$$Z^- = (0.4320,\ 0.4109,\ \cdots,\ 0.5603,\ 0.3586,\ \cdots,\ 0.5577,\ 0.5483)^T$$

（3）计算各指标与正负理想解之间的差距

计算各指标与正负理想解之间的差距的方法有很多，本章采用常用的距离判别法，即马尔科夫距离，各评价对象与最优值和最差值之间的距离如式（6－22）所示。

$$D_i^+ = \sqrt{\sum_{j=1}^{p} w_j (Z_{ij} - Z_j^+)^2} \quad D_i^- = \sqrt{\sum_{j=1}^{p} w_j (Z_{ij} - Z_j^-)^2} \tag{6-23}$$

（4）计算各评价对象与正理想解的相对接近程度

各评价对象与正理想解的相对接近程度计算方法及相对接近程度 C_i 的表达式如式（6－24）所示。

$$C_i = \frac{D_i^-}{D_i^- + D_i^+} \tag{6-24}$$

（5）按照接近程度将评价对象进行排序

经过上述的步骤后，我们可以得到某冷链企业冷链物流网络可靠性的评价结果，如表6－20所示。

表6－20　可靠性评价结果

评价对象	D_i^+	D_i^-	C_i	排序结果
2011年	0.2684	0	0	3
2013年	0.1607	0.1220	0.4316	2
2015年	0	0.2684	1	1

从评价结果可以看出，某冷链企业2015年的食品冷链物流网络可靠性最高。

4. 指标贡献率分析

由上面的排序可知，某冷链企业的冷链物流网络可靠性在2015年时达到最高，但是具体哪个指标在可靠性增长的过程中的贡献比较大，在上述的计算中无法清晰地表现出来。为了更加清晰地表现出各个指标对于网络可靠性的贡献程度，下面将通过计算各个指标的“贡献率”来观测每个指标在网络可靠性改进的过程所做的贡献的大小。

计算各个指标的“贡献率”，首先要选定某一年作为基年，本例中，选择某冷链企业2011年的网络可靠性的数据作为基准数据，即2011年的各个指标的数据都为1，2011年的网络可靠性综合指数也为1，这样就可以直接地展现各网络在不同年份的可靠性增长趋势。但考虑到指标的性质不同，对于不同属性的指标需要做如下处理。

假设某一指标在基年的指标值为I_o，I_j是与I_o相对应的任一年份的指标值，则定义C_j为I_j的指数，那么，

对于效益型指标：$C_j = I_j / I_o$；

对于成本型指标：$C_j = I_o / I_j$（$j \in 1, 2, 3, \cdots, n$）。

再结合各指标的权重就可以算出各个指标的贡献度，贡献度的计算如式（6－25）所示。

$$TCR_j = \frac{W_j C_j}{\sum_{1}^{m} W_j C_j} (j \in 1,2,3,\cdots,m) \tag{6－25}$$

由以上的方法，首先对表6－5的数据进行指数化处理，得到的结果如表6－21所示。

表6－21　　指标指数化处理结果

一级指标	二级指标	年份		
		2011	2013	2015
连通可靠性	网络连通系数	1.0000	1.4029	1.5461
	网络效能	1.0000	1.4400	1.6880
	平均收发货时间（小时）	1.0000	1.4444	2.8889
	信息化水平	1.0000	1.1429	1.2857
	订单处理失误率（%）	1.0000	1.4138	3.1538
	订货提前期（小时）	1.0000	1.5000	2.1429
容量可靠性	设备完好工作率（%）	1.0000	1.0656	1.0944
	设备温度达标率（%）	1.0000	1.0338	1.0568
	网络运输柔性（%）	1.0000	1.6667	2.0000
	网络库存柔性（%）	1.0000	1.3788	1.6250
	运能满足率（%）	1.0000	1.0264	1.0659

续 表

一级指标	二级指标	年份		
		2011	2013	2015
性能可靠性	订单及时交货率（%）	1.0000	1.0311	1.0933
	订单满足率（%）	1.0000	1.0215	1.0559
	食品损耗成本率（%）	1.0000	1.4643	2.1579
	客户意见处理率（%）	1.0000	1.0330	1.0714
	客户满意率（%）	1.0000	1.0569	1.0996

结合各指标的权重和上述的指标贡献率计算公式，我们可以得到评价指标的贡献率如表6－22所示。

表6－22　评价指标的贡献率

指标	年份	
	2013	2015
网络连通系数	0.0267	0.0237
网络效能	0.0592	0.0559
平均收发货时间	0.0225	0.0362
信息化水平	0.0610	0.0552
订单处理失误率	0.0409	0.0734
订货提前期	0.0932	0.1071
设备完好工作率	0.0122	0.0101
设备温度达标率	0.0232	0.0191
网络运输柔性	0.0893	0.0863
网络库存柔性	0.0737	0.0699
运能满足率	0.0631	0.0527
订单及时交货率	0.0417	0.0356
订单满足率	0.0256	0.0213
食品损耗成本率	0.1312	0.1556
客户意见处理率	0.0879	0.0734
客户满意率	0.1487	0.1245

由表6－22可知，2013年和2015年食品损耗成本率和客户满意率对可靠性的贡献率最大，其次是订货提前期。此结论符合近些年某冷链企业的发展现状，为了提高生鲜食品的质量，某冷链企业建立农场控制食品的供应来源，自建物流控制食品在各网络的物流过程，降低食品损耗的同时提高了客户的满意度，通过自身控制食品源头的方式缩短

了客户的订货提前期。此外，某冷链企业为了应对客制化订单和公司推出的一些推广活动可能会造成短期内需求订单增加的状况，打造了冷链物流配送平台。目前消费者不仅可以在某冷链企业官网线上购买，也可以在其他的移动终端和平台上购买，同样某冷链企业也在线下接受客户的订单，通过构建 5PL 开放平台模型，整合第三方物流和社会化的物流配送队伍，成功地解决了需求激增带来的问题。

三、某冷链企业的冷链物流网络可靠性改进措施

通过对某冷链企业的实证分析，得出企业的冷链物流网络可靠性正在逐年提高，企业目前的市场主要集中在北京地区，相对其他生鲜电商企业来说，某冷链企业的网络布局相对集中，因此就北京地区而言，企业在网络连通系数和网络效能上的改进空间并不大。此外，在连通可靠性方面，我们可以看出某冷链企业在订货提前期上有很大的改进空间，企业可以通过整合食品供应链上的生产、加工、销售和日配，缩短客户的订货提前期，通过与食品供应商建立战略合作伙伴关系来保证食品的及时供应，满足客户的需求。

在网络容量可靠性方面，企业可以在网络库存柔性方面进行改进。由于企业之前的战略是扩大市场占比，因此在客户需求满足程度和企业成本平衡时，企业以客户为重，以首先满足客户的需求为主，所以会在成本上有较大的付出。在今后的发展中，企业可以基于目前的市场份额，考虑维持现有的客户群，重点提高现有客户群的满意度，在开发新客户的力度上可以适当减弱。

在网络性能可靠性方面，客户的订单满足率和及时交货率是可以基本达到 100% 的，因此企业可以设置冷链物流质量控制的组织结构，对于订单的管理、加工和库存以及配送过程进行控制，每一个过程都设立相应的控制目标。此外，加强公司员工的服务意识，尤其是配送人员直接接触到消费者，消费者的体验感知和满意度对于公司来讲十分重要。如果是与第三方物流公司合作进行配送，作为核心企业，企业需要与第三方企业之间建立协议，明确配送过程中造成客户不满意时的赔偿，以此制约第三方物流公司，从而提高客户满意度。

第五节　北京市食品冷链物流网络可靠性改进措施

食品冷链物流网络可靠性评价的目的就是分析并提出相应的网络可靠性的改进措施，在食品冷链物流网络可靠性评价指标体系的构建和某冷链企业冷链物流网络可靠性评价实证分析的基础上，本节就食品冷链物流网络可靠性的改进问题提出了一些建议和措施。

一、连通可靠性改进措施

依据所建立的评价指标，连通可靠性改进措施主要从网络结构、作业效率、信息水平三个方面提出，那么相应的措施有简化网络结构、提高节点的作业效率、加强节点间的流程衔接以及加强节点间的信息协同。

1. 简化网络结构

简化网络结构主要是从网络长度和宽度上进行简化，长度是指网络中节点的层数较

多，供应商的上游还有供应商、客户的下游还有客户，食品从网络的起点到达终点需要中转的次数也较多；宽度指的是网络中的每一个层次上都含有较多的节点，节点的数量越多，网络的宽度就越宽。

一般而言，网络的长度和食品在网络中所经历的时间、所产生的成本、变质的风险有很大的关系，同时网络中节点的增多会带来节点间信息传递失真，信息每在节点间传递一次，信息就会被加工一次，即所需求的量就会被放大一次。同样的道理，网络越宽，节点的管理和协调也就越难。因此，从保证生鲜食品质量、降低成本的角度考虑，应尽量减少网络长度和宽度，使得食品冷链物流网络结构得到简化。

2. 提高节点的作业效率

食品在冷链物流网络的流通过程中，每经过一个节点都要进行相应的作业活动，从网络起始节点的预冷处理、适当的分拣、合适的配套储存、快速的订单处理和及时配送，到网络中间节点的食品加工、包装、存储、配送活动，再到网络销售节点的装卸搬运、收货等，每一个节点都要对食品进行相应的处理才能完成在网络中的流通。因此各节点的作业效率在很大程度上影响了食品冷链物流网络的连通可靠性，节点只有对食品进行快速的处理才能使食品进入下一节点，才能从整体上缩短食品在网络中的流通时间。

此外，需要注意的是，在作业效率提高的同时，也要注意作业的正确率，如订单处理时不仅要快还要正确，在大批量订单的情况下，订单处理有误不仅会造成时间上的浪费，也会使网络的整体服务水平下降。

3. 加强节点间的流程衔接

食品冷链物流网络是由多个节点构成的，只有节点间的流程衔接顺畅，网络的运行效率才会高。对于流程的管理，可以采用分类的方式将流程分为受管理的业务流程衔接、受监控的业务流程衔接、不受管理的业务流程衔接和非成员业务流程衔接四种类型。受管理的业务流程衔接是网络中比较关键的业务流程衔接，处于至关重要的地位，需要对其进行集成管理；受监控的业务流程衔接对网络来说不是特别关键，但是对网络中的核心节点很重要，因此核心节点需要定时对这些衔接进行监控和审核；不受管理的业务流程衔接和非成员业务流程衔接是重要性不足以让网络进行管理和监控的衔接。在食品冷链物流网络中，涉及存储温度、运输时间、配送路线以及食品质量的监控、订单的处理等的衔接都应该是进行集成管理和监控的流程衔接。

4. 加强节点间的信息协同

食品冷链物流网络中信息技术的应用在很大程度上可以决定网络的效率，网络顺畅的运作离不开现代化的信息技术的支撑。离开了信息技术的作用，网络的运行和管理都将受到阻碍。信息技术的应用使得网络节点间的资源得到集成，信息可以共享，节点间通过信息的传递可以事先做好计划，避免网络的堵塞。

目前，电子数据交换技术（EDI）、条码技术（Barcode）、电子自动订货系统（EOS）、无线射频识别技术（RFID）等已经在物流领域中得到普遍的应用，这些系统在应用的时候是相互补充的，如果各系统单独运行，那么将无法达到应用的效果。因此，食品冷链物流网络应当以上述所有的技术为基础，加强信息的整合，构建统一的信息管理平台。

二、容量可靠性改进措施

容量可靠性的改进措施主要是针对冷链物流网络中设施设备、网络处理能力以及满足能力提出的，措施主要有加强网络设施设备管理、保障物流温度和提高网络容量的柔性。

1. 加强设施设备管理

食品冷链物流网络中的设施设备是冷链物流网络正常运行的基础，设施设备主要指的是冷藏车、冷库等，网络中的各节点都具有这样的设施，即便是对食品进行简单的预冷处理或者初加工也是如此。在实际的运作中，要定期地对冷藏车、冷库以及其他冷链设施设备进行检查维修，确保其正常工作。

网络中的各节点企业都要对此有足够的重视，在设备维修管理方面达成一致。例如，在冷藏车辆管理方面，可以建立车辆档案，包括车辆保险、年检、验尾气、维修保养记录等。根据车辆的档案，当车辆出现问题时，可以及时地找到原因，方便进行下一步的管理和维修。

2. 保障物流温度

对于生鲜食品而言，冷链物流网络中冷链技术应用的目的就是保证食品的质量和安全。冷链运作中存在3T原则，即产品的最终质量取决于冷链的储存与流通的时间（Time）、温度（Temperature）和产品的耐藏性（Tolerance）。在这三个要素中，物流的温度是最重要的因素，理论上来讲，只要温度足够低，就可以延长食品的冷链物流时间。如果单从温度的角度来考虑，在合理的温度范围内，自然是温度越低越好。但是温度的降低必然会带来成本的增加，在温度达到一定的阈值后，进一步地降低温度会带来成本的非线性增加。因此需要在温度和成本之间寻求平衡，应当在食品冷链物流网络过程中保持最适宜的温度环境。

3. 提高网络容量的柔性

网络容量的柔性指的是网络中存储能力和运输能力的柔性，在需求多变的环境下，消费者的需求虽然可以根据历史的消费记录来预测消费者的需求量，但是需求预测并非在所有的时候都是准确的，偶尔会因为某些活动造成需求量突然增加或减少，因此，需要提高网络容量的柔性来适应需求的不确定性。

对于网络中的运输能力和存储能力，并不是说运输和库存余量越大越好，当容量余量较大时，在需求突然增加的情况下虽然可以快速地做出反应，但是增加了平时的管理成本，造成了资源的浪费，使得网络的运营成本较高。网络需要在反应能力和成本间寻找一种平衡，使网络既不存有过剩的余量，也可以在需求发生变化时快速响应。网络中的核心企业可以通过与第三方物流或者仓储企业签订合作协议，应对需求突然变化带来的问题。

三、性能可靠性改进措施

在网络连通可靠性和容量可靠性均提高的情况下，网络性能可靠性也会相应地提高，但是网络性能可靠性的提高除上述的措施以外，还包括为客户提供增值服务、制定操作规范和降低食品的损耗。

1. 为客户提供增值服务

客户的满意度是网络性能可靠性的最直接表现，网络服务的最终目标就是满足客户的需求、让客户满意。但是并不是单纯地满足客户的硬性要求就可以获得客户的好评，还要通过强化客户的感知体验提升满意度。对于客户而言，除网络可以给客户提供的基本服务外，可以增加一些为客户量身定制的服务来提高满意度。

如在客户下订单后，信息系统可以自动向客户发出关于订单的信息，客户可以随时在网上查看自己货物的位置、货物所处环境的温度，以便客户在订单到达之前做好准备，防止客户无准备的情况下收货。如果等待时间过长，不仅会造成食品的质量下降，也会增加服务的时间。因此，通过为客户提供增值服务，为客户提供便利，保持客户的忠诚度，提高客户的满意度。

2. 制定操作规范

生鲜食品的损耗在冷链物流网络成本中所占比重较大，造成食品损耗的原因有很多，除冷藏设施设备故障和需求不确定情况下造成的损失以及一些过程中必然产生的损失外，食品冷链物流作业活动中的损失在总损失中也占到很大的比重。因此，可以通过规范作业活动来减少因作业产生的损失。

例如，在装卸搬运环节，可以制定相应的操作规范，也可以进行相应的考核，对于盒装、袋装、来货密封好的标准包装商品一定要放在托盘上进行搬运活动，防止人工搬运中出现的包装破损的情况。因此可以把网络流通中所有的操作流程和方法以书面的形式发给企业的员工，不定期地检查和不断地优化。此外，在配送过程中，标准的操作规范会使消费者认为服务更加专业化，可以增加消费者对公司的信赖感。

3. 降低食品的损耗

生鲜食品的损耗成本在物流总成本中占比很大，对于网络中的核心企业来讲，其生鲜食品的库存成本除正常的设施设备和人员管理的成本外，还包括因库存管理不当导致的库存损失成本。与一般仓库比较，冷库的温度控制区域较多，不同的商品有不同的温度要求，如果温度控制不当，可能会导致冷冻产品化冻后再冷冻，造成食品的质量下降。

此外，核心节点企业对于需求的预测不准确时，同样会造成食品的堆积和损耗。因此，可以通过与食品供应商制定供应商管理库存的协议，与供应商之间实施信息共享，达到对客户订单的快速反应。

第七章

基于大数据的北京市智能配送网络优化研究

国家在不断地进步，经济发展迅速，导致市场竞争环境较为激烈，对更加便捷的配送服务的需求进一步增加。北京作为我国的首都、经济政治中心、国际化大都市，其城市经济属于快速发展阶段，北京的城市配送体系是为了满足城市内部的生活需求。

《中国统计年鉴 2015》表明从 2008 年起北京的城市货物运输量一直保持在 20000 万吨。从数据来看，公路货运的运输量在 7 年内稳步提升，从 2008 年的 18689 万吨已经增长到 2014 年的 25416 万吨。虽然北京一直在施行货车限行政策，但是北京的货车拥有量仍在逐步增加，2014 年已经增加至 20.3 万辆。如今北京城市内物流配送压力不断增大，结合了城市内电子商务、百货以及连锁超市等商业配送。目前城市物流配送基本以货车为主体，为了在交通限制下完成城市物流配送并且降低物流成本，我们应该对于配送路线进行有效规划。

2008 年北京召开奥运会，其实那时北京的城市配送规划非常好，由于货车在白天禁行，北京绝大多数百货商场、商业超市都是夜间配送。根据《现代物流报》的统计，那时北京城市物流配送从效率上来看至少是 2017 年的 2～3倍，并且用一半的车辆完成全部配送，成本节约近 60%。但是奥运会后一切又恢复了常态。

根据统计数据显示，以北京为例，市内 6000 多家超市中，能够支持晚上 10 点到次日清晨 6 点夜间配送的超市一家都没有，能够从早上 5 点开始收货的超市仅有 30 多家，6 点开始收货的也仅仅有 20 家左右，大部分配送是在白天进行。因此，我们分析北京白天的拥堵状况以及限行情况，可以看到城市内货运量和城市货车量增长惊人，尤其是北京货车限行规定导致小型货车增加，使得货车量更多，进一步增加物流配送成本。因此如何规划好路径、减少货车量、优化配送方式、降低物流成本是北京城市物流配送未来发展中需要关注的地方。当我们对配送路线和情况进行有效的规划、提供更好的技术支持时，就能够使北京的城市物流配送发展得更好。

目前，北京对于货车核发证件是三个月一次，但仅限于北京牌照；其他省份车辆，仅发放临时证件 7 天，可目前货运车辆多以外地牌照为主。2010 年 12 月，北京出台《城市中心区货运汽车运营技术要求》，从 2011 年 4 月开始实施。从 2011 年开始，北京对于货运运营要求有了很大的提升，对于仍不能够符合标准的车辆，北京的公安交通及运营部门将不发放通行证和营运证，并且不能够进入北京城市中心区。

第一节　交通流数据分析及预测

本部分通过介绍短时交通流预测的原理和方法，简要说明短时交通流预测的原理，介绍各种主流的交通流预测研究进程中的预测方法，并最终详细介绍本章采用的交通流短时预测的方法和使用的模型。

一、短时交通流预测理论

短时交通流预测就是根据已知的单个或是多个路段在过去多个时刻的交通流参数值，求出某个路段未来不同的多个时间段内的交通流状态估计值。通常把用于预测的历史数据称为预测因子，包括时间和空间两方面的数据，时间方面的数据主要是指某个路段过去若干时间间隔的交通流参数及历史平均值；空间方面的数据是指与某个路段相邻的上下路段当前及过去各时刻的交通流参数。国内目前的研究多数都只考虑时间因子的影响，建立的是单点单步预测模型。单点即只考虑预测点本身的历史数据，其他路段和交叉口均不考虑；单步是指某一时刻只预测下一时刻的交通流，以此类推，形成滚动预测。

路径短时交通流预测属于一种实用性很强的应用技术，可以优化路径的网络，用于短时交通流预测的模型具有以下特性：第一，时间适应性，交通量的预测将会影响出行者的线路选择，出行者的线路选择反过来会影响交通预测的精度，但是，预测的只是一定的区间，故预测模型应具有这种适应性；第二，处理时间序列的数据能力；第三，能输出在某种精度条件下预测值的变化区间，一般情况下不是一个定值；第四，道路环境的变化会带来交通流非线性的变化，建立的模型应该能依据具有噪声的历史数据做正确的预测；第五，模型可以进行快速的计算。

二、短时交通流预测的方法

本部分简单介绍短时交通流预测的主流方法，说明它们的优缺点，并对在最后确定最终采用的短时交通流预测的方法进行详细介绍。

短时交通流预测的方法主要分为三类：第一类是基于数学模型的方法，第二类是基于智能模型的预测方法，第三类是组合模型预测方法。本节是通过短时的交通流数据预测未来的交通状况，同时，依据得到的预测信息优化交通网络路径。根据实际情况描述交通流数据具有数据量大、数据复杂的特点，不易寻找规律；但是，通常交通状况会由于自然环境和时间的变化而变化，此外，交通状况会在一天甚至一个星期内发生周期性的变化，因此，本节通过采用时间序列的方法进行预测，为路径优化提供依据。

时间序列分析是将一组按时间顺序排列的数据进行动态数据处理的统计学方法。时间序列分析通过随机过程理论和数理统计学方法，研究随机数据序列所遵从的统计规律，通过数理统计的方法解决实际问题。

剔除季节变动法：对于时间序列数据的季节变化因素，通常首先要消除季节性因素，找出固定值和季节性校正因子。在稳定值预测的基础上，得到季节性校正和季节性变化。

还可以计算 12 个月内的平均值作为基准的固定值，根据乘法或加法模式的季节性变化，根据年度基准预测值，计算季节性成分并进行修正，以预测未来值。

指数平滑法：区别对待移动期内的各个数据，对近期数据给予较大的权数，对较远的数据给予较小的权数，以此弥补简单移动平均法的不足。用加权移动平均法求预测值，对近期的趋势反应较敏感，但如果一组数据有明显的季节性影响时，用加权移动平均法得到的预测值可能会出现偏差。因此，有明显的季节性变化因素存在时，最好不要进行加权。

时间函数拟合法：变量变化规律符合某一时间函数，利用采样数据进行拟合并确定参数，而后外推预测。其中常用的为多项式形式。

三、交通流数据的处理

本部分将详细介绍交通流的数据参数以及类型，交通流数据参数主要有平均行程速度、运行时间、交通量、流率以及车流密度等；同时，介绍了交通流数据的各种采集方法，并且简要分析各种方法的优劣，确定适用于本章的数据采集方法。

1. 需要采集的交通流数据

（1）行车速度（平均行程速度）

速度表示单位时间内通过的距离，交通学中单位为 km/h。当交通流用速度表示时，观察到的速度分布在交通流中通常是相当离散的，所以它通常表示的是统计特征值的速度。标准速度是平均行驶速度，在数值计算过程中，很容易得到车辆在单车行驶时的行驶速度，速度值最适合讨论和其他变量之间的关系。计算系统的平均行程速度时，可以取一段固定长度的道路，除以平均的车辆通过路程时间。因此，如果有一辆车，通过路程的长度为 L，所测得的车辆行驶时间是 t_1，t_2，…，t_3，则平均行程速度可按式（7－1）进行计算。

$$V_S = \frac{L}{\sum_{i=1}^{n} t_i/n} = \frac{nL}{\sum_{i=1}^{n} t_i} \tag{7-1}$$

其中：V_S——平均行程速度；

L——公路路段长度；

t_i——第 i 辆车通过该路段的行程时间；

n——观测行程时间的次数。

（2）交通量和流率

交通量和流率都是描述规定时间间隔内，通过一条车道或道路某一断面车辆数的度量值。交通量是在已知时间间隔内，通过一条车道或道路某一点或某断面的车辆总数，可分为年交通量、日交通量、小时交通量以及不足一小时时段的交通量，如 15 分钟交通量、5 分钟交通量等。流率是在给定不足 1 小时的时间段（通常为 15 分钟）内，通过车道或道路的指定断面的车辆数经过等效转换得到的单位小时的车辆数。交通量与流率之间有一定区别，交通量是在一段时间间隔内，通过某一点观测或预测的实际车辆数。流率则表示按照不足 1 小时观测间隔内，通过某一点的小时当量的车辆数，以不足 1 小时时段观测的车辆数除以观测时间（单位为小时），即得到流率。如果 15 分钟的交通量为 100 辆，那小时流率为 400 辆/时。也就是说小时流率是通过特定时刻的交通量计算的，因此，通行能力分析中，高峰时间的流率非常重要。如果公路路段的通行能力是 4500 辆/时，那么在峰值 15 分钟的流量时段内，高峰流率与小时交通量间通常使用高峰小时系数来表示这两个变量的关系。高峰小时系数定义为整个小时交通量与该小时内流量最大的 15 分钟的流率之比，该值在 0～1，越接近 1，表示该时段内的交通量变化越平稳；而该值越接近 0，说明该时段内的交通量变化越剧烈，具体计算公式为：*PHF* = 小时交通量/该高峰小时内的小时流率，即式（7－2）。

$$PHF = \frac{Q}{4 \times Q_{15}} \tag{7-2}$$

其中：*PHF*——高峰小时系数；

Q——小时交通量，辆/时；

Q_{15}——该高峰小时内 15 分钟期间的流率，辆/15 分钟。

（3）车流密度

车流密度的定义是指单位长度的车道或道路中的车辆数，单位为辆/千米，通常是指一定时间段内单位长度的车道或道路中车辆数的平均值。密度是描述交通流运行状态的重要参数。它可以直观地反映车辆之间相互接近的程度，反映驾驶员操作的自由度，相关计算见式（7－3）。

$$Q = V_S \times K \tag{7-3}$$

其中：Q——小时交通量，辆/时；

V_S——平均行程速度，千米/时；

K——密度，辆/千米。

（4）交通量的比值

J = 路段通过的交通量/最大可能通过的交通量（道路的通行能力），其中，路段通过的交通量为当前时段通过该路段的车辆总数。道路的通行能力是指道路设施所能疏导交通流的能力，即在一定的时段内和正常的道路、交通、管制及运行质量要求下，道路设施通过交通流质点的能力。通行能力一般以 veh/h（辆/小时）、pcu/h（当量标准小客车/小时）表示，基本单位是 pcu/h/ln（当量标准小客车/小时/车道）。通行能力实质上是道路负荷性能的一种量度，它既反映了道路疏通交通的最大能力，也反映了在规定特性前提下，道路所能承担车辆运行的极限值。

2. 交通流数据采集的基本方法

（1）地理式感应线圈。其可以应用感应线圈技术进行速度、时间等数据的测算，但是，感应线圈需要埋入公路的下面，只有少部分的道路拥有这种数据收集设备。因此，要想大量应用这种方法进行交通流数据的收集，需要大量改造现有的道路基础设施，成本过大，而且设备极易发生损坏，需要定期的维护，可行性较小。

（2）微波车辆检测器。微波车辆检测器是通过先进的仪器进行实时检测交通流量、平均车速、通过车型及车道占用率等交通数据的产品，在高速公路、城市道路、桥梁等进行全天候的交通检测，能够精确检测高速公路上的任何车辆，包括从摩托车到多轴、高车身的车辆，拖车整体作为一辆车检测。这种测量方式要求较高，在车型单一、车流稳定、车速分布均匀的道路上准确度较高，但是在车流拥堵以及大型车较多、车型分布不均匀的路段，测量精度由于遮挡会受到比较大的影响。另外，微波车辆检测器对安装距离和高度有很高的要求，因此，桥梁、立交桥、高架路上的安装会受到限制，由于安装困难，价格也比较昂贵，不太适用于本章所研究的问题。

（3）GPS 浮动车检测技术。近年来，GPS 浮动车检测技术作为一种获取道路交通信息的先进技术手段应用于国际智能交通系统，其基本原理是通过载有 GPS 的移动车辆对数据进行采集并分析，通过处理得出交通的时间窗宽。但是，GPS 浮动车检测技术同样需要较大的成本，不可能在每段道路、每一分钟都有这种浮动车在行驶，由于数据采集较慢，无法在大型的公路网络上进行交通流量的采集，不适用于本章讨论的前提，因此也不适用。

（4）视频检测技术。视频检测技术是借助道路监控系统进行交通流的观察、记录、计算和分析，最后得出交通流各参数的数据，而且此技术对交通流的数据采集较为方便，经过简单的数据处理后，就可以使用，这种技术应用的主要方法有如下两种。

第一种是车辆跟踪法，即一个监控设备锁定一辆车，记录车辆的信息，包括车型、车牌等数据，并记录当前时间。在后面路段中的监控设备发现这辆车后，记录此时的时间，根据两个监控设备之间的距离以及车辆经过这段路程的时间差，最后计算出速度。但是，这种方法中，两个监控设备的距离较远，而且不能保证车辆一定会从下一个监控设备经过，也可能进入另一段道路，因此，数据采集以及处理会有一定的困难。

第二种是虚拟线框法，虚拟线框法是通过监控设备采集的视频信息，在屏幕上设置一个虚拟的矩形线框，同时，线框的上下边的实际距离已知。在进行数据采集时，当一辆车进入线框的下边界时，记录当前的时间，当这辆车离开上边界时，再次记录时间，通过距离除以时间差计算速度。这种方法应用起来方便且快捷，因此，本章的数据采集是通过视频检测技术的虚拟线框法得到的。

四、交通拥挤度的计算

本节将两种交通流数据参数作为判定依据，进行路径网络的优化，一种是交通流数据，另一种是配送网络的各路径的距离。本章介绍的是根据采集到的交通流数据和现有的交通拥挤度的判断辨别方法，对数据进行分析，将其转化为更加直观的数值，以便在实际交通网络中使用更便捷。最后，得出拥挤度方面的新的标准，为后续进行交通路径的优化提供方便，达到最终获取最优、次优、再次优路线的目的。

现行的交通拥挤度的辨别方法有很多，主要是政府部门或是相关学者研究后最终确立的，其中主要有两种方法影响较大，一种是北京市政府创立的概念性指数“交通拥挤度指数”，另一种是由石征华等人研究的交通拥挤度辨别方法中提出的采用其他系数的方法，接下来将简要介绍这两种方法。

现在北京市政府使用较多的是“交通拥挤度指数”，又被称为“交通指数”，是其创建的综合反映道路网畅通或拥堵情况的道路性数值，交通拥挤度指数的取值范围是 0 ~ 10，每两个相邻的数字为一个等级，共分为五个等级，分别是畅通、基本畅通、轻度拥堵、中度拥堵、严重拥堵，数值越高表示交通的拥挤程度越高。

同时，根据这个理论体系，不同的交通状况会造成不同的拥挤程度，在道路限速标准的条件下行驶，时间的消耗也会不同程度增加，具体情况如表 7－1 所示。

表 7－1　　不同交通拥挤度指数对应的交通状况

交通拥挤度指数	对应路况	出行时间
0～2（畅通）	道路不拥堵	道路限速标准的时间
2～4（基本畅通）	有少量拥堵	比畅通时多耗时 0.2～0.5 倍
4～6（轻度拥堵）	部分道路拥堵	比畅通时多耗时 0.5～0.8 倍
6～8（中度拥堵）	大量道路拥堵	比畅通时多耗时 0.8～1.1 倍
8～10（严重拥堵）	全部道路拥堵	比畅通时多耗时 1.1 倍以上

交通拥挤度的辨别法是石征华等人通过对平均速度、车辆密度、实际交通量与最大服务交通量比值三个交通流数据的参数进行分析，以及应用了专家经验法和最小二乘法，最终确定了交通拥挤度的系数。

这种方法将道路的交通状况分为六个等级，分别为畅通、正常、拥挤、轻微堵塞、堵塞、严重堵塞，并利用数学的思想，将这六种交通状况估算为模糊集，形成一种等级论域。此外，将平均速度、车辆密度以及实际交通量与最大服务交通量比值通过一定的算法，求出这三个数值的论域，并与六种交通状况进行隶属度关系的计算，最终得出六种交通状况隶属度的参数，参数中最大的数值对应的交通模糊子集，也就是这段道路的拥挤度。具体方法如下。

首先，采集平均速度、车辆密度、实际交通量与最大服务交通量比值三个交通量的参数，分别得出与其对应的交通拥挤度。

其次，建立关于路网交通状况的等级论域。论域包括六个模糊集，其中 V 是模糊子集：{V_1（畅通），V_2（正常），V_3（拥挤），V_4（轻微堵塞），V_5（堵塞），V_6（严重堵塞)}。

再次，利用辨别因子论域 U，选取上文提到的交通指标辨别因子来描述路段拥挤程度，包括路段的平均速度 U_1，单位为 km/h；车辆密度 U_2，单位为 veh/km/ln；实际交通量与最大服务交通量比值 U_3，见式（7－4）。

$$U = \{U_1, U_2, U_3\} \tag{7-4}$$

U 上的辨别因子模糊集为式（7－5）。

$$A^T = u_1/U_1 + u_2/U_2 + u_3/U_3 \tag{7-5}$$

式中：u_1、u_2、u_3 分别为辨别因子 U_1、U_2、U_3 的隶属值，即分别考虑这些辨别因子对效果等级所起的作用的权重。

之后，建立论域的模糊子集为式（7－6）。

$$B^T = \frac{v_1}{V_1} + \frac{v_2}{V_2} + \frac{v_3}{V_3} + \frac{v_4}{V_4} + \frac{v_5}{V_5} + \frac{v_6}{V_6} \tag{7-6}$$

式中：v_1，v_2，v_3，v_4，v_5，v_6 分别为辨别等级 V_1，V_2，V_3，V_4，V_5，V_6 的隶属度。

此外，我们还可以看出等级论域 V 与辨别因子论域 U 之间存在着一种模糊关系，这种关系可以用模糊关系矩阵式（7－7）表示：

$$\boldsymbol{R} = \begin{matrix} U_1 \\ U_2 \\ U_3 \end{matrix}\begin{bmatrix} r_{11} & r_{12} & r_{13} & r_{14} & r_{15} & r_{16} \\ r_{21} & r_{22} & r_{23} & r_{24} & r_{25} & r_{26} \\ r_{31} & r_{32} & r_{33} & r_{34} & r_{35} & r_{36} \end{bmatrix}$$
$$\qquad V_1 \quad V_2 \quad V_3 \quad V_4 \quad V_5 \quad V_6 \tag{7－7}$$

式中：$r_{ij} = u_R(u_i, v_j)$，表示 U_i 和 V_j 具有相关程度的关系，也就是交通指标辨别因子隶属于辨别等级之间的关系，而且每个数据的所有交通状况的等级关系之和为1，用式（7－8）表示。

$$\sum_{j=1}^{6} r_{ij} = 1 \tag{7－8}$$

最后，通过各辨别因子与效果等级的隶属函数关系，确定拥挤度的参数，判别道路的拥挤程度。其中，函数关系见式（7－9）。

$$B^T = A^T \cdot R - [u_1 \quad u_2 \quad u_3] \cdot \begin{bmatrix} r_{11} r_{12} \ r_{13} \ r_{14} \ r_{15} r_{16} \\ r_{21} r_{22} \ r_{23} \ r_{24} \ r_{25} r_{26} \\ r_{31} r_{32} \ r_{33} \ r_{34} \ r_{35} r_{36} \end{bmatrix}$$
$$= [V_1 \quad V_2 \quad V_3 \quad V_4 \quad V_5 \quad V_6] \tag{7－9}$$

由式（7－9）可以算出六种交通拥堵情况的隶属度的参数，v_j（$1 \leqslant j \leqslant 6$）中最大的数值对应的交通模糊子集，就是这段道路的拥挤度。

五、不同等级公路限速条件下的车辆行驶的速度标准

公路根据功能的不同，公路的设计速度、车道数目、车道宽度等都有所不同，因此，判定公路的拥挤度的标准对于不同的公路有所不同。因而，需在现有的一些判别道路拥挤度的方法上进行一定的优化，方便之后的研究。

1. 不同公路的等级

通常来讲，中国的公路分为以下四个等级：一级公路、二级公路、三级公路、四级公路，同时，为更好地进行后续研究，将城市的高速公路作为参考对象之一，对特点进行介绍，然后进行分析。不同公路的各项主要参数见表7－2。

表7－2　　不同公路的各项主要参数

道路级别	设计车速（km/h）	单向机动车道条数（条）	机动车道宽度（m）	道路总宽（m）
高速公路	80～120	≥2	3.50	30～60
一级公路	60～80	≥4	3.75	40～70
二级公路	40～60	≥4	3.50	30～60
三级公路	30～40	≥2	3.50	20～40
四级公路	30以下	≥2	3.50	25～30

通过对公路等级的划分不能完全描述全部公路的基本情况，公路等级主要是划分连

接不同城市的道路，而在城市中的道路网络与城市的大小、不同道路的功能有关，因此，城市道路与非城市道路在设计中有一定的区别，城市道路的划分如表 7－3 所示。

表 7－3　　不同级别城市道路的相应的设计参数

类别	级别	设计车速（km/h）	双向机动车道数（条）	机动车道宽度（m）	道路总宽（m）
快速路		80	≥4	3.75～4	40～70
主干路	Ⅰ	50～60	≥4	3.75	30～60
	Ⅱ	40～50	3～4	3.5～3.75	
	Ⅲ	30～40	2～4	3.5～3.75	
次干路	Ⅰ	40～50	2～4	3.5～3.75	20～40
	Ⅱ	30～40	2～4	3.5～3.75	
	Ⅲ	20～30	2	3.5	
支路	Ⅰ	30～40	2	3.5	16～30
	Ⅱ	20～30	2	3.25～3.5	
	Ⅲ	20	2	3.0～3.5	

2. 道路限速标准下的交通拥挤状况标准的确定

通过上文可以发现，在道路交通拥挤指数理论体系中，如果畅通的道路限速标准的时间为 1，基本畅通所用的时间比畅通时多耗时 0.2～0.5 倍，轻度拥堵所用的时间比畅通时多耗时 0.5～0.8 倍，中度拥堵所用的时间比畅通时多耗时 0.8～1.1 倍，严重拥堵所用的时间比畅通时多耗时 1.1 倍以上。

另外，根据速度＝路程/时间的物理公式，也就是说在路程一定的条件下，速度与时间成反比。因此，如果说时间比标准时间多用 0.5 倍，那么同一段路程上，速度变为原来的 2/3。由此可知，在交通拥挤度指数理论体系中，按照道路限速标准下不同交通状况的不同等级公路的速度对应值如表 7－4 所示。

表 7－4　　不同交通状况下的道路速度　　（单位：km/h）

道路级别	畅通	基本畅通	轻度拥堵	中度拥堵	严重拥堵
高速公路	120.0	80.0～100.0	66.7～80.0	57.1～66.7	<57.1
一级公路	80.0	53.3～66.7	44.4～53.3	38.1～44.4	<38.1
二级公路	60.0	40.0～50.0	33.3～40.0	28.6～33.3	<28.6
三级公路	40.0	26.7～33.3	22.2～26.7	19.0～22.2	<19.0
四级公路	30.0	20.0～25.0	16.7～20.0	14.3～16.7	<14.3

注：速度为设计限速的最大速度。

同时，不同城市道路上的交通速度按照同样的方法进行计算，得出相应的道路速度，相应的结果如表 7－5 所示。

表 7－5　　不同交通状况下的城市公路的速度　　（单位：km/h）

类别	级别	畅通	基本畅通	轻度拥堵	中度拥堵	严重拥堵
快速路		80.0	53.3～66.7	44.4～53.3	38.1～44.4	<38.1
主干路	Ⅰ	50.0～60.0	40.0～50.0	33.3～40.0	28.6～33.3	<28.6
	Ⅱ	40.0～50.0	33.2～41.7	27.8～33.3	23.8～27.8	<27.8
	Ⅲ	30.0～40.0	26.7～33.3	22.2～26.7	19.0～22.2	<19.0
次干路	Ⅰ	40.0～50.0	33.2～41.7	27.8～33.3	23.8～27.8	<27.8
	Ⅱ	30.0～40.0	26.7～33.3	22.2～26.7	19.0～22.2	<19.0
	Ⅲ	20.0～30.0	20.0～25.0	16.7～20.0	14.3～16.7	<14.3
支路	Ⅰ	30.0～40.0	26.7～33.3	22.2～26.7	19.0～22.2	<19.0
	Ⅱ	20.0～30.0	20.0～25.0	16.7～20.0	14.3～16.7	<14.3
	Ⅲ	20.0	13.3～16.7	11.1～13.3	9.5－11.1	<11.1

注：各道路的相应的速度由畅通时的最大速度推算得出。

通过上文的阐述，已经确定了在不同等级道路限速标准下的拥挤的判定方法，为了增加对交通状况判定的准确性和方法的多样性，通过对采集的数据进行整理分析，与上文不同等级公路限速标准下的交通拥挤度辨别方法结合，对不同的数据进行分类，估算出不同交通状况下的交通流量情况如表 7－6 所示。

表 7－6　　不同交通状况下的道路交通流量　　（单位：辆/时）

道路级别	畅通	基本畅通	轻度拥堵	中度拥堵	严重拥堵
高速公路	1667～2000	2000～2500	2500～2998	2998～3502	>3502
一级公路	1125～1350	1350～1689	1689～2027	2027～2362	>2362

第二节　基于交通限制下北京城市物流配送路径优化研究

一、交通限制下配送线路情况分析

1. 路段失效的定义

由于配送中心到连锁门店存在交通限制的情况，我们以拥堵为例，进行优化研究。我们可以将配送线路中的拥堵段落作为路段失效的一种情况，当我们考虑路段失效对于运行的影响时，可以通过拥挤程度来划分路段是否失效。如果设置 r 为路段交通流量与路段能力的比值，也就是路段的饱和度。将交通拥堵分为三类，其判断标准为：$r<0.80$，正常交通；$0.80 \leq r \leq 1.0$，拥挤交通；$r>1.0$，严重拥挤交通。考虑到路段交通实际的状态，本节从条件概率出发，定义路段失效概率为一概率组合 $P=[P(C|NC), P(C|C)]$，其中，$P(C|NC)$ 表示在时刻 t 该路段处于自由状态，$P(C|C)$ 表示在时刻 t

该路段处于拥堵状态。显然，两个条件概率越小，表示该路段应对高流量或者面对突发事件能力越强。

2. 线路运行时间

线路运行时间是路段运行时间的总和，因此如果要计算线路运行时间，必须要明确两种不同路段状态。

二、基于 VRPTW 的基本模型的配送路线优化

1. 车辆路径问题的描述

车辆路径问题（VRP）最早由丹齐格和拉姆泽于1959年在 *The Truck Dispatching Problem*（《卡车调度问题》）中提出。他们以油轮运载气体加油站的实际问题为研究对象，建立了数学路径优化模型。车辆路径问题（VRP）研究的是已知路线和顾客对商品的需求的情况下，确定最优的运载工具数量和分布的路线，并使运输成本降到最低，示意如图 7－1所示。

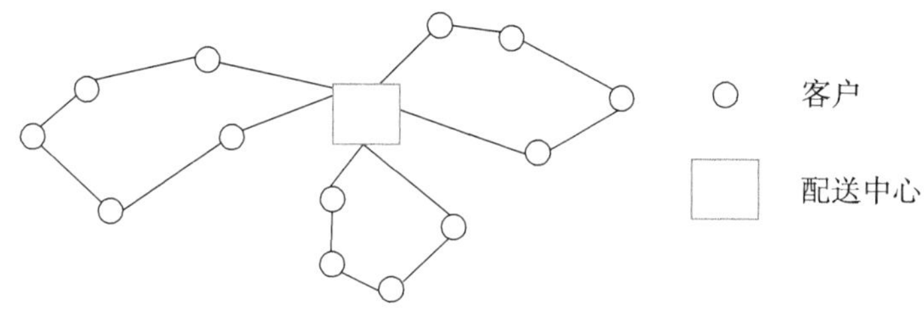

图 7－1　车辆路径问题（VRP）示意

车辆路径问题主要包括：货物、顾客、运输车辆、车场、运输网络、约束条件和目标函数七个主要构成要素，含义如下。

货物，配送的对象，不同客户有不同需求。

顾客，是指被服务的对象。

运输车辆，配送的工具。

车场，是指物流配送中心，类似于集散地，是车辆的起点。

运输网络，是有弧度、有方向并且有相应属性的配送路线。

约束条件，不同情况下对路径有不同的限制。

目标函数，整个模型建立所需要的结果，目标函数可以根据不同目的有多个。

2. 带有时间窗的 VRPTW 模型

在解决并确定路段拥堵情况下，需要对配送路径进行规划。车辆路径问题带有额外时间窗约束的车辆路径是 VRPTW 模型的特点，有时间窗的车辆路径问题中，它可以描述如下：车辆从配送中心分配任务，交付任务后仍然回到起点，规定每个顾客的需求必须要被满足，顾客只能被一辆运输车辆服务且只服务一次，而且必须在顾客指定的时间窗内进行服务。总的来说就是在预定的时间，寻找一个合适的方式，使总成本最低。带时间窗的车辆路径问题的基本示意如图 7－2 所示。

VRP 问题可以用图论模型、整数规划数学方法等描述，我们知道整数规划模型是研

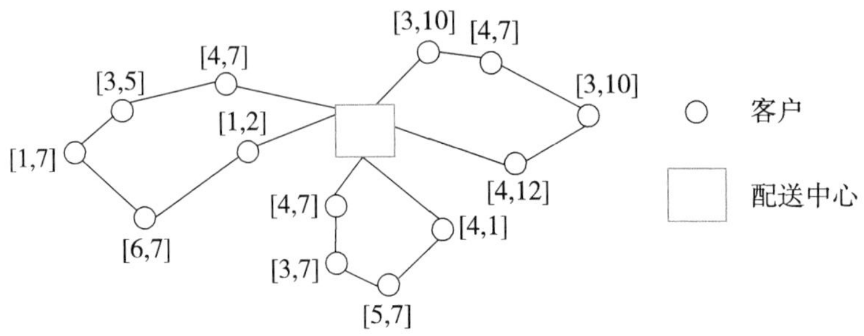

图 7－2　带时间窗的车辆路径问题的基本示意

究中最常用的方法，在 VRP 基本数据模型不变的情况下增加时间约束，形成带有时间限制的 VRPTW 模型，如果没有惩罚成本则用 $N=\{0, 1, \cdots, n\}$ 表示节点集，节点 0 表示配送中心，$M=\{0\}$ 表示顾客，$K=\{1, \cdots, m\}$ 表示配送车辆集合。每个连锁店的需求量和其间距以及时间窗已知，目标是使成本最小。

决策变量：

$$X_{ijk}\begin{cases}1 & \text{如果车辆 } k \text{ 从 } i \text{ 行驶到 } j \\ 0 & \text{否则}\end{cases}$$

参数：

M——车辆数目；

Z_k——车辆 k 的载重；

q_i——节点 i 的需求量，对于配送中心，$q_0=0$；

S——给定的一个顶点集，$S\subseteq\{1, 2, \cdots, n\}$；

t_{ij}——车辆从节点 i 到 j 的行驶时间；

s_i——车辆到达节点 i 的时刻；

wt_i——车辆在节点 i 的等待时间；

w_i——车辆在节点 i 的服务时间；

$[E_i, L_i]$——节点 i 的时间窗，其中 E_i 是开始时刻，L_i 是截止时刻；

c_{ij}——从节点 i 到节点 j 的运输成本。

目标函数：

$$\min = \sum_{k=1}^{m}\sum_{i=0}^{n}\sum_{j=0}^{n} c_{ij}\, x_{ijk} \tag{7-10}$$

约束条件：

$$\sum_{k=1}^{m}\sum_{i=0}^{n} x_{ijk} = 1, \forall j \in N/\{0\} \tag{7-11}$$

$$\sum_{k=1}^{m}\sum_{j=0}^{n} x_{ijk} = 1, \forall i \in N/\{0\} \tag{7-12}$$

$$\sum_{k=1}^{m}\sum_{i=0}^{n} x_{i0k} = \sum_{k=1}^{m}\sum_{j=0}^{n} x_{0jk} = m \tag{7-13}$$

$$\sum_{i=0}^{n}\left(q_i \sum_{j=0}^{n} x_{ijk}\right) \leqslant Z_k, \forall k \in K \tag{7-14}$$

$$\sum_{i \in s} \sum_{j \in s} x_{ijk} \geqslant 1, \forall k \in K \tag{7-15}$$

$$E_i \leqslant s_i \leqslant L_i, \forall i \in N/\{0\} \tag{7-16}$$

$$s_j = \sum_{i=1}^{n} \sum_{k=1}^{m} x_{ijk}(s_i + w\,t_i + w_i + t_{ij}), \forall j \in N/\{0\} \tag{7-17}$$

$$s_i + w\,t_i + w_i + t_{ij} + (1 - x_{ijk})T \leqslant s_j, \forall i \in N, \forall j \in N/\{0\}, \forall k \in K \tag{7-18}$$

$$w\,t_0 = 0, w_0 = 0, s_0 = 0 \tag{7-19}$$

$$w\,t_i = \max\{0, E_i - s_i\}, \forall i \in N \tag{7-20}$$

$$x_{ijk} = 0 \text{ 或 } 1, \forall i \in N, \forall j \in N, i \neq j, \forall k \in K \tag{7-21}$$

约束条件的意义：

式（7-10）是目标函数，运输成本最小是这次优化的目标；

式（7-11）和式（7-12）的含义是各节点只能被每辆配送车辆进行一次配送，并且只能够有一个前面的节点和后面配送的节点相链接；

式（7-13）离开和返回车辆数目不变，为 m 辆；

式（7-14）表示配送车辆载重；

式（7-15）表示第二次消除约束；

式（7-16）约束了配送车辆必须在该指定的服务时间内到达并且完成服务；

式（7-17）车辆到达节点的时间点；

式（7-18）表示前一个节点和后续节点间的时间关系，T 是一个非常大的整数；

式（7-19）表示配送车辆从配送中心出发的时刻为 0 时刻并且在配送中心等待和服务的时间均为 0；

式（7-20）表示每个节点处等待时间；

式（7-21）限定决策变量 x_{ijk} 是 0-1 变量。

一般情况下，带时间窗的 VRP 问题一般不允许违背时间窗约束，属于硬时间窗。由于在实际的配送过程中，我们需要根据不同的运输情况和问题的特色，对时间窗进行改变或取消，因此我们可以通过设置一个惩罚机制来对违背时间窗约束的情况进行处罚，这种情况就有软时间窗的车辆路径问题，也被称为 VRPTW。惩罚机制在数学表达中可以利用函数设置延误或者提前的变化函数，表示违反时间窗的程度不同有不同的成本。

三、基于交通限制下的软时间窗的车辆路径问题的数学模型构建

1. 基于交通限制下的软时间窗的车辆路径问题描述

本章研究的车辆路径优化问题属于单车场、单车型、非满载的单目标优化车辆路径问题。某连锁企业在马驹桥物流基地有一个物流配送中心，并且有若干配送车辆可以进行调度。每个车辆需要给该企业的多个连锁店进行商品配送，连锁店位置和各店的需求量都已知，不同连锁店有各种时间限制，并且规定每个店只能由一辆车进行配送，并且车辆要返回配送中心。本章需要在满足约束条件的情况下，合理有效调度运输车辆，调整运输路线和连锁店服务顺序，使运输总成本最低。

综上所述，本章优化目标和具体约束条件如表 7-7 所示。

表 7－7　　考虑软时间窗车辆路径问题概况

优化目标	总运输成本最小
约束条件	约束 1：每个客户节点只能由一辆车服务
	约束 2：每个运输车辆从配送中心出发并且回到配送中心
	约束 3：每辆车不允许超载
	约束 4：必须在规定时间窗内工作

2. 基本假设

（1）配送中心和连锁店的基本位置已知。

（2）客户的需求不会变动且已知。

（3）车辆的行驶成本只考虑司机成本和统一的油耗成本。

（4）所有车辆都是匀速行驶且速度相同。

（5）假设车辆从配送中心出发的时刻为 0 时刻。

3. 符号说明

本章构建在北京交通限制情况下，成本车辆路径优化问题属于单车场、单车型、非满载的单目标优化车辆路径问题，数学模型中的各符号说明如下。

（1）集合

$N=\{0, 1, 2, \cdots, n\}$ 表示节点集合，0 表示配送中心，其余节点表示连锁店；

$K=\{1, \cdots, k\}$ 表示配送车辆集合。

（2）变量

$$X_{ijk}=\begin{cases}1 & \text{如果车辆 } k \text{ 从 } i \text{ 行驶到 } j \\ 0 & \text{否则}\end{cases}，X_{ijk}\text{是决策变量}$$

（3）参数

s_0——车辆从配送中心出发的时刻。

s_i——车辆到达节点 i 的时刻。

$p_i(s_i)$——车辆 k 在客户 i 处的惩罚成本函数。

m——所需车辆。

$[EE_i, LL_i]$ 节点 i 可接受的时间窗。

c_1——配送车辆在最佳时间窗前到达的单位惩罚成本。

c_2——配送车辆在最佳时间窗后到达的单位惩罚成本。

Z——车辆最大装载量。

u——启用车辆的固定成本。

c_0——配送车辆的单位距离运输成本。

a——售出一单位货物获得的利润。

H——一个很大的正数。

（4）车辆惩罚成本函数说明

由于连锁店会提供给配送中心应送货的时间，配送车辆应在规定时间内到达连锁店并进行服务。如果车辆未能按时到达或者提早达到，连锁店可以自行决定是否接货，并且配送车辆均需要承担一定的罚款，配送车辆的不准时程度越大、惩罚成本越大。若配送车辆在EE_i之前或者LL_i之后到达，由于此时与连锁店给出的时间相差太大，此时提供的服务对于连锁店已没有任何意义，连锁店会拒绝服务，所以车辆须在$[EE_i,LL_i]$内服务。据此，惩罚成本函数$p_i(s_i)$定义如式（7－22）所示。

$$p_i(s_i)\begin{cases} c_1(E_i-s_i),EE_i\leqslant s_i\leqslant E_i \\ 0,E_i\leqslant s_i\leqslant L_i \\ c_2(s_i-L_i),L_i\leqslant s_i\leqslant LL_i \end{cases} \tag{7-22}$$

因此，提前惩罚成本为$P_1=c_1\max[(E_i-s_i),0]$，延迟惩罚成本为$P_2=c_2\max[(s_i-L_i),0]$。

4. **数学模型建立**

（1）目标函数

目标为总运输成本最小。

$$\text{fun}=\min\left[\sum_{i=0}^{N}\sum_{j=0}^{N}\sum_{k=1}^{N}c_0d_{ij}x_{ijk}+\sum_{i=1}^{N}p_i(s_i)+\sum_{i=1}^{K}\sum_{j=1}^{N}x_{0jk}u\right] \tag{7-23}$$

即总运输成本＝行驶成本＋时间惩罚成本＋车辆启用成本。

（2）数学模型

本章构建的数学模型如下。

$$\min=\sum_{i=0}^{N}\sum_{j=0}^{N}\sum_{k=1}^{N}c_0d_{ij}x_{ijk}+c_1\sum_{i=1}^{N}\max[(E_i-s_i),0]+c_2\sum_{i=1}^{N}\max[(s_i-L_i),0]+\sum_{k=1}^{K}\sum_{j=1}^{N}x_{0jk}u \tag{7-24}$$

s. t.

$$\sum_{k=1}^{K}\sum_{j=1}^{N}x_{0jk}\leqslant K \tag{7-25}$$

$$\sum_{i=1}^{m}x_{j0k}=\sum_{j=1}^{N}x_{0jk}\quad k\in\{1,2,\cdots,K\} \tag{7-26}$$

$$\sum_{k=1}^{K}\sum_{\substack{i=0\\i\neq j}}^{N}x_{ijk}=1\quad j\in\{1,2,\cdots,K\} \tag{7-27}$$

$$\sum_{k=1}^{K}\sum_{\substack{i=0\\i\neq j}}^{N}x_{ijk}=1\quad i\in\{1,2,\cdots,K\} \tag{7-28}$$

$$\sum_{i=0}^{N}\sum_{j=0}^{N}q_ix_{ijk}\leqslant Z\quad k\in\{1,2,\cdots,K\},i\neq j \tag{7-29}$$

$$\sum_{\substack{i=0\\i\neq p}}^{N}x_{ipk}=\sum_{\substack{j=0\\j\neq p}}^{N}x_{pjk}\quad k\in\{1,2,\cdots,K\},p\in\{1,2,\cdots,N\} \tag{7-30}$$

$$S_j=\sum_{\substack{i=0\\i\neq j}}^{N}\sum_{k=1}^{K}x_{ijk}(s_i+t_{ij}+w_i)\quad j\in\{1,2,\cdots,N\} \tag{7-31}$$

$$s_i+w_i+t_{ij}-H(1-x_{ijk})\leqslant s_i\quad i,j\in\{1,2,\cdots,N\}\text{ 且 }i\neq j,k\in\{1,2,\cdots,K\} \tag{7-32}$$

$$EE_i \leqslant s_i \leqslant LL_i \quad i \in \{1,2,\cdots,N\} \tag{7-33}$$

$$m = \sum_{k=1}^{K}\sum_{j=1}^{N} x_{0jk} \tag{7-34}$$

$$s_0 = 0 \tag{7-35}$$

$$x_{ijk} = \begin{cases} 1 & \text{如果车辆 } k \text{ 从 } i \text{ 行驶到 } j \\ 0 & \text{否则} \end{cases} \quad i \neq j \tag{7-36}$$

约束条件的意义如下。

式（7－25）表示使用车辆总数不能超过已有车辆。

式（7－26）表示每辆车出发后都必须驶回配送中心，并且一辆车只能服务一个连锁店一次。

式（7－27）、式（7－28）表示每一个客户点能且仅能被一辆运输车辆访问一次。

式（7－29）表示每辆车的货物不能超重。

式（7－30）表示流量守恒，到达连锁店须走向下一个连锁店，最终回到配送中心。

式（7－31）表示车辆到达客户点 i 的时间s_i。

式（7－32）表示运输路线上每一客户与其后续客户点的时间关系，用以约束车辆到达下一个节点的时间晚于到达当前节点的时间，其中 H 是一个很大的正数。若$x_{ijk}=1$，则 $s_i+w_i+t_{ij}\leqslant s_j$，即保证车辆到达客户点 j 的时间晚于车辆到达客户点 i 的时间；若$x_{ijk}=0$，则 $s_i+w_i+t_{ij}-H\leqslant s_j$，自然成立。

式（7－33）约束了运输的车辆必须预计时间内服务。

式（7－34）约束了配送过程中使用的车辆数目。

式（7－35）表示运输车辆出发时刻为 0。

式（7－36）是限制决策变量x_{ijk}为 0－1 变量的约束。

四、路径优化下的车辆油耗管理优化

配送费用中最重要的一个部分就是油费，由于在 VRPTW 的方法中我们在一定程度上忽略了车辆油耗成本，因此为了进一步降低成本，我们需要进行油耗管理优化。目前我们缺乏对于油费耗损的方法，通常不能核定油费控制，因此我们在配送环节应实行油耗的定额管理，避免油费虚报与燃油浪费问题。所以在此有必要对油费进行分析。

1. 油耗管理优化中的概率估工法

概率估工是为了进一步提高经验估工质量和减少误差，采用概率的方法提高估工的准确性。

概率估工法需要预先估计出先进工时（T_0）、保守工时（T_p）、最有可能的工时（T_M）三个数值，然后按式（7－37）计算出先进合理的工时。

$$T = M + \lambda\sigma \tag{7-37}$$

式中：T——工序计划工时；

M——工序平均工时；

λ——概率计算 λ 参数，表示标准差的倍数；

σ——工时正态分布的标准差。

其中：

$$M=\frac{T_0+4\,T_M+T_P}{6}$$

$$\sigma=\frac{T_P-T_0}{6}$$

λ 随期望达到的达额面的大小变化，预定达额面越大，取值越大。

各种 λ 值对应正态分布的概率 p（λ），λ 的值可通过查正态分布概率表7-8得出。

表7-8　　各种 λ 值对应正态分布的概率

λ	概率（%）	λ	概率（%）	λ	概率（%）	λ	概率（%）
0.0	50.0	0.9	81.6	1.8	96.5	2.7	99.6
0.1	54.0	1.0	84.1	1.9	97.1	2.8	99.7
0.2	57.9	1.1	86.4	2.0	97.7	2.9	99.8
0.3	61.8	1.2	88.5	2.1	98.2	3.0	99.9
0.4	65.5	1.3	90.3	2.2	98.6	—	—
0.5	69.1	1.4	91.9	2.3	98.9	—	—
0.6	72.6	1.5	93.3	2.4	99.2	—	—
0.7	75.8	1.6	94.5	2.5	99.4	—	—
0.8	78.8	1.7	95.5	2.6	99.5	—	—

2. 车辆油耗管理优化

将概率估工法的原理应用在油耗管理优化中，其优化步骤如下。

（1）对油耗的情况进行统计分析，一般其应该满足某种分布。

（2）应用概率估工法进行优化。

根据概率估工法的原理，可以对车辆油耗进行定额，具体如下。

a——先进消耗（最乐观条件下的消耗值）。

b——保守消耗（最不利条件下的消耗值）。

c——最有可能的消耗（正常情况下的消耗值）。

由于三种情况下的油耗值与实际的消耗值有一定的误差，因此求其平均消耗值，就能缩小定额的数值与实际的数值之间的误差。

根据 a、b、c 三种油耗值，求其平均油耗 M，计算公式如式（7-38）所示。

$$平均值\ M=(a+4c+b)/6 \qquad (7-38)$$

由于车辆每月的油耗存在一定的差距，即存在离散程度，离散程度的大小用σ^2表示，σ 表示标准差。

$$\sigma^2=[(b-a)/6]^2 \qquad (7-39)$$

$$\sigma=\sqrt{[(b-a)/6]^2}=\frac{b-a}{6} \qquad (7-40)$$

σ 越大，说明离散程度越大，则平均油耗 M 的代表性就越小；σ 越小，说明离散程度小，则平均油耗 M 的代表性就越大。在平均油耗 M 和标准差 σ 既定的情况下，预测油耗在既定的定额内完成的概率，计算公式如式（7－41）所示。

$$P = M + \lambda \times \sigma \tag{7-41}$$

式中：

P——计划百千米耗油定额。

λ——概率系数。

五、实证分析

1. 简介和现状分析

某连锁企业是我国最具规模的零售连锁企业之一，旗下拥有多个著名品牌，其中超市业务已经连续多年位居国内前列。相比很多零售连锁企业，该企业的物流能够对物流配送进行有效规划并且对订单进行控制。但是对于很多超市连锁企业，物流只是从属的、较为敷衍的部门，或者干脆交给第三方物流。然而，该企业的物流部门在经营中起到了关键的纽带作用。

目前，该企业在我国华北地区、华南地区、中原地区等地建立了20家配送中心，总面积达到了近10万平方米，根据资料显示，该企业的配送方式主要有三种，分别是存储为主、直通型以及供应商配送。三种配送方式由物品属性以及备货能力等方面决定。

该企业在北京的配送中心位于北京市通州区马驹桥镇，是北京较大的物流集散点之一。马驹桥坐落在北京市的东南黄金通道，距市中心15.5千米，距首都国际机场30千米，距天津塘沽新港120千米，与多条高速公路交会，得益于北京市的便捷交通网络。

（1）连锁店地理位置对配送的影响分析

由于该企业门店大部分位于北京市的中心城区，基本都位于五环以内，因此受到北京的交通政策影响。首先是时间受到限制，作业时间不一致；其次是由于中心城区的道路限制比较多，部分连锁店没有货物装卸站台，配送车辆只能停靠在路边，增加了罚款的可能性；最后由于配送车辆较大，交通流量增大时，机动车之间的相互干扰增强，因而连锁店的地理位置导致配送车辆受到交通阻抗随之增大。

（2）物流配送网络现状分析

目前企业的配送中心为该连锁企业在北京的20多家连锁店提供商品配送服务，每天通过ERP系统接收连锁店订单，发送到配送中心WMS系统。每天配送中心根据连锁店需求进行路径规划和配送，订单一般会在24小时内进行处理。大部分连锁店都位于北京的城区位置，因此配送过程中进一步增加了交通的限制以及难度。

通过调查可得到各连锁店一年中平均每天的需求量，如表7－9所示。

表7－9　各连锁店平均每天的需求量　（单位：吨）

连锁店	1	2	3	4	5	6	7	8	9	10
需求量	3	2	1	3	4	3	2	1	4	5
连锁店	11	12	13	14	15	16	17	18	19	20
需求量	3	2	1	4	3	2	1	3	2	4

根据距离运算的原则，由式（7－42）可以计算出各连锁店间以及与配送中心间的行驶距离，具体分析如表7－10所示，车辆调度情况如表7－11所示。

$$D = \sqrt{(x_i - x_0)^2 + (Y_i - Y_0)^2} \quad i = 1,2,\cdots,20 \qquad (7-42)$$

表7－10　　配送中心与连锁店之间的距离（0点表示配送中心）　　（单位：千米）

0	1	2	3	4	5	6	7	8	9	10	11	12	13	14	15	16	17	18	19	20
1	0	17.5	4.0	11.0	10.0	2.5	7.5	12.5	10.0	5.0	26.5	27.0	8.0	17.5	10.0	17.5	16.5	23.5	16.5	18.5
2	17.5	0	19.5	6.5	7.5	20.0	10.0	5.0	7.5	12.5	9.0	9.5	9.5	0	7.5	0	1.0	6.0	1.0	1.0
3	4.0	19.5	0	13.0	12.0	0.5	9.5	14.5	12.0	7.0	28.5	29.0	10.0	19.5	12.0	19.5	18.5	25.5	18.5	20.5
4	11.0	6.5	13.0	0	39.5	24.5	19.0	3.0	10.0	1.5	20.5	5.5	25.5	25.5	18.5	14.5	8.5	14.5	0.5	4.5
5	10.0	7.5	12.0	39.5	0	15.0	20.5	36.5	29.5	41.0	19.0	34.0	14.0	14.0	21.0	25.0	31.0	25.0	39.0	35.0
6	2.5	20.0	0.5	24.5	15.0	0	10.0	15.0	12.5	7.5	29.0	29.5	10.5	20.0	12.5	20.0	19.0	26.0	19.0	21.0
7	7.5	10.0	9.5	19.5	20.5	10.0	0	16.0	9.0	20.5	17.5	13.5	6.5	6.5	0.5	4.5	10.5	4.5	18.5	14.5
8	12.5	5.0	14.5	3.0	36.5	15.0	16.0	0	7.0	4.5	17.5	2.5	22.5	22.5	15.5	11.5	5.5	11.5	2.5	1.5
9	10.0	7.5	12.0	10.0	29.5	12.5	9.5	7.0	0	5.0	16.5	17.0	2.0	7.5	0	7.5	6.5	13.5	6.5	8.5
10	5.0	12.5	7.0	1.5	41.0	7.5	20.5	4.5	5.0	0	21.5	22.0	3.0	12.5	5.0	12.5	11.5	18.5	11.5	13.5
11	26.5	9.0	28.5	20.5	19.0	29.0	17.5	17.5	16.5	21.5	0	0.5	18.5	9.0	16.5	9.0	10.0	3.0	10.0	8.0
12	27.0	9.5	29.0	5.5	34.0	29.0	13.5	2.5	17.0	22.0	0.5	0	19.0	9.5	17.0	9.5	10.5	3.5	10.5	8.5
13	8.0	9.5	10.0	25.5	14.0	10.5	6.5	22.5	2.0	3.0	18.5	19.5	0	9.5	2.0	9.5	8.5	15.5	8.5	10.5
14	17.5	0	19.5	25.5	14.0	20.0	6.5	22.5	7.5	12.5	9.0	9.5	9.5	0	7.0	11.0	17.0	11.0	25.0	9.0
15	10.0	7.5	12.0	18.5	21.0	12.5	0.5	15.5	0	5.0	16.5	17.0	2.0	7.0	0	7.5	6.5	13.5	6.5	8.5
16	17.5	0	19.5	14.5	25.0	20.0	4.5	11.5	7.5	12.5	9.0	9.5	9.5	11.5	7.5	0	1.0	6.0	1.0	1.0
17	16.5	1.0	18.5	8.5	31.0	19.0	10.5	5.5	6.5	11.5	10.0	10.5	8.5	17.0	6.5	1.0	0	6.0	8.0	4.0
18	25.5	6.0	25.5	14.5	25.0	26.0	4.5	11.5	13.5	18.5	3.0	3.5	15.5	11.0	13.5	6.0	6.0	0	14.0	5.0
19	16.5	1.0	18.5	0.5	39.0	19.0	18.5	2.5	6.5	11.5	10.0	10.5	8.5	25.0	6.5	1.0	8.0	14.0	0	4.0
20	18.5	1.0	20.5	4.5	35.0	21.0	14.5	1.5	8.5	13.5	8.0	8.5	10.5	9.0	8.5	1.0	4.0	5.0	4.0	0

表7－11　　配送中心车辆调度情况

车辆运用数（辆）	10	12	9	11	10	11	10	10	8	9	10	11
运用天数（天）	25	30	36	42	46	49	48	38	24	13	8	6

城市物流配送普遍情况是以运输距离短或者成本小为目标，由于在总的物流运输成本中，固定成本和营业成本占了较大的部分，因此在对该企业的车辆运输能力进行了解后，发现该企业每辆车的运输能力是8吨，根据案例可知，该企业平均每天所用车辆数为10辆。通过配送中心与连锁店间的距离以及该连锁店目前的配送方式，分析后发现了以

下几个配送问题。其一，由于配送交通限制和时间问题，送货达到时间不稳定；其二，由于需求变化，难以保证适量的库存而不压货；其三，路线里程未达最短，费用消耗大；其四，由于运力分配不均匀，调度车辆较难，并且目前配送没有实现网络化以及配送服务未实现系列化。由此我们可以看出，该企业需要通过有效预测并且对配送路线进行优化改进。

2. 企业物流运输成本分析

（1）物流配送费用分析

通过资料查询和数据的分析，该企业的运输成本是物流成本的主要组成部分，占50%以上。为了提高公司效益，可以通过降低运输成本来达成。因此降低公司运输成本成为提高公司效益的直接有效途径。企业货运成本比例如表7－12所示。

表7－12　企业货运成本比例

固定费用（20%～25%）	营业费用（75%～80%）
维修以及折旧费用 装卸工具以及车库、办公室费用 通信及差旅费用等	员工费用 福利费用 装卸费用等
库房及办公室管理成本 包括职工月工资，额外福利，旅游和娱乐费用，房屋维修费，牌照费，职工培训费，宣传费及业务手续费	车辆运营成本 包括燃料费 车辆维修费 轮胎费，交通费，养路费 通行费，保险，许可证和登记费

员工费用占总营业成本的13.5%；维修费和折旧费占总营业成本的24.5%；其他的运营费用占总营业成本的32.6%；燃料费占总营业成本的29.4%；目前该公司的主要的运输费用构成为：总运输成本＝行驶成本＋车辆使用成本，根据数据显示，每条线路的运输成本在120元左右。

由此可知，企业的运营成本所占比例较大，并且随着《中华人民共和国道路交通安全法》的要求越来越高，成本只能是逐日增长。由于距离是影响运输成本最重要的因素之一，车辆的保养、燃料的增加都对成本造成影响。针对企业目前的情况，本节准备通过优化配送路线，减少运输车辆行驶总里程，从而减少车辆燃油费和道路服务费支出，进而减少物流成本。

因此，本节针对该连锁超市企业的配送优化是进行车辆路线优化问题，提出的目标是总运输成本最小化。

（2）油耗分析

燃料费属于配送费用中比例较大的部分，由于油耗较大，并且较难控制与管理。通过整体的配送费用分析，如果能够有效地降低近30%的燃料费，那么成本自然就会有所降低。目前企业缺乏油耗管理的办法，没有确定的线路以及相应预测燃料费用，就无法准确了解燃油消耗情况。因此需要对配送环节的油耗进行控制，对油耗应该实行定额管理，避免出现问题。

3. 交通限制下的解决方法

根据市中心交通拥堵情况，我们可以选择提前进行物流配送，并且在出发前通过相关路段测试的软件，选择正常交通状况的路段。在选择好规定路线后，进行物流配送网络路线的优化并配送。

（1）城市配送网络路径成本优化

各个节点特征数据如表 7－13 所示，其他相关数据如表 7－14 所示。

表 7－13　　实际情况中各节点特征数据

节点	0	1	2	3	4	5	6	7	8	9	10	11	12	13	14	15	16	17	18	19	20
货物需求 q（单位重量）	0	3	2	1	3	4	3	2	1	4	5	3	2	1	4	3	2	1	3	2	4
最佳时间窗起点 E	0	5	4	3	6	5	3	3	4	5	3	4	3	6	5	4	7	4	5	3	7
最佳时间窗终点 L	1000	7	6.5	6	8	7	6	7	5	8	6	7	5	8	7	6	9	6	7	6	9
最早服务时刻 EE	0	4.5	3.5	2.5	5.5	4.5	2.5	2.5	3.5	4.5	2.5	3.5	2.5	5.5	4.5	3.5	6.5	3.5	4.5	2.5	6.5
最晚服务时刻 LL	1000	5.5	3.4	3.5	6.5	5.5	3.5	3.5	4.5	5.5	3.5	4.5	3.5	6.5	5.5	4.5	7.5	4.5	5.5	3.5	7.5

表 7－14　　实际情况中各节点其他相关数据

参数	取值	参数	取值
车辆最大载重量 Z	8	提前到达惩罚成本 C_1（单位/小时）	0.2
车辆启用成本 u	10	延迟到达惩罚成本 C_2（单位/小时）	0.5
单位距离运输成本 C_0	1	单位货物的利润 a	60

（2）路径优化模型求解

通过对运行结果分析，可以得到路线优化结果，如表 7－15 所示，最终优化方案如图 7－3所示。

表 7－15　实际情况对于路线的优化结果

路线名称	优化线路
路线 1	0—11—10—3—0
路线 2	0—7—6—19—12—0
路线 3	0—2—8—17—15—10
路线 4	0—14—9—4—0
路线 5	0—18—20—16—0
路线 6	0—5—13—0
总成本（元）	617. 1776

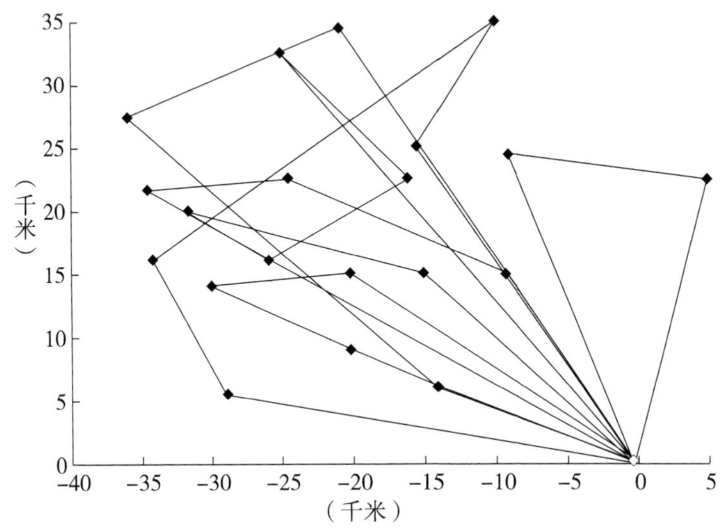

图 7－3　最终优化方案

由运行结果可以看出，在满足载重以及时刻等需求约束的前提下，优化调整后的配送路线集中性更强，并且减少了车辆的使用，从 12 辆车减少到 6 辆车就可以完成配送，使车辆得到了充分利用。每辆车的成本从 120 元左右降低到 102 元左右，大大降低了配送成本。

（3）基于路径成本优化后的油耗控制

①管理配送货车的可行性分析

如何良好地控制油耗费用并对其进行有效管理，可以利用问卷调查、公司内部交流以及亲身随车考察将方式进行可行性分析。目前该连锁超市没有一个合理有效并且科学的标准进行油耗控制，因此需要对此进行分析。2015 年该企业的四辆配送车辆百千米平均油耗如表 7－16 所示。

表 7-16　　2015 年平均百千米油耗　　（单位：升）

月份＼车辆	1	2	3	4
1	15.41	14.30	12.28	14.57
2	15.93	16.04	13.20	14.06
3	14.95	15.03	12.82	16.28
4	16.11	14.90	13.79	12.66
5	14.00	15.00	17.53	12.78
6	13.94	14.89	10.67	13.12
7	15.70	13.98	14.13	14.19
8	14.58	16.40	13.18	14.90
9	14.51	15.00	15.00	14.59
10	14.46	14.49	14.49	14.53
11	14.22	15.48	14.82	14.86
12	15.21	16.49	15.15	17.60

由表 7-16 可以得出 $\overline{X}=14.63$，$\sigma^2=2.3^2$。因此可以做假设 H_0：$X \sim N$（14.63，2.3^2）。

通过实轴将油耗分为四个完全不相交的区间，利用 Excel 的 FREQUENCY 函数计算并且得出各区间内的频数，然后用 NORMDIST 函数求出各理论频数 nP_i，统计量 x^2 的计算结果如表 7-17 所示。

表 7-17　　统计量计算结果

区间	f_i	$n p_i$	$(f_i - n p_i)^2/n p_i$
(10.67，12.80]	4	2.05	0.904
(12.80，14.63]	21	9.02	1.767
(14.63，16.45]	20	31.28	0.129
(16.45，17.6]	3	5.66	0.220
合计	48	48.01	3.02

假如我们取显著性水平 $\alpha=0.05$ $x^2=3.023<x^2{}_{0.05}$（1）$=3.841$，故在显著性水平 $\alpha=0.05$ 的条件下接受原假设 H_0，即可认为车辆油耗数据服从 N（14.63，2.3^2）的正态分布。

因此可以得出，在该企业进行配送车辆的管理优化是可行的。

②车辆油耗管理优化

通过分析可知，该企业配送车辆的燃油消耗是符合正态分布的，因此利用概率估工法对车辆进行百千米油耗值的定额测定，具体油耗分布如表 7-18 所示。

表 7－18　季度油耗平均值分布

车辆	春季（3月、4月、5月）	夏季（6月、7月、8月）	秋季（9月、10月、11月）	冬季（12月、1月、2月）
1	14.95	15.03	12.82	16.28
	16.11	14.90	13.79	12.66
	14.00	15.00	17.53	12.78
平均	15.02	14.98	14.71	13.91
2	13.94	14.89	10.67	13.12
	15.70	13.98	14.13	14.19
	14.58	16.40	13.18	14.90
平均	14.74	15.09	12.66	14.07
3	14.51	15.00	15.00	14.59
	14.46	14.49	14.49	14.53
	14.22	15.48	14.82	14.86
平均	14.40	14.99	14.77	14.66
4	15.21	16.49	15.15	17.60
	15.41	14.30	12.28	14.57
	15.93	16.04	13.20	14.06
平均	15.52	15.61	13.54	15.41

a、b、c 三个值确定如下。

a——先进消耗（最乐观条件下的消耗值）。

b——保守消耗（最不利条件下的消耗值）。

c——最有可能的消耗（正常情况下的消耗值）。

通过平均值计算，可以得知四辆车的情况基本相同，从理论上看，百千米耗油量应该是相同的，因此需要求如下平均值。

Mean =（14.40 + 14.99 + 12.66 + 13.91）/4 = 13.99

$a = 12.66$

$b = 14.99$

$c = 13.91$

平均值 M =（12.66 + 4 × 13.91 + 14.99）/6 = 13.88

不同车辆的油耗肯定有所不同，意味着存在离散的程度，离散程度的大小用σ^2表示，σ 表示标准差。

$$\sigma = \frac{b-a}{6} = (14.99 - 12.66)/6 = 0.388$$

$$P = M + \lambda \times \sigma = 13.88 + 1.6 \times 0.388 = 14.50$$

若 λ 取值为 1.6，对应概率为 94.5%，表明车辆有 94.5% 以上的概率能够达到油耗定额。

六、小结

本节分析了近十年北京货运汽车增长情况、北京市交通流情况、北京市物流量情况以及不同货车油耗等数据。以连锁超市的城市物流作为背景依据，通过已有数据进行预测并且以已知交通限制条件和货车的油耗为重点研究对象进行主要分析，以最低成本为目标，改进配送路径，并且对油耗进行深入研究，对北京城市物流配送成本降低具体有一定借鉴意义。

第三节　基于遗传算法的即时配送路径优化研究

一、Z 快递公司的即时配送业务

虽然快递行业随着电商的发展而壮大，但其市场竞争也日趋激烈。Z 公司是一家快递公司，它和许多快递公司一样都面临着转型的问题。因即时配送具有巨大的发展潜力，所以 Z 快递公司迅速开拓了这一业务领域，借助其运力资源丰富的优势，投入大量的资金以及运力，组建了自营的专职配送团队。以下 5 方面为 Z 快递公司即时配送业务的基本介绍。

（1）配送定位：在同城的范围之内提供短距离的即时配送服务，满足即时性、短距离、高频次的客户需求。

（2）配送特点：即取即送，不会经过任何的中转以及接驳。

（3）配送范围：以商家为中心搭建半径为 3 ~5 千米的生活服务圈。

（4）配送品类：①外卖；②蛋糕；③鲜花；④药品；⑤生鲜；⑥其他。

（5）配送时效：① 30 分钟送达；② 45 分钟送达；③ 60 分钟送达。

Z 快递公司即时配送存在如下问题。

（1）Z 快递公司即时配送的运营情况

现收集 Z 快递公司 2017 年 2 月 13 日至 3 月 26 日（共计 6 周）的运营数据，包括投入人数、配送总单量、准时完成单量，并计算出每日的准时送达率及每日的人均效能。2017 年 2 月 13 日至 3 月 26 日 Z 快递公司配送总单量如图 7 –4 所示。

因该配送区域内集中了大量的商务写字楼、酒店和公寓等，商务氛围十分浓厚，所以可以推断出该配送区域内应当会有比较稳定的客户需求。根据图 7 –4 所示，可以发现 Z 快递公司负责配送的区域内的配送总单量是比较稳定的，从而有力地证实了判断。Z 快递公司的准时送达率比较高，但是人均效能过低。可见，Z 快递公司应该主要是通过投入大量的配送人员，保证即时配送准时送达率。虽然通过投入大量的配送人员能够使配送时效得到保证，但是势必会有较大的支出，亦会令 Z 快递公司的收益有所降低。接下来，本节将会对 Z 快递公司即时配送业务中所消耗的成本进行定量分析。

（2）Z 快递公司现存问题分析

根据 2017 年 2 月 13 日至 3 月 26 日（共计 6 周）Z 快递公司即时配送的运营情况，对 Z 快递公司在该项业务上所消耗的成本情况进行定量分析，主要包括人员成本、配送

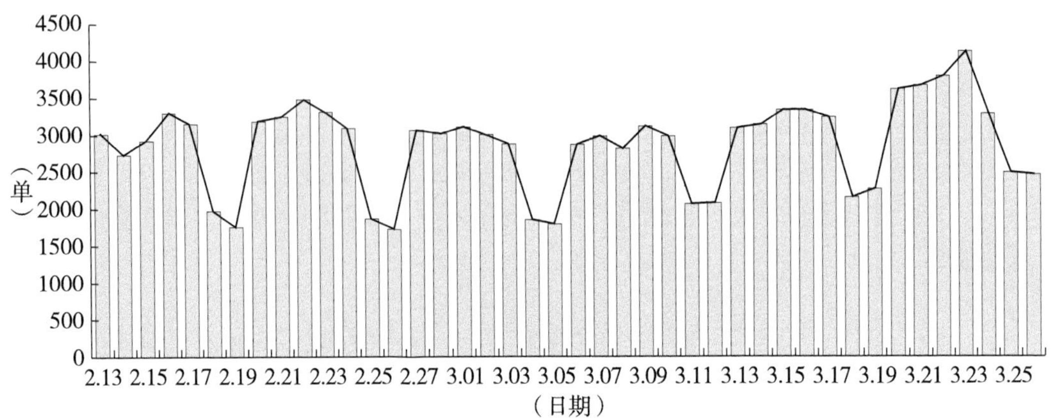

图 7－4　Z 快递公司配送总单量

收入、配送利润、成本占比，以下为 4 个方面的具体计算方法。

①人员成本：每日支付给配送员的固定费用。其中，每日支付给配送员的固定费用为每日投入人数与每天支付给每人的固定底薪之积（固定底薪：100 元/人·天）。

②配送收入：每日的配送收入为每日完成单量与每日 Z 快递公司完成每单配送所得服务费之积。其中，每日 Z 快递公司完成每单配送所得服务费为每日商家支付给 Z 快递公司完成每单配送的服务费与每日支付给配送员的配送费之差。（配送服务费：12 元/单，其中配送费：5 元/单，所得服务费：7 元/单）

③配送利润：每日配送利润为每日配送收入与每日的人员成本之差。

④成本占比：每日的人员成本占每日配送收入的百分比。

经过定量分析，我们可以发现 Z 快递公司每日支出的人员成本与每日配送收入之比已经高达 61%，可见 Z 快递公司在人员方面有着极大的支出，从而有力地证实了 Z 快递公司确实是通过投入大量的运力资源，保证即时配送准时送达。但是，Z 快递公司该项业务每日的配送利润为 7875 元，仅占配送收入的 39%，可以说 Z 快递公司在该项业务上所获得的收益甚微。因此，在保证服务时效的同时降低人员成本，从而提高 Z 快递公司在该项业务上的收益，是 Z 快递公司当前亟待解决的问题。

综上所述，在满足配送时间窗的条件下，针对 Z 快递公司现存问题提出以配送员每次配送的收入最大为目标函数，提高人均效能，借此来降低人员的数量，降低人员成本的支出，从而达到提高 Z 快递公司收益的目的。

二、Z 快递公司配送单量预测

结合 Z 快递公司即时配送单量的趋势特点确定预测方法进行需求预测，从而帮助 Z 快递公司把握未来需求情况，以期为 Z 快递公司的运力投入提供一定参考。

根据 Z 快递公司 2017 年 2 月 13 日至 3 月 26 日（共计 6 周）的配送总单量，可以看出 Z 快递公司每周的配送总单量具有比较稳定的趋势特点，故本节仅采用一次指数平滑法对第 7 周的配送总单量进行预测。2017 年 2 月 13 日至 3 月 26 日 Z 快递公司配送总单量如图 7－5 所示。

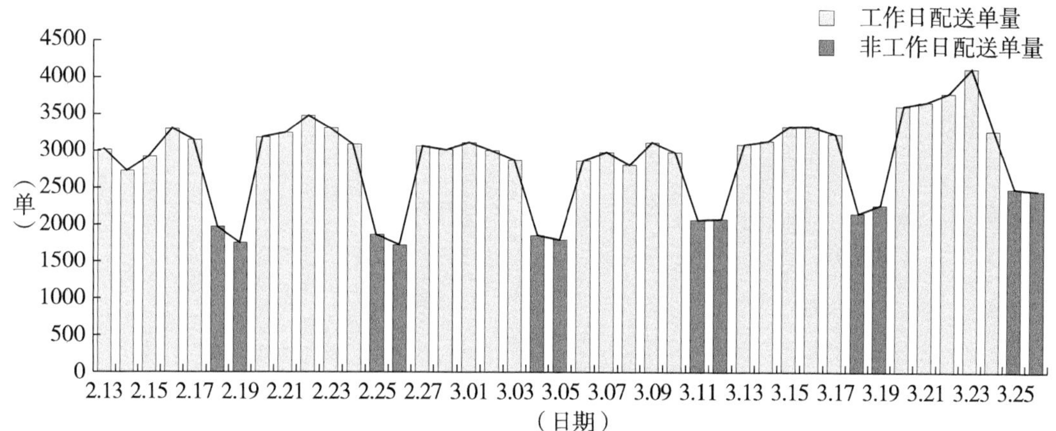

图 7－5　Z 快递公司配送总单量

根据图 7－5，发现 Z 快递公司所负责的配送区域内工作日与非工作日的配送单量有极为明显的差别，因该配送区域内集中了大量的商务写字楼、酒店和公寓等，商务氛围十分浓厚。工作日的时候主要服务的对象为附近的上班族、居民等，非工作日的时候主要服务的对象为附近的居民。较之工作日时的配送单量，非工作日时的配送单量有着比较明显的下降。所以，为 Z 快递公司能够更好地把握未来需求情况，以 Z 快递公司配送单量为参考进行运力的投入，本节将采用一次指数平滑法对工作日和非工作日分别进行预测。

（1）数据准备

①工作日配送单量

2017 年 2 月 13 日至 3 月 26 日 Z 快递公司 6 个工作日的配送总单量如表 7－19 所示。

表 7－19　Z 快递公司的 6 个工作日的配送总单量

时间	1	2	3	4	5	6
配送单量	15104	16314	15054	14735	16152	18455

②非工作日配送单量

2017 年 2 月 13 日至 3 月 26 日 Z 快递公司 6 个非工作日的配送总单量如表 7－20 所示。

表 7－20　Z 快递公司的 6 个非工作日的配送总单量

时间	1	2	3	4	5	6
配送单量	3711	3588	3645	4146	4410	4937

（2）结果分析

①工作日配送单量预测

因历史数据少于 20 个，所以取前两周工作日配送单量的平均值作为初始值。为了保证预测结果的准确性，α 分别取 0.2、0.5、0.6、0.8 共 4 个值进行计算。工作日的配送单量预测值如表 7－21 所示。

表 7－21　　Z 快递公司的 6 个工作日的配送单量预测值　　（单位：单）

时间	配送单量	0.2	0.5	0.6	0.8
1	15104	15709	15709	15709	15709
2	16314	15588	15407	15346	15225
3	15054	15733	15860	15927	16096
4	14735	15597	15457	15403	15262
5	16152	15425	15096	15002	14840
6	18455	15570	15624	15692	15890

根据表 7－21，我们可以看出 α 取不同值时，预测的结果有所差异。故通过对预测标准误差 S 进行计算，从而确定 α 值来预测工作日第 7 周的配送总单量，预测标准误差如表 7－22所示。

表 7－22　　预测标准误差

α	0.2	0.5	0.6	0.8
S	1351	1384	1382	1367

结果表明：当 α 取 0.2 时，S 最小，故选取 $\alpha=0.2$，对工作日第 7 周的配送总单量进行预测，预测值为 16147 单。

②非工作日配送单量预测

因历史数据少于 20 个，所以取前两周非工作日配送单量的平均值作为初始值。为了保证预测结果的准确性，α 分别取 0.2、0.5、0.6、0.8 共 4 个值进行计算。非工作日配送单量预测值如表 7－23 所示。

表 7－23　　Z 快递公司的 6 个非工作日的配送单量预测值　　（单位：单）

时间	配送单量	0.2	0.5	0.6	0.8
1	3711	3650	3650	3650	3650
2	3588	3662	3680	3686	3699
3	3645	3647	3634	3627	3610
4	4146	3647	3640	3638	3638
5	4410	3747	3893	3943	4044
6	4937	3879	4151	4223	4337

根据表 7－23，我们可以看出 α 取不同值时，预测的结果有所差异。故通过对预测标准误差 S 进行计算，从而确定 α 值来预测非工作日第 7 周的配送总单量，预测标准误差如

表 7－24 所示。

表 7－24　　预测标准误差

α	0.2	0.5	0.6	0.8
S	550	438	408	358

结果表明当 α 取 0.8 时，S 最小，故选取 $\alpha=0.8$，对非工作日第 7 周的配送总单量进行预测，预测值为 4817 单。

综上所述，从 2017 年 2 月 13 日起的第 7 周的配送总单量的预测值为 20964 单，从而对 Z 快递公司的运力投入提供一定参考，并对未来的市场需求有一定的把握。

三、基于遗传算法的配送路径优化

1. 配送路径优化模型

（1）基本假设

①配送员的配送速度 v 均为同一定值。

②配送员每次的配送量不能大于最高要求。

③配送员每次的配送量不能小于最低要求。

④配送员在取货点取货所消耗的时间均忽略不计。

（2）符号说明

符号说明如表 7－25 所示。

表 7－25　　符号说明

符号	符号说明
m	节点集合：$\{0, 1, 2, \cdots, i\}$
i	$i=0$ 为配送员，$i=1, 2, 3, \cdots, m$ 为取货点
n	收货点集合：$\{0, 1, 2, \cdots, g\}$
p	配送员集合：$\{1, 2, \cdots, k\}$
N^*	非零自然数
x_{jk}	配送员 k 在取货点 j 所接受的配送量
x_{gk}	配送员 k 在取货点 g 所接受的配送量
C	配送员完成一单配送所得和配送费
Q	各取货点所产生的总配送单量
N	配送员每次配送所要求的最低配送量
M	配送员每次配送的最大配送量
q_j	各收货点对取货点 j 所产生的总配送单量
q_g	收货点 g 对各取货点所产生的总配送单量

续 表

符号	符号说明
Q_{jg}	收货点 g 对各取货点 j 所生产的配送单量
Q_{jgk}	收货点 g 对各取货点 j 所生产的配送单量被配送员 k 配送
T_{ik}	配送员 k 到节点 i 的时间，且配送员到第 1 个取货点所用的时间是 0
T_{jk}	配送员 k 到节点 i 的时间
t_{ij}	配送员从取货点 i 到取货点 j 所用的时间
t_{ig}	配送员从取货点 i 到取货点 g 所用的时间
T_h	配送员到收货点 h 所用的时间
$t_g h$	配送员从取货点 g 到收货点 h 所用的时间
β	惩罚系数
T_h	收货点 h 要求的最迟配送时间
决策变量	$y_{ijk}=\begin{cases}1 & \text{配送员 } k \text{ 从取货点 } i \text{ 到取货点 } j,\ i\in m,\ j\in m\cup N^* \\ 0 & \text{否则}\end{cases}$
	$y_{ijk}=\begin{cases}1 & \text{各收货点 } g \text{ 对取货点 } j \text{ 产生的配送单量由配送员 } k \text{ 进行配送},\ j\in m\cup N^*,\ g\in n \\ 0 & \text{否则}\end{cases}$
	$y_{ijk}=\begin{cases}1 & \text{配送员 } k \text{ 从收货点 } g \text{ 到收货点 } h,\ g\in n,\ h\in n \\ 0 & \text{否则}\end{cases}$

（3）模型建立

目标函数：$\max f$ = 配送员每次配送收入 − 配送时间窗惩罚成本

表达式如下：

$$\max f = \sum_{i\in m}\sum_{j\in m\cup N^*} x_{jk}\, y_{ijk} c - \sum_{g\in n} P_g \ \forall k \in p \qquad (7-43)$$

①各点的配送单量及配送运力约束

$$\sum_{i\in m}\sum_{j\in m\cup N^*} x_{jk}\, y_{ijk} \geqslant N \ \forall k \in p \qquad (7-44)$$

$$\sum_{i\in m}\sum_{j\in m\cup N^*}\sum_{k\in p} x_{jk}\, y_{ijk} \leqslant Q \qquad (7-45)$$

$$\sum_{i\in m}\sum_{j\in m\cup N^*} x_{jk}\, y_{ijk} \leqslant M \ \forall k \in p \qquad (7-46)$$

$$\sum_{k\in p} x_{jk}\, y_{ijk} \leqslant q_j \ \forall i \in m, \forall j \in m \cup N^* \qquad (7-47)$$

$$Q_{jgk} = Q_{jg}\, y_{ipk} \qquad (7-48)$$

$$\sum_{g\in n\cup N^*}\sum_{k\in p} Q_{jgk} = q_j \qquad (7-49)$$

$$\sum_{j\in m\cup N^*}\sum_{k\in p} Q_{jgk} = q_g \qquad (7-50)$$

$$x_{jk} = \sum_{g \in n \cup N^*} Q_{jgk} \tag{7-51}$$

$$x_{gk} = \sum_{j \in n \cup N^*} Q_{jgk} \tag{7-52}$$

$$\sum_{j \in m \cup N^*} x_{jk} = \sum_{g \in n \cup N^*} x_{gk} \quad \forall k \in p \tag{7-53}$$

②时间窗的约束

$$T_{jk} = y_{ijk}(T_{ik} + t_{ij}) \quad \forall i \in m, \forall j \in m \cup N^*, \forall k \in p \tag{7-54}$$

$$T_{jgk} = y_{jgk} t_{jg} \quad \forall j \in m \cup N^*, \forall g \in n, \forall k \in p \tag{7-55}$$

$$T_{hk} = y_{ghk}(T_{jk} + t_{igk} + t_{gh}) \quad \forall j \in m \cup N^*, \forall g, h \in n, \forall k \in p \tag{7-56}$$

$$t_{0j} = 0; \forall j \in m \cup N^* \tag{7-57}$$

③惩罚函数的约束

$$P_g = \begin{cases} \beta \times (T_{hk} - T_h) & T_{hk} > T_h \\ 0 & T_{hk} \leqslant T_h \end{cases} \tag{7-58}$$

④决策变量约束

$$y_{jgk} = \min\{y_{ijk}, y_{ghk}\} \tag{7-59}$$

$$y_{ijk}, y_{ghk}, y_{jgk} \in \{0,1\} \tag{7-60}$$

模型说明如表 7-26 所示。

表 7-26　　模型说明

公式	公式说明
式（7-43）	表示令配送员每次配送收入最大化
式（7-44）	表示配送员每次的配送量不小于最低要求
式（7-45）	表示所有配送员所接受的总配单量不高于所有取货点所产生的总配送单量
式（7-46）	表示配送员每次的配送量不高于最高要求
式（7-47）	表示所有配送员在同一取货点所接受的配送量不高于配送点所产生的总配送单量
式（7-48）	表示收货点 g 对取货点 j 所产生的配送单量由配送员 k 配送
式（7-49）	表示各收货点对取货点 j 所产生的总配送单量
式（7-50）	表示收货点 g 对各取货点所产生的配送单量
式（7-51）	表示配送员 k 在取货点 j 所接受的配送量等于由配送员 k 完成的收货点 g 对取货点 j 所产生的配送量
式（7-52）	表示配送员 k 在收货点 g 所完成的配送量等于由配送员 k 完成的收货点 g 对取货点 j 所产生的配送量
式（7-53）	表示配送员在取货点所接受的配送量等于在收货点所完成的配送量
式（7-54）	表示配送员 k 到取货点 j 的时间
式（7-55）	表示配送员 k 从取货点 j 到收货点 g 所用的时间
式（7-56）	表示配送员 k 到收货点 h 所用的时间

续 表

公式	公式说明
式（7-57）	表示配送员到第1个取货点所用的时间是0
式（7-58）	表示延迟送达的惩罚成本
式（7-59）	表示取两个决策变量中的最小值
式（7-60）	表示决策变量取值

2. 算法设计

遗传算法（Genetic Algorithm，GA）是基于优胜劣汰，适者生存的思想，通过对自然进化过程进行模拟获得最优解的一种全局搜索算法。遗传算法能够并行计算，可以对多个点同时进行评价，从而能够很好地在全局中获得最优解或准优解。遗传算法可以解决多个领域的优化问题，并能取得较好的效果。它主要包括1个函数与3个基本操作，即适度函数、选择、交叉、变异。

本节的算法设计及参数数值设置如图7-6所示。

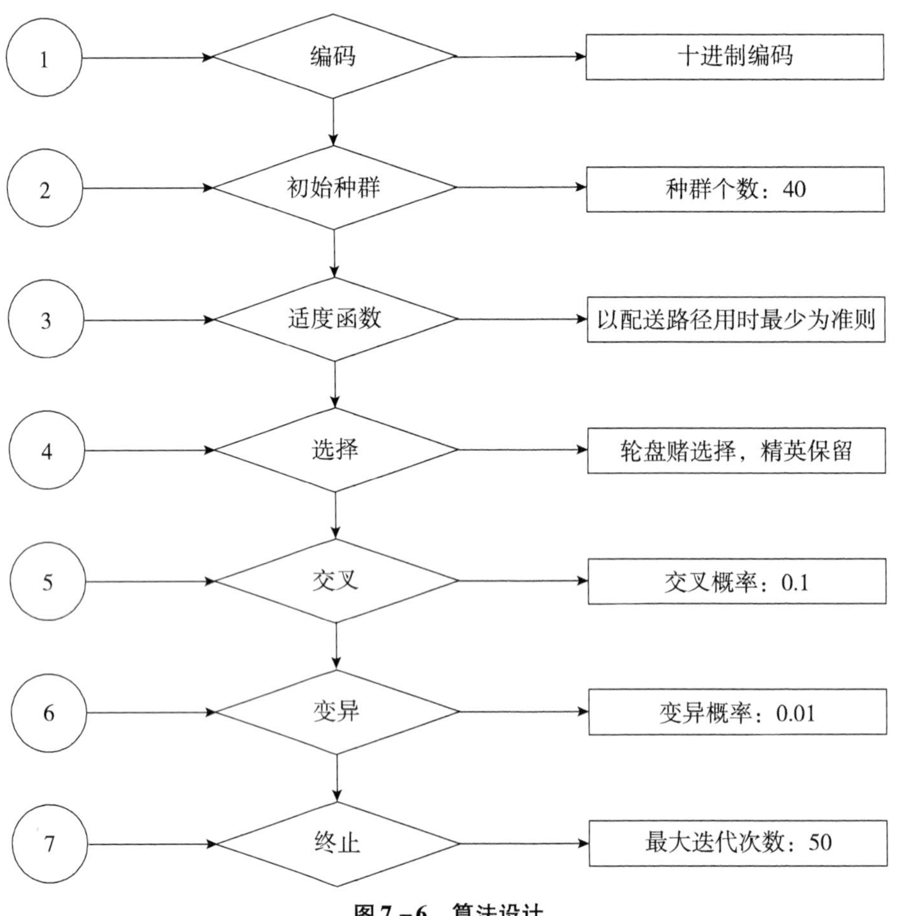

图7-6 算法设计

第四节 总结与展望

本章通过对短时交通流的简要研究，分析交通流短时预测的理论以及方法，在原有的基础上，建立了新的交通拥挤度的标准，将交通拥挤度问题转化为路径的时间问题。应用已有的数据和方法，用一种新的思路对交通流进行分析，通过道路拥挤度和路径长短两个参数对网络配送路径进行分析，得出较优的路径，对交通提供预测以及优化交通、物流配送起到很大的帮助作用。同时，由于是提前5~15分钟的短时预测，因此，在道路上的车辆可以通过实时的预测信息，对自己的短路进行合理的选择，尽可能减少以致避免突然性交通变化造成的不便。另外，通过对路径的短时预测，不断地提供推荐的路径信息，可以灵活地变换路径，最终达到车辆行驶的畅通无阻。

优化北京在目前交通条件下的连锁超市物流配送成本，是基于传统的物流配送业务，合理规划配送路径。本章以某连锁超市物流配送中心的配送路径为研究背景，探讨物流配送路径优化问题，针对该企业物流配送路径的现状，分析其不足之处，找出了车辆路径优化存在的问题；分析了相关的配送数据，并对优化计算方法进行了分析，结合实际情况，选择 VRPTW 的方法对路径进行优化，建立了数学模型，进行了方案优化。

以 Z 快递公司开展的即时配送业务为例，通过对 Z 快递公司的现状进行分析，发现投入运力的支出在收入中占据了极大的比重。针对 Z 快递公司该问题确立模型，并运用遗传算法和 MATLAB 软件对模型进行求解。

由于理论水平和时间的限制，本章涉及内容还存在一些不足之处，需要进一步研究。

（1）由于模型是基于一定假设建立的，如单一车型、客户需求固定、车辆匀速行驶等，这与实际情况并非完全相符。所以在实际应用部分，可以增加对多车型、客户需求变化、车辆动态行驶等情况进行更深入的研究。

（2）在建立模型时，为了更好地管理优化企业的油耗，在建立模型时理想化假设车辆的行驶成本，只考虑司机成本并且油耗成本完全一致。但是在实际情况中，在配送线路不同的情况下产生的油耗是不同的，故不能够忽略油耗对成本的影响。

（3）出于对配送时效的考虑，通过 K－means（均值）划分 Z 快递公司的配送区域时，只将距离作为划分的标准，并未将商家产生的配送单量的分布进行考虑，可能会造成配送单量分布失衡。

（4）因构建的模型为 NP－hard 问题（非确定性多项式困难问题），无法在多项式时间内求得最优解，故在满足时间窗的条件下，通过将配送员每次的配送单量进行固定，再对其配送路径优化，从而快速得到令 Z 快递公司满意的近似解。

第八章

2017 年度北京市物流企业营商环境调查报告

为减轻物流企业负担、降低物流运营成本、优化行业营商环境、准确反映行业状况和企业诉求，北京物资学院现代物流研究基地和北京物流协会于 2017 年年初选取 60 余家重点物流企业开展了问卷调查。

一、北京市营商环境调查企业基本情况

1. 被调查企业构成情况（见表 8－1）

表 8－1　被调查企业构成情况

<table>
<tr><td colspan="5">按企业性质</td></tr>
<tr><td>国有及国有控股企业</td><td>民营企业</td><td>外资及中外合资企业</td><td>集体企业</td><td>其他</td></tr>
<tr><td>25.9%</td><td>55.2%</td><td>10.3%</td><td>5.2%</td><td>3.4%</td></tr>
<tr><td colspan="5">按业务类型</td></tr>
<tr><td colspan="2">运输型</td><td>仓储型</td><td colspan="2">综合型</td></tr>
<tr><td colspan="2">12.7%</td><td>7.3%</td><td colspan="2">80.0%</td></tr>
<tr><td colspan="5">按业务范围（有兼类）</td></tr>
<tr><td>公路货运</td><td>铁路货运</td><td>水路货运</td><td>航空货运</td><td>多式联运</td></tr>
<tr><td>77.6%</td><td>20.7%</td><td>6.9%</td><td>15.5%</td><td>17.2%</td></tr>
<tr><td>仓储管理</td><td>物流园区（地产）</td><td>综合物流</td><td>快递</td><td>配送</td></tr>
<tr><td>82.8%</td><td>20.7%</td><td>56.9%</td><td>15.5%</td><td>70.7%</td></tr>
<tr><td colspan="2">货运代理</td><td>供应链管理</td><td colspan="2">其他</td></tr>
<tr><td colspan="2">29.3%</td><td>46.6%</td><td colspan="2">12.1%</td></tr>
<tr><td colspan="5">按企业等级</td></tr>
<tr><td>5A 级</td><td>4A 级</td><td>3A 级</td><td colspan="2">A～2A 级</td></tr>
<tr><td>10.0%</td><td>10.0%</td><td>8.3%</td><td colspan="2">71.7%</td></tr>
</table>

续 表

按主营业务收入				
1000 万元以下	1000 万 ~5000 万元	5000 万 ~1 亿元	1 亿 ~5 亿元	5 亿 ~10 亿元
3.5%	10.5%	19.3%	33.3%	15.8%
10 亿 ~30 亿元	30 亿 ~50 亿元	50 亿 ~100 亿元	100 亿 ~200 亿元	200 亿元以上
7.0%	5.3%	5.3%	0.0%	0.0%

2. 被调查企业经营状况

调查显示，重点物流企业主营业务收入与 2016 年相比总体处于缓中有增态势，63.8% 的企业收入增长超过 5%，27.6% 的企业收入增长超过 20%；企业成本保持较快增长态势，22.4% 的企业成本与 2016 年相比基本持平，72.2% 的企业成本增长超过 5%，31.5% 的企业成本增长超过 20%；企业利润增长幅度小于收入和成本增长幅度，30.8% 的企业利润增长基本持平，13.5% 的企业利润增长为 5% ~20%，23.0% 的企业利润增长超过 20%，还有 32.7% 的企业利润出现下降，7.7% 的企业利润下降超过 20%。

2017 年重点物流企业平均利润率为 8.1%。31% 的企业利润率为 0 ~3%，33% 的企业利润率为 3% ~15%，9% 的企业利润率为 15% ~20%，4% 的企业利润率在 20% 以上，还有 23% 的企业利润率为负，处于亏损状态，各部分占比如图 8 -1 所示。

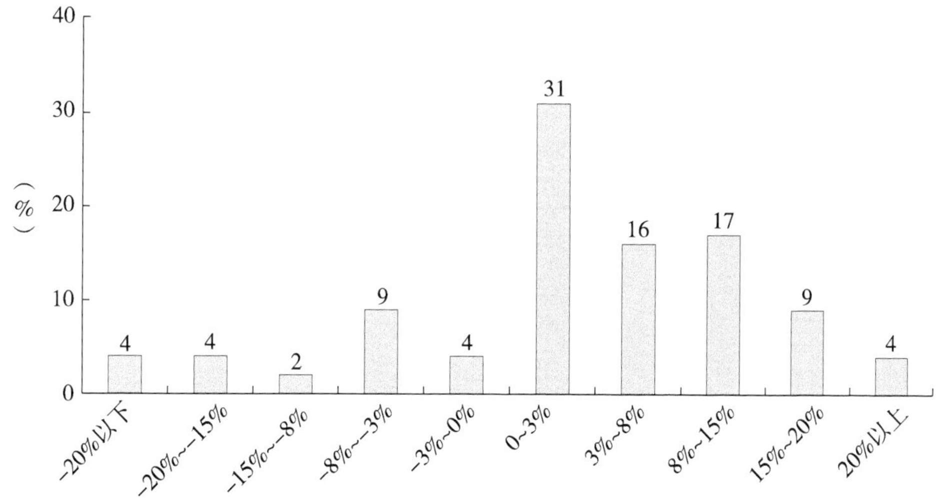

图 8 -1 2017 年重点物流企业利润率

二、行政监管环境

调查显示，对于国家推行的简政放权政策，50% 的企业反映基本落实，18% 的企业反映还有一定差距。对于国家推行的商事登记制度改革，各项事项的相关办理手续便捷程度有 70% 的企业反映可以接受或认为便捷。2017 年政府“放管服”改革，简政、减税、降费政策落实情况如图 8 -2 所示。

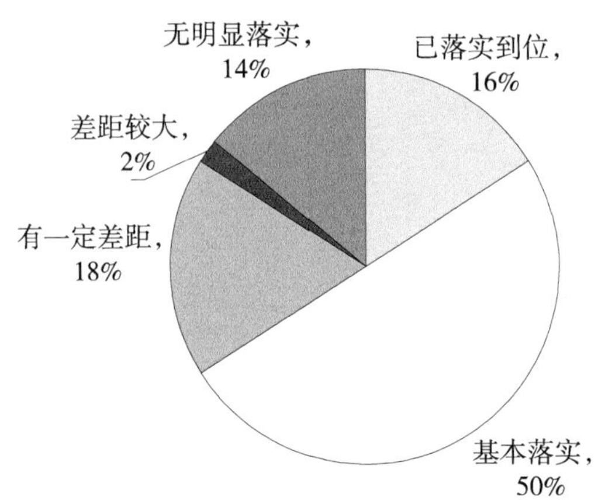

图8－2　2017年政府“放管服”改革，简政、减税、降费政策落实情况

1. 分支机构设立存在障碍

调查企业反映，物流行业具有网络化经营的特征，往往存在分公司、分部、经营网点等多级非法人分支机构。各地工商登记部门往往要求企业分别办理营业执照，增加了企业的经营管理成本。

建议1：在物流行业实行工商注册登记“一照多址”模式，物流企业在同一登记机关设立和变更分支机构，可在已有营业执照上标注或变更新的经营地址。

2. 道路运输许可比较烦琐

调查企业反映，货运司机的道路运输从业资格证的申请和考试要求与驾驶证类似，存在重复许可、多次认定问题。驾驶员在户籍所在地或居住地考试合格领取从业资格证后，需要返回原办证地年审。还有，驾驶员每两年一次的从业资格继续教育学习时间长、费用高、效果欠佳，许多地方存在收费了事、流于形式的问题。

建议2：逐步取消普通货物运输驾驶员的道路运输从业资格证，或与驾驶证合并申请，并开通异地网上年审。

调查企业反映，营运车辆需要车辆管理所颁发的机动车行驶证和道路运输管理所颁发的车辆营运证。机动车行驶证每年需要到公安机动车辆管理部门进行年检，车辆营运证每年需要到道路运输管理部门进行年审，且营运证需要回车籍所在地审验。由于年检需要进行车辆安全性能检测，年审需要综合性能检测，都是委托有资质的第三方车辆检测机构完成，所用的检测标准、检测设备以及所检测的项目大部分相同，检测机构出具的检测报告对于公安机动车辆管理部门和道路运输管理部门都是通用的，完全可以将年检和年审合并检测，检测结果报两部门审验使用。

建议3：合并机动车行驶证和车辆营运证的年检和年审，由第三方车辆检测机构提交检测报告供两部门审验使用，允许车辆异地审验。建议先行取消小吨位普通货运车辆的营运证。调查企业反映，按照《道路运输车辆技术管理规定》要求，各地陆续取消二级维护强制性检测，改为由经营者自行决定，减轻企业负担，取得良好效果。但是还有一些地方落实力度不够，出现强制检测或只收费不检测的问题，车辆年审仍需要提供相关证明材料。

建议4：取消营运车辆二级维护强制性检测，道路运输管理机构不再对二级维护车辆进行年审备案，车辆年审时不额外要求企业提供各项报表等。

3. 政府公共信息获取难

调查企业反映，政府公共信息开放度不够，如对于入职员工、外聘司机、外包企业的个人信息、车辆信息、经营信息、违章信息、违法信息、信用信息等缺乏查验认证。这些信息分散在各运输相关企业和不同监管部门的数据库中，缺乏资源整合和有序公开。目前，一些物流公共信息平台正在加强信息收集和资源整合，但是由于政府部门间还存在信息壁垒和信息孤岛现象，政府信息开放程度与企业需求相比还存在较大差距。

建议5：整合公路、铁路、航空、水路、邮政快递等方式和公安、工商、海关、质检等部门的物流数据资源，建设跨部门、全数据、公益性的国家物流大数据中心。

4. 行政审批流程有待优化

调查显示，年审、工商登记手续较为便捷，土地、规划、建设、消防、环保、检验检疫等手续较为复杂，车辆、营运、投资、海关、外汇管理手续总体一般。调查企业反映，与行政性收费相比，企业更加关注行政审批时效，一些审批事项耗时较多、审批流程和材料不统一、不透明，存在一些灰色地带，合规企业难以把控和应对（见表8－2）。

表8－2　2017年行政审批流程手续便捷情况　（单位：%）

手续＼便捷情况	很便捷	便捷	一般	复杂	很复杂	其他
车辆上牌手续	10.0	30.0	52.5	5.0	0.0	2.5
车辆营运手续	2.4	16.7	50.0	19.0	4.8	7.1
车辆年检手续	7.0	23.3	51.2	11.6	2.3	4.6
车辆年审手续	5.0	25.0	50.0	10.0	5.0	5.0
工商登记手续	4.8	40.5	35.7	11.9	2.4	4.7
企业年审手续	17.5	42.5	30.0	5.0	0.0	5.0
企业注销手续	9.1	30.3	36.4	12.1	12.1	0.0
土地规划手续	3.7	11.1	25.9	33.3	25.9	0.1
土地审批手续	3.0	13.3	20.0	40.0	23.3	0.1
土地建设手续	6.3	9.4	15.6	40.6	21.9	6.2
环保排污手续	3.1	9.4	28.1	21.9	28.1	9.4
设施消防手续	6.3	12.5	34.4	21.9	18.8	6.1
投融资手续	7.1	14.3	35.7	14.3	17.9	10.7
海关通关手续	3.1	31.3	34.4	6.3	9.4	15.5
检验检疫手续	3.7	37.0	37.0	11.1	3.7	7.5
外汇管理手续	7.7	19.2	42.3	7.7	7.7	15.4

建议6：进一步取消前置性审批手续，加强审批的透明度和时效性；提供网上审批、

异地审批等便捷方式，加强审批事中、事后监管。

5. 行业诚信有待提高

调查显示，只有43.9%的企业了解《关于对运输物流行业严重违法失信市场主体及其有关人员实施联合惩戒的合作备忘录》，56.1%的企业不了解该规定。行业诚信主要存在以下问题：拖欠运费占比64.4%，资质造假占比20.0%，车辆套牌占比24.4%，虚假承诺占比35.6%，泄露客户信息占比40.0%，超限超载占比31.1%，扣货敲诈占比13.3%，无证经营占比26.7%，野蛮装卸占比51.1%，诈骗占比4.4%，车辆放空占比28.9%，如图8－3所示。

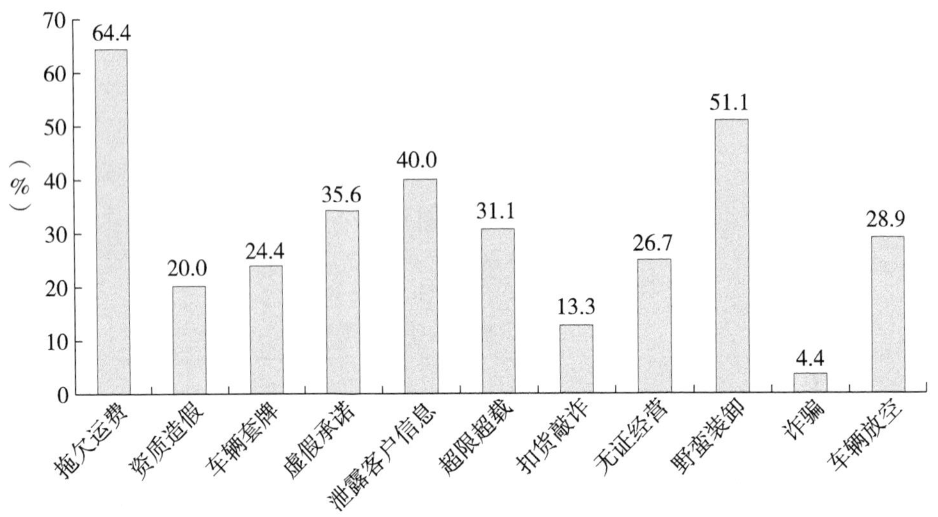

图8－3　2017年行业诚信存在的主要问题

建议7：建立健全诚信惩罚机制，完善诚信信用体系。

6. 对于下一步推进物流领域降本增效，企业的建议如下

建议8：进一步简化行政审批手续和车辆相关检验检测制度，科学合理确定车辆运行收费水平。

建议9：物流业“降本增效”，不是一味降低运输及物流服务价格，而是要改善物流发展环境，补齐物流软硬短板，加快政府职能转型，为物流创新驱动发展创造环境，引导企业创新发展。物流业“降本增效”可按照短期降本、中期蓄能和长期增效三步走。短期政策应主要聚焦于改善物流企业的发展环境，通过简政放权、减税降费，为物流企业创新发展增添动力。

建议10：监管机构合并、减少行政审批、减少政出多门的情况、合并经营类税收实行一税制、降低税赋；适度降低社会养老保险企业缴费。

三、税收负担情况

调查显示，45.7%的重点物流企业反映税收负担增加。被调查企业2017年缴纳各项税金及附加占主营业务收入的4.6%，占企业净利润的32.8%，税收负担超过企业净利润水平，企业税负依然较重。其中，交通运输业中道路运输业缴纳增值税占主营业务收入的9.7%。

1. 通行费抵扣减税效应不足

2016 年 5 月 1 日开始，物流行业最为关注的道路通行服务（包括过路费、过桥费、过闸费等）纳入经营租赁服务，并按照不动产经营租赁服务缴纳增值税，适用 11% 的税率。2017 年是该政策实施的第二年，公路经营企业中的一般纳税人收取试点前开工的高速公路在收取车辆通行费时，可以选择简易计税方法，按 3% 的征收率计算应纳税额。从政策实施情况看，公路经营企业都选择了 3% 的简易计税方法，政府还贷和高速公路通行费无法抵扣。由于经营性公路仅占收费公路的 57%，行业实际享受的抵扣率仅为 1.72%。通行费作为物流企业特别是运输型企业重要成本支出之一，占成本支出的三成以上。由于抵扣水平偏低，对于物流企业来说减税力度不够。此外，重点企业反映，纸质路桥通行费票据无法鉴别认证，存在假票风险。北京、重庆、福建等省市税务部门不允许对通行费进行进项抵扣。

建议 11：将高速公路和一级、二级收费公路统一采用 6% 的税率抵扣进项。对于政府还贷高速公路也统一按照 6% 税率抵扣。建设全国统一的收费公路通行费发票服务平台，实现全国公路通行费电子发票抵扣。

2. 进项抵扣不足问题没有缓解

目前，公路货运企业税负大幅增加的问题仍没有得到有效解决，主要原因是进项抵扣不足。与其他运输市场不同，公路货运业主要采取个体业户分散经营、货运企业整合运力的市场格局。由于承担公路货物实际运输服务的主要是个体运输户，按照小规模纳税人管理，无法给下游整合运力的货运企业开具 11% 税率的增值税专用发票。个体运输户难以通过开具足额的销项发票把税负传递给下游货运企业，增值税抵扣链不完整，导致公路货运企业进项抵扣不足。

由于公路货运业具有网络化经营的特征，个体运输户区域性或全国性异地经营是市场常态。当前税收征管制度对个体运输业户异地开票的限制没有解决，个体运输户无法为下游企业提供发票，增值税抵扣链出现断裂，更增加了公路货运企业的税收负担。

目前，国家明确将无运输工具承运业务纳入应税科目，并规定按照交通运输服务缴纳增值税，适用税率从 6% 变为 11%。交通运输部开始无车承运试点，为“互联网 + 政务”在物流行业的率先应用、完善物流行业税收征管模式提供了重要平台。

目前，大部分公路货运企业外包公路运输业务时，代个体运输业户集中支付运输过程中所需的燃油费、通行费等，由此取得企业可抵扣的增值税专用发票。

建议 12：物流企业外包公路运输业务，把个体运输户集中采购运输过程中的燃油费、通行费取得的增值税专用发票，纳入物流企业进项抵扣。结合金税三期上线，明确交通运输个体运输户异地代开增值税专用发票管理制度。

3. “营改增”财政补贴政策不可复制、不能延续

从“营改增”试点起，为了解决“营改增”后部分企业税负明显增加的问题，许多地方政府推出了相应的补贴政策，对“营改增”后税负比营业税体制下增加的部分，通过财政支持的方式返还。但此项政策各地执行力度不统一，不少地方没有补贴，一些有补贴的地方，也在减少甚至取消补贴，无疑提高了企业的税负成本，有违国家关于“所有行业税负只减不增”的要求。

建议 13：将交通运输服务税率调整为 6%，与物流辅助服务的税率相同，同时取消现有补贴政策。如延续现行税率，就应该顺延补贴支持政策，直至没有差额后自动停止。由于“营改增”补贴政策是以增值税税负高于计算营业税税负的差额补贴的，只要存在差额，就应按原政策执行。

4. 土地使用税减半征收政策到期

调查显示，物流企业大宗商品仓储设施用地城镇土地使用税减半征收政策实施以来，57.1% 的企业享受到了土地使用税减半征收政策的实惠，物流企业税负明显下降。该项政策已于 2016 年年底到期，面临下一步政策接续问题。

调查企业反映，土地使用税减半征收政策在落实过程中还存在一些问题，部分地区调整土地级别导致减税效应不足，对于拥有仓储设施的物流企业定义范围过窄，降低了政策的普适性。随着物流分工深化细化，出现了专门提供仓储设施的建设和运营商，如广东林安物流集团、传化公路港、宝湾物流控股有限公司等。但是，许多地区不把这类企业认定为物流企业，导致他们不能享受土地使用税减半征收政策的实惠，降低了政策的普惠性。此外，对仓储设施适用货物种类限制范围过小，与消费相关的商品仓储设施用地难以适用该政策。对于租用土地不适用该项政策的物流相关企业，减税效应大大降低。

建议 14：延续和调整土地使用税减半征收政策。至少到 2020 年年底，对物流企业、物流园区、物流仓储设施投资运营商自有或租用的仓储设施用地，按所属土地等级适用税额标准减半计征城镇土地使用税，不再限制仓储设施适用货物种类。

四、企业用工环境

调查显示，对于物流企业用工环境，27.9% 的重点企业反映趋紧，2.3% 的企业反映好转，20.9% 的企业反映没有变化，总体来看，企业用工环境有趋紧趋势。调查显示，2017 年人力成本占重点物流企业主营业务成本的 19.7%，是企业重要的成本支出之一。与 2016 年相比，43% 的企业反映变化不大，57% 的企业反映人力成本支出总体呈上升趋势。调查显示，企业五险一金的覆盖率为 77.4%，大部分企业基本实现了五险一金的缴纳。2017 年重点企业用工成本与 2016 年同期相比情况如图 8 –4 所示。

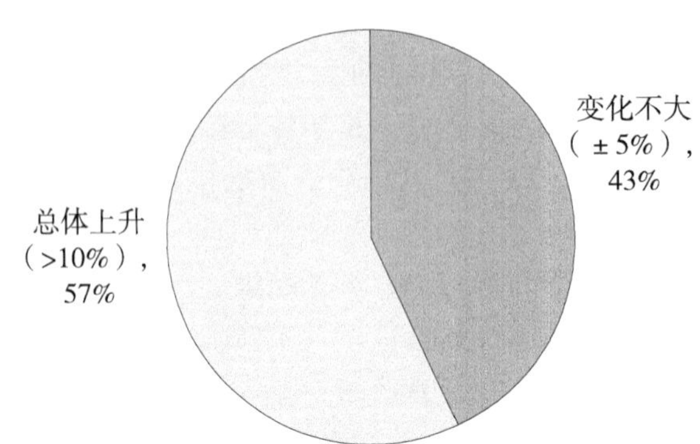

图 8 –4　2017 年重点企业用工成本与 2016 年同期相比情况

与往年相比，企业招聘操作型员工时，24.5%的企业反映难度一般，36.7%的企业反映比较难；企业招聘管理型员工时，29.2%的企业反映难度一般，45.8%的企业反映比较难，企业招聘员工难度在逐年增加。2017年重点企业招聘员工难易情况如表8－3所示。

表8－3　2017年重点企业招聘员工难易情况

难易情况／员工类型	很难	比较难	一般	比较容易	非常容易
操作型员工	26.5%	36.7%	24.5%	12.2%	0
管理型员工	20.8%	45.8%	29.2%	4.2%	0

与往年相比，对于企业操作型员工流失程度，29.4%的企业反映一般，33.3%的企业反映严重；企业管理型员工流失程度，54.9%的企业反映一般，17.6%的企业反映无影响，企业员工特别是操作型员工流失日益普遍（见表8－4）。调查显示，员工流失的主要原因中，68.0%的企业反映由于工资待遇，70.0%的企业反映由于生活成本，40.0%的企业反映由于子女教育，33.7%的企业反映由于工作强度，13.3%的企业反映由于居民户口（见图8－5）。从深层次看，随着物流产业加快升级和不断创新，对高端人才的职业素养也提出了更高要求。

表8－4　2017年重点企业员工流失情况

流失情况／员工类型	比较严重	严重	一般	无影响
操作型员工	21.6%	33.3%	29.4%	15.7%
管理型员工	11.8%	15.7%	54.9%	17.6%

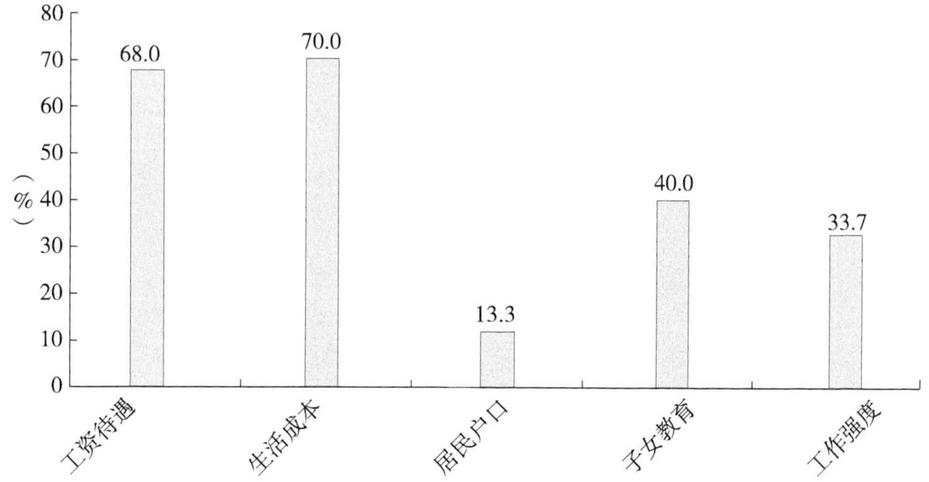

图8－5　2017年重点企业员工流失的主要原因

建议15：加大校企合作力度，逐步放开学科教育和职业教育，让职业教育深入企业，按照企业需求培养人才；让学科教育加强实践驱动，深入推动产学研结合。

建议 16：鼓励行业协会等专业培训机构开展专业化职业资格培训及认证，提高物流从业人员职业技能。

建议 17：降低社保负担水平，对于高端物流人才给予人才落户等优惠政策。

五、通行环境

调查显示，有 44% 的重点物流企业反映长途干线方面的货运价格与 2016 年相比有所上涨，上涨幅度大概为 5% ~20%；同样有另外 44% 的企业反映长途干线方面的货运价格与上年相比变化不大，上下变化幅度在 5% 左右；6% 的企业认为价格与 2016 年相比有所下降，下降幅度为 5% ~20%。2017 年长途干线货运价格与 2016 年相比情况如图 8 -6 所示。

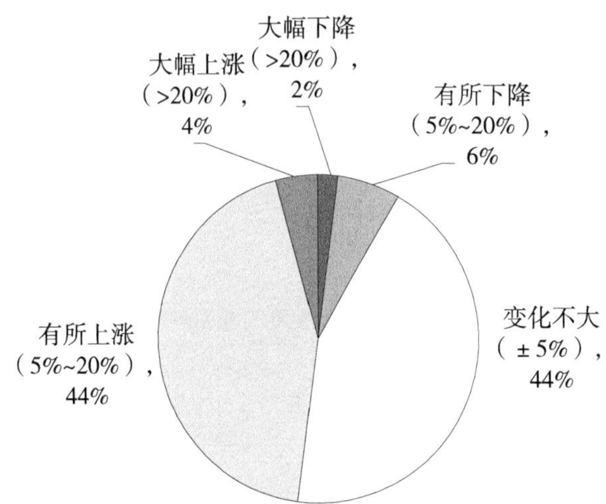

图 8 -6　2017 年长途干线货运价格与 2016 年相比情况

调查显示，有 56% 的重点物流企业反映短途城配货运价格与 2016 年相比有所上涨，上涨幅度为 5% ~20%；36% 的企业反映短途城配货运价格与 2016 年相比变化不大，上下变化幅度在 5% 左右。2017 年短途城配货运价格与 2016 年相比情况如图 8 -7 所示。

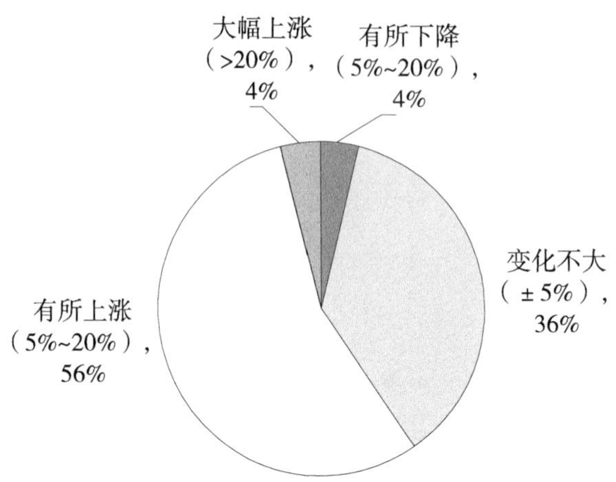

图 8 -7　2017 年短途城配货运价格与 2016 年相比情况

调查显示，有56%的重点物流企业租用车辆的所有人为运输企业；27%的企业租用车辆的所有人为个体运输户；13%为挂靠司机。2017年重点企业租用车辆的所有人如图8-8所示。

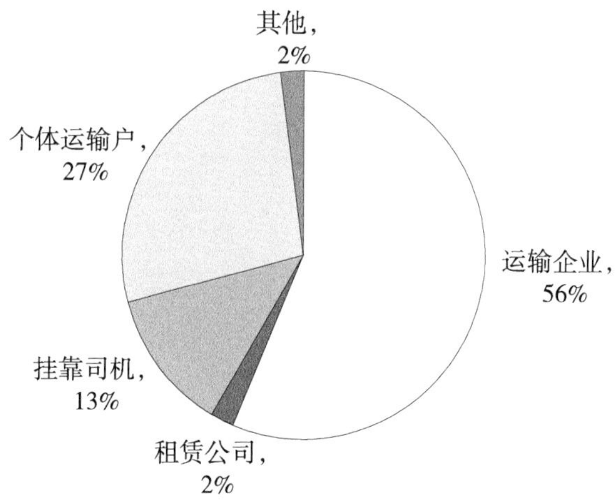

图8-8　2017年重点企业租用车辆的所有人

调查显示，临时用车时有76%的企业主要叫车方式是与运输企业合作；32%的企业会通过货运互联网平台进行叫车；12%的企业会联系货运经纪人和黄牛；同样有12%的企业会利用物流园区信息平台进行叫车。2017年企业临时用车主要叫车方式如图8-9所示。

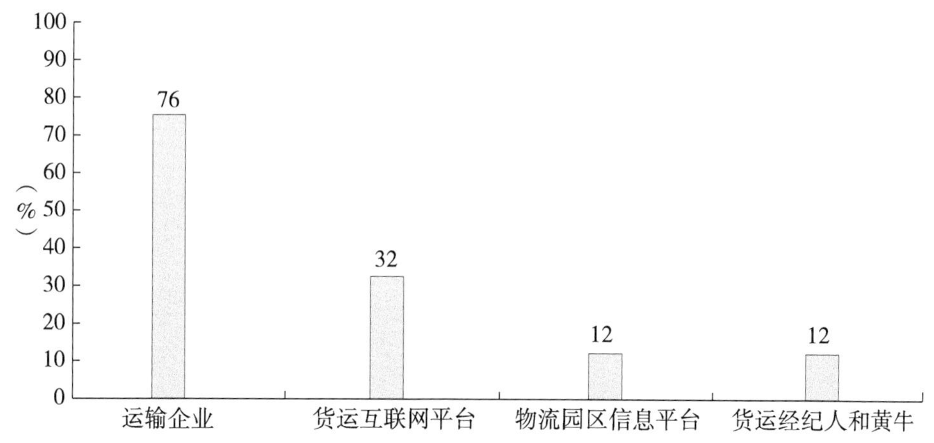

图8-9　2017年企业临时用车主要叫车方式

调查显示，接受调查的重点物流企业中，17.5米及以上平板车和16.5米及以上厢式车之和占其管理控制车辆的平均比例为25.03%；牵引车占其管理控制车辆的平均比例为34.97%；半挂车占其管理控制车辆的平均比例为14.07%。

1. 整治货车超载行为取得成效

调查显示，为期一年的整治公路货车违法超限超载行为专项行动取得初步成效，有

91%的重点物流企业认为货车车货总重超过规定限值的行为（超重行为）已有好转；其中有51%的企业认为整治效果很明显，超载现象已有大幅好转。2017年整治活动结束后货车的超重行为如图8－10所示。

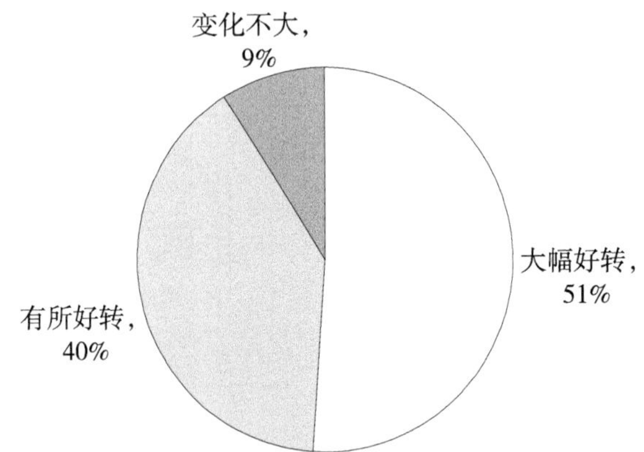

图8－10　2017年整治活动结束后货车的超重行为

为杜绝货车的超重行为，还需进一步进行强化整治。据统计，有77.27%的重点物流企业认为下一步常态化治超最关键的问题是治超标准全国一盘棋；65.91%的企业认为应规范车辆合法装载（禁止超长超宽）；45.45%的企业认为治理关键是治理存量非标车型。此外有31.82%的企业认为大容量车型研制替代是目前急需解决的问题，同样有31.82%的企业认为加强货物源头监管是治理的关键。下一步常态化治超解决的最关键问题如图8－11所示。

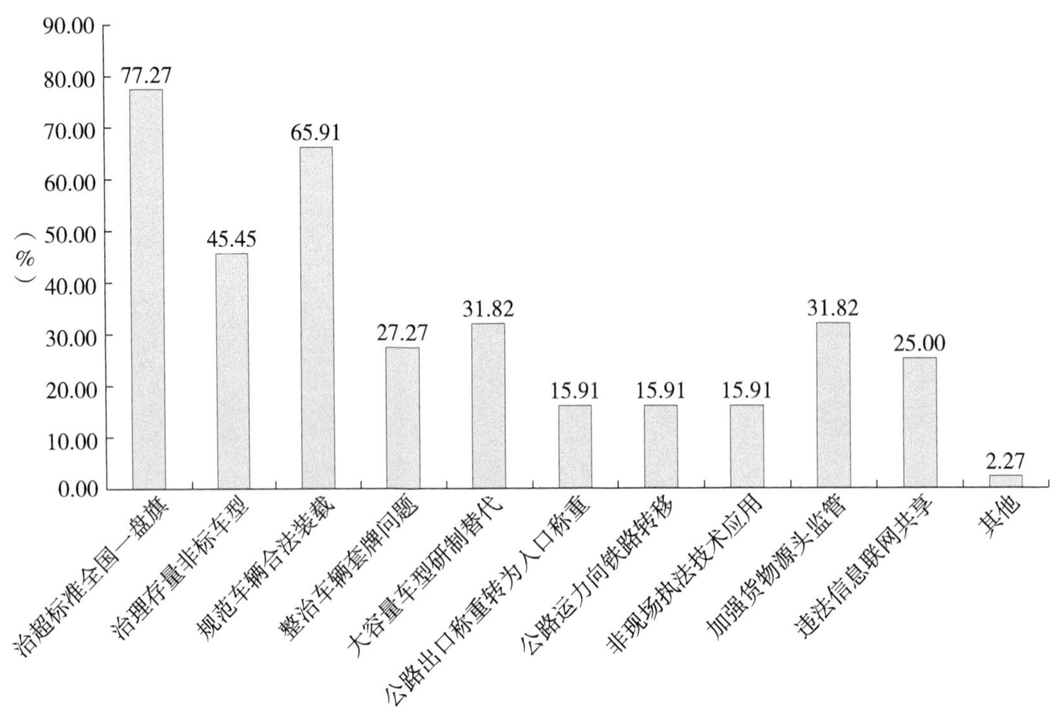

图8－11　下一步常态化治超解决的最关键问题

建议18：制定全国统一的货车车型、载重、装载、车牌等各方面标准，加强包括货物源头在内的全程各环节监管，建立起统一的惩罚机制。

建议19：对非标准车型的货车进行及时治理，促进其更新换代，逐步淘汰非标车型，加速完善全国车型统一化。

建议20：进行技术创新，积极研制大容量车型替代品。

2. 规范执法仍需加强

调查显示，有51%的重点物流企业认为，在交通运输部、公安部开展的为期4个月的规范公路治超执法专项整治行动中，公路治超规范执法问题有明显好转，但仍有2%的企业认为规范执法问题没有改善，甚至有2%的企业认为规范执法问题有所反弹。整治活动结束后公路治超规范执法问题如图8－12所示。

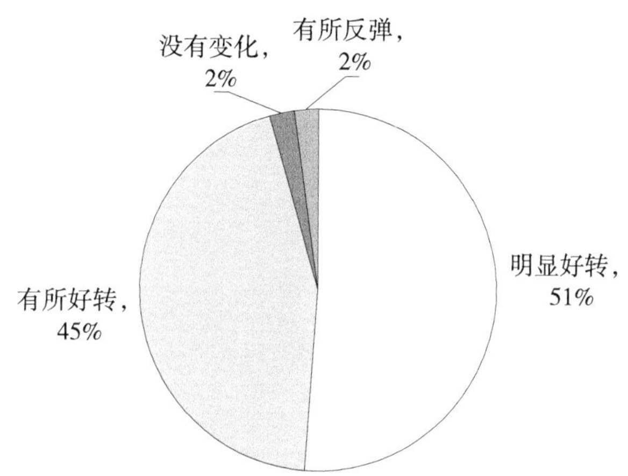

图8－12　整治活动结束后公路治超规范执法问题

调查显示，47.73%的企业认为公路治超执法存在的主要问题是对同一违法行为重复罚款；40.91%的企业认为制定过高的罚款地方标准是主要问题；同样有40.91%的企业发现执法过程中存在超限超载车辆处罚后未卸载就放行的现象；31.82%的企业认为目前仍存在违规收取停车保管费的行为；29.55%的企业认为社会人员勾结放行违法超限超载车辆的现象仍然很严重。公路治超执法存在的主要问题如图8－13所示。

建议21：建立不规范执法的惩罚机制，加大惩罚力度。

建议22：统一全国各地的执法标准，包括罚款标准，全国联网进行标准公示，统一管理。

3. 大件运输仍存在问题

虽然《超限运输车辆行驶公路管理规定》对大件运输许可管理做了明确规定，但目前仍存在许多问题。调查显示，有75.00%的重点物流企业认为主要的问题是专业作业车上牌和通行问题；50.00%的企业认为大件运输审批手续和流程问题是影响大件运输的主要问题；37.50%的企业反映长期超限运输车辆通行证申请问题是需要改善的主要问题；31.25%的企业认为大件运输收费标准过多。大件运输目前存在的主要问题如图8－14所示。

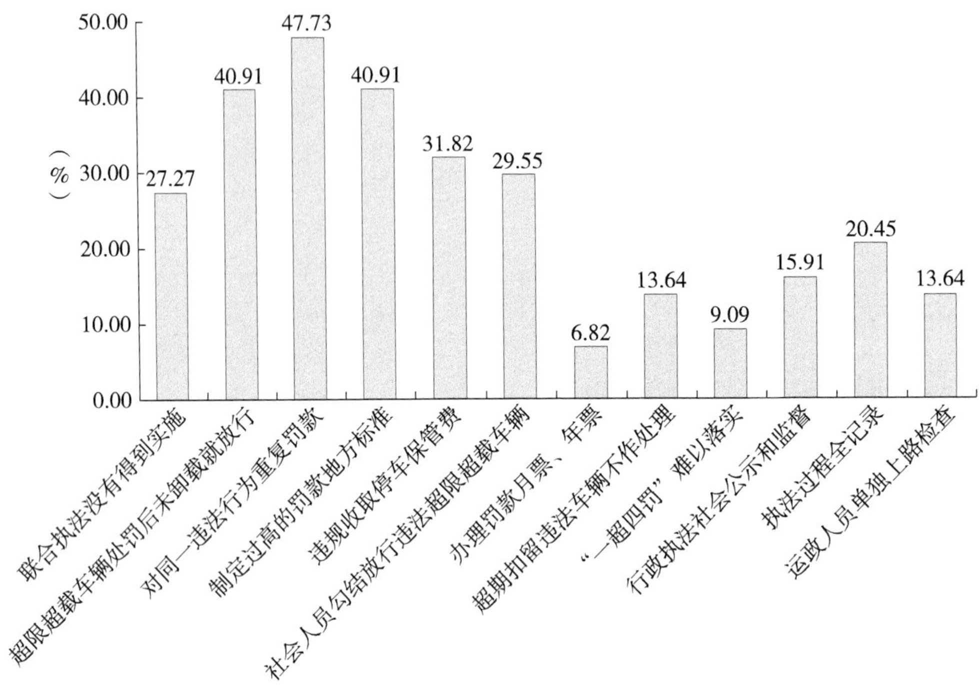

图 8－13　公路治超执法存在的主要问题

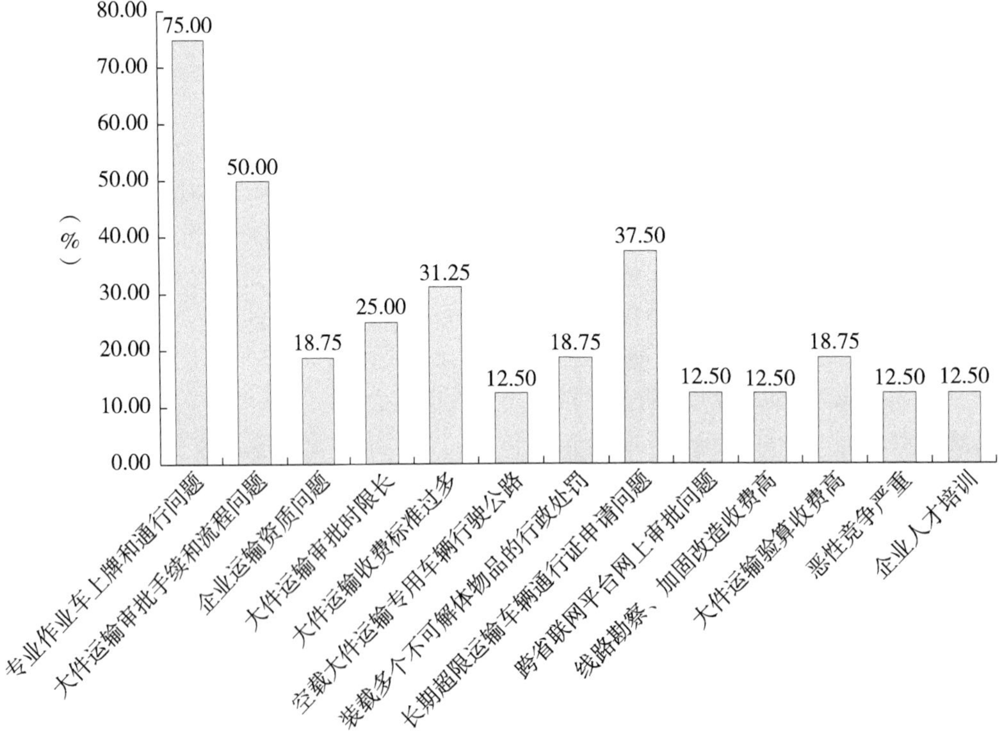

图 8－14　大件运输目前存在的主要问题

建议 23：优化大件运输审批手续和流程，提高审批效率。

建议 24：制定全国统一大件运输收费标准并联网公示。

建议 25：改善长期超限运输车辆通行证申请机制，缩减不必要的审核环节。

建议 26：统一全国大件运输专业作业车的上牌及通行标准并联网公示，使企业更顺利地进行上牌、通行活动，规避误区。

4. 无车承运管理需进一步加强

目前，交通运输部正在推进无车承运试点工作，试点运行过程中，企业发现了许多问题。调查显示，63.41%的企业认为责任界定问题是目前无车承运工作急需解决的问题；60.98%的企业认为无车承运工作中最主要的问题是司机和车辆资质不满足；46.34%的企业关注到的问题是货运保险问题；39.02%的企业认为税收抵扣方面存在问题。无车承运试点过程存在的问题如图 8－15 所示。

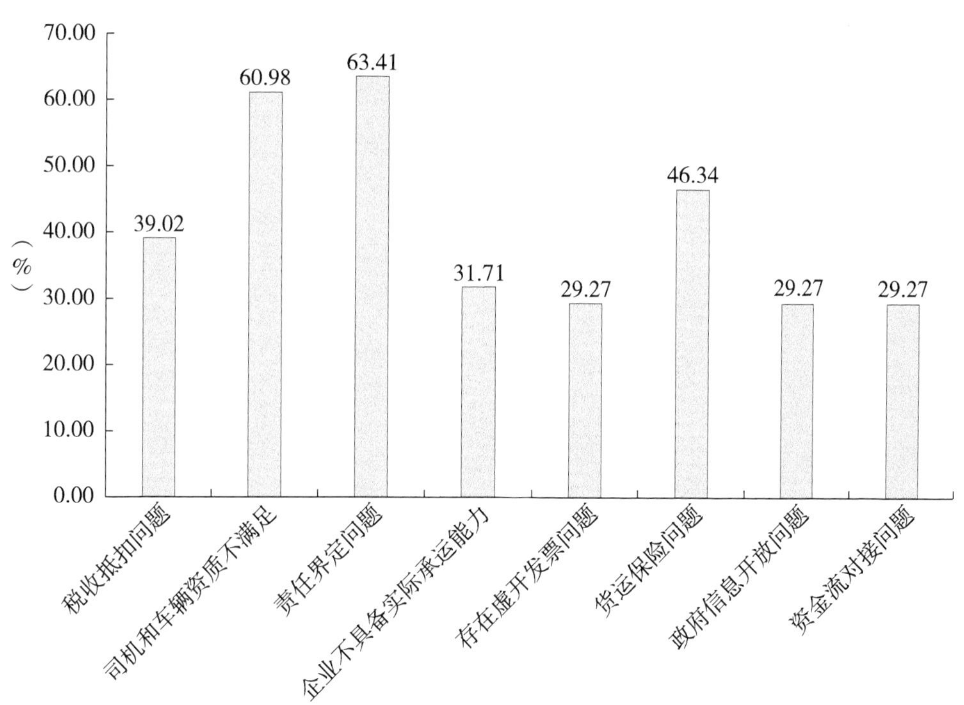

图 8－15　无车承运试点过程存在的问题

建议 27：进行无车承运工作的责任界定，制定相关管理准则。

建议 28：加强对无车承运工作中相关人员资格、车辆资质的考核管理，淘汰不符合资质的人和车，并制定惩罚机制。

5. 铁路发展多式联运尚不成熟

近年来国家大力支持多式联运发展，致力调整运输结构，其中，铁路运输是多式联运主渠道。调查显示，36%的企业在运输组织中使用了铁路运输资源；在 64%的没有使用铁路资源的企业中，有 86%的企业愿意在未来逐渐与铁路合作。

调查显示，79.55%的重点物流企业认为两端装卸短驳费用高是目前铁路发展多式联运中存在的首要问题；65.91%的企业认为铁路市场开放不够；47.73%的企业认为物流服务水平不足也是影响铁路发展多式联运的主要问题；38.64%的企业认为铁路发展多式联运的过程中，其运输能力难以保障；34.09%的企业认为铁路运价偏高。

建议29：积极开放铁路市场，提高铁路的物流服务水平，保证其长期具有一定运输能力。

建议30：适当降低铁路运价以增加运输量、贴合市场要求，对于多式联运实行优惠政策。

6. 高速公路开展分时段差异化收费试点

交通运输部选择部分高速公路开展分时段差异化收费试点，下一步将扩大试点的适用领域。调查显示，72.92%的企业建议在夜间通行时期增加差异化收费试点；68.75%的企业则建议在非高峰时段通行时期增设试点；另有54.17%的企业认为应为绿色环保车队提供差异化收费服务；35.42%的企业建议为标准大型厢式货车提供差异化收费服务。建议差异化收费的领域如图8－16所示。

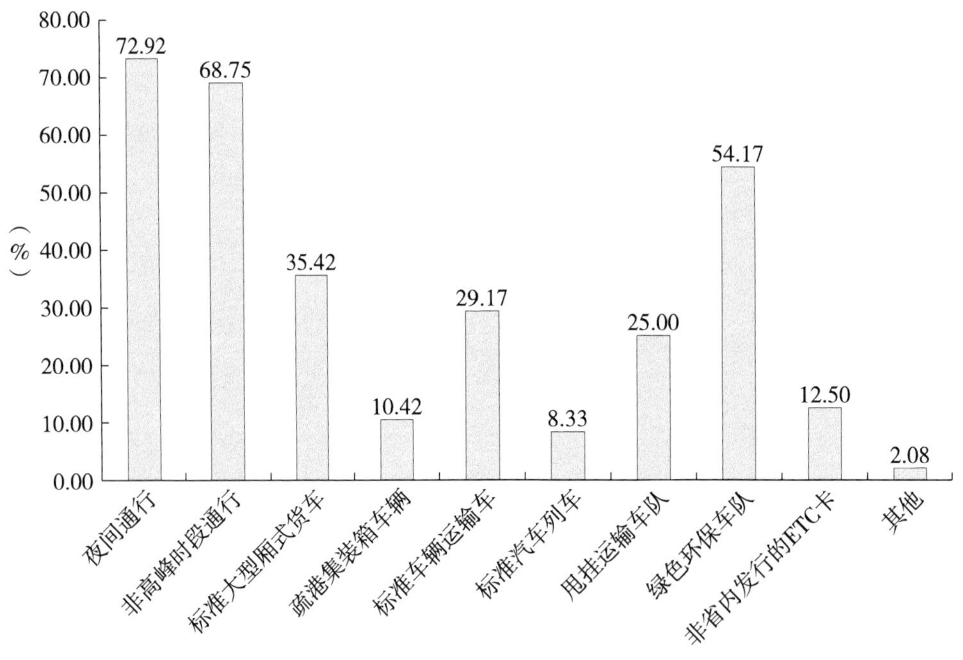

图8－16　建议差异化收费的领域

7. 城市货车通行限制过多

调查显示，61.22%的企业认为城市货车通行的通行证发放不合理、限行区域过大；59.18%的企业认为限行时间过长；46.94%的企业发现部分区域24小时限行；42.86%的企业发现存在对异地车辆通行歧视、限行路线设置不合理的问题；36.73%的企业提出缺乏停靠区域规划问题。执行城市货车通行限行政策存在的主要问题如图8－17所示。

建议31：加大职能部门的信息公开力度，公开网上查询地方限行规定，有利于外地

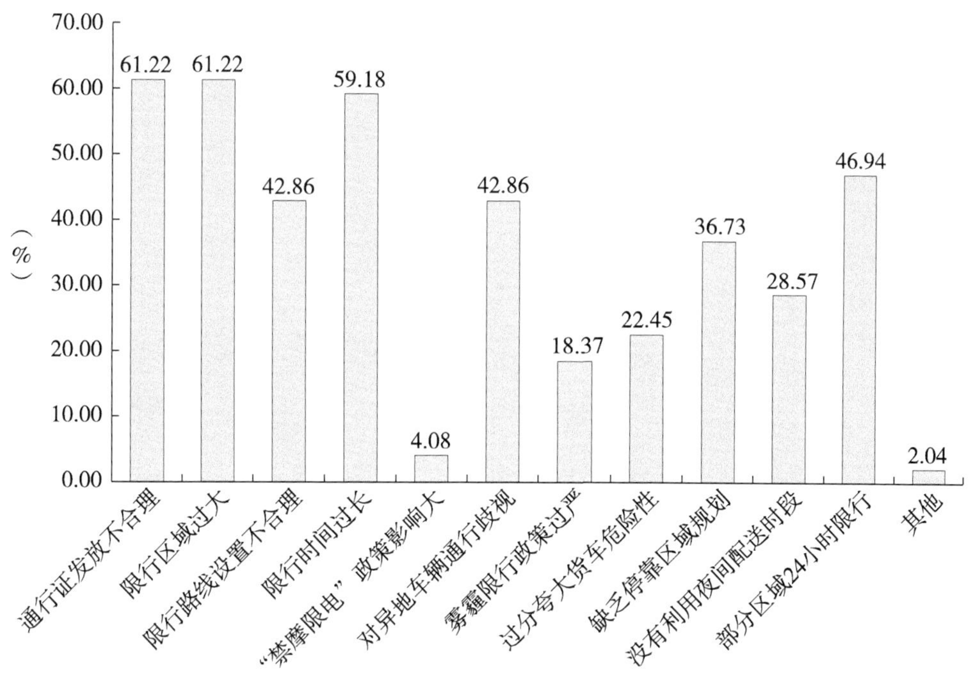

图 8－17　执行城市货车通行限行政策存在的主要问题

车辆及时掌握限行时间及区域，合理安排路线规避限行，减少违章行为。

建议 32：制定统一的城市货车通行证发放标准，加强监管，保证通行证发放的公正性。

建议 33：合理设置城市货车限行范围，广泛听取社会意见。不同区域限制时间适当放宽，进行区域放宽。

建议 34：加强配送车辆停靠作业管理工作，合理划分并明确停靠区域。

建议 35：高速夜间通行和城市夜间通行给予更多的优惠和限制放宽。

建议 36：允许异地车与当地车享受相同的政策。

8. 新能源物流车辆初步发展

国家对新能源汽车车辆购置税实行免征政策，多地鼓励新能源物流车辆进城通行。新能源物流车辆逐渐进入行业领域，在使用新能源物流车辆的过程中，发现了许多仍需解决的问题。调查显示，84.00% 的企业指出新能源物流车辆存在续航里程短的问题；68.00% 的企业认为城市里为新能源物流车辆设置的充电桩少；64.00% 的企业认为其载重负荷低；46.00% 的企业认为在城市通行需要通行证十分麻烦，并且购置价格高。新能源物流车辆存在的主要问题如图 8－18 所示。

建议 37：积极进行技术的创新性研究，运用技术解决新能源物流车辆本身存在的续航里程短、载重负荷低等问题。

建议 38：为鼓励新能源物流车辆进城通行，降低办理通行证的难度，适当降低车辆购置价格。

建议 39：放开新能源物流车辆路权，增加建设充电设施。

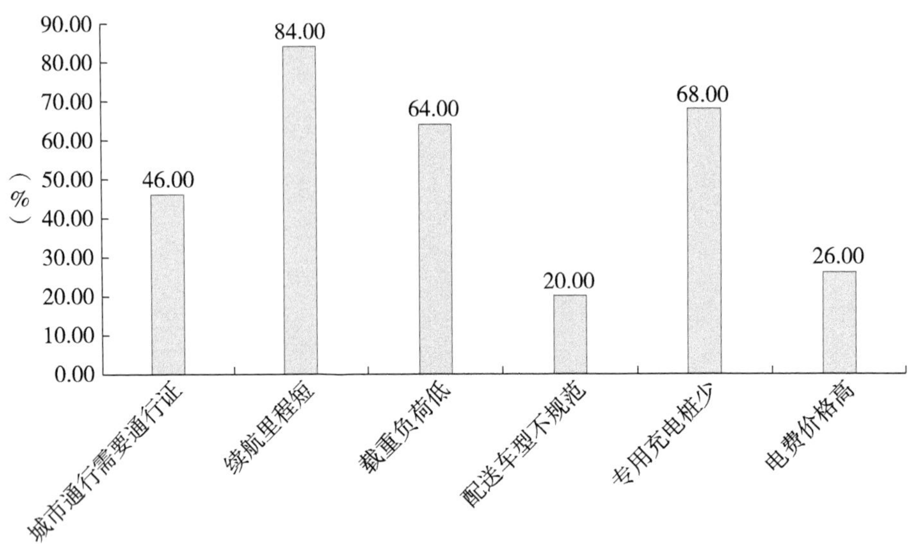

图 8－18　新能源物流车辆存在的主要问题

9. 快递专用电动三轮车问题突出

目前国家正在制定快递专用电动车技术要求标准。调查显示，76.09% 的企业认为车型不规范是电动三轮车发展存在的主要问题；67.39% 的企业发现没有停靠区域；60.87% 的企业提出电动三轮车无法登记上牌；56.52% 的企业发现电动三轮车没有专用通行道路。快递专用电动三轮车发展存在的主要问题如图 8－19 所示。

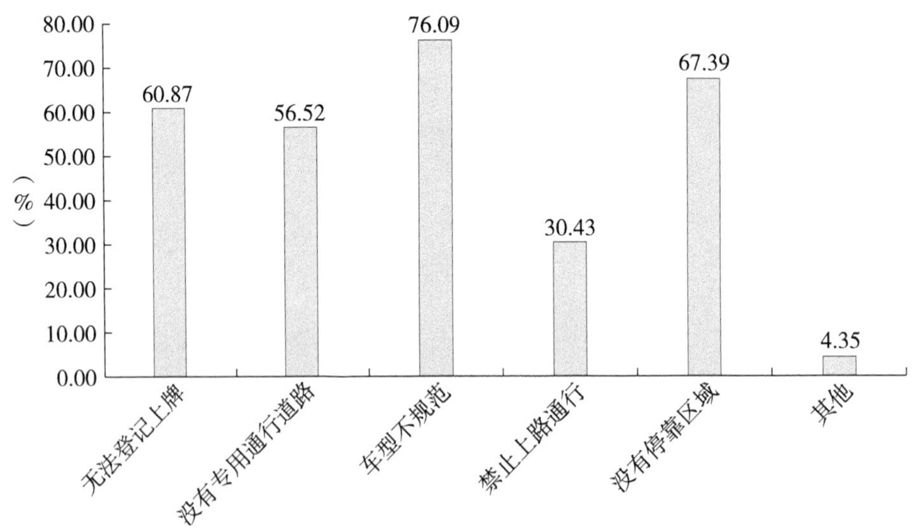

图 8－19　快递专用电动三轮车发展存在的主要问题

建议 40：明确快递专用电动三轮车管理办法，统一登记上牌标准、统一车型。

建议 41：根据城市需求，合理划分电动三轮车的通行道路、停靠区域。

10. 营运车辆二级维护检测取消

取消营运车辆二级维护检测符合政府转化职能、简政放权的社会趋势。将权力下放给企业，企业的责任和承担的风险也增加了，经营者随之转变思维，不再把二级维护当成一种任务，而是切切实实为了道路运输安全进行二级维护，从而提高运输行业的安全性。对于个体经营者来说，取消了强制维护，增加了维护点的选择，在一定程度上减少了维护支出。

调查显示，目前已有43.33%的企业所在地区取消了营运车辆二级维护强制性检测，但仍有56.55%的企业所在地区存在强制性检测问题。这反映出各地方性标准不一致的问题。几乎所有物流企业均期望取消营运车辆二级维护强制性检测，认为该检测与其他检测措施有重复之处，过于形式化。

建议42：开放异地检测统一检验标准，减少重复收费。

建议43：针对资信好的物流企业（如5A级）可根据实际情况自检，不必固定间隔周期检测，减少不必要的资源占用。

11. 货运车辆年检年审合并、车辆异地年检逐步落实

货运车辆属于运营车辆，运营车辆年检和年审的时间比轿车频繁；为了减少货运车辆年检年审的手续，将年检和年审合并很有必要。推进货车年检年审依法合并，能够有效减轻检验检测费用负担，切实增强道路货运企业和货车从业人员获得感。

调查显示，在北京地区货运车辆年检年审合并和车辆异地年检的落实情况较好，在其他地区的落实情况参差不齐，部分地区没有进展。有企业反映异地措施执行起来比较困难。

建议44：统一上网、统一出入口，以此解决异地执行困难问题，还应加快异地年检的措施在各地落实速度。

建议45：措施落实的过程中，可通过网络系统对车主进行可视化展示，避免出现信息盲点。

12. 积极推进物流领域降本增效，优化便利交通政策

交通运输是物流业的基础环节和重要载体，是提升物流供需匹配效率的关键，在实现物流业“降本增效”中具有重要作用。近年来，交通运输行业积极拓展服务领域、延伸服务链条，有力推进物流业发展，但仍存在运输结构不合理、运输组织方式落后、装备技术和信息共享水平较低、创新能力不强等问题，难以适应日益增长的高品质、多元化、个性化物流需求，影响了物流综合效率和效益的提升。

建议46：适当放宽铁路运行政策，设计部分专车专线。

建议47：给予实际有通行需求的企业通行证。

建议48：积极推进互联网+高效物流，强化信息技术支撑，做到运输信息智能化。

建议49：大力发展多式联运，推动跨运输方式，货物高效转化、畅通运输全链条。

建议50：加快构架衔接顺畅的基础设施网络。

建议51：网上公开收费站、港口轮渡、桥梁隧道的收费标准，利于大众监督。

六、用地负担环境

调查显示，14%的企业认为获取物流用地难度与2016年相比变化不大；37%的企业认为获取物流用地非常困难（见图8－20）。反映到用地价格上，6.8%的企业认为变化不大，81.8%的企业认为价格有所增长或大幅增长。从仓储货物吞吐量看，52.2%的企业认为有所增长或大幅增长，22.0%的企业认为变化不大。从仓库平均租金看，10.2%的企业认为变化不大，46.9%的企业认为有所增长。

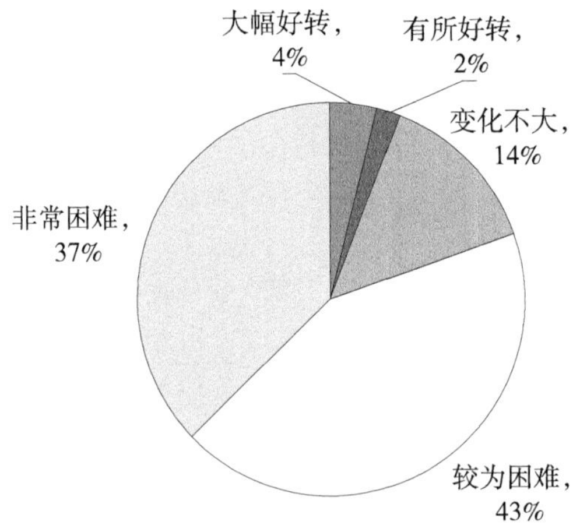

图8－20　2017年物流用地情况与2016年相比

目前，全国土地资源较为紧缺，尤其是物流用地获取难。主要原因是物流用地属于基础设施用地，投资额度大、回收周期长、社会外部效应大，导致新增物流用地很难纳入城市规划并获得指标。物流用地指标难以获取，即使获得物流用地指标，也存在税收贡献、投资强度等具体约束。随着各地城市扩容改造，存量物流用地受拆迁影响加速缩减，新增和置换物流用地越来越向城市郊区甚至向其他城市转移。如北京市已经明确限制新增物流用地，物流企业不得不到相邻的天津市获取物流用地，一方面运输距离拉长，增加了物流配送成本；另一方面物流布局分散，集聚效应无法实现，且人为增加了交通拥堵和环境污染。

调查企业反映，从2017年开始，北京市的物流成本直线上升30%以上，一方面是由于国Ⅲ车辆的限制使用问题，另一方面是物流园区的搬迁问题。目前大部分的物流企业已搬离北京或者搬迁至北京远郊区，导致城市配送的成本过高；另外在仓库使用方面，仓库租金过高，企业已逐渐支撑不起租金。

建议52：采用由国家出地，企业自建或者和国家共同建设企业经营的新模式，可为企业提供可长期发展的稳定地点，推进企业整合、企业规模化，稳定土地供给，有利于企业对现代化设备的投入。在北京六环周边多提供一些仓储用地，缩小配送半径，减少配送成本。

建议53：在物流用地方面，政府应加大政策力度的支持，加大降税清费力度，切实减轻企业负担，制定全国物流园区发展专项规划，整合利用现有物流仓储设施，妥善解决物流用地问题，注重物流用地周围的交通运输配套问题，组织物流师范工程和重点项目，加强相应政府部门对物流业规划建设和运营管理的大力配合。

建议54：加速区域物流规划的制定和落实，保障物流用地指标的稳定供应，将物流用地纳入城市基础设施用地规划，取消物流用地投资强度、税收贡献等不合理指标。

建议55：加大对消费保障和生产支撑作用的物流用地给予支持，充分利用城市周边闲置资源，加强物流用地的集中布局，加大制造业集群配套范围，引导铁路等多种运输方式进园区，充分发挥集聚效应和产业支撑作用。

七、通关环境分析

调查显示，2017 年企业平均通关时间为 19.3 个小时，其中，87.5% 的企业通关时间不超过 10 小时，12.5% 的企业通关时间较长，超过 10 小时，最长者甚至达到 48 小时，所以企业平均通关时间仍需缩短，才能提升整体物流运作效率。调查显示，企业平均通关时间与 2016 年相比，53% 的企业认为时间有所缩短，缩短幅度为 5% ~20%；23% 的企业认为时间变化不大，上下变化幅度为 5% 左右；12% 的企业认为大幅缩短，缩短幅度超过 20%；也有 12% 的企业认为时间呈延长趋势，延长幅度在 5% ~20%。2017 年企业平均通关时间与 2016 年相比情况如图 8 -21 所示。

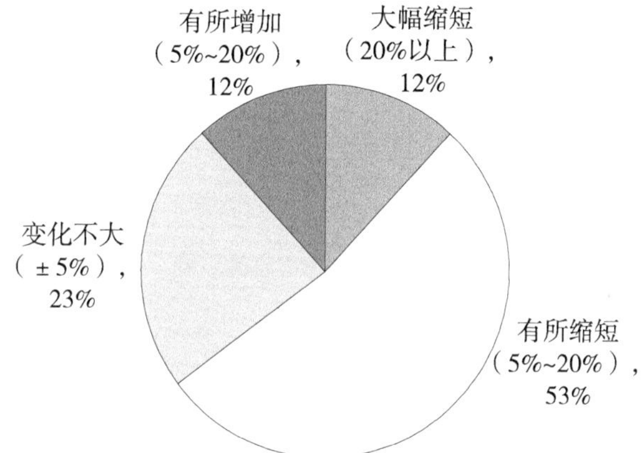

图 8 -21　2017 年企业平均通关时间与 2016 年相比情况

调查显示，海关通关环境方面，56% 的企业认为环境有所改善，25% 的企业认为环境明显改善，19% 的企业认为环境变化不大。整体来说，2017 年的海关通关环境比 2016 年呈好转趋势。2017 年海关通关环境如图 8 -22 所示。

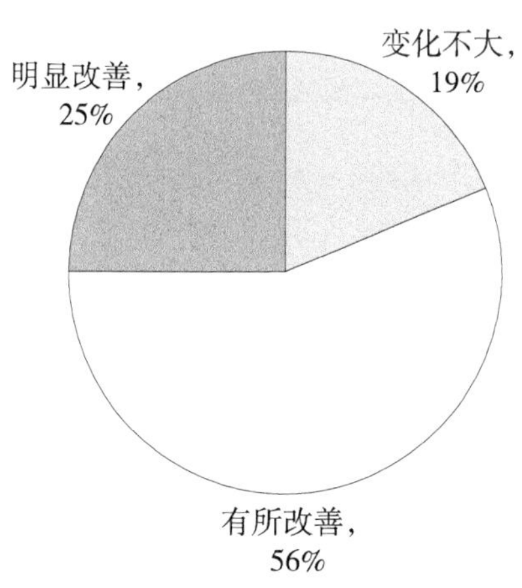

图 8 -22　2017 年海关通关环境

调查显示，2017 年的商检环境，41% 的企业表示有所改善，30% 的企业表示变化不大，另外29%的企业表示明显改善。从调查情况来看，2017年的商检环境比2016年明显变好。2017年商检环境如图8－23所示。

调查显示，仍有41%的企业没有享受到通关一体化和单一窗口政策带来的好处，59%的企业已经享受通关一体化和单一窗口政策。是否享受通关一体化和单一窗口政策如图8－24所示。

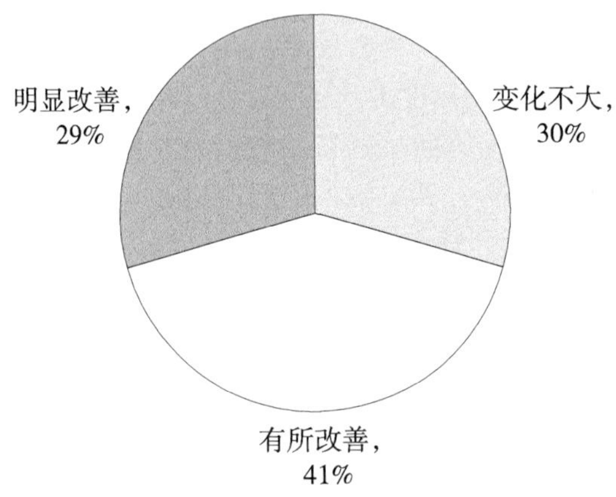

图8－23　2017年商检环境

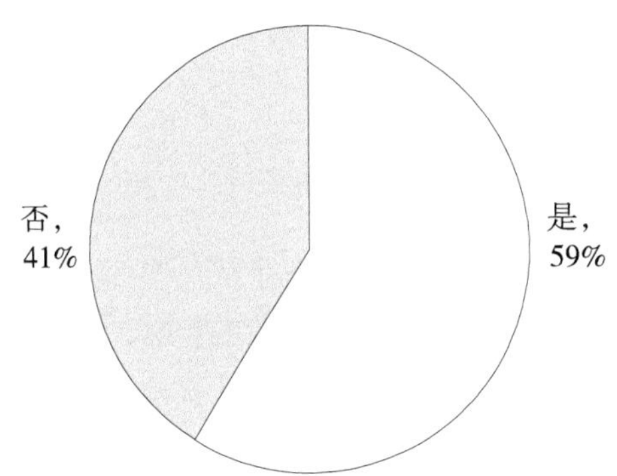

图8－24　是否享受通关一体化和单一窗口政策

通关一体化和单一窗口政策的推行对物流工作效率的提升十分有益，单一口岸签订通关一体化，可保证所有口岸正常通关，并且不需要正本报关文件；国外清关也同样享受无纸化通关。单一窗口系统可以推行一单两报，降低差错，提高通关时效。所以各方应当继续为通关一体化和单一窗口的早日实现而努力。

建议56：目前我国单一窗口试验区域为上海全部口岸，希望国家加大投入力度，更多更快地实现多区域、多形式的通关一体化政策。

建议57：利用互联网工具，尽量减少窗口审批。

现在国家重视物流领域，着力推进物流领域降本增效，通关环境对降本增效的推行有着助力作用。

建议58：报关单中的贸易条款需简化，有利于理解并顺利出货。

建议59：首都机场地面航空服务公司降低操作费用，加快提货操作效率，能更好地降低物流企业成本，提高货物通关效率。

一方面，行业通过模式创新和技术进步优化资源配置，租金效率提升，成本下降；另一方面政府深化“放管服”改革，规范商检部门执法力度，营造良好的发展环境。

建议60：把企业自有系统与海关系统进行系统对接，将企业信息实时上传，并实时查询通关情况，及时了解通关状态，增加办公效率。

八、融资环境分析

调查显示，34%的企业认为2017年物流企业的融资环境与2016年相比相对趋紧，27%的企业认为融资环境与2016年没有变化，25%的企业认为融资环境与2016年相比有所好转；另外分别还有7%的企业意见十分相左，一部分认为融资环境与2016年相比大幅好转，另一部分则认为融资环境与2016年相比非常紧张。2017年物流企业融资环境与2016年相比情况如图8－25所示。

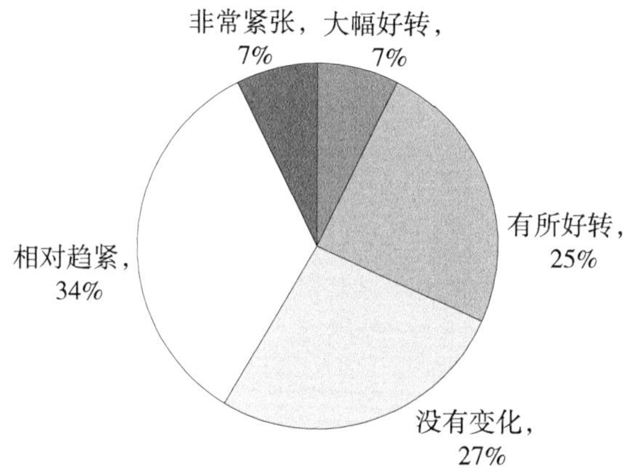

图8－25　2017年物流企业融资环境与2016年相比情况

调查显示，从企业资金需求情况分析，有51%的企业资金来自自有或集团资金，无须融资；有40%的企业资金略有缺口，需要融资；9%的企业资金需求十分迫切，有很大缺口，急需融资。2017年重点企业资金需求情况如图8－26所示。

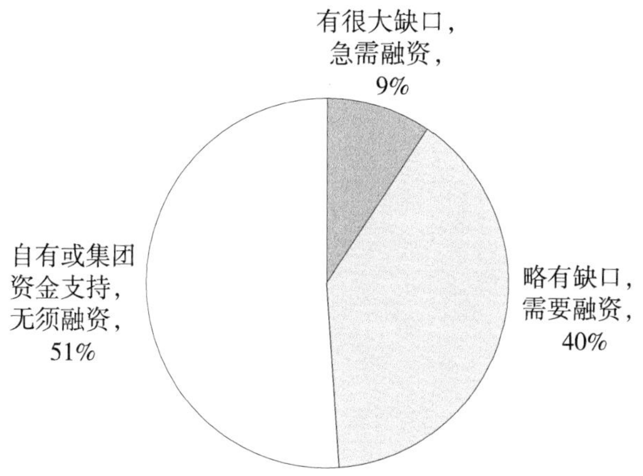

图8－26　2017年重点企业资金需求情况

调查显示，从融资渠道看，62.50%的企业选择银行贷款，17.50%的企业选择上市融资，12.50%的企业选择民间借贷，10.00%的企业选择企业债券，7.50%的企业选择基金和风险投资，另外7.50%的企业选择财政补贴和税收优惠。除了上述融资渠道，还有一些企业采用集团支持、集团借贷等方式完成融资。2017年重点企业主要融资渠道如图8-27所示。

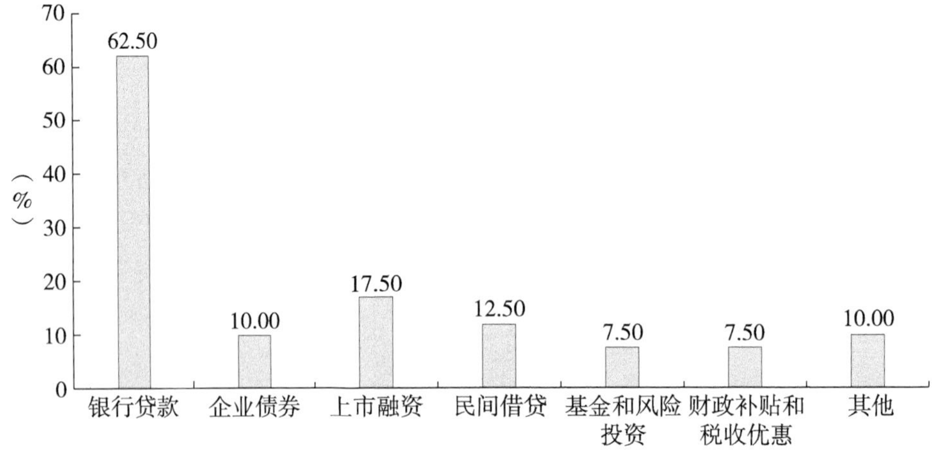

图8-27　2017年重点企业主要融资渠道

调查显示，对于目前企业融资面临的主要问题，50.00%的企业反映融资渠道少，36.11%的企业反映可抵押物少，折扣率高，30.56%的企业反映贷款额度小，16.67%的企业反映担保信用体系不完善、风险投资机制不健全，13.89%的企业反映企业发债难，还有企业信用等级低、商业信用不发达、民间信贷不规范、存在存贷挂钩现象等也是部分企业反映的问题。2017年企业融资主要问题如图8-28所示。

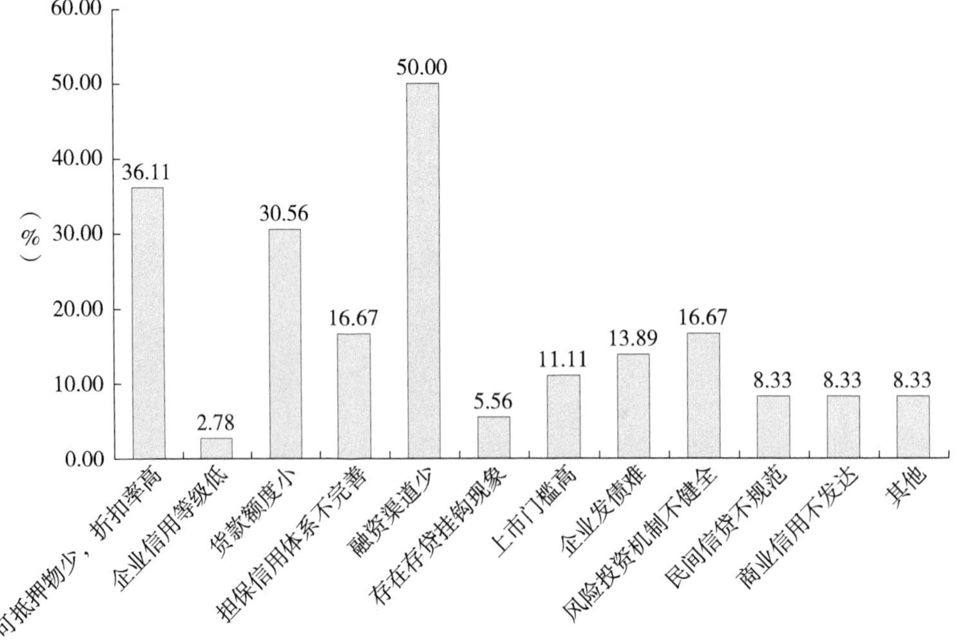

图8-28　2017年企业融资主要问题

调查显示，针对企业上游货主应收账款账期，57%的企业表示为1~3个月，28%的企业表示为3~6个月，15%的企业表示为现结、1个月以内、6~9个月。拖到9个月以上的企业在接受调查的企业中不存在。2017年重点企业上游货主应收账款账期平均时间如图8-29所示。

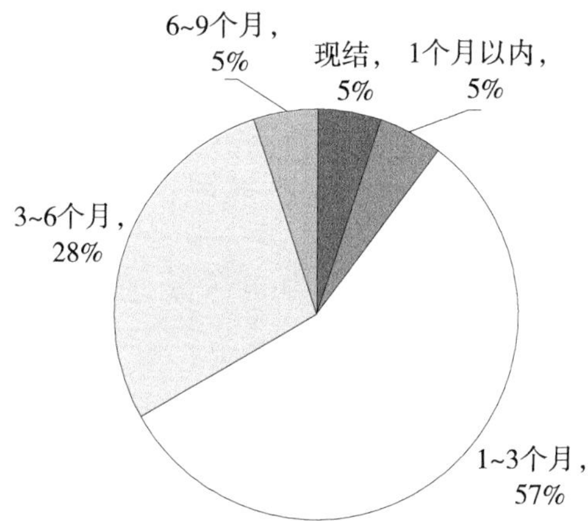

图8-29　2017年重点企业上游货主应收账款账期平均时间

调查显示，下游供应商的平均账期时间大致与上游货主应收账期时间分布相仿，53.85%的企业表示其下游供应商账期平均为1~3个月，30.77%的企业表示其账期平均为3~6个月，还有15.38%的企业表示其账期为1个月以内。

问题1：从这两个调查问题可以大致归纳出企业的资金流动周期会导致账期不平衡问题的出现，如何解决这一问题，受访企业纷纷给出自己的政策建议。

建议61：加强应收账款保理和应付账款保理业务的支持，开办政策性担保公司，针对中小企业提供合适的物流金融融资政策和方案，适时解决中小物流企业融资难的问题，缓解因资金紧张带来的连锁效应，期望有专业的供应链金融和保理企业介入，解决资金占用问题。

建议62：降低库存以减少资金占压，加速收回应收账款，对于无法收回或在账务结算期间无法收回的账目金额进行预提，列入成本项目，后期如若收回进行冲预提。

建议63：拟订具有法律效力的合同，规范上下游双方按照合同执行。建立信用评定系统，对于拖欠账款严重的企业拉入黑名单或实行相应惩罚。

建议64：鼓励企业进行创新，扭转工序结构失衡的局面，健全和完善相关的法律法规，提高执法和监督力度。加大民营企业政策扶持力度，推动金融服务业发展。

但也有企业持消极态度，认为这是由经营性质决定的，没有什么办法，所以对于这一问题的解决必须还要探讨，争取各方共同努力找出解决方案。

问题2：根据调查分析，可以发现目前的融资环境整体来说仍不容乐观，融资渠道少、融资困难、融资缺口大等一系列问题困扰着企业的进一步发展。所以对于下一步推进物流领域降本增效，在融资环境方面仍需改进。

建议65：缓解物流企业资金压力，减少融资成本，适当给予物流企业较为宽松的融资政策，设立产业发展基金会，多渠道发展物流服务，提高竞争力以实现利润最大化，提高企业盈利能力争取担保额度。

建议 66：健全风险投融资机制，加强信用平台体系建设；国家推出相关政策，鼓励银行贷款给相应单位，并尽量减少物流业贷款的利息，以便促进物流业发展。

建议 67：公司现已推行无纸化办公，联系供应商解决快递包装重复使用的项目已提上公司管理日程。实行智慧物流、互联网 + 物流模式，降低资源损耗，同时达到降本增效的目的。

建议 68：希望有实力的成型物流企业在物流库区的改建、扩建期初介入，一方面通过融资解决资金缺口，另一方面确定基础建设和设施设备、信息化标准，避免投入使用后的二次改造。

九、未来发展面临挑战，营商环境仍需改善

调查显示，近三年营商环境中阻碍企业发展的主要因素，排名前三的依次是劳动力成本高、税负较高、用地成本高和车辆通行难，其中用地成本高和车辆通行难在所调查的结果分析中所占的比例相同，并列第三。第五至第十名依次是专业性人才缺乏、市场恶性竞争、劳动力短缺、地方政府对物流业发展支持重视不够、企业融资难、行政审批和许可批准较难。近三年营商环境中阻碍企业发展的主要因素如图 8 – 30 所示。

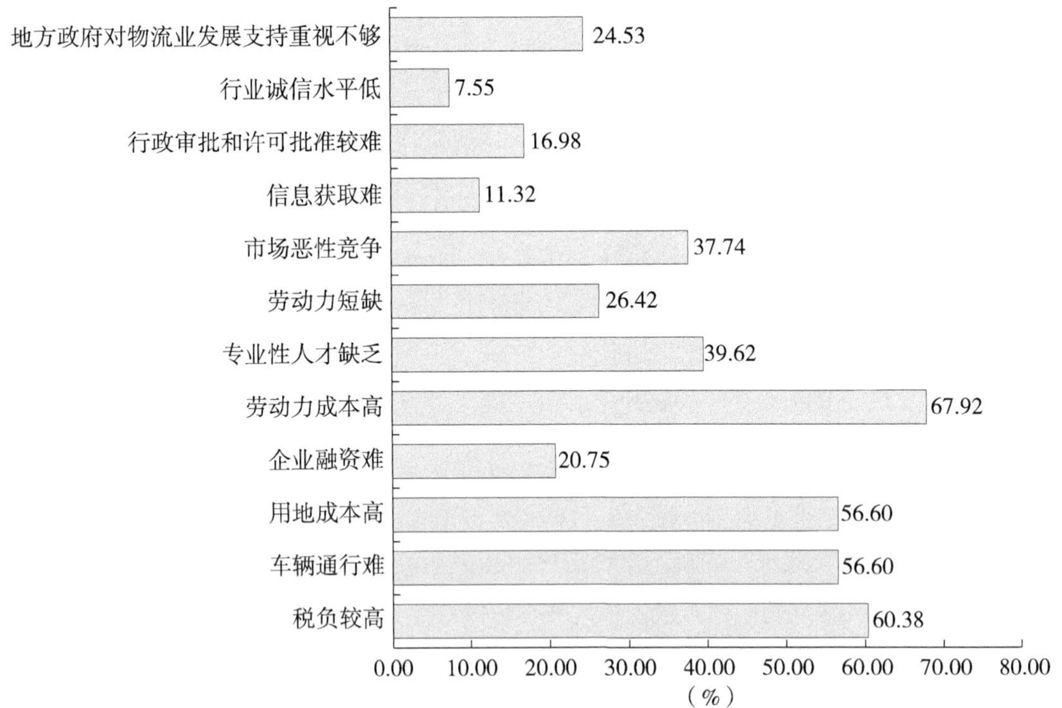

图 8 – 30 近三年营商环境中阻碍企业发展的主要因素

由此可以看出企业仍面临较多营商环境问题。对排名前十阻碍企业发展的因素进行归纳可以看出，阻碍企业发展的因素主要表现在运营成本高、政府政策环境限制、市场环境因素以及人力资源缺乏等方面。结合阻碍企业发展排名前三的要素可知，成本高是

阻碍企业发展最重要的方面。因此，国家推进降低物流成本可从政府政策制定及实行方面考虑，切实解决企业营商环境所存在的问题。

十、行业发展前景及建议

调查显示，对于2018年企业经营形势的总体看法，33%的企业认为高于往年，39%的企业认为基本持平，28%的企业认为低于往年，由此可以看出72%的企业对2018年企业经营形势保持乐观的态度。重点企业对2018年企业经营形势的总体看法如图8－31所示。

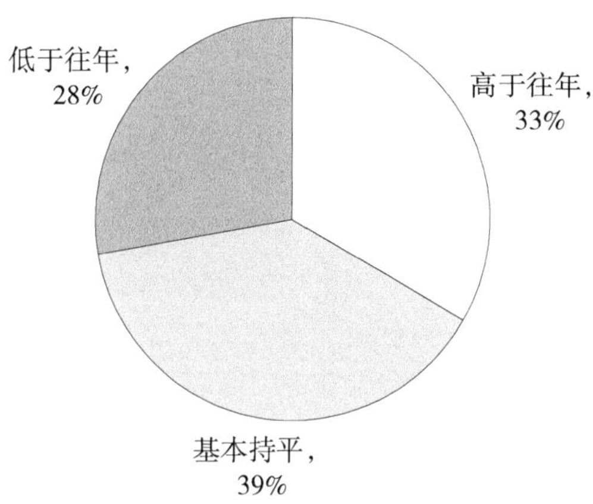

图8－31　重点企业对2018年企业经营形势的总体看法

对于2018年企业业务增长率的预期目标，31%的企业预期高于往年，55%的企业预期基本持平，还有14%的企业预期低于往年。2018年企业业务增长率的预期目标如图8－32所示。

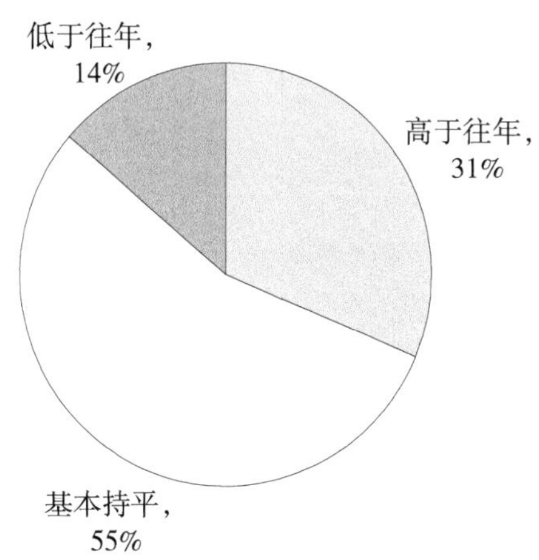

图8－32　2018年企业业务增长率的预期目标

总体来说，物流企业对未来的发展预期良好。

在本次调查中，对于促进A级物流企业发展的建议，大约47.62%的企业认为政府应给予平台、技术、用地、行业环境、税负减免等相关的扶持政策；14.28%的企业认为应降低税负；9.52%的企业认为应培育现代物流人才；19.05%的企业认为应加强信息方面的建设。

调查显示，对于2018年引导物流业高质量发展，全面建设物流强国的意见和建议，30%的企业认为应发展智慧物流；25%的企业认为应做好统一规划；25%的企业认为应加强物流基础设施网络建设；20%的企业认为应发展绿色物流；10%的企业认为应引进一批拥有先进的物流技术、物流管理经验的人才；30%的企业认为政府应落实政策；20%的企业认为应建立标准，提高准入门槛。